KB268856

언어 평등

ХЭЛ ТЭГШ БАЙДАЛ

NYELVI EGYENLŐSÉG

SPRACHE EQUALITY

TAAL GELIJKHEID

SPRÅK LIKHET

LANGUAGE EQUALITY

NGÔN NGỮ BÌNH ĐẲNG

IDIOMA IGUALDADE

BAHASA KESETARAAN

言語平等

שפת שיוויון

भाषा समानताको

ภาษาเท่าเทียมกัน

IDIOMA IGUALDAD

AEQUALITAS LANGUAGE

JAZYK ROVNOST

LANGUE ÉGALITÉ

ЯЗЫК EQUALITY

ພາສາຄວາມສະເໝີພາບ

LIMBA EGALITATE

اللغة المساواة

UGUAGLIANZA LINGUA

برابری زبان

ভাষা সমতা

语言平等

LUGHA USAWA

"모든 언어는 평등하다"

지구상의 모든 언어는 인류공동체 문명 발전의 발자취입니다.
힘이 센 나라의 언어라 해서 더 좋거나 더 중요한 언어가 아닌 것처럼,
많은 사람들이 쓰지 않는 언어라 해서 덜 좋거나 덜 중요한 언어는 아닙니다.

문화 다양성에 따른 언어 다양성은 인류가 서로 견제하고
긍정적인 자극을 주고받으며 소통, 발전할 수 있는 계기가 됩니다.
МОВА РІВНІСТЬ
그러나 안타깝게도 현재 일부 언어가 '국제어'라는 이름 아래
전 세계 사람들에게 강요되고 있습니다.

문예림의 꿈은 전 세계 모든 언어를 학습할 수 있는 어학 콘텐츠를 개발하는 것입니다.
DIL EŞİTLİK
어떠한 언어에도 우위를 주지 않고, 다양한 언어의 고유 가치를 지켜나가겠습니다.
누구나 배우고 싶은 언어를 자유롭게 선택해서 배울 수 있도록 더욱 정진하겠습니다.

브라질어 회화 사전

DICIONÁRIO DE CONVERSAÇÃO
EM PORTUGUÊS BRASILEIRO

브라질어 회화 사전

초판 3쇄 인쇄 2024년 8월 26일
초판 3쇄 발행 2024년 9월 6일

지은이 김한철
펴낸이 서덕일
펴낸곳 도서출판 문예림

출판등록 1962.7.12 (제406-1962-1호)
주소 경기도 파주시 회동길 366 3층 (10881)
전화 (02)499-1281~2 **팩스** (02)499-1283
카카오톡 ("도서출판 문예림" 검색 후 추가)
대표전자우편 info@moonyelim.com **통합홈페이지** www.moonyelim.com

ISBN 978-89-7482-747-2 (13790)

책머리에

브라질은 2억여 명의 인구와 한반도 38배의 영토를 가진 중남미 최대의 소비시장입니다. 브라질에 대한 무한한 잠재력과 가능성은 2014년 월드컵 및 2016년 리우 올림픽과 함께 점차 그 실체를 드러내고 있습니다. 최근 우리나라와 브라질의 양국관계도 사회, 문화, 경제적으로 매우 밀접해지면서 브라질에서 사용하는 포르투갈어에 대한 학습의 필요성과 포르투갈어 구사 인력의 중요성도 점차 증가하고 있습니다.

브라질 포르투갈어(브라질어)는 브라질이 형성된 역사적 과정과 그 맥락을 함께 하여 정통 유럽 포르투갈어와는 다른 특징을 가지고 있습니다. 브라질 원주민 인디오들의 언어, 흑인 노예 수입으로 들어온 아프리카어 그리고 독일, 이탈리아 등에서 온 유럽이민자들의 영향을 모두 수용하여 발음, 문법, 어휘 면에서 다양한 변화를 거치며 새롭게 형성되었습니다.

본 브라질어 회화사전은 브라질 현지에서 사용되는 발음과 문법 및 어휘를 토대로 인사표현, 화술표현, 의견표현, 감정표현, 사교표현, 화제표현, 일상표현, 긴급표현, 여행표현, 비즈니스관련표현, 학교생활 등 총 11가지 테마로 구성하였습니다. 우리가 겪을 수 있는 다양한 상황에서 실제로 사용할 수 있는 구체적인 표현을 담으려 노력했습니다.

본서를 볼 때 유의할 점은 다음과 같습니다.
1. o로 끝나면 남성형, a로 끝나면 여성형인 것은 ...o / a로 표시하였습니다. ex) Obrigado / a
2. 문장 내에서 두 단어가 / 로 연결된 것은 둘 다 가능한 표현입니다.
   ex) Quer beber / tomar alguma coisa?
3. a가 붙어 여성형이 되는 것은 (a)로 표시하였습니다. ex) um(a) professor(a)
4. 어휘에 ( )로 표시한 것은 써도 되고 빼도 됩니다. ex) (É uma) boa ideia.
5. 어말의 s와 z는 한글로 /스/ 라고 표기하는 게 맞지만, 연결되는 어휘가 모음으로 시작될 때 적절한 연음표기를 위해 /즈/로 표기하였습니다. ex) mais ou menos 마이즈 오우 메누스
6. 각 표현의 한글표기는 정상적인 속도 혹은 조금 빠르게 문장을 말할 때 가장 유사한 음가입니다.
7. 녹음은 남성형을 중심으로 진행하였습니다.

학습자 분들은 기본적인 문법을 미리 학습한 후, 위와 같은 점에 유의하여 본 사전의 다양한 표현을 차근차근 효과적으로 학습해 나가길 당부 드립니다.

마지막으로 본서의 제작을 위해 끝까지 노력해 주신 문예림의 서덕일 사장님의 열정에 감사드리며, 작업을 진행함에 있어 적절한 도움을 준 애제자 곽수민, 김란, 정은영에게도 감사의 말을 전합니다. 언제나 관심과 사랑으로 버팀목이 되어 주시는 부모님, 항상 곁에서 믿음과 행복을 전해주는 예쁜 아내, 그리고 매일 즐겁게 살 수 있도록 활력을 주는 멋진 아들 정주에게도 이 지면을 빌어 무한한 사랑을 전합니다.

2013년 7월

저자 김 한 철

Contents

Ⅱ 화술 표현

Contents

Ⅲ 의견 표현

Ⅳ 감정 표현

Contents

Ⅴ 사교 표현

화제 표현

일상 표현

Contents

Ⅷ 긴급 표현

Ⅸ 여행 표현

Contents

비즈니스 관련 표현

XI 학교생활

① 알파벳

대문자	소문자	명칭(한글음역)	음가
A	a	[a]아	아
B	b	[be]베	ㅂ
C	c	[se]쎄	ㄲ, ㅆ
D	d	[de]데	ㄷ, ㅈ
E	e	[e]에	에
F	f	[ɛfi]애피	ㅍ
G	g	[ʒe]졔	ㄱ, ㅈ
H	h	[aga]아가	묵음
I	i	[i]이	이
J	j	[ʒota]죠따	ㅈ
K	k	[ka]까	ㄲ
L	l	[ɛli]앨리	ㄹ, 우
M	m	[emi]에미	ㅁ, ㅇ
N	n	[eni]에니	ㄴ, ㅇ
O	o	[o]오	오, 우
P	p	[pe]뻬	ㅃ
Q	q	[ke]께	ㄲ
R	r	[ɛRi]에히	ㅎ, ㄹ
S	s	[ɛsi]에씨	ㅆ(ㅅ), ㅈ
T	t	[te]떼	ㄸ, ㅊ
U	u	[u]우	우
V	v	[ve]베	ㅂ
W	w	[dablyu]다블류	ㅂ
X	x	[ʃis]쉬스	쉬, ㅈ, ㅆ(ㅅ), ㄱㅆ
Y	y	[ipsilõ]입실롱	이
Z	z	[ze]제	ㅈ, ㅅ

- 브라질어의 알파벳은 기존에 우리가 알고 있는 영어의 알파벳과 같은 형태로
  발음만 다르다.
- 브라질어는 발음기호 없이 발음규칙에 의거하여 모든 단어를 발음한다.
- k, w, y은 외래어 알파벳으로 고유명사나 약자에만 쓰인다.

② 발음

(1) 단모음

> a, e, i, o, u

- 기본적으로 다섯 개의 모음 a, e, i, o, u가 음가 그대로 발음된다.
  a [아] asa 아-자(날개)
  e [에] festa 페-스따(파티)
  i [이] ideia 이데-이아(생각)
  o [오] agora 아고-라(지금)
  u [우] uva 우-바(포도)

- 하지만, 강세가 없는 e와 o(특히 단어 끝에서)는 발음이 약해져 [이]와 [우]
  로 발음된다.
  e [이] nome 노-미(이름)
  o [우] banco 방-꾸(은행)

(2) 이중모음

> ai, ei, oi, au, eu, ou, ui

- a, e, o를 강모음, i, u를 약모음이라 하는데, 강모음+약모음 혹은 약모
  음+약모음의 순서로 쓰일 때 두 개의 모음은 강모음을 중심으로 하나의
  모음으로 간주하고 강세는 앞 모음에 있다.
  caixa 까-이샤(상자), janeiro 쟈네-이루(1월)
  coisa 꼬-이자(사물), muito 무-이뚜(매우)

- 이중모음처럼 보이는 모음연접이 있는 경우에도 음절 끝이 l, m, n, r, z 등 폐쇄음절이거나 음절 처음이 lh, nh일 때 그 앞의 i와 u는 약모음이 아니다.
  ainda 아잉 – 다(아직), Coimbra 꼬잉 – 브라(포르투갈 도시)
  rainha 하잉 – 야(여왕)
- 한편, 동사의 어미변화에는 이중모음이 적용되지 않는다.
  tomou 또모 – 우(tomar 동사 완전과거 3인칭단수)

(3) 단자음

- b, f, h, j, k, p, q, v, w, y는 단 한 가지 음가만을 갖는다.
- c, d, g, l, m, n, r, s, t, x, z는 위치에 따라 두 가지 이상의 음가를 갖는다.
- 특히, 브라질어에서는 d, t에서 구개음화가 나타난다.

b [ㅂ]	영어의 b 발음
	bebida 베비 – 다(음료)

c [ㄲ, ㅆ]	ca, co, cu, que, qui는 [까], [꼬], [꾸], [께], [끼]로 발음
	caqui 까끼 – (감), comida 꼬미 – 다(음식)
	ça, ço, çu, ce, ci는 [싸], [쏘], [쑤], [쎄], [씨]로 발음
	dança 당 – 싸(춤), cinema 씨네 – 마(영화관)

d [ㄷ, ㅈ]	da, do, du는 [다], [도], [두]로 발음
	dono 도 – 누(주인)
	di는 [지]로 발음
	dia 지 – 아(날, 일)
	de는 어미에서 [지], 어두나 중간에서 [데]나 [지]로 발음
	tarde 따-르지(오후), depois 데뽀 – 이스, 지뽀 – 이스(다음에)

f [ㅍ]	영어의 f 발음
	fazenda 파젱 – 다(농장)

g [ㄱ, ㅈ]   ga, go, gu, gue, gui는 [가], [고], [구], [게], [기]로 발음
gato 가－뚜(고양이), gosto 고－스뚜(맛)
ja, jo, ju, ge, gi는 [쟈], [죠], [쥬], [졔], [쥐]로 발음
gente 쪵-치(사람), gigante 쥐강－치(거인),
cf. gu, qu 다음에 e, i가 오면 u는 묵음

h [묵음]   hotel 오떼－우(호텔)
cf. h가 ch, lh, nh에서 쓰일 때, ch는 [쉬]로 발음, lh 와 nh
에서 h는 [이] 발음을 첨가해서 발음
chuva 슈－바(비), toalha 또알－랴(수건),
vinho 빙－유(포도주)

j [ㅈ]   영어의 [ʒ] '쥐' 발음
jovens 죠－벵스(젊은이들)

k [ㄲ]   된소리(경음)로 발음
Kamila 까밀－라(여자 이름)

l [ㄹ, ㅜ]   기본적으로 ㄹ 발음
livro 리－브루(책)
음절 끝의 l 은 반모음화되어 u 로 발음
almoço 아우모－쑤(점심식사)

m [ㅁ, ㅇ]   기본적으로 ㅁ 발음
mapa 마－빠(지도)
음절 끝에 올 때는 콧소리(비음)로 발음
samba 쌍－바(삼바)

n [ㄴ, 이] 기본적으로 ㄴ 발음
navio 나비-우(배)
음절 끝에 올 때는 콧소리(비음)로 발음
anjo 앙-쥬(천사)

p [ㅃ] 된소리로 발음
panela 빠넬-라(냄비)

q [ㄲ] 된소리로 발음
quarto 꽈-르뚜(침실)

r [ㅎ, ㄹ] 어두에 올 때나 rr로 쓸 때는 ㅎ 발음
rua 후-아(길), carro 까-후(자동차)
모음과 모음 사이에서는 ㄹ 발음
nora 노-라(며느리)

s [ㅆ(ㅅ), ㅈ] 어두, 어미에 올 때나 ss로 쓸 때는 ㅆ(ㅅ) 발음
salário 쌀라-리우(임금), sucesso 수쎄-쑤(성공)
모음과 모음 사이에 올 때는 ㅈ[z] (ㅅ과 ㅈ의 중간) 발음
casa 까-자(집)

t [ㄸ, ㅊ] ta, to, tu는 [따], [또], [뚜]로 발음
tudo 뚜-두(모든 것)
ti는 [치]로 발음
time 치-미(팀)
te는 어미에서 [치], 어두나 중간에서 [떼]나 [치]로 발음
sorte 쏘-르치(운), teatro 떼아-뜨루, 치아-뜨루(연극)

v [ㅂ]	영어의 v 발음 vida 비 – 다(삶)

w [ㅂ]	v 발음과 일치 Wagner 바 – 기네르(남자 이름)

x [쉬, ㅈ, ㅆ(ㅅ), ㄱㅆ]	[쉬]로 발음되는 경우 : xadrez 샤드레 – 스(체크무늬), peixe 뻬 – 이쉬(생선) ㅈ[z]로 발음되는 경우 : exame 에자 – 미(시험), exemplo 에젱 – 쁠루(예) ㅆ(ㅅ)로 발음되는 경우 : próximo 쁘로 – 씨무(다음의), excelente 에쎌렝 – 치(탁월한) ㄱㅆ[ks]로 발음되는 경우 : táxi 딱 – 씨(택시), anexo 아넥 – 쑤(첨부)

y [이]	i 모음처럼 발음 Yara 야 – 라(여자 이름)

z [ㅈ, ㅅ]	어두에 올 때나 모음과 모음 사이에 올 때는 ㅈ[z] 발음 zona 조 – 나(지대), juíza 쥬이 – 자(여자판사) 어미에 올 때는 ㅅ 발음 juiz 쥬이 – 스(남자판사)

(4) 이중자음

bl, br, cl, cr, dr, fl, fr, gl, gr, pl, pr, tl, tr, vr

– 위의 이중자음은 두 개의 자음을 하나의 자음으로 간주하고 음절분해 하지
않으며, 읽을 때 하나의 자음과 같이 읽는다.
braço 브라－쑤(팔)
clima 끌리－마(기후)
fruta 프루－따(과일),
tribo 뜨리－부(부족)

③ 강세

(1) 일반적으로 강세는 뒤에서 두 번째 음절에 온다.
cerveja 쎄르베－쟈(맥주)
(2) l, n, r, x, z, i, u, im, om, um, is, us, ins, ons, uns으로 끝나는 단어는 마지
막 음절에 강세가 온다.
Brasil 브라지－우(브라질)
ator 아또－르(배우)
xerox 세록－스(복사)
arroz 아호－스(쌀)
abacaxi 아바까쉬－(파인애플)
bambu 방부－(대나무),
jardim 쟈르징－(정원)
marrom 마홍－(갈색)
comum 꼬뭉－(보통의)
(3) 위의 규칙에 해당되지 않는 단어는 단어 자체에 강세 표시가 있다.
número 누－메루(숫자)
açúcar 아쑤－까르(설탕)
avião 아비어－웅(비행기)

■ 브라질어 문법 요약

1 대명사

(1) 주격인칭대명사

	단수	복수
1인칭	eu (나)	nós (우리)
3인칭	você (너, 당신) ele (그) ela (그녀)	vocês (너희, 당신들) eles (그들) elas (그녀들)

- 브라질어에서는 상대방을 일컫는 호칭 você를 문법적으로 3인칭 취급한다.
- 포르투갈에서 많이 쓰이는 tu(너)라는 2인칭 대명사가 존재하긴 하지만 브라질에서는 남부의 히우그란지두술 주 등 일부 지역에서만 사용한다.
- 자신보다 연장자인 사람에게 예의를 갖추려면 o senhor, a senhora를 쓰면 된다.

(2) 목적격대명사

	직접목적격(~를)	간접목적격(~에게)
1인칭단수	me(나를)	me(나에게)
2인칭단수	te(너를)	te(너에게)
3인칭단수	o/a(당신을, 그를 / 그녀를)	lhe(당신에게, 그에게, 그녀에게)
1인칭복수	nos(우리를)	nos(우리에게)
3인칭복수	os/as(당신들을, 그들을 / 그녀들을)	lhes(당신들에게, 그들에게, 그녀들에게)

- 실제 회화에서는 3인칭 단수와 복수의 o/a, os/as, lhe, lhes 형태가 잘 사용되지 않는다.

- '당신을, 그를, 그녀를'의 의미에는 인칭대명사 você, ele, ela를 그대로 사용한다.
- '당신에게, 그에게, 그녀에게'의 의미는 para você, para ele, para ela와 같이 표현한다.
- 주격인칭대명사와 달리 목적격대명사의 경우엔 2인칭단수 te의 형태도 자주 사용된다.

(3) 전치사 뒤의 목적격대명사

	일반전치사(예 para) 뒤에서	전치사 com과의 결합형태
1인칭단수	para mim (나에게)	comigo (나와 함께)
2인칭단수	para ti (너에게)	contigo (너와 함께)
3인칭단수	para você, para ele, para ela (당신에게, 그에게, 그녀에게)	com você, com ele, com ela (당신과 함께, 그와 함께, 그녀와 함께)
1인칭복수	para nós (우리에게)	conosco (우리와 함께)
3인칭복수	para vocês, para eles, para elas (당신들에게, 그들에게, 그녀들에게)	com vocês, com eles, com elas(당신들과 함께, 그들과 함께, 그녀들과 함께)

- 대다수의 일반전치사(a, de, em, para, por, sobre 등) 뒤에 사용되는 목적격대명사는 1인칭단수 mim, 2인칭단수 ti의 형태를 사용하고 나머지는 주격인칭대명사 형태와 같다.
- 예외적으로 전치사 com은 1인칭단수, 2인칭단수, 1인칭복수에서 결합형태로 사용한다.

(4) 소유대명사(형용사)

	단수	복수
1인칭(남/여)	meu(s) / minha(s)	nosso(s) / nossa(s)
2인칭(남/여)	teu(s) / tua(s)	–
3인칭(남/여)	seu(s) / sua(s)	seu(s) / sua(s)

- 소유대명사는 함께 따르는 명사의 성과 수에 일치시켜야 한다.

  남성명사 carro의 경우 : meu carro(나의 차), meus carros(나의 차들)

  여성명사 casa의 경우 : minha casa(나의 집). minhas casas(나의 집들)

- 3인칭 소유격 seu(s), sua(s)의 경우, 문법적으로는 você(s)에 대한 소유격과
  ele(s), ela(s)에 대한 소유격 모두 가능하나, 실제 회화에서는 você(s)에 대
  한 소유격의 의미로 주로 사용되고 있다.

  seu carro 당신(들)의 차, seus carros 당신(들)의 차들

  sua casa 당신(들)의 집, suas casas 당신(들)의 집들

- ele(s), ela(s)에 대한 소유격으로는 명사 뒤에서 dele(s), dela(s) 형태가 쓰이
  며 이 때 명사 앞엔 정관사를 꼭 써줘야 한다.

  그의 집 a casa dele

  그녀의 차 o carro dela

⑸ 지시대명사(형용사)와 지시부사

지시대명사 겸 형용사(남성/여성)	중성지시대명사
este(s) / esta(s)(이, 이것)	isto(이것)
esse(s) / essa(s)(그, 그것, 이, 이것)	isso(그것, 이것)
aquele(s) / aquela(s)(저, 저것, 그, 그것)	aquilo(저것, 그것)

- 지시대명사 겸 형용사(이~, 그~, 저~)도 명사의 성수에 일치하여 써야 한
  다.

- 한편 중성지시대명사는 성수에 변화하지 않는다.

- 브라질에서는 este와 esse, isto와 isso간의 구분이 사라져 esse와 isso가 '이~,
  이것'의 의미로도 사용된다.

- aquele, aquilo와 같은 형태는 상대방과 서로 알고 있는 '그, 그것'을 지칭
  할 때도 사용된다.

⑹ 부정대명사(형용사)

algum(a) 어떤	Aconteceu alguma coisa? 어떤 일이 일어났나요?
nenhum(a) 아무런	Não tem problema nenhum. 아무런 문제 없어요.
alguém 어떤 사람, 누군가	Alguém me ligou? 누군가 내게 전화했어요?
ninguém 아무도	Ninguém te ama como eu. 아무도 나처럼 널 사랑하지 않아.
tudo 모든 것, 다	Eu comi tudo. 내가 다 먹었어요.
nada 아무것도, 하나도	Ele não comeu quase nada. 그는 거의 아무 것도 못 먹었어요.

(7) 재귀대명사

	단수	복수
1인칭	me	nos
2인칭	te	–
3인칭	se	se

- 타동사에 재귀대명사를 붙이면 재귀동사가 되어 동사의 동작이 동작의 주체와 일치하게 된다.

  Eu me levanto às 6 horas. 나는 6시에 일어난다.

  A gente se vê na cafeteria. 우리 카페에서 봐요.

② 명사와 형용사

(1) 명사의 성

*** 기본적으로 -o로 끝나면 남성, -a로 끝나면 여성**

남성 : o carro(차), o dinheiro(돈), o livro(책), o dicionário(사전),
　　　 o banco(은행)

여성 : a casa(집), a porta(문), a cama(침대), a cadeira(의자), a mesa(탁자)

예외 : o dia(하루), o mapa(지도), o clima(기후), o problema(문제),
　　　 o sistema(시스템)

*** 남성명사에 근거한 여성명사의 형태**

(1) -o를 -a로 바꾸거나 -a를 붙이는 것
　　 o menino－a menina 소년 / 소녀
　　 o professor－a professora 남자교수 / 여자교수

(2) -ão은 -ã, -oa, ona 세가지 형태
　　 o irmão－a irmã 형제 / 자매
　　 o patrão－a patroa 남자주인 / 여자주인
　　 o solteirão－a solteirona 노총각 / 노처녀

(3) 뿌리는 같으나 약간 변형된 것
　　 o ator－a atriz 남자배우 / 여자배우
　　 o rei－a rainha 왕 / 여왕

(4) 뿌리가 완전히 다른 것
　　 o homem－a mulher 남자 / 여자
　　 o genro－a nora 사위 / 며느리

(5) 남성과 여성 형태가 동일한 것
　　 o/a dentista 치과의사
　　 o/a jornalista 기자

(2) 단수와 복수

* 단수에서 복수 만드는 법

(1) 일반적인 원칙 : -s를 붙인다.

o carro − os carros(차)

bonita − bonitas(예쁜)

(2) -m으로 끝난 어휘는 -ns로 바꾼다.

o homem − os homens(사람)

o jovem − os jovens(젊은이)

(3) -r, -z로 끝난 어휘엔 -es를 붙인다.

a mulher − as mulheres(여자)

feliz − felizes(행복한)

(4) -s로 끝난 음절에 강세가 있는 어휘엔 -es를 붙이고 강세를 제거한다.

o mês − os meses(달)

o japonês − os japoneses(일본인)

(5) 강세 없는 -s로 끝난 어휘는 단수, 복수 동형이다.

o ônibus − os ônibus(버스)

simples − simples(단순한)

(6) -al, -el, -ol, -ul로 끝난 어휘는 -l이 -is로 변한다.

o móvel − os móveis(가구)

azul − azuis(파란)

(7) -il로 끝난 어휘는 -l이 -s로 변한다.

o funil − os funis(깔때기)

gentil − gentis(친절한)

(8) 강세 없는 -il로 끝난 어휘는 -eis로 변한다.

hábil − hábeis(능력 있는)

fácil − fáceis(쉬운)

(9) -ão으로 끝난 어휘는 -ãos, -ães, ões 세가지 형태로 변한다.

o irmão − os irmãos(형제)

o pão − os pães(빵)

o botão − os botões(버튼)

(3) 성수의 일치

- 브라질어는 명사의 성과 수에 따라 형용사, (소유, 지시)대명사, 수사, 관
  사를 일치시켜줘야 한다.
  Eu tenho um filho bonito e alto.
  나는 예쁘고 키 큰 아들 한 명을 가지고 있다.
  Ele tem duas filhas bonitas e baixas.
  그는 예쁘고 키 작은 딸 두 명을 가지고 있다.
- 명사가 남성단수(filho)이면 나머지(um, bonito, alto)도 모두 남성단수형으
  로 일치시키고 명사가 여성복수(filhas)이면 나머지(duas, bonitas, baixas)
  도 모두 여성복수형으로 일치시킨다.

③ 관사

(1) 정관사와 부정관사

〈정관사〉	단수	복수
남성	o	os
여성	a	as
〈부정관사〉	단수	복수
남성	um	uns
여성	uma	umas

- 정관사는 주로 명백한 지시대상, 유일한 지시대상, 재언급, 지시적 사용,
  뒤에서 수식할 때 및 지정된 지명에서 사용된다.
- 부정관사는 단수인 경우 '하나의, 어떤' 이란 의미이고 복수로 사용될 때는
  '몇몇의' 라는 의미이다.

(2) 전치사와 정관사의 축약형

전치사 a, de, em, por와 정관사 o, a, os, as가 결합될 때 다음과 같이 축약형
으로 사용된다.

	o	a	os	as
a	ao	à	aos	às
de	do	da	dos	das
em	no	na	nos	nas
por	pelo	pela	pelos	pelas

④ 의문사

누가	Quem	Who
언제	Quando	When
어디서	Onde	Where
무엇, 어느	O que, Qual	What, Which
어떻게	Como	How
왜	Por que	Why
얼마나(양)	Quanto/a	How much
얼만큼(수)	Quantos/as	How many

– 육하원칙에 근거하여 영어와 비교하여 이해하도록 한다.

– 신상에 관한 질문과 선택적인 상황에선 **Qual**를 쓴다.

– **Quanto**의 경우, 수를 나타낼 때는 성수에 일치해서 써야 함에 유의하자.

⑤ 부사

(1) 지시부사

aqui 여기

aí 거기

ali 저기

lá 저 멀리, (앞에서 언급한) 거기, 그때

(2) 빈도부사

sempre 항상

normalmente 보통, 일반적으로

geralmente 보통, 일반적으로

muitas vezes 자주

frequentemente 빈번히

às vezes 가끔

de vez em quando 가끔

raramente 드물게

nunca 절대

(3) 장소부사구

na frente de ~앞에

em frente a ~앞에

atrás de ~뒤에

ao lado de ~옆에

fora de ~밖에

dentro de ~안에

em cima de ~위에

embaixo de ~아래에

entre A e B A와 B사이에

⑷ 시간부사구

anteontem 그저께
ontem 어제
hoje 오늘
amanhã 내일
depois de amanhã 모레

ontem cedo 어제 일찍
ontem de manhã 어제 오전에
ontem à tarde 어제 오후에
ontem à noite 어제 밤에
hoje cedo 오늘 일찍
hoje de manhã 오늘 오전에
hoje à tarde 오늘 오후에
hoje à noite 오늘 밤에
amanhã cedo 내일 일찍
amanhã de manhã 내일 오전에
amanhã à tarde 내일 오후에
amanhã à noite 내일 밤에

no ano passado 작년에
no mês passado 지난 달에
na semana passada 지난 주에
neste ano 금년에
neste mês 이번 달에
nesta semana 이번 주에
no ano que vem, no próximo ano 내년에
no mês que vem, no próximo mês 다음 달에
na semana que vem, na próxima semana 다음 주에

⑥ 접속사

⑴ 기본 접속사

e 그리고

ou 또는

mas 그러나

porque 왜냐하면

⑵ 구문간 연결 표현

① 원인

por isso 그래서

por essa razão 그런 이유로

devido a ~ ~에 기인하여

② 목적

para que ~ ~을 위하여

com o propósito de ~ ~의 목적으로

③ 의견

na minha opinião 내 의견으로는

pelo meu ponto de vista 내 관점에서는

④ 분석

por um lado 한편으로

por outro lado 다른 한편으로

a meu ver 내가 보기엔

⑤ 예시

por exemplo 예를 들면

um bom exemplo seria ~ 좋은 예는 ~일 것이다

⑥ 언급

com relação a ~, em relação a ~ ~관련해서는

sobre ~, quanto a ~, a respeito de ~ ~에 대하여

⑦ 인용

segundo ~, conforme ~, de acordo com ~ ~에 의하면

Maria disse que ~ 마리아가 ~라고 말했다

⑧ 일반화

geralmente, normalmente 일반적으로

no total 전반적으로

⑨ 특정화

para ser específico 구체적으로

acima de tudo 무엇보다도

⑩ 첨가

além disso 그 외에도

e ainda 게다가

⑪ 환언

quer dizer, ou seja 즉

em outras palavras 다른 말로 하면

⑫ 전환

de qualquer forma 어쨌든

a propósito 그런데

no entanto 그럼에도 불구하고

⑬ 요약

portanto 그러므로

resumindo 요약하면

⑭ 결론

no final 결국

como resultado 결과로서

(3) 태도표출 표현

① 의무

Tenho que ~, Devo ~ ~ 해야만 한다

② 당연

É claro, É logico, Logicamente 당연히, 물론

③ 정직

Para ser sincero, Francamente 솔직히

④ 놀람

Para minha surpresa, Surpreendentemente 놀랍게도

⑤ 확실

Com certeza, Certamente, Sem dúvida 확실히, 의심할 여지없이

⑥ 불확실

Pelo que sei 내가 알기로는

Não posso dizer com certeza mas 확실치는 않지만

⑦ 권위

Pela minha experiência 내 경험에 의하면

Falando profissionalmente 전문적으로 말하자면

⑧ 안타까움

Infelizmente 안됐지만

Lamentavelmente 안타깝게도

⑨ 실망

Para minha decepção 실망스럽게도

Fiquei meio decepcionado que ~ ~해서 조금 실망했다.

⑩ 안심

Fique tranquilo. 안심하세요.

Não se preocupe. 걱정 마세요.

7 축소사와 증대사

(1) 축소사

- 축소사를 사용하면 '작은'이라는 의미가 첨가되며 상황에 따라 애칭으로도 많이 사용된다.
- 브라질에선 의미의 변화 없이도 축소사를 습관적으로 많이 사용하는 편이다.

* **원칙 : 마지막 모음을 빼고 -inho / -inha를 붙인다.**

  perto – pertinho(아주 가까운), pouco – pouquinho(아주 조금),
  casa – casinha(작은 집), Sandra – Sandrinha(사랑스런 Sandra)

* **다음의 경우엔 -zinho / -zinha를 붙인다.**

  ① 끝 음절에 강세가 있는 경우 : café – cafezinho(작은 커피)
  ② 끝 음절이 비음인 경우 : mãe – mãezinha(사랑스런 엄마)
  ③ 두 모음 이상으로 끝난 경우 : rua – ruazinha(작은 길)

(2) 증대사

- 증대사를 사용하면 '큰'이라는 의미가 첨가되며 형태는 축소사를 만드는 상황과 비슷하다.

* **원칙 : 마지막 모음을 빼고 -ão / -ona를 붙인다.**

  tempo – tempão(오랜 시간), grande – grandão(아주 큰)
  solteira – solteirona(노처녀), Beto – Betão(덩치 큰 혹은 위대한 Beto)

* **다음의 경우엔 -zão / -zona를 붙인다.**

  ① 끝 음절에 강세가 있는 경우 : pé – pezão(큰 발)
  ② 끝 음절이 비음인 경우 : mão – mãozona(큰 손)
  ③ 두 모음 이상으로 끝난 경우 : pai – paizão(위대한 아버지)

⑧ 비교급과 최상급

(1) 비교급

우등 비교급	A 동사 mais (do) que B. Ela come mais (do) que eu. 그녀는 나보다 더 먹는다. A 동사 mais 명사 / 형용사 / 부사 (do) que B. Ele é mais alto (do) que ela. 그는 그녀보다 더 크다
열등 비교급	A 동사 menos (do) que B. Ele trabalha menos (do) que a esposa dele. 그는 그의 아내보다 덜 일한다. A 동사 menos 명사 / 형용사 / 부사 (do) que B. Ela tomou menos cerveja (do) que eu. 그녀는 나보다 맥주를 덜 마셨다.
동등 비교급	A 동사 tanto quanto B. Eu sei tanto quanto você. 나는 너만큼 안다. A 동사 tão 형용사 / 부사 quanto B. Meu filho é tão famoso quanto você. 내 아들은 당신만큼 유명하다. A 동사 tanto(s) / tanta(s) 명사 quanto B. Ele comprou tantos livros quanto eu. 그는 나만큼 많은 책을 샀다.

(2) 최상급

B중에 가장 A한	o(s) / a(s) mais A de B Ele é o mais inteligente da turma. 그는 반에서 가장 똑똑하다. Ela é a mais alta de todos. 그녀는 모든 사람 중에 가장 키가 크다. o(s) / a(s) mais A que B(구문) Esse livro é o mais interessante que eu já li. 이 책은 내가 읽은 것 중에 가장 재미있다. Essa mulher é a mais bonita que eu já vi. 이 여자는 내가 본 사람 중에 가장 예쁘다.

⑨ 수동태

> 능동태 : A V B
> 수동태 : B ser + pp (por A)

– 능동태의 목적어(B)가 수동태에서는 주어가 되며, 능동태의 동사(V)는 수동태에서 'ser + 과거분사(pp)' 형태가 된다.
– 수동태에서 행위자를 나타낼 때는 능동태의 주어(A)를 전치사 por 다음에 쓴다.

(능동태) Pedro consertou o carro. 뻬드루가 차를 수리했다

(수동태) O carro foi consertado por Pedro. 차는 뻬드루에 의해 수리되었다.

– 수동태에서 동사의 시제(완전과거 foi)는 능동태(완전과거 consertou)와 일치하여야 한다.
– 과거분사(consertado)도 항상 주어(o carro)의 성수(남성단수)에 일치시켜야 한다.

⑩ 숫자

(1) 기수

– 1과 2, 200~900의 백 단위는 남성과 여성 구분이 있음에 유의해야 한다.

  0 – zero

  1 – um/uma

  2 – dois/duas

  3 – três

  4 – quatro

  5 – cinco

  6 – seis

  7 – sete

  8 – oito

  9 – nove

  10 – dez

11 — onze

12 — doze

13 — treze

14 — catorze(quatorze)

15 — quinze

16 — dezesseis

17 — dezessete

18 — dezoito

19 — dezenove

20 — vinte

21 — vinte e um/uma

30 — trinta

40 — quarenta

50 — cinquenta

60 — sessenta

70 — setenta

80 — oitenta

90 — noventa

100 — cem

101 — cento e um/uma

200 — duzentos/as

300 — trezentos/as

400 — quatrocentos/as

500 — quinhentos/as

600 — seiscentos/as

700 — setecentos/as

800 — oitocentos/as

900 — novecentos/as

1.000 — mil

10.000 — dez mil

100.000 — cem mil

1.000.000 — um milhão

(2) 서수

1° —primeiro/a

2° —segundo/a

3° —terceiro/a

4° —quarto/a

5° —quinto/a

6° —sexto/a

7° —sétimo/a

8° —oitavo/a

9° —nono/a

10° —décimo/a

11° —décimo/a primeiro/a

20° —vigésimo/a

⑪ 전치사

(1) a

① ~로(이동)

Eu preciso ir ao médico. 나는 의사에게 갈 필요가 있다.

② ~에(시간)

Ele tem aula às onze horas. 그는 11시에 수업이 있다.

③ 대(對)

A Coreia ganhou o jogo por dois a zero. 한국이 2대 0으로 경기를 이겼다.

④ ~에(거리)

Minha empresa fica a 10 km de Seul. 나의 회사는 서울에서 10 km 거리에 있다.

(2) de

① ~의

Ele é pai do Paulo. 그는 빠울루의 아버지이다.

② ~로부터

Ela veio do Brasil. 그녀는 브라질로부터 왔다.

③ ~에 대해

Já ouvi falar muito de você. 이미 당신에 대해 많이 들었다.

④ ~로(원인)

Eu estou morrendo de fome. 나는 배고파 죽겠다.

⑤ ~로(교통수단)

Ele vai à escola de metrô. 그는 지하철로 학교에 간다.

(3) em

① ~에(장소)

Eu estou em casa com meu filho. 나는 아들과 집에 있다.

② ~에(때)

Vamos a Blumenau em outubro. 10월에 블루메나우에 갑시다.

③ ~로(소유주 있는 교통수단)

Eu vou ao trabalho no meu carro. 나는 내 차로 직장에 간다.

(4) para

① ~로(이동)

Eu quero voltar para casa. 나는 집으로 돌아가고 싶다.

② ~에게(사람)

Liga para mim. 내게 전화해.

③ ~위해(목적)

Eu vou à biblioteca para estudar. 나는 공부하러 도서관에 간다.

(5) por

① ~동안(기간)

Eu vou permanecer no Brasil por cinco anos.
나는 5년간 브라질에 체류할 것이다.

② ~때문에(원인)

Obrigado pela ajuda. 도와줘서 고마워.

③ ~에 의해(행위자)

Este livro foi escrito pelo prof.Kim. 이 책은 김교수에 의해 쓰여졌다.

④ ~통해

O ônibus passa pela Avenida Ipiranga.
버스는 이뻬랑가대로를 지나간다.

⑤ ~당(단위)

Eu vou ao cinema uma vez <u>por</u> semana.

나는 일주일에 한번 영화관에 간다.

⑥ ~경(시간)

O meu filho voltou <u>pelas</u> dez da noite.

아들은 밤 10시경에 돌아왔다.

⑦ ~쯤(장소)

Ela mora <u>por</u> aí. 그녀는 거기쯤 산다.

⑧ ~대신(대체)

Ele entregou o meu relatório <u>por</u> mim.

그는 내 대신에 보고서를 제출했다.

⑫ 동사

(1) ser동사

	현재	완전과거	불완전과거
1인칭단수	sou	fui	era
3인칭단수	é	foi	era
1인칭복수	somos	fomos	éramos
3인칭복수	são	foram	eram

＊ ser동사의 기본용법

- ser동사는 변하지 않는 속성을 나타내며 보통 '~이다'로 해석된다.

① 신체적 특성 : Minha esposa é bonita. 나의 아내는 예쁘다.

② 정신적 특성 : Meu filho é inteligente. 나의 아들은 똑똑하다.

③ 움직일 수 없는 것 : Onde é a escola? 학교가 어디입니까?

④ 절대적인 시간 : É hora do almoço. 점심시간이다

⑤ 국적 : Eu sou coreano. 나는 한국인이다.

⑥ 직업 : Ele é médico. 그는 의사다.

⑦ 신분 : Eles são casados. 그들은 기혼자들이다.

(2) estar동사의 현재형

	현재	완전과거	불완전과거
1인칭단수	estou	estive	estava
3인칭단수	está	esteve	estava
1인칭복수	estamos	estivemos	estávamos
3인칭복수	estão	estiveram	estavam

*** estar동사의 기본용법**

estar동사는 변할 수 있는 상태를 나타내며 ser 동사와 함께 영어의 be 동사에 해당한다.

① 신체적 상태 : Ela está muito doente. 그녀는 아주 아프다.

② 정신적 상태 : Eu estou ocupado agora. 나는 지금 바쁘다.

③ 움직일 수 있는 것 : Onde está a Marisa? 마리자는 어디 있어요?

④ 상대적인 시간 : Está tarde para sair. 나가기엔 늦었다.

(3) -ar 규칙동사의 현재, 완전과거, 불완전과거형

	현재	완전과거	불완전과거
1인칭단수	-o	-ei	-ava
3인칭단수	-a	-ou	-ava
1인칭복수	-amos	-amos	-ávamos
3인칭복수	-am	-aram	-avam

tomar동사를 예로 들면,

	현재	완전과거	불완전과거
1인칭단수	tomo	tomei	tomava
3인칭단수	toma	tomou	tomava
1인칭복수	tomamos	tomamos	tomávamos
3인칭복수	tomam	tomaram	tomavam

⑷ -er 규칙동사의 현재, 완전과거, 불완전과거형

	현재	완전과거	불완전과거
1인칭단수	-o	-i	-ia
3인칭단수	-e	-eu	-ia
1인칭복수	-emos	-emos	-íamos
3인칭복수	-em	-eram	-iam

comer동사를 예로 들면,

	현재	완전과거	불완전과거
1인칭단수	como	comi	comia
3인칭단수	come	comeu	comia
1인칭복수	comemos	comemos	comíamos
3인칭복수	comem	comeram	comiam

⑸ -ir 규칙동사의 현재, 완전과거, 불완전과거형

	현재	완전과거	불완전과거
1인칭단수	-o	-i	-ia
3인칭단수	-e	-iu	-ia
1인칭복수	-imos	-imos	-íamos
3인칭복수	-em	-iram	-iam

abrir동사를 예로 들면,

	현재	완전과거	불완전과거
1인칭단수	abro	abri	abria
3인칭단수	abre	abriu	abria
1인칭복수	abrimos	abrimos	abríamos
3인칭복수	abrem	abriram	abriam

⑹ 완전과거와 불완전과거의 의미 비교

완전과거	불완전과거
과거의 사진	과거의 영화
과거의 한정된 시간	과거의 시간 공간
과거의 시점	과거의 습관
행동의 끝이 보임	행동의 끝이 안보임
정보가 더 객관적임	과거와 더 얽힌 관련성이 있음

- 우리가 일상생활에서 말하는 과거는 완전과거와 훨씬 더 밀접하게 관련이 있다.
- 완전과거는 일회성, 불완전과거는 지속성이 있다.
- 완전과거(혹은 전과거)는 '점'으로, 불완전과거(혹은 반과거)는 '선'으로 이해된다.

완전과거

Eu fui à praia anteontem. 난 그저께 해변에 갔다.

Eu encontrei ela no fim de semana passado. 난 지난 주말에 그녀를 만났다.

불완전과거

Quando era criança, eu morava com meu pai.

어렸을 때 나는 아버지와 살았었다.

Quando tinha 20 anos, eu fumava muito.

20살 때 난 담배를 많이 피웠었다.

⑺ 접속법 현재형태를 사용한 명령형

동사원형	1인칭단수 현재	접속법 현재	의미
tomar	tomo	tome / tomem	마셔요
fazer	faço	faça / façam	하세요
vir	venho	venha / venham	오세요

- 접속법 현재형은 você(s)에 대한 명령형의 표현에 사용된다.
- 직설법 1인칭 단수 현재형에서 o를 빼고 -ar동사인 경우엔 -e /-em(상대방이 단수 / 복수), -er나 -ir동사인 경우엔 -a /-am(상대방이 단수 / 복수)을 붙인다.

＊ 접속법 현재 불규칙형태

동사원형	의미	접속법 현재
ser	이다	seja / sejam
estar	있다, 상태표현	esteja / estejam
ir	가다	vá / vão
dar	주다	dê / deem
saber	알다	saiba / saibam
querer	원하다	queira / queiram
haver	~가 있다	haja / hajam

(8) 현재분사

-ar동사	-ando
-er동사	-endo
-ir동사	-indo

- 현재분사는 estar동사와 함께 '진행'의 의미를 표현한다.
- 동시동작으로 '~하면서'의 의미로도 사용된다.

A minha mãe está tomando banho.
엄마는 목욕하는 중이다.
O que você estava fazendo?
뭐하고 있었던 거야?
Ele estuda ouvindo música.
그는 음악을 들으며 공부한다.

⑼ 과거분사

-ar동사	-ado
-er동사	-ido
-ir동사	

– 과거분사는 ser동사와 함께 수동태로 사용되고 estar동사와 함께 상태를 표현한다.

*** 과거분사 불규칙형태**

동사원형	의미	과거분사
abrir	열다	aberto
cobrir	덮다	coberto
fazer	~하다, 만들다	feito
dizer	말하다	dito
escrever	쓰다	escrito
ver	보다	visto
pôr	놓다, 넣다	posto
gastar	소비하다	gasto
pagar	지불하다	pago
ganhar	얻다, 이기다, (돈)벌다	ganho
vir	오다	vindo

O trabalho foi bem feito. 일이 잘 되었다.

A porta está aberta. 문이 열려있다.

⑽ 주요시제 종합

① 직설법 현재

Eu sempre <u>tomo</u> café da manhã com minha esposa.

나는 항상 아내와 아침식사 한다.

② 직설법 완전과거

Eu <u>fui</u> ao cinema ontem.

나는 어제 영화관에 갔다.

③ 직설법 불완전과거

Quando <u>era</u> estudante universitário, eu <u>bebia</u> muito.

나는 대학생 때 술을 많이 마셨었다.

④ 직설법 대과거

Eu já <u>tinha saído</u> quando você chegou aqui.

네가 여기 도착했을 때 난 이미 나갔었다.

⑤ 직설법 미래

Eu <u>vou comprar</u> um carro no ano que vem.

나는 내년에 차를 한대 살 것이다.

⑥ 직설법 과거미래

Ele me avisou que <u>iria</u> para o Brasil.

그는 브라질로 갈 거라고 내게 알려줬다.

⑦ 접속법 현재

Espero que você <u>passe</u> no exame.

네가 시험에 통과하길 바란다.

⑧ 접속법 과거

Se eu <u>tivesse</u> muito dinheiro, viajaria pelo mundo inteiro.

내가 돈이 많았었다면 전세계를 여행했을 것이다.

⑨ 접속법 미래

Se eu <u>for</u> ao Brasil, vou aprender a dançar samba.

내가 브라질에 간다면 삼바 추는 것을 배울 것이다.

PART I
인사 표현

01 일상적인 인사

간단한 인사

- 안녕
  ▶ **Oi!**
  오이
  Olá!
  올라

- 모두들 안녕!
  ▶ **Oi para todos!**
  오이 빠라 또두스

- 여러분 안녕!
  ▶ **Oi, pessoal!**
  오이 뻬쏘아우
  Oi, gente!
  오이 젱치

- 안녕! 잘 지내?
  ▶ **Oi! Tudo bem?**
  오이 뚜두 벵
  Oi! Tudo bom?
  오이 뚜두 봉

- 어떻게 지내?
  ▶ **Como está?**
  꼬무 이스따
  Como vai?
  꼬무 바이

- 저예요!
  ▶ Sou eu.
    쏘우 에우

- 여기에 네가?
  ▶ Você por aqui?
    보쎄 뽀르 아끼

아침·낮·저녁에 만났을 때

- 안녕하세요.(아침)
  ▶ Bom dia.
    봉 　 지아

- 안녕하세요.(점심)
  ▶ Boa tarde.
    보아 따르지

- 안녕하세요.(저녁)
  ▶ Boa noite.
    보아 노이치

- 안녕히 주무세요.
  ▶ Boa noite.
    보아 노이치
    Tenha um bom sono.
    뗑야 　 웅 봉 　 쏘누
    Tenha uma boa noite de sono.
    뗑야 　 우마 보아 노이치 지 쏘누
    Durma bem.
    두르마 　 벵

근황을 물을 때

- 너 잘 지내니?
  ▶ Tudo bem com você?
    뚜두 벵 꽁 보쎄

Tudo bem contigo?
뚜두 벵 꽁치구

• 어떻게 지내세요?
▶ Como está o senhor / a senhora?
꼬무 이스따 우 씽요르 / 아 씽요라

• 모든 일이 어때요?
▶ Como vão as coisas?
꼬무 버웅 아스 꼬이자스

• 하는 일은 어때요?
▶ Como está o seu trabalho?
꼬무 이스따 우 쎄우 뜨라발류

• 다 괜찮아요.
▶ Tudo tranquilo.
뚜두 뜨랑뀔루

• 부인은 어때요?
▶ Como está a sua esposa?
꼬무 이스따 아 쑤아 이스뽀자

• 그녀는 잘 지냅니다.
▶ Ela está bem.
엘라 이스따 벵

• 잘 지냅니다. 감사해요. 그런데 당신은요?
▶ Bem, obrigado / a. E você?
벵 오브리가두/ 다 이 보쎄

• 요즘 바쁘세요?
▶ Você está ocupado / a esses dias?
보쎄 이스따 오꾸빠두/ 다 에씨스 지아스

• 무엇 때문에 그리 바쁘세요?
▶ Por que você está tão ocupado / a?
뽀르 끼 보쎄 이스따 떠웅 오꾸빠두/ 다
Por que anda tão ocupado / a?
뽀르 끼 앙다 떠웅 오꾸빠두/ 다

- 상파울루에서의 생활은 어때요?
  ▶ **Como está a sua vida em São Paulo?**
    꼬무　이스따 아 쑤아 비다 잉 써웅 빠울루 ➜
    Como vai a vida em São Paulo?
    꼬무　바이 아 비다 잉　써웅 빠울루

- 리우데쟈네이루에서의 휴가는 어때요?
  ▶ **Como estão as suas férias no Rio de Janeiro?**
    꼬무　이스떠웅 아스 쑤아스 페리아스 누 히우 지 쟈네이루
    Como vão suas férias no Rio de Janeiro?
    꼬무　버웅 쑤아스 페리아스 누 히우 지 쟈네이루

- 네! 아주 좋아요.
  ▶ **Sim, estou muito bem.**
    씽　이스또우 무이뚜 벵
    Sim, estou ótimo / a.
    씽　이스또우 오치무/ 마

안색을 살필 때

- 날씨 좋네요, 그렇죠?
  ▶ **O tempo está bom, né?**
    우 뗑뿌　이스따 봉　네

- 건강하시죠?
  ▶ **Você está bem de saúde?**
    보쎄　이스따 벵　지 싸우지
    Como vai a saúde?
    꼬무　바이 아 싸우지

- 아주 좋습니다. 감사합니다.
  ▶ **Muito bem, obrigado / a.**
    무이뚜　벵　오브리가두/ 다

- 오늘 아주 좋아 보이네요.
  ▶ **Você parece (estar) muito bem hoje.**
    보쎄　빠레씨　(이스따르) 무이뚜 벵　오쥐

• 오늘 상태가 안 좋아 보이네요.

▶ Você parece mal hoje.
보쎄　빠레씨　마우 오쥐

Você não parece bem hoje.
보쎄　너웅 빠레씨　벵　오쥐

• 오늘 우울해 보이네요.

▶ Você parece triste hoje.
보쎄　빠레씨　뜨리스치 오쥐

• 아니에요. 단지 조금 피곤해서요.

▶ Não (não se preocupe). Só estou um pouco cansado / a.
너웅　(너웅 씨 쁘레오꾸뻬)　쏘 이스또우 웅 뽀우꾸　깡싸두/　다

• 무슨 일 있었니?

▶ O que houve?
우 끼　오우비

Aconteceu alguma coisa?
아꽁떼쎄우　아우구마　꼬이자

• 무슨 문제 있어?

▶ Tem algum problema?
뗑　아우궁　쁘로블레마

초면 인사

처음 만났을 때

- 처음 뵙겠습니다.
  - ▶ **Muito prazer!**
    무이뚜 쁘라제르

- 만나서 반가워요.
  - ▶ **Muito prazer em conhecê-lo / a.**
    무이뚜 쁘라제르 잉 꽁예쎌루/   라

- 저도 반갑습니다.
  - ▶ **O prazer é (todo) meu.**
    우 쁘라제르 에 (또두) 메우
    Igualmente.
    이과우멩치

- 당신을 알게 되어 무척 기쁩니다.
  - ▶ **Estou muito feliz / contente por ter conhecido você.**
    이스또우 무이뚜 펠리스 / 꽁뗑치   뽀르 떼르 꽁예씨두   보쎄

- 당신을 알게 되어 무척 흡족합니다.
  - ▶ **É um imenso prazer conhecê-lo / a.**
    에 웅 이멩쑤   쁘라제르 꽁예쎌루/   라

- 인사를 드리게 되어 기쁩니다.
  - ▶ **Estou muito feliz em poder cumprimentá-lo / a.**
    이스또우 무이뚜 펠리스 잉 뽀데르 꿍쁘리멩딸루/   라

- 마침내, 당신을 알게 되어 너무 흡족합니다.
  ▶ Fiquei muito contente por finalmente poder
  피께이 무이뚜 꽁뗑치 뽀르 피나우멩치 뽀데르
  conhecê-lo / a.
  꽁예쎌루/ 라

- 어디 출신이에요?
  ▶ De onde você é?
  지 옹지 보쎄 에

- 대한민국 출신이에요.
  ▶ Eu sou da Coreia.
  에우 쏘우 다 꼬레이아

- 어디서 오셨습니까?
  ▶ De onde você veio?
  지 옹지 보쎄 베이우

- 서울에서 왔습니다.
  ▶ Eu vim de Seul.
  에우 빙 지 쎄우우

- 여기에 어떤 일로 왔어요?
  ▶ Por que você veio aqui?
  뽀르 끼 보쎄 베이우 아끼

- 여행하러 여기에 왔습니다.
  ▶ Vim aqui para viajar.
  빙 아끼 빠라 비아쟈르

- 얼마 동안 여행을 하실 것입니까?
  ▶ Quanto tempo você vai viajar?
  꽝뚜 뗌뿌 보쎄 바이 비아쟈르

- 일주일 동안 리우데쟈네이루를 구경할 것입니다.
  ▶ Vou viajar pelo Rio de Janeiro por uma semana.
  보우 비아쟈르 뻴루 히우 지 쟈네이루 뽀르 우마 쎄마나

- 이미 어디를 방문했습니까?
  ▶ Onde você já visitou?
  옹지 보쎄 쟈 비지또우

- 이미 뽀르뚜알레그리와 꾸리치바를 방문했습니다.
  - ▶ Já visitei Porto Alegre e Curitiba.
    쟈 비지떼이 뽀르뚜 알레그리 이 꾸리치바

이름과 명함을 주고받을 때

- 성함이 어떻게 되시죠?
  - ▶ Qual é o seu nome?
    꽈우 에 우 쎄우 노미
  - Como é o seu nome?
    꼬무 에 우 쎄우 노미
  - Como você se chama?
    꼬무 보쎄 씨 샤마

- 나의 이름은 베뚜입니다.
  - ▶ Meu nome é Beto.
    메우 노미 에 베뚜

- 나는 빠울루라고 합니다.
  - ▶ (Eu) me chamo Paulo.
    (에우) 미 샤무 빠울루

- 성함 좀 알려주세요.
  - ▶ Você me diz o seu nome?
    보쎄 미 지스 우 쎄우 노미
  - Poderia dizer o seu nome?
    뽀데리아 지제르 우 쎄우 노미

- 제가 당신의 이름을 물어봐도 될까요?
  - ▶ Posso perguntar o seu nome?
    뽀쑤 뻬르궁따르 우 쎄우 노미

- 당신의 이름은요?
  - ▶ Seu nome, por favor?
    쎄우 노미 뽀르 파보르

- 당신의 성(姓)은요?
  - ▶ Seu sobrenome, por favor?
    쎄우 쏘브리노미　뽀르 파보르

- 당신의 별명은요?
  - ▶ Seu apelido, por favor?
    쎄우 아뻴리두　뽀르 파보르

- 제게 명함을 주실 수 있습니까?
  - ▶ Poderia me dar o seu cartão (de visita)?
    뽀데리아　미　다르 우 쎄우 까르떠웅 (지 비지따)

- 여기에 제 명함이 있습니다.
  - ▶ Aqui está o meu cartão.
    아끼　이스따 우 메우 까르떠웅

- 죄송합니다만 지금은 명함이 없습니다.
  - ▶ Desculpe, mas agora não tenho nenhum cartão.
    지스꾸우삐　마즈 아고라 너웅 뗑유　넹윰　까르떠웅

전에 이야기를 들었을 때

- 당신에 대해 많이 들었습니다.
  - ▶ Ouvi falar muito de você.
    오우비 팔라르 무이뚜 지　보쎄

- 드디어 당신을 만났네요.
  - ▶ Finalmente encontrei você.
    피나우멩치　잉꽁뜨레이　보쎄
    Finalmente te encontrei.
    피나우멩치　치 잉꽁뜨레이

- 오래 전부터 널 만나고 싶었어.
  - ▶ Faz muito tempo que quero te encontrar.
    파스 무이뚜 뗌뿌　끼　께루　치 잉꽁뜨라르
    Já faz um tempo que queria te conhecer.
    쟈 파즈 웅　뗌뿌　끼　께리아 치 꽁예쎄르

• 개인적으로 당신을 너무 보고 싶었습니다.

▶ **Eu desejava muito ver você pessoalmente.**
에우 데제쟈바 무이뚜 베르 보쎄 뻬쏘아우멩치

Queria muito te conhecer pessoalmente.
께리아 무이뚜 치 꽁예쎄르 뻬쏘아우멩치

• 난 정말로 널 만나고 싶었어.

▶ **Eu realmente queria encontrar você.**
에우 헤아우멩치 께리아 잉꽁뜨라르 보쎄

Eu realmente queria conhecê-lo / a.
에우 헤아우멩치 께리아 꽁예쎌루/   라

03 소개할 때의 인사

자기소개의 기본 표현

- 제 이름은 앙드레입니다.
  ▶ **Meu nome é André.**
  메우 노미 에 앙드레

- 전 줄리아누라고 합니다.
  ▶ **(Eu) me chamo Juliano.**
  (에우) 미 샤무 줄리아누

- 제 소개를 하겠습니다. 전 다니엘라입니다.
  ▶ **Deixa eu me apresentar. Eu sou Daniela.**
  데이샤 에우 미 아쁘레젱따르 에우 쏘우 다니엘라

- 전 포르투갈어과 신입생입니다.
  ▶ **Sou calouro / a do Departamento de português.**
  쏘우 깔로우루/ 라 두 데빠르따멩뚜 지 뽀르뚜게스
  Sou bixo / bixete do Departamento de português.
  쏘우 비슈 / 비셰치 두 데빠르따멩뚜 지 뽀르뚜게스

- 정중하게 인사드립니다.
  ▶ **Meus cordiais cumprimentos.**
  메우스 꼬르지아이스 꿈쁘리멩뚜스

- 이 기회를 빌어 매우 정중하게 인사드리고자 합니다.
  ▶ **Aproveito esta oportunidade para cumprimentá-lo / a.**
  아쁘로베이뚜 에스따 오뽀르뚜니다지 빠라 꿈쁘리멩딸루/ 라

- 저는 한국 사람입니다.
  ▶ Sou coreano / a.
  쏘우 꼬레아누/ 나

- 저는 포르투갈어를 잘하지 못합니다.
  ▶ Eu não falo português bem.
  에우 너웅 팔루 뽀르뚜게스 벵

- 저는 영어를 조금 합니다.
  ▶ Eu falo um pouco de inglês.
  에우 팔루 웅 뽀우꾸 지 잉글레스

- 제 소개해도 될까요? 전 루이스입니다.
  ▶ Permita-me que eu me apresente. Eu sou Luís.
  뻬르미따 미 끼 에우 미 아쁘레젱치   에우 쏘우 루이스

- 제가 간단한 소개를 하도록 하겠습니다.
  ▶ Permita-me fazer uma breve apresentação.
  뻬르미따 미 파제르 우마 브레비 아쁘레젱따써웅

- 실례합니다, 제 소개를 해도 될까요?
  ▶ Com licença, posso me apresentar?
  꽁 리쎙싸 뽀쑤 미 아쁘레젱따르

- 전에 우리 본적이 없는 것 같은데요. 전 주제라고 합니다.
  ▶ Acho que a gente não tinha se visto antes.
  아슈 끼 아 젱치 너웅 칭야 씨 비스뚜 앙치스
  Eu sou José.
  에우 쏘우 쥬제

- 안녕하세요. 당신은 김선생님이 맞으시죠? 전 이 과 교수인 루까스
  입니다.
  ▶ Oi, você deve ser o senhor Kim, né?
  오이 보쎄 데비 쎄르 우 씽요르 낑   네
  Sou Lucas, sou professor deste departamento.
  쏘우 루까스   쏘우 쁘로페쏘르   데스치 데빠르따멩뚜

다른 사람을 소개할 때

• 제 아내를 소개하겠습니다.
  ▶ Deixe eu apresentar a minha esposa.
  데이쉬 에우 아쁘레젱따르 아 밍야 이스뽀자

• 이쪽은 주엉이고, 이쪽은 마리아입니다.
  ▶ Este é o João e esta é a Maria.
  에스치 에 우 쥬어웅 이 에스따 에 아 마리아

• 뻬드루씨, 이 분이 아나교수님입니다.
  ▶ Senhor Pedro, esta é a professora Ana.
  씽요르 뻬드루 에스따 에 아 쁘로페쏘라 아나

• 전 당신께서 이선생님께 인사하길 바랍니다.
  ▶ Quero que (você) conheça o senhor Lee.
  께루 끼 (보쎄) 꽁예싸 우 씽요르 리

• 내 친구 히까르두를 너에게 소개해도 될까?
  ▶ Posso te apresentar o meu amigo Ricardo?
  뽀쑤 치 아쁘레젱따르 우 메우 아미구 히까르두

• 당신께 김박사님을 소개하니 제겐 영광입니다.
  ▶ Para mim, é uma honra apresentar o doutor Kim a você.
  빠라 밍 에 우마 옹하 아쁘레젱따르 우 또우또르 낑 아 보쎄

• 전에 안면들이 있으신가요?
  ▶ Vocês já tinham se visto antes?
  보쎄스 쟈 칭양 씨 비스뚜 앙치스

친구를 소개할 때

• 제 친구입니다.
  ▶ É meu amigo / minha amiga.
  에 메우 아미구 / 밍야 아미가

- 넌 김 선생님을 알고 있니?
  - ▶ Você conhece o senhor Kim?
    보쎄 꽁예씨 우 씽요르 낑

- 네게 마르꾸스를 소개할게.
  - ▶ Eu te apresento o Marcos.
    에우 치 아쁘레젱뚜 우 마르꾸스

- 이 친구가 루시아누야.
  - ▶ Este é o Luciano.
    에스치 에 우 루씨아누

- 여기는 호나우두고, 여기는 까를루스야.
  - ▶ Esse é o Ronaldo e esse é o Carlos.
    에씨 에 우 호나우두 이 에씨 에 우 까를루스

- 주엉, 레치시아를 아니?
  - ▶ João, você conhece a Letícia?
    쥬어웅 보쎄 꽁예씨 아 레치씨아

- 주엉, 내 친구 비앙까를 소개하고 싶어.
  - ▶ João, quero te apresentar a minha amiga Bianca.
    쥬어웅 께루 치 아쁘레젱따르 아 밍야 아미가 비앙까

- 여러분께 제 친구 비또르를 소개하게 되어 무척 영광입니다.
  - ▶ Tenho a grande honra de apresentar o meu amigo
    뗑유 아 그랑지 옹하 지 아쁘레젱따르 우 메우 아미구
    Victor para vocês.
    비또르 빠라 보쎄스

- 안녕, 호베르따. 이쪽은 내 동료 쎄자르야. 우리는 대학동문이지.
  - ▶ Oi, Roberta. Este é o meu colega César.
    오이 호베르따 에스치 에 우 메우 꼴레가 쎄자르
    Somos da mesma universidade.
    쏘무스 다 메즈마 우니베르씨다지

상대를 알기 위한 질문

- 당신의 이름이 뭐에요?
  - ▶ Qual é o seu nome?
    꽈우 에 우 쎄우 노미

- 당신의 성(姓)은 뭐에요?
  - ▶ Qual é o seu sobrenome?
    꽈우 에 우 쎄우 쏘브리노미

- 당신의 성과 이름은 뭐에요?
  - ▶ Qual é o seu nome completo?
    꽈우 에 우 쎄우 노미 꽁쁠레뚜

- 성함이 어떻게 되세요?
  - ▶ Como é o seu nome?
    꼬무 에 우 쎄우 노미

- 성함을 부탁합니다.
  - ▶ Seu nome, por favor.
    쎄우 노미 뽀르 파보르

- 제가 성함을 여쭤봐도 되겠습니까?
  - ▶ Posso perguntar o seu nome?
    뽀쑤 뻬르궁따르 우 쎄우 노미

- 전에 우리 서로 본 적이 없는 것 같습니다. 전 바네싸입니다.
  - ▶ Acho que a gente não tinha se visto antes.
    아슈 끼 아 젱치 너웅 칭야 씨 비스뚜 앙치스
    Eu sou Vanessa.
    에우 쏘우 바네싸

- 누구시죠?
  - ▶ Quem é você?
    껭 에 보쎄

- 당신이 호드리구씨입니까?
  - ▶ Você é o senhor Rodrigo?
    보쎄 에 우 씽요르 호드리구

• 제 이름은 가브리엘라입니다.
  ▶ **Meu nome é Gabriela.**
  메우 노미 에 가브리엘라

• 저는 앙또니우입니다.
  ▶ **Eu sou Antônio.**
  에우 쏘우 앙또니우

• 제 성(姓)은 김입니다.
  ▶ **Meu sobrenome é Kim.**
  메우 쏘브리노미 에 낑

• 제 이름은 정주입니다.
  ▶ **Meu nome é Jung-Ju.**
  메우 노미 에 정주

• 저를 주까라고 부르셔도 됩니다.
  ▶ **Pode me chamar de Juca.**
  뽀지 미 샤마르 지 쥬까

• 어디에서 오셨어요?
  ▶ **De onde você veio?**
  지 옹지 보쎄 베이우

• 당신의 고향은 어디입니까?
  ▶ **Qual é a sua cidade natal?**
  꽈우 에 아 쑤아 씨다지 나따우

• 무슨 일 하세요?
  ▶ **O que você faz?**
  우 끼 보쎄 파스

• 어디서 일하세요?
  ▶ **Onde você trabalha?**
  옹지 보쎄 뜨라발랴

• 어디서 공부하세요?
  ▶ **Onde você estuda?**
  옹지 보쎄 이스뚜다

- 대학교에서 무엇을 공부하세요?
  - ▶ O que você estuda na universidade?
    우 끼 보쎄 이스뚜다 나 우니베르씨다지

- 어디 사세요?
  - ▶ Onde você mora?
    옹지 보쎄 모라

- 언제부터 여기에 계셨어요?
  - ▶ Desde quando você está aqui?
    데스지 꽝두 보쎄 이스따 아끼

- 한국에 얼마나 머무르실 겁니까?
  - ▶ Quanto tempo quer ficar na Coreia?
    꽝뚜 뗌뿌 께르 피까르 나 꼬레이아

- 한국에 오신 적이 있습니까?
  - ▶ Já tinha vindo na Coreia antes?
    쟈 칭야 빙두 나 꼬레이아 앙치스
  - Já veio para a Coreia alguma vez?
    쟈 베이우 빠라 아 꼬레이아 아우구마 베스

- 이번이 처음입니다.
  - ▶ É a primeira vez.
    에 아 쁘리메이라 베스

- 한국에 온지 3일 되었습니다.
  - ▶ Faz três dias que estou na Coreia.
    파스 뜨레스 지아스 끼 이스또우 나 꼬레이아

- 지금 어디에 있습니까?
  - ▶ Onde você está agora?
    옹지 보쎄 이스따 아고라

- 전 롯데호텔에서 머물고 있습니다.
  - ▶ Eu estou hospedado no hotel Lotte.
    에우 이스또우 오스뻬다두 누 오떼우 로치

- 여기는 마음에 드세요?
  - ▶ Você gosta deste lugar?
    보쎄 고스따 데스치 루가르

• 서울에서 사는 것에 적응하셨어요?

▶ **Você já está acostumado / a a viver em Seul?**
보쎄 쟈 이스따 아꼬스뚜마두/ 다 아 비베르 잉 쎄우우

• 이곳의 기후에 적응하셨어요?

▶ **Você já está acostumado / a ao clima daqui?**
보쎄 쟈 이스따 아꼬스뚜마두/ 다 아우 끌리마 다끼

• 여가 시간에는 뭐하세요?

▶ **O que você faz no seu tempo livre?**
우 끼 보쎄 파스 누 쎄우 뗌뿌 리브리

• 어떤 스포츠를 가장 좋아하세요?

▶ **Qual esporte você mais gosta?**
꽈우 이스뽀르치 보쎄 마이스 고스따

Qual é o seu esporte favorito?
꽈우 에 우 쎄우 이스뽀르치 파보리뚜

• 어떤 음악을 가장 좋아하세요?

▶ **Qual música você mais gosta?**
꽈우 무지까 보쎄 마이스 고스따

Qual é a sua música favorita?
꽈우 에 아 쑤아 무지까 파보리따

• 어떤 음식을 가장 좋아하세요?

▶ **Qual comida você mais gosta?**
꽈우 꼬미다 보쎄 마이스 고스따

Qual é a sua comida favorita?
꽈우 에 아 쑤아 꼬미다 파보리따

• 일 때문에 여기에 계시나요?

▶ **Você está aqui a trabalho?**
보쎄 이스따 아끼 아 뜨라발류

04 오랜만에 만났을 때의 인사

오랜만에 만났을 때

- 이게 얼마만이야!
  ▶ **(Há) quanto tempo!**
  (아) 꽝뚜 뗑뿌

- 와! 얼마나 살이 빠진 거야!
  ▶ **Nossa! Como você emagreceu!**
  노싸 꼬무 보쎄 이마그레쎄우

- 너 하나도 안변했다!
  ▶ **Você não mudou nada!**
  보쎄 너웅 무도우 나다

- 너 못 본지가 이미 여러 해 되었네!
  ▶ **Já faz muitos anos que não te vejo!**
  쟈 파스 무이뚜즈 아누스 끼 너웅 치 베쥬

- 우리가 못 본지가 얼마나 되었는지?
  ▶ **Quanto tempo faz que a gente não se vê?**
  꽝뚜 뗑뿌 파스 끼 아 젱치 너웅 씨 베

- 안녕! 너 못 본지가 꽤 되었다!
  ▶ **Oi! Faz tempo que não te vejo!**
  오이 파스 뗑뿌 끼 너웅 치 베쥬

- 다시 널 보게 되어 무척 반가워.
  ▶ **Muito prazer em rever você.**
  무이뚜 쁘라제르 잉 헤베르 보쎄

- 네가 건강해서 무척 기쁘다.

  ▶ **Estou muito feliz por estar com boa saúde.**
  이스또우 무이뚜 펠리스 뽀르 이스따르 꽁 보아 싸우지

  Fico feliz em vê-lo / a saudável.
  피꾸 펠리즈 잉 벨루/ 라 싸우다베우

- 말해봐라, 어떻게 지내고 있는 거야?

  ▶ **Me conta, como é que vai?**
  미 꽁따 꼬무 에 끼 바이

- 지금은 뭐하며 지내?

  ▶ **O que você está fazendo agora?**
  우 끼 보쎄 이스따 파젠두 아고라

- 아직도 같은 회사에서 근무하고 있어?

  ▶ **Ainda está trabalhando na mesma empresa?**
  아잉다 이스따 뜨라발량두 나 메즈마 잉쁘레자

- 아직도 전화번호가 똑같은가?

  ▶ **Ainda tem o mesmo número de telefone?**
  아잉다 뗑 우 메즈무 누메루 지 뗄레포니

- 애들은 모두 잘 있지?

  ▶ **Os filhos estão bem?**
  우스 필류즈 이스떠웅 벵

  Como vão os seus filhos?
  꼬무 버웅 우스 쎄우스 필류스

우연히 만났을 때

- 실례합니다.

  ▶ **Com licença.**
  꽁 리쎙싸

  Me dá licença.
  미 다 리쎙싸

• 당신을 여기서 보게 되다니 놀랐어요!

▶ Que surpresa te ver aqui!
끼   쑤르쁘레자 치 베르 아끼

• 너무 놀랍다! 얼마만이야!

▶ Que surpresa! Faz tanto tempo!
끼   쑤르쁘레자 파스 땅뚜   뗑뿌

Mas que surpresa agradável! Há quanto tempo!
마스 끼   쑤르쁘레자 아그라다베우 아 꽝뚜   뗑뿌

• 널 여기서 다시 보게 되다니 너무 좋다!

▶ Que bom te ver de novo aqui!
끼   뽕   치 베르 지 노부   아끼

• 네가 여기에 있다니! 난 믿을 수가 없어!

▶ Você está aqui? Não posso acreditar!
보쎄   이스따 아끼 너웅 뽀쑤   아끄레지따르
Você aqui? Não consigo acreditar!
보쎄   아끼   너웅 꽁씨구   아끄레지따르

• 당신을 여기서 볼 거라고는 상상도 못했어요.

▶ (Eu) nem pude imaginar que encontraria você aqui.
(에우) 넹   뿌지 이마쥐나르 끼 잉꽁뜨라리아 보쎄 아끼
Não fazia ideia de que te veria por aqui.
너웅 파지아 이데이아 지 끼   치 베리아 뽀르 아끼

• 당신을 여기서 볼 수 있을 것이라고는 절대 상상도 못했었습니다.

▶ Nunca imaginei que te encontraria por aqui.
눙까   이마쥐네이 끼   치 잉꽁뜨라리아 뽀르 아끼

• 이 도시에서 뭐하고 있는 거예요?

▶ O que está fazendo na cidade?
우 끼   이스따 파젱두   나 씨다지

• 근래에 어디에서 일해?

▶ Onde você trabalha esses dias?
옹지   보쎄 뜨라발랴 에씨스 지아스

• 왜 그리 바쁜거야?

▶ **Por que você está tão ocupado / a?**
뽀르 끼　보쎄　이스따 떠웅 오꾸빠두/ 다

Por que anda tão ocupado / a?
뽀르 끼　앙다　떠웅 오꾸빠두/　다

• 이 시간에 직장에 없어도 돼?

▶ **Você pode se ausentar no trabalho a esta hora?**
보쎄　뽀지　씨 아우젱따르 누　뜨라발류　아 에스따 오라

Tudo bem você se ausentar no trabalho nesse horário?
뚜두　벵　보쎄　씨 아우젱따르 누　뜨라발류　네씨　오라리우

• 이 시간에 일하지 않아?

▶ **Você não trabalha a esta hora?**
보쎄　너웅 뜨라발랴　아 에스따 오라

상대방의 안부를 물을 때

• 안녕하지?

▶ **Tudo bem?**
뚜두　벵

Tudo beleza?
뚜두　벨레자

Tudo em cima?
뚜두　잉　씨마

Tudo em ordem?
뚜두　잉　오르뎅

• 안녕하시죠?

▶ **Tudo bem com você?**
뚜두　벵　꽁　보쎄

• 잘 지내죠?

▶ **Você vai bem?**
보쎄　바이 벵

- 건강하시죠?
  ▶ E a saúde?
  이 아 싸우지
  Vai bem de saúde?
  바이 벵　　지 싸우지

- 좀 좋아지셨어요?
  ▶ Anda melhor?
  앙다　　멜료르
  Melhorou um pouco?
  멜료로우　　웅 뽀우꾸

- 아주 좋아요.
  ▶ Vou muito bem.
  보우 무이뚜 벵

- 좋아요.
  ▶ Estou bem.
  이스또우 벵

- 그저 그래요.
  ▶ Mais ou menos.
  마이즈 오우 메누스

- 특별한 일이 없었어요.
  ▶ Não tive nada em especial.
  너웅 치비 나다　잉 이스뻬씨아우

- 안 좋아요.
  ▶ Não estou bem.
  너웅　이스또우 벵

- 아주 안 좋아요.
  ▶ Ando muito mal.
  앙두　　무이뚜 마우

- 좋아지고 있습니다.
  ▶ Estou melhorando.
  이스또우 멜료랑두

Ainda estou me recuperando.
아잉다 이스또우 미 헤꾸뻬랑두

- 더 좋을 수는 없습니다.
▶ Não poderia estar melhor.
너웅 뽀데리아 이스따르 멜료르

- 평상시와 다를바 없어요.
▶ O mesmo de sempre.
우 메즈무 지 쎙쁘리

- 해야할 일이 많아요.
▶ Tenho muito trabalho.
뗑유 무이뚜 뜨라발류

- 해야할 많은 것들이 있어요.
▶ Tenho muitas coisas para fazer.
뗑유 무이따스 꼬이자스 빠라 파제르

- 너무 바빴어요.
▶ Estive muito ocupado / a.
이스치비 무이뚜 오꾸빠두/ 다

- 숨쉴 시간도 없어요.
▶ Não tenho tempo nem para respirar.
너웅 뗑유 뗌뿌 넹 빠라 헤스삐라르

- 너무 걱정이 많아요.
▶ Ando com muitas preocupações.
앙두 꽁 무이따스 쁘레오꾸빠쏭이스
Tenho muitas preocupações.
뗑유 무이따스 쁘레오꾸빠쏭이스

타인의 안부를 물을 때

- 남편께서는 안녕하시지요?
▶ O seu marido vai bem?
우 쎄우 마리두 바이 벵

Como vai o seu marido?
꼬무　　바이 우 쎄우 마리두

• 부인께서는 안녕하시지요?

▶ A sua esposa vai bem?
아 쑤아 이스뽀자 바이 벵

Como vai a sua esposa?
꼬무　　바이 아 쑤아 이스뽀자

• 예 매우 좋아요.

▶ Vai muito bem sim!
바이 무이뚜　벵　　씽

가족	família 파밀리아
부모	pais 빠이스
아버지	pai 빠이
어머니	mãe 망이
형제	irmão 이르머웅
자매	irmã 이르망
아들	filho 필류
딸	filha 필랴
할아버지	avô, vovô 아보, 보보
할머니	avó, vovó 아보, 보보
삼촌, 고모부, 이모부	tio 치우
숙모, 고모, 이모	tia 치아
사촌	primo / a 쁘리무/마
조카	sobrinho / a 쏘브링유/야

손자 / 손녀	neto / a 네뚜/따
시아버지, 장인	sogro 쏘그루
시어머니, 장모	sogra 쏘그라
사위	genro 젱후
며느리	nora 노라
형부, 처남, 매형, 매제, 아주버님	cunhado 꿍야두
형수, 제수, 처형, 처제, 올케, 시누이	cunhada 꿍야다

• 건강이 좋지 못합니다.

▶ A saúde não vai bem.
아 싸우지 너웅 바이 벵

Infelizmente, ele / a não vai muito bem de saúde.
잉펠리스멩치   엘리/라 너웅 바이 무이뚜 벵   지 싸우지

• 가족은 안녕하지요?

▶ A sua família vai bem?
아 쑤아 파밀리아 바이 벵

Como vai a sua família?
꼬무   바이 아 쑤아 파밀리아

• 모두 건강합니다.

▶ Todos estão com saúde.
또두즈   이스떠웅 꽁 싸우지

Todos estão cheios de saúde.
또두즈   이스떠웅 셰이우 지 싸우지

05 헤어질 때의 인사

헤어질 때

• 안녕히 가세요!

▶ Tchau!
챠우

• 또 보자!

▶ Até mais!
아떼 마이스

A gente se vê de novo!
아 젱치   씨 베 지 노부

Nos vemos de novo!
노스 베무스   지 노부

• 곧 보자!

▶ Até logo!
아떼 로구

Até já!
아떼 쟈

Te vejo daqui a pouco!
치 베쥬 다끼   아 뽀우꾸

• 내일 보자!

▶ Até amanhã!
아떼 아망양

A gente se vê amanhã!
아 젱치   씨 베 아망양

- 수요일에 보자!
  ▶ **Até a quarta!**
  아떼 아 꽈르따
  Nos vemos na quarta!
  노스 베무스 나 꽈르따
  Te vejo na quarta!
  치 베쥬 나 꽈르따

- 조심해서 가!
  ▶ **Se cuida!**
  씨 꾸이다
  Vai com Deus!
  바이 꽁 데우스

- 나대신 마리아에게 인사 전해 줘!
  ▶ **Dê oi à Maria por mim.**
  데 오이 아 마리아 뽀르 밍
  Mande um oi para a Maria por mim.
  망지 웅 오이 빠라 아 마리아 뽀르 밍

- 이제 작별 인사할 때가 되었습니다.
  ▶ **Agora é hora da despedida.**
  아고라 에 오라 다 지스뻬지다
  Está na hora da despedida.
  이스따 나 오라 다 지스뻬지다

- 떠나자니 너무 섭섭합니다.
  ▶ **Me sinto mal agora que tenho que partir.**
  미 씽뚜 마우 아고라 끼 뗑유 끼 빠르치르

- 난 우리가 작별인사를 말할 시간이라는 것이 싫다.
  ▶ **Não quero estragar, mas está na hora da despedida.**
  너웅 께루 이스뜨라가르 마즈 이스따 나 오라 다 지스뻬지다

- 제 부모님께서 당신께 대신 인사하라고 하셨습니다.
  ▶ **Meus pais pediram para me despedir de você por eles.**
  메우스 빠이스 뻬지랑 빠라 미 데스뻬지르 지 보쎄 뽀르 엘리스

Meus pais pediram para te dar tchau por eles.
메우스 빠이스 뻬지랑 빠라 치 다르 차우 뽀르 엘리스

밤에 헤어질 때

• 너무 늦었다. 우리 가자고!
▶ Está muito tarde. Temos que ir!
이스따 무이뚜 따르지 떼무스 끼 이르

• 조심해서 가!
▶ Tome cuidado!
또미 꾸이다두
Vai com cuidado!
바이 꽁 꾸이다두

• 미안합니다. 벌써 시간이 되었군요. 우리 가야합니다.
▶ Desculpa, mas é que já deu a hora. Precisamos ir.
지스꾸우빠 마즈 에 끼 쟈 데우 아 오라 쁘레시자무스 이르

다시 만날 것을 기대하며 헤어질 때

• 우리 또 봐요!
▶ Nos vemos de novo!
노스 베무스 지 노부
A gente se vê de novo!
아 젱치 씨 베 지 노부

• 나중에 봐!
▶ Até mais!
아떼 마이스

• 그때 가서 봐!
▶ Nos vemos lá!
노스 베무스 라
A gente se vê lá!
아 젱치 씨 베 라

• 곧 보자!

▶ **Te vejo daqui a pouco!**
치 베쥬 다끼　아 뽀우꾸

Até daqui a pouco!
아떼 다끼　아 뽀우꾸

• 아주 빨리 보자!

▶ **Espero te ver logo!**
이스뻬루 치 베르 로구

• 내일 봐!

▶ **Até amanhã!**
아떼 아망양

• 좋은 하루 보내!

▶ **Tenha um bom dia!**
뗑야　웅 봉 지아

연락을 바라며 헤어질 때

• 전화해!

▶ **Me liga!**
미　리가

Liga para mim!
리가 빠라 밍

• 우리 서로 계속 연락하자고요!

▶ **Mantenha contato!**
망뗑야　　꽁따뚜

Vamos manter contato!
바무스　망떼르 꽁따뚜

• 집에 도착할 때 전화드릴께요.

▶ **(Eu) te ligo quando chegar em casa.**
(에우) 치 리구 꽝두　셰가르　잉　까자

• 제게 편지하는 것 잊지 마세요.
▶ Não se esqueça de me escrever.
너웅 씨 이스께싸 지 미 이스끄레베르

• 시간 있을 때 제게 오세요.
▶ Venha me visitar de vez em quando.
벵야 미 비지따르 지 베즈 잉 꽝두
Venha me visitar quando tiver um tempinho.
벵야 미 비지따르 꽝두 치베르 웅 뗑삥유

안부를 전할 때

• 네 형에게 안부 전해 줘.
▶ Mande lembranças ao seu irmão.
망지 렘브랑싸스 아우 쎄우 이르머웅
Mande um abraço ao seu irmão.
망지 웅 아브라쑤 아우 쎄우 이르머웅

• 제 이름으로 각별한 안부를 전해 주세요.
▶ Mande lembranças por mim!
망지 렘브랑싸스 뽀르 밍

• 진심으로 안부를 전합니다.
▶ Mande os meus sinceros cumprimentos.
망지 우스 메우스 씽쎄루스 꿍쁘리멩뚜스

일반적 안부(인사)	um abraço, um oi 웅 아브라쑤 웅 오이
정중한 안부(인사)	os meus sinceros cumprimentos 우스 메우스 씽쎄루스 꿍쁘리멩뚜스

• 자네의 부모님을 뵙게 될 때, 내 대신 안부 전해 주게.

▶ **Mande um oi aos seus pais por mim quando**
망지　웅　오이 아우스 쎄우스 빠이스 뽀르 밍 꽝두

encontrá-los.
잉꽁뜨랄루스

Quando encontrar os seus pais, diga que mandei
꽝두　잉꽁뜨라르　우스 쎄우스 빠이스, 지가 끼 망데이

lembranças!
렝브랑싸스

• 나 대신 마리아에게 인사 전해 줘!

▶ **Diga oi à Maria por mim.**
지가　오이 아 마리아 뽀르 밍

• 제 부모님께서 당신께 대신 인사하라고 하셨습니다.

▶ **Meus pais pediram para mandar um oi para você.**
메우스 빠이스 뻬지랑　빠라 망다르　웅　오이 빠라 보쎄

Meus pais te mandaram um oi.
메우스 빠이스 치 망다랑　웅　오이

전송할 때

• 좋은 여행되세요!

▶ **Boa viagem!**
보아　비아젱

• 안녕히 가세요!

▶ **Tchau!**
챠우

• 여행 맘껏 즐겨요!

▶ **Aproveite a viagem!**
아쁘로베이치 아 비아젱

• 행운이 함께 하기를!

▶ **Boa sorte!**
보아　쏘르치

• 하느님이 동행하실 거야!

▶ **Que Deus te acompanhe!**
끼　데우스 치 아꽁빵이

• 공항에 나와주셔서 대단히 감사합니다.

▶ **Obrigado / a por vir me ver no aeroporto.**
오브리가두/　다 뽀르 비르 미 베르 누 아에로뽀르뚜

• 저 이만 가겠습니다.

▶ **Bom, tenho que ir agora.**
봉　　뗑유　　끼　이르 아고라

 # 감사의 인사

고마울 때

• 대단히 고맙습니다.
▶ **Muito obrigado / a.**
무이뚜 오브리가두/ 다

• 정말로 좋습니다. 감사합니다.
▶ **Realmente estou bem. Obrigado / a.**
헤아우멩치   이스또우 벵 오브리가두/ 다

• 감사합니다. 아주 좋습니다.
▶ **Obrigado / a. Estou muito bem.**
오브리가두/ 다 이스또우 무이뚜 벵

• 매우 감사합니다. 더 좋을 수는 없습니다.
▶ **Muito obrigado / a. Não podia estar melhor.**
무이뚜 오브리가두/ 다 너웅 뽀지아 이스따르 멜료르

• 좋아지고 있습니다. 감사합니다.
▶ **Estou melhorando. Obrigado / a.**
이스또우 멜료랑두   오브리가두/ 다

친절과 수고에 대해 감사할 때

• 당신께 경의를 표합니다.
▶ **É uma honra.**
에 우마 옹하
Me sinto honrado / a.
미 씽뚜 옹하두/   다

- 친절함에 감사드립니다.
  ▶ **Obrigado / a pela gentileza.**
  오브리가두/ 다 뻴라 젱칠레자

- 도움에 감사드립니다.
  ▶ **Obrigado / a pela ajuda.**
  오브리가두/ 다 뻴라 아쥬다

- 환영해 주셔서 감사합니다.
  ▶ **Obrigado / a pelas boas vindas.**
  오브리가두/ 다 뻴라스 보아스 빙다스

- 여러모로 감사합니다.
  ▶ **Obrigado / a por tudo.**
  오브리가두/ 다 뽀르 뚜두

- 정말 즐거웠습니다.
  ▶ **Realmente foi muito legal.**
  헤아우멩치 포이 무이뚜 레가우

- 며칠 동안 정말 즐거웠습니다.
  ▶ **Passei dias muito agradáveis.**
  빠쎄이 지아스 무이뚜 아그라다베이스

- 베풀어주신 호의를 잊지 않겠습니다.
  ▶ **Não vou esquecer a sua gentileza.**
  너웅 보우 이스께쎄르 아 쑤아 젱칠레자

도움이나 행위에 대해 감사할 때

- 고마워!
  ▶ **Obrigado / a!**
  오브리가두/ 다

- 도와줘서 고마워!
  ▶ **Obrigado / a por ajudar!**
  오브리가두/ 다 뽀르 아쥬다르

- 너는 너무 친절하다.
  - ▶ Você é muito gentil.
    보쎄　에 무이뚜 젱치우

- 네가 그것을 하다니, 고맙다.
  - ▶ E pensar que fez isso por mim, obrigado / a.
    이 뻰싸르　끼　페즈 이쑤 뽀르 밍　　오브리가두/ 다

- 당신에 협력에 감사드려요.
  - ▶ Agradeço a sua cooperação / colaboração.
    아그라데쑤　아 쑤아 꼬오뻬라써웅/　꼴라보라써웅

- 호의에 감사드려요.
  - ▶ Obrigado / a pela gentileza.
    오브리가두/ 다 뻴라　젱칠레자

[～에 감사하다] Obrigado / a ～, Agradeço ～
오브리가두/　다　　아그라데쑤

- 당신의 말씀에　　　　as suas palavras
　　　　　　　　　　　아스 쑤아스 빨라브라스

- 당신의 친절에　　　　a sua gentileza
　　　　　　　　　　　아 쑤아 젱칠레자

- 당신의 요청에　　　　o seu pedido
　　　　　　　　　　　우 쎄우 뻬지두

- 사랑이 넘치는 편지에　pela amável carta
　　　　　　　　　　　뻴라　아마베우　까르따

- 선물에　　　　　　　pelo presente
　　　　　　　　　　　뻴루　쁘레젱치

- 당신의 격려에　　　　pelo seu encorajamento
　　　　　　　　　　　뻴루　쎄우 잉꼬라쟈멩뚜

- 초청에   pelo convite
  뻴루 꽁비치
- 축하에   pelos parabéns
  뻴루스 빠라벵스

- 귀하의 호의에 대단히 감사드립니다.
  ▶ **Agradeço a gentileza do senhor.**
  아그라데쑤 아 젱칠레자 두 씽요르

- 친절하신 협력에 대단히 감사드립니다.
  ▶ **Agradeço pela generosa cooperação / colaboração.**
  아그라데쑤 뻴라 제네로자 꼬오뻬라써웅 / 꼴라보라써웅

- 저희 요청에 대하여 신속한 회답을 주셔서 대단히 감사드립니다.
  ▶ **Agradecemos pela resposta rápida que nos deu quanto**
  아그라데쎄무스 뻴라 헤스뽀스따 하삐다 끼 노스 데우 꽝뚜
  ao nosso pedido.
  아우 노쑤 뻬지두

- 저희 제의에 대해 긍정적 회답을 주셔서 대단히 감사드립니다.
  ▶ **Agradecemos por nos dar uma resposta positiva**
  아그라데쎄무스 뽀르 노스 다르 우마 헤스뽀스따 뽀지치바
  quanto à nossa proposta.
  꽝뚜 아 노싸 쁘로뽀스따

감사의 선물을 줄 때

- 네게 줄 작은 거 하나 샀다.
  ▶ **Comprei um presentinho pequeno para você.**
  꽁쁘레이 웅 쁘레젱칭유 삐께누 빠라 보쎄

- 네게 줄 작은 선물 하나 가져왔다.
  ▶ **Trouxe um pequeno presente para você.**
  뜨로쉬 웅 삐께누 쁘레젱치 빠라 보쎄

• 너를 위한 깜짝 선물이다.

▶ Este é um presente surpresa para você.
에스치 에 웅 쁘레젱치　쑤르쁘레자 빠라　보쎄

• 네가 좋아했으면 좋겠다.

▶ Espero que você goste.
이스뻬루 끼　보쎄　고스치

• 단지 기념품일 뿐이야.

▶ É apenas uma lembrancinha.
에 아뻬나스 우마　렝브랑씽야

• 네게 유용하길 바란다.

▶ Espero que seja útil para você.
이스뻬루 끼　쎄쟈 우치우 빠라 보쎄

• 날 잊지 말라고 주는 거야.

▶ Estou te dando para que não se esqueça de mim.
이스또우 치 당두　빠라　끼　너웅 씨 이스께싸　지 밍

감사의 선물을 받았을 때

• 전 깜짝 선물이 너무 좋아요.

▶ Adoro surpresas!
아도루　쑤르쁘레자스

• 열어 볼 수 있을 까요?

▶ Posso abrir?
뽀쑤　아브리르

• 너무 예쁘다! 고맙습니다.

▶ Que lindo / a! Obrigado / a.
끼　링두/　다 오브리가두/　다

Que bonito / a! Obrigado / a.
끼　보니뚜/　따 오브리가두/　다

• 봐봐! 내가 원했었던 바로 그거야.
  ▶ Mas, olha! É exatamente o que eu queria!
  마스 올랴 에 이자따멩치 우 끼 에우 께리아

• 당신의 선물에 감사합니다.
  ▶ Obrigado / a pelo presente.
  오브리가두/ 다 뻴루 쁘레젱치

• 제 아들에게 보내주신 선물에 대단히 감사합니다.
  ▶ Obrigado / a pelo presente que mandou para o meu
  오브리가두/ 다 뻴루 쁘레젱치 끼 망도우 빠라 우 메우
  filho.
  필류

• 훌륭한 선물을 주신데 대해 진심으로 감사드립니다.
  ▶ Realmente agradeço pelo presente maravilhoso que
  헤아우멩치 아그라데쑤 뻴루 쁘레젱치 마라빌료주 끼
  me deu.
  미 데우

• 보내주신 훌륭한 선물에 대단히 감사드립니다.
  ▶ Muito obrigado / a pelos maravilhosos presentes que
  무이뚜 오브리가두/ 다 뻴루스 마라빌료주스 쁘레젱치스 끼
  me mandou.
  미 망도우

감사에 대해 응답할 때

• 별말씀을[천만에]
  ▶ De nada.
  지 나다
  Não há de quê.
  너웅 아 지 께
  Não tem de quê.
  너웅 뗌 지 께

Imagina!
이마쥐나

• 제가 즐거웠습니다.
▶ Foi um prazer.
포이 웅 쁘라제르
O prazer foi todo meu.
우 쁘라제르 포이 또두 메우

07 사과와 사죄의 인사

미안함을 표시할 때

• 미안합니다.
▶ **Desculpa. / Desculpe.**
지스꾸우빠 / 지스꾸우삐

• 정말 죄송합니다.
▶ **Sinto muito.**
씽뚜 무이뚜

• 양해바랍니다.
▶ **Espero que me entenda, por favor.**
이스뻬루 끼 미 잉뗑다 뽀르 파보르
Não me interprete mal.
너웅 미 잉떼르쁘레치 마우

• 제 잘못입니다.
▶ **Foi engano meu.**
포이 잉가누 메우
Foi minha culpa.
포이 밍야 꾸우빠

• 무슨 말을 해야 할지 모르겠다.
▶ **Não sei o que dizer.**
너웅 쎄이 우 끼 지제르
Estou sem palavras.
이스또우 쎙 빨라브라스

• 고의가 아니었습니다.
▶ **Não foi / fiz de propósito.**
너웅 포이/피스 지 쁘로뽀지뚜

Não tive intenção.
너웅 치비 잉뗑써웅

- 악한 의도가 아니였어.
  ▶ Não fiz por mal.
  너웅 피스 뽀르 마우

- 악의로 그것을 하지 않았어.
  ▶ Não fiz isso por maldade.
  너웅 피즈 이쑤 뽀르 마우다지

- 악한 마음으로 그것을 하지 않았어.
  ▶ Não tive nenhuma má intenção.
  너웅 치비 넹유마 마 잉뗑써웅

- 모든 것이 제 잘못입니다.
  ▶ Foi tudo culpa minha.
  포이 뚜두 꾸우빠 밍야

- 네게 내 실수의 용서를 구한다.
  ▶ Perdão pelo meu erro.
  뻬르더웅 뻴루 메우 에후
  Peço desculpas pelo erro que cometi.
  뻬쑤 지스꾸우빠스 뻴루 에후 끼 꼬메치

- 내 용서를 받아 줘, 부탁이다.
  ▶ Aceite as minhas desculpas, por favor.
  아쎄이치 아스 밍야스 지스꾸우빠스 뽀르 파보르

- 이 마음을 상하게 하고 싶지 않았어.
  ▶ Não quis te magoar.
  너웅 끼스 치 마고아르

- 네게 맹세할게 다시는 그것을 하지 않는다고.
  ▶ Te juro que não faço mais isso.
  치 쥬루 끼 너웅 파쑤 마이즈 이쑤

- 사실은 내가 잘못을 했단다. 용서해 줘!
  ▶ Sei que cometi um grande erro. Me perdoe!
  쎄이 끼 꼬메치 웅 그랑지 에후 미 뻬르도이

Sei que cometi uma gafe. Me desculpe!
쎄이 끼 꼬메치 우마 가피 미 지스꾸우뻬

실례를 구할 때

• 실례했습니다.

▶ Com licença.
꽁 리쎙싸

(Me) dá licença.
(미) 다 리쎙싸

(Me) dê licença.
(미) 데 리쎙싸

Desculpa.
지스꾸우빠

• 실례하지만, 창문을 열어도 될까요?

▶ Desculpa, mas será que posso abrir a janela?
지스꾸우빠 마스 쎄라 끼 뽀쑤 아브리르 아 쟈넬라

• 실례하지만, 담배를 피워도 될까요?

▶ Desculpa, mas será que posso fumar?
지스꾸우빠 마스 쎄라 끼 뽀쑤 푸마르

• 실례하지만, 여기에 앉아도 될까요?

▶ Desculpa, mas será que posso sentar aqui?
지스꾸우빠 마스 쎄라 끼 뽀쑤 쎙따르 아끼

• 잠깐 기다려 주세요.

▶ (Espere) só um pouquinho / momento / minuto / instante.
(이스뻬리) 쏘 웅 뽀우낑유/ 모멩뚜/ 미누뚜/ 잉스땅치

(Aguarde) só um pouquinho / momento / minuto /
(아과르지) 쏘 웅 뽀우낑유/ 모멩뚜/ 미누뚜/

instante.
잉스땅치

사과 · 사죄의 말에 응답할 때

• 괜찮아요.

▶ **Não foi nada.**
너웅 포이 나다

Não faz mal.
너웅 파스 마우

Não tem importância.
너웅 뗑 잉뽀르땅씨아

Tudo bem.
뚜두   벵

• 마음 두지 마세요.

▶ **Não guarde rancor, não.**
너웅 과르지 항꼬르 너웅

Não deixe nenhum rancor no seu coração.
너웅 데이쉬 넹융   항꼬르 누 쎄우 꼬라써웅

• 걱정하지 마세요.

▶ **Não se preocupe.**
너웅 씨 쁘레오꾸삐

• 중요한 것도 아니다.

▶ **Isso nem é tão importante assim.**
이쑤 넹 에 떠웅 잉뽀르땅치 아씽

• 별일이 아니다.

▶ **Isso não é nada.**
이쑤 너웅 에 나다

• 문제없다.

▶ **Não tem problema.**
너웅 뗑 쁘로블레마

• 이제 그것 잊어버려.

▶ **Agora esquece!**
아고라 이스께씨

Esqueça tudo!
이스께싸 뚜두

08 축하와 환영의 인사

축하할 때

• 축하해!
▶ **Parabéns!**
빠라벵스

• 대단히 축하합니다.
▶ **Meus Parabéns!**
메우스 빠라벵스
Parabéns de montão!
빠라벵스 　지 몽떠웅

• 생일 축하합니다.
▶ **Feliz Aniversário.**
펠리즈 아니베르싸리우

메리 크리스마스!	**Feliz Natal!** 펠리스 나따우
행복한 새해!	**Feliz Ano Novo!** 펠리즈 아누 　노부
즐거운 생일!	**Feliz Aniversário!** 펠리즈 아니베르싸리우

• 네게 축하를 보낸다.
▶ **Te desejo os meus parabéns.**
치 데제쥬 　우스 메우스 빠라벵스

- 온 마음으로 네게 축하를 보낸다.
  - ▶ **Te desejo parabéns do fundo da minha alma.**
    치 데제쥬 빠라벵스 두 풍두 다 밍야 아우마

축복을 기원할 때

- …하길 바란다.
  - ▶ **Espero (que) …**
    이스뻬루 (끼)
  - **Desejo (que) …**
    데제쥬 (끼)

- 행운이 있길!
  - ▶ **Boa sorte!**
    보아 쏘르치

- 네가 행운이 있기를 바란다.
  - ▶ **Espero que tenha sorte.**
    이스뻬루 끼 뗑야 쏘르치

- 네가 행복하길 바란다.
  - ▶ **Desejo muitas felicidades.**
    데제쥬 무이따스 펠리씨다지스

- 운이 많이 따르길 바란다.
  - ▶ **Que a sorte te acompanhe!**
    끼 아 쏘르치 치 아꽁빵이

- 행복하고 번창하는 새해를 기원합니다.
  - ▶ **Desejo um ano próspero e cheio de felicidades.**
    데제쥬 웅 아누 쁘로스뻬루 이 셰이우 지 펠리씨다지스

- 네가 행복한 기념일을 보내길 바란다.
  - ▶ **Boas festas!**
    보아스 페스따스
  - **Tenha boas festas!**
    뗑야 보아스 페스따스

• 네가 행복한 새해를 맞길 바래.

▶ **Tenha um feliz ano novo!**
떼야　웅　펠리즈 아누 노부

• 행운이 항상 너와 함께 하기를!

▶ **Que a sorte esteja sempre ao seu lado!**
끼　아 쏘르치 이스떼쟈 쎙쁘리　아우 쎄우 라두

환영할 때

• 환영합니다!

▶ **Bem-vindo!**
벵　빙두

[~에 오신 것을 환영합니다]	Bem-vindo ~ 벵　빙두
• 대한민국에	à Coreia 아 꼬레이아
• 제 집에	à nossa casa 아 노싸　까자
• 제 사무실에	ao meu escritório 아우 메우 이스끄리또리우
• 리셉션에	à recepção 아 헤쎕써웅
• 저희 학교에	à nossa escola 아 노싸　이스꼴라
• 저희 회사에	à nossa empresa 아 노싸　잉쁘레자

- 뜨겁게 환영합니다(개인에게)!

▶ **Seja bem-vindo!**
쎄쟈 벵 빙두

- 뜨겁게 환영합니다(단체에게)!

▶ **Sejam bem-vindos!**
쎄쟝 벵 빙두스

- 여러분께 뜨거운 환영인사를 보냅니다!

▶ **Espero que sejam todos bem-vindos!**
이스뻬루 끼 쎄쟝 또두스 벵 빙두스

09 화장실 이용

위치를 물을 때

• 화장실이 어디에 있나요?
▶ Onde fica o banheiro?
옹지　피까 우 방예이루
Onde é o banheiro?
옹지　에 우 방예이루
Cadê o banheiro?
까데　우 방예이루

• 이 음식점 안에 화장실이 있나요?
▶ Tem algum banheiro neste restaurante?
뗑　아우궁　방예이루　네스치 헤스따우랑치
Onde fica o banheiro deste restaurante?
옹지　피까 우 방예이루　데스치 헤스따우랑치

• 화장실 문이 어떤 거죠?
▶ Qual é a porta do banheiro?
꽈우　에 아 뽀르따 두 방예이루

• 이 근처에 공중 화장실이 없습니까?
▶ Não tem um banheiro público por aqui?
너웅 뗑 웅　방예이루　뿌블리꾸 뽀르 아끼

• 몇 층에 화장실이 있습니까?
▶ Em que andar fica o banheiro?
잉　끼　앙다르 피까 우 방예이루

화장실에 가고자 할 때

- 잠시만 기다려 주실래요?
  ▶ **Pode esperar só um momento?**
  뽀지 이스뻬라르 쏘 웅 모멩뚜

- 잠시만요. 손을 좀 씻으러 갈게요.
  ▶ **Vou rapidinho lavar as minhas mãos.**
  보우 하삐징유   라바르 아스 밍야스 머웅스

- 조그만 기다려, 화장실 좀 갈게.
  ▶ **Espere só um instante, vou no banheiro.**
  이스뻬리 쏘 웅 잉스땅치   보우 누 방예이루

- 화장실을 가고 싶습니다.
  ▶ **Queria ir no banheiro.**
  께리아   이르 누 방예이루

- 화장실 좀 사용해도 되겠습니까?
  ▶ **Posso usar o banheiro?**
  뽀쑤   우자르 우 방예이루

화장실에서 문제가 있을 때

- 화장실이 너무 지저분합니다.
  ▶ **O banheiro está muito sujo / imundo.**
  우 방예이루   이스따 무이뚜 쑤쥬/ 이뭉두

- 화장실에 휴지가 없습니다.
  ▶ **Não tem papel no banheiro.**
  너웅 뗑   빠뻬우 누 방예이루

- 변기가 고장입니다.
  ▶ **A privada está quebrada.**
  아 쁘리바다 이스따 께브라다

• 화장실 물이 내려가지 않습니다.

▶ A água do banheiro não desce.

아 아과 두 방예이루 너웅 데씨

사람을 부를 때

인사를 하여 부를 때

- 안녕하세요!
  ▶ Oi!
  오이

- 안녕하세요!
  ▶ Tudo bem?
  뚜두　벵

- 여기 분이세요?
  ▶ O senhor / A senhora é daqui?
  우 씽요르　/ 아 씽요라　에 다끼

- 여기 출신이니?
  ▶ Você é daqui?
  보쎄　에 다끼

모르는 사람을 부를 때

- 저
  ▶ Oi...
  오이

- 저, 실례합니다.
  ▶ Oi, com licença. / Oi, desculpa. / Oi, por favor.
  오이 꽁　리쎙싸 /　오이 지스꾸우빠 / 오이 뽀르 파보르

- 이봐!
  - ▶ Com licença. / Por favor.
    꽁　리쎙싸 /　뽀르 파보르

- 실례합니다, 실은 제가 여기 출신이 아닙니다.
  - ▶ Me desculpe, mas eu não sou daqui.
    미　지스꾸우삐, 마즈　에우 너웅 쏘우 다끼

- 그런데 제게 …를 말씀해 주실 수 있겠습니까?
  - ▶ Será que poderia me dizer...
    쎄라　끼　뽀데리아 미　지제르

호칭을 부를 때

- (오전에) 안녕하세요. 까르발류씨.
  - ▶ Bom dia, Senhor Carvalho.
    봉　지아 씽요르　까르발류

- (오후에) 안녕하세요. 두아르치 여사.
  - ▶ Boa tarde, Senhora Duarte.
    보아　따르지 씽요라　두아르치

- (저녁에) 안녕하세요. 마리아 양.
  - ▶ Boa noite, Senhorita Maria.
    보아　노이치 씽요리따　마리아

- 다시 뵙게 되어 반갑습니다. 실바 박사님.
  - ▶ É um prazer vê-lo novamente, Doutor Silva.
    에 웅　쁘라제르 벨루　노바멩치　도우또르　씨우바

- 잘가요, 히까르두.
  - ▶ Tchau, Ricardo.
    차우　히까르두

- 잘가요. 페르난다.
  - ▶ Até mais, Fernanda.
    아떼 마이스　페르낭다

말을 걸 때

- 날씨가 추워요!

  ▶ **Que frio!**
  끼　프리우

  Está tão frio!
  이스따 떠웅 프리우

날씨표현 : (너무) ~하다!

Que + 명사 / 형용사!
끼

Está (tão) + 형용사 / 현재분사.
이스따 (떠웅)

- 덥다.　　　　**Que calor! / Está tão quente.**
  　　　　　　　끼　깔로르 / 이스따 떠웅 껭치

- 선선하다.　　**Que fresco! / Está tão fresquinho.**
  　　　　　　　끼　프레스꾸 / 이스따 떠웅 프레스낑유

- 바람이 분다.　**Que vento! / Está ventando.**
  　　　　　　　끼　벵뚜 / 　이스따 벵땅두.

- 건조하다.　　**Está tão seco!**
  　　　　　　　이스따 떠웅 쎄꾸

- 습하다.　　　**Está tão úmido!**
  　　　　　　　이스따 떠웅 우미두

• 비가 올 것 같죠?

▶ **Não parece que vai chover?**
너웅 빠레씨 끼 바이 쇼베르
Será que vai chover?
쎄라 끼 바이 쇼베르

• 담배를 좀 펴도 괜찮겠습니까?

▶ **Tudo bem se eu fumar?**
뚜두 벵 씨 에우 푸마르
Você não se importa se eu fumar?
보쎄 너웅 씨 잉뽀르따 씨 에우 푸마르

• (담배) 불 좀 있으세요?

▶ **Tem fogo? / Tem isqueiro?**
뗑 포구 / 뗑 이스께이루

• 몇 시죠?

▶ **Que horas são, por favor?**
끼 오라스 써웅, 뽀르 파보르
Tem horas?
뗑 오라스

• …아세요?

▶ **Você sabe (se)....**
보쎄 싸비 (씨)

• 무슨 일이 일어난 지 아세요?

▶ **Você sabe o que aconteceu?**
보쎄 싸비 우 끼 아꽁떼쎄우

• 넌 그것을 믿을 수 없을 거야.

▶ **Você não pode acreditar nisso.**
보쎄 너웅 뽀지 아끄레지따르 니쑤

• 믿기에 정말 어려워요!

▶ **É difícil acreditar!**
에 지피씨우 아끄레지따르
Vai ser difícil acreditar!
바이 쎄르 지피씨우 아끄레지따르

• 무슨 일이 있었는지 들었어?

▶ Você ouviu o que aconteceu?
보쎄 오우비 우 우끼 아꽁떼쎄우

• 안드레가 내게 말한 것을 넌 믿지 못할 거야.

▶ Você não vai acreditar no que o André me contou.
보쎄 너웅 바이 아끄레지따르 누 끼 우 앙드레 미 꽁또우

• 내가 무엇을 봤는지 맞춰봐.

▶ Adivinha o que eu vi.
아지빙야 우 끼 에우 비

• 넌 내가 들은 것을 상상도 못할 거야.

▶ Você nem imagina no que eu ouvi dizer.
보쎄 넹 이마쥐나 누 끼 에우 오우비 지제르

• 새로운 소식를 알고 있니?

▶ Está sabendo das últimas novidades?
이스따 싸벵두 다스 우우치마스 노비다지스

• 대단한 소식을 들었니?

▶ Soube da grande notícia?
쏘우비 다 그랑지 노치씨아

• 누가 네게 그것을 말했니?

▶ Quem te disse isso?
껭 치 지씨 이쑤

대화 도중에 말을 걸 때

• 잠시만, 죄송합니다.

▶ Você tem um minuto, por favor?
보쎄 뗑 웅 미누뚜, 뽀르 파보르

• 말씀 중에 실례해도 될까요?

▶ Posso interromper?
뽀쑤 잉떼홍뻬르

- 죄송합니다만, 제가 대화에 잠시 끼어도 될까요?

  ▶ Desculpe, mas será que posso interromper por um
  지스꾸우삐, 마스 쎄라 끼 뽀쑤 잉떼홍뻬르 뽀르 웅

  momento?
  모멩뚜

- 김 선생님, 저와 이야기를 좀 하실 수 있을 까요?

  ▶ Senhor Kim, será que eu poderia falar com o senhor?
  씽요르 낑, 쎄라 끼 에우 뽀데리아 팔라르 꽁 우 씽요르

대화에 동참시킬 때

- 시간 있니?

  ▶ Você tem (um) tempo?
  보쎄 떼 (웅) 뗑뿌

- 우리 잠깐 이야기할 수 있나요?

  ▶ Será que podemos falar por um momento?
  쎄라 끼 뽀데무스 팔라르 뽀르 웅 모멩뚜

  Você pode me dar um momento?
  보쎄 뽀지 미 다르 웅 모멩뚜

- 이 문제에 관해 당신과 이야기할 수 있을까요?

  ▶ Posso falar sobre este problema com o senhor?
  뽀쑤 팔라르 쏘브리 에스치 쁘로블레마 꽁 우 씽요르

  Posso discutir o problema com o senhor?
  뽀쑤 지스꾸치르 우 쁘로블레마 꽁 우 씽요르

- 대화하기 좋은 어떤 것을 생각해 볼까요?.

  ▶ Que tal falarmos sobre algum assunto agradável?
  끼 따우 팔라르무스 쏘브리 아우궁 아쑹뚜 아그라다베우

  Vamos pensar em alguma coisa interessante?
  바무스 뻥싸르 잉 아우구마 꼬이자 잉떼레쌍치

- 흥미로운 주제 맞죠?

  ▶ É um assunto interessante, né?
  에 웅 아쑹뚜 잉떼레쌍치 네

- 우리 얘기 좀 할까요?

  ▶ **Podemos conversar um pouco?**
  뽀데무스　꽁베르싸르　웅　뽀우꾸

  Que tal conversarmos um pouco?
  끼　따우 꽁베르싸르무스　웅　뽀우꾸

  Vamos conversar um pouco?
  바무스　꽁베르싸르　웅　뽀우꾸

- 우리 대화에 함께 하겠어요?

  ▶ **Não gostaria de se juntar a nós para conversar?**
  너웅 고스따리아 지 씨 쥼따르　아 노스 빠라 꽁베르싸르

  Não quer se juntar à nossa conversa?
  너웅 께르 씨 쥼따르　아 노싸　꽁베르싸

- 당신과 얘기 좀 할 수 있을까요?

  ▶ **Poderia falar com o senhor por um momento?**
  뽀데리아　팔라르 꽁　우 씽요르　뽀르 웅　모멩뚜

- 우리와 함께 이 문제에 관해 대화할래?

  ▶ **Gostaria de falar sobre o problema conosco?**
  고스따리아 지 팔라르 쏘브리 우 쁘로블레마　꼬노스꾸

  Quer discutir o problema com a gente?
  께르　지스꾸치르 우 쁘로블레마 꽁　아 젱치

용건을 물을 때

- 제가 도와드릴 것이 있습니까?

  ▶ **Posso ajudar o senhor?**
  뽀쑤　아쥬다르 우 씽요르

- 도움이 필요하세요?

  ▶ **Você precisa de ajuda?**
  보쎄　쁘레씨자 지 아쥬다

- 저한테 뭔가 이야기하고 싶으세요?

  ▶ **Tem algo a me dizer?**
  뗑　아우구 아 미 지제르

Você quer me dizer alguma coisa?
보쎄 께르 미 지제르 아우구마 꼬이자

- 무슨 말을 하고 싶으신 거죠?
  ▶ Você queria falar sobre o quê?
    보쎄 께리아 팔라르 쏘브리 우 께
    Sobre o que queria falar?
    쏘브리 우 끼 께리아 팔라르

- 난처하신 것 같은데, 제가 도와드릴까요?
  ▶ Você não parece estar bem. Posso te ajudar em
    보쎄 너웅 빠레씨 이스따르 벵 뽀쑤 치 아쥬다르 잉
    alguma coisa?
    아우구마 꼬이자
    Você parece estar com problemas. Precisa de ajuda?
    보쎄 빠레씨 이스따르 꽁 쁘로블레마스 쁘레씨자 지 아쥬다

모르는 사람에게 말을 걸 때

- 실례합니다!
  ▶ Com licença!
    꽁 리쎙싸

- 부탁인데요!
  ▶ Por favor!
    뽀르 파보르

- 어이!
  ▶ Ei!
    에이

- 어이, 너!
  ▶ Ei, você!
    에이 보쎄

- 이봐 거기!
  ▶ Você aí!
    보쎄 아이

- 여기는 처음이신가요?

  ▶ É a primeira vez que vem aqui?
    에 아 쁘리메이라 베스 끼 벵 아끼

- 한국어로 말할 수 있나요?

  ▶ Você pode falar em coreano?
    보쎄 뽀지 팔라르 잉 꼬레아누

- 신문 읽으시겠어요?

  ▶ Você quer ler o jornal?
    보쎄 께르 레르 우 죠르나우

- 오늘 날씨가 좋죠. 안 그런가요?

  ▶ Hoje faz um tempo bom, né?
    오쥐 파즈 웅 뗑뿌 봉 네

  Hoje o tempo está bom, né?
    오쥐 우 뗑뿌 이스따 봉 네

- 몇 시인지 부탁합니다.

  ▶ Que horas são, por favor?
    끼 오라스 써웅 뽀르 파보르

- …를 아시나요?

  ▶ Sabe que...
    싸비 끼

- 실례하지만, 전 이곳 사람이 아닌데, 제게 … 말씀해 주실 수 있나요?

  ▶ Desculpa (incomodar), mas é que não sou daqui.
    지스꾸우빠 (잉꼬모다르) 마즈 에 끼 너웅 쏘우 다끼

  Poderia me dizer...?
    뽀데리아 미 지제르

질문과 설명

질문할 때

- 이것은 무엇입니까?

  ▶ O que é isso / isto?
  우 끼　에 이쑤 / 이스뚜

- 이것은 무엇을 의미합니까?

  ▶ O que significa isso?
  우 끼　씨그니피까 이쑤

  O que isso quer dizer?
  우 끼　이쑤 께르 지제르

- 이것을 포르투갈어로 뭐라고 합니까?

  ▶ Como se fala isso em português?
  꼬무　씨 팔라르 이쑤 잉　뽀르뚜게스

- 이 머리 글자들은 무엇을 의미합니까?

  ▶ O que significa essas / estas iniciais?
  우 끼　씨그니피까 에싸스 / 에스따스 이니씨아이스

- 질문이 있습니다.

  ▶ Tenho uma pergunta.
  뗑유　우마　뻬르궁따

- 질문 하나 해도 될까요?

  ▶ Posso perguntar uma coisa?
  뽀쑤　뻬르궁따르　우마　꼬이자

  Posso fazer uma pergunta?
  뽀쑤　파제르 우마　뻬르궁따

- 구체적인 질문을 몇 개 더 하고자 합니다.
  ▶ **Gostaria de fazer mais algumas perguntas detalhadas.**
  고스따리아 지 파제르 마이즈 아우구마스 뻬르궁따스 데딸랴다스

- 질문을 잘 들으세요!
  ▶ **Ouça com atenção a pergunta que vou fazer!**
  오우싸 꽁 아뗑써웅 아 뻬르궁따 끼 보우 파제르

  Ouça bem a minha pergunta!
  오우싸 벵 아 밍야 뻬르궁따

  Preste atenção na minha pergunta!
  쁘레스치 아뗑써웅 나 밍야 뻬르궁따

- 제 질문에 대답하세요!
  ▶ **Responda a minha pergunta!**
  헤스뽕다 아 밍야 뻬르궁따

  Me responda!
  미 헤스뽕다

질문을 받을 때

- 누구 질문하고 싶으신 분?
  ▶ **Alguém tem perguntas?**
  아우겡 뗑 뻬르궁따스

  Quem quer perguntar alguma coisa?
  껭 께르 뻬르궁따르 아우구마 꼬이자

- 질문 있습니까?
  ▶ **Tem alguma pergunta?**
  뗑 아우구마 뻬르궁따

  Tem alguma dúvida?
  뗑 아우구마 두비다

- 다른 질문 없습니까?
  ▶ **Mais alguma pergunta?**
  마이즈 아우구마 뻬르궁따

- 다음 질문 하세요.

  ▶ Próxima pergunta, por favor!
  쁘로씨마　삐르궁따,　뽀르 파보르

  Qual é a próxima pergunta?
  꽈우　에 아 쁘로씨마　삐르궁따

- 질문 있으면, 손을 드세요.

  ▶ Quem quiser perguntar alguma coisa, levante a mão.
  껭　끼제르　삐르궁따르　아우구마 꼬이자, 레방치　아 머웅

  Levante a mão se tiver alguma dúvida.
  레방치　아 머웅 씨 치베르 아우구마　두비다

  Levante a mão quem tiver alguma dúvida.
  레방치　아 머웅 껭　치베르 아우구마　두비다

- 여기까지 아무 질문도 없습니까?

  ▶ Até aqui, nenhuma pergunta?
  아떼 아끼　넹유마　삐르궁따

  Nenhuma pergunta até aqui?
  넹유마　삐르궁따　아떼 아끼

질문에 답변할 때

- 좋은 질문입니다.

  ▶ É uma boa pergunta.
  에 우마　보아　삐르궁따

- 더 이상 묻지 마세요.

  ▶ Não faça mais nenhuma pergunta.
  너웅 파싸　마이스 넹유마　삐르궁따

- 더 답변하고 싶지 않습니다.

  ▶ Não vou responder a mais nenhuma pergunta.
  너웅 보우 헤스뽕데르　아 마이스 넹유마　삐르궁따

  Não quero dizer mais nada.
  너웅　께루　지제르 마이스 나다

• 뭐라고 대답해야 좋을지 모르겠습니다.

▶ **Não sei bem o que responder.**
너웅 쎄이 벵 우 끼 헤스뽕데르

Não sei qual seria a melhor resposta.
너웅 쎄이 꽈우 쎄리아 아 멜료르 헤스뽀스따

• 말하지 않겠습니다.

▶ **Não tenho mais nada a dizer.**
너웅 뗑유 마이스 나다 아 지제르

Não tenho mais nenhum comentário a fazer.
너웅 뗑유 마이스 넹융 꼬멩따리우 아 파제르

• 곧 알게 될 것입니다.

▶ **Você logo saberá.**
보쎄 로구 싸베라

Logo vai ficar sabendo.
로구 바이 피까르 싸벵두

• 가능하면 빨리 답변하도록 하겠습니다.

▶ **Vou tentar responder o mais breve possível.**
보우 뗑따르 헤스뽕데르 우 마이스 브레비 뽀씨베우

• 이유를 설명해 드릴 수 없습니다.

▶ **Não posso explicar qual é a razão.**
너웅 뽀쑤 이스쁠리까르 꽈우 에 아 하저웅

Não tenho como explicar o porquê disto.
너웅 뗑유 꼬무 이스쁠리까르 우 뽀르께 지스뚜

설명을 요구할 때

• …에 대해 좀 더 설명해 주시겠습니까?

▶ **Poderia explicar um pouco mais sobre....?**
뽀데리아 이스쁠리까르 웅 뽀우꾸 마이스 쏘브리

• 이유를 설명해 주실 수 있습니까?

▶ **Você pode explicar qual é a razão?**
보쎄 뽀지 이스쁠리까르 꽈우 에 아 하저웅

Poderia explicar o porquê?
뽀데리아 이스쁠리까르 우 뽀르께

- 간단히 설명해 보세요.
  ▶ Tente explicar isso de maneira simples.
  뗑치   이스쁠리까르 이쑤 지 마네이라 씽쁠리스

- 더 자세히 말씀해 주세요.
  ▶ Tente explicar mais detalhadamente.
  뗑치   이스쁠리까르 마이스 데딸랴다멩치
  Esclareça mais sobre os detalhes.
  이스끌라레싸 마이스 쏘브리 우스 데딸리스

- 요점에 벗어났습니다.
  ▶ Isso não tem nada a ver com o assunto.
  이쑤 너웅 뗑   나다 아 베르 꼼   우 아쑹뚜
  Isso não tem ligação com o assunto.
  이쑤 너웅 뗑   리가써웅 꽁   우 아쑹뚜
  Isso não vem ao caso.
  이쑤 너웅 벵   아우 까주

- 요점을 말하세요!
  ▶ Diga apenas o que é essencial.
  지가   아뻬나스 우 끼   에 에쎙씨아우
  Apenas fale sobre os pontos principais.
  아뻬나스 팔리 쏘브리 우스 뽕뚜스 쁘링씨빠이스

- 어찌된 것이죠? 말해 주세요.
  ▶ O que aconteceu? Me diga.
  우 끼   아꽁떼쎄우   미   지가

- 이것을 다시 한 번 설명해 주시겠어요?
  ▶ Você pode explicar mais uma vez?
  보쎄   뽀지   이스쁠리까르 마이즈 우마 베스
  Poderia explicar de novo?
  뽀데리아 이스쁠리까르 지 노부

• 더 쉬운 말로 다시 말씀해 주시겠어요?

▶ Você pode explicar isso em outras palavras?
보쎄　뽀지　이스쁠리까르 이쑤 잉 오우뜨라스 빨라브라스

Poderia esclarecer isso de maneira mais simples?
뽀데리아　이스끌라레쎄르 이쑤 지 마네이라　마이스 씽쁠리스

설명할 때

• 말로는 다 설명할 수 없습니다.

▶ É difícil explicar tudo isso com meras palavras.
에 지피씨우 이스쁠리까르 뚜두 이쑤 꽁　메라스　빨라브라스

Meras palavras não conseguem explicar tudo isso.
메라스　빨라브라스 너웅 꽁쎄겡　　　이스쁠리까르 뚜두 이쑤

• 말로는 표현하기 힘들어요.

▶ É difícil expressar isso em palavras.
에 지피씨우 이스쁘레싸르 이쑤 잉　빨라브라스

• 어떻게 설명해야 할지 모르겠습니다.

▶ Não sei como explicar isso.
너웅　쎄이 꼬무　이스쁠리까르 이쑤

• 그밖에 달리 설명할 방법이 없어요.

▶ Não tenho como explicar isso de outra maneira.
너웅 뗑유　꼬무　이스쁠리까르 이쑤 지 오우뜨라 마네이라

• 그래서 그런 겁니다.

▶ É por isso.
에 뽀르 이쑤

• 말하자면 길어요.

▶ Isso seria uma longa história
이쑤 쎄리아 우마 롱가　이스또리아

• 그것은 상식이죠.

▶ Isso é senso comum.
이쑤 에 쎙쑤　꼬뭉

- 사실은,
  - ▶ Na verdade,
    나 베르다지

- 문제는 말야…
  - ▶ O problema é (que)...
    우 쁘로블레마 에 (끼)

- 솔직히 말하자면,
  - ▶ Para ser sincero,
    빠라 쎄르 씽쎄루

    Francamente,
    프랑까멩치

- 들리세요?
  - ▶ Está me ouvindo?
    이스따 미 오우빙두

- 봐봐!
  - ▶ Veja! / Olha!
    베쟈 / 올랴

- 이것 봐!
  - ▶ Veja isso! / Olha isso!
    베쟈 이쑤 / 올랴 이쑤

- 잘 봐!
  - ▶ Veja atentamente! / Veja com cuidado.
    베쟈 아뗑따멩치   / 베쟈 꽁   꾸이다두

- 조용히!
  - ▶ Silêncio!
    씰렝씨우

- 여기 좀 봐요!
  - ▶ Olhe aqui!
    올리 아끼

• 넌 내 말을 듣고 있는 거니?

▶ Você está me ouvindo?
보쎄   이스따 미 오우빙두

Você está me escutando?
보쎄   이스따 미 이스꾸땅두

• 주의를 기울였니?

▶ Você prestou atenção?
보쎄   쁘레스또우 아뗑써웅

• 잠시 내 말을 들어 줄 수 있니?

▶ Pode me escutar por um momento?
뽀지   미   이스꾸따르 뽀르 웅 모멩뚜

• 이것에 집중하세요.

▶ Preste atenção nisto.
쁘레스치 아뗑써웅   니스뚜

• 지금 제게 귀 기울이세요!

▶ Ouça bem o que vou dizer agora.
오우싸 벵   우 끼   보우 지제르 아고라

Preste atenção no que vou dizer agora.
쁘레스치 아뗑써웅 누 끼   보우 지제르 아고라

04 의문

의문사 및 관계사 [Quem]

- 누가 / 누구
  - ▶ Quem
    껭

- 누구에게?
  - ▶ Para quem?
    빠라 껭

- 누가 네게 그것을 말했니?
  - ▶ Quem te disse isso?
    껭　치 지씨　이쑤

- 어떤 사람들이 파티에 오니?
  - ▶ Quem vem à festa?
    껭　벵　아 페스따

- 넌 누구를 봤니?
  - ▶ Quem você viu?
    껭　보쎄　비우

- 그녀가 누구에 대해서 이야기했었니?
  - ▶ De quem ela estava falando?
    지 껭　엘라 이스따바 팔랑두

- 원하는 사람은 들어갈 수 있다.
  - ▶ Aquele que quiser pode entrar.
    아껠리　끼　끼제르 뽀지 엥뜨라르

- 일찍 도착한 사람들은 상을 받게 될 것이다.
  ▶ Aqueles que chegarem cedo receberão um prêmio.
  아껠리스 끼 셰가렝 쎄두 헤쎄베러웅 웅 쁘레미우

의문사 및 관계사 [Quando]

- 언제 / 때
  ▶ Quando
  꽝두

- 넌 새 차를 언제 살거니?
  ▶ Quando vai comprar um carro novo?
  꽝두 바이 꽁쁘라르 웅 까후 노부

- 난 그에게 언제 가야하는지 물어보았다.
  ▶ Perguntei a ele quando deveria ir.
  뻬르궁떼이 아 엘리 꽝두 데베리아 이르

- 해가 날 때, 난 해변에 간다.
  ▶ Quando faz sol, vou à praia.
  꽝두 파스 쏘우 보우 아 쁘라이아

- 졸리면, 잘거다.
  ▶ Vou dormir quando ficar com sono.
  보우 도르미르 꽝두 피까르 꽁 쏘누

의문사 및 관계사 [Onde]

- 어디 / 곳
  ▶ Onde
  옹지

- 너 어디에 있니?
  ▶ Onde você está?
  옹지 보쎄 이스따

- 너 어디에 가니?
  - ▶ Onde você vai?
    옹지　보쎄　바이

- 넌 어디에서 왔니?
  - ▶ De onde você veio?
    지　옹지　보쎄　베이우

- 버스는 어디에서 출발합니까?
  - ▶ De onde sai o ônibus?
    지　옹지　싸이 우 오니부스

- 난 내가 원하는 곳으로 갈 것이다.
  - ▶ Eu vou aonde quiser.
    에우 보우 아옹지　끼제르

- 그 집은 우리 아버지가 태어나신 집이다.
  - ▶ Essa é a casa onde o meu pai nasceu.
    에싸　에 아 까자 옹지　우 메우　빠이 나쎄우

의문사 및 관계사 [O que]

- 무엇 / 것
  - ▶ O que
    우 끼

- 무엇?
  - ▶ O quê?
    우 께

- 무슨 일이야?
  - ▶ O que houve?
    우 끼　오우비

- 넌 무엇을 원하니?
  - ▶ O que você quer?
    우 끼　보쎄　께르

- 넌 무엇을 꿈꿨니?
  - ▶ O que você sonhou?
    우 끼 보쎄 쏭요우

- 넌 무엇을 생각하니?
  - ▶ No que está pensando?
    누 끼   이스따 뻰쌍두

- 넌 무엇을 겁내니?
  - ▶ Você tem medo do quê?
    보쎄 뗑 메두 두 께

- 다른 것 뭐[추가주문 할 때]?
  - ▶ O que mais?
    우 끼   마이스

- 이것은 무엇입니까?
  - ▶ O que é isso / isto?
    우 끼   에 이쑤 / 이스뚜

- 넌 무슨 일이 일어났는지 아니?
  - ▶ Você sabe o que aconteceu?
    보쎄 싸비 우 끼   아꽁떼쎄우

- 그것은 내가 원하는 것이 아니다.
  - ▶ Isso nao é o que eu queria.
    이쑤 너웅 에 우 끼   에우 께리아

- 내가 가장 원하는 것은 카드놀이이다.
  - ▶ O que eu mais gosto é jogo de cartas.
    우 끼   에우 마이스 고스뚜 에 죠구 지 까르따스

의문사 및 관계사 [Que]

- 무슨~ / ~한…
  - ▶ Que ~ / …que ~
    끼 /   끼

• 무슨 신문을 원하십니까?

▶ Que jornal você quer?
끼 죠르나우 보쎄 께르

• 무슨 신발을 샀니?

▶ Que sapato você comprou?
끼 싸빠뚜 보쎄 꽁쁘로우

• 몇 시입니까?

▶ Que horas são?
끼 오라스 써웅

Poderia me dizer que horas são?
뽀데리아 미 지제르 끼 오라스 써웅

• 몇 시에 가세요?

▶ (A) que horas você vai?
(아) 끼 오라스 보쎄 바이

• 어제 여기에 있던 사람.

▶ A pessoa que estava aqui ontem.
아 뻬쏘아 끼 이스따바 아끼 옹뗑

• 내가 어제 봤던 여자.

▶ A mulher que vi ontem.
아 물레르 끼 비 옹뗑

• 새를 죽인 고양이는 내 고양이이다.

▶ O gato que matou o pássaro é meu.
우 가뚜 끼 마또우 우 빠싸루 에 메우

• 그녀가 운전하는 차는 한국산이다.

▶ O carro que ela dirige é coreano.
우 까후 끼 엘라 지리쥐 에 꼬레아누

- 어떤(개인신상 / 선택)
  - ▶ Qual
    꽈우

- 이 이름은 뭐니?
  - ▶ Qual é o seu nome?
    꽈우 에 우 쎄우 노미

- 너의 주소는 어떻게 되지?
  - ▶ Qual é o seu endereço?
    꽈우 에 우 쎄우 잉데레쑤

- 너의 전화번호가 어떻게 되지?
  - ▶ Qual é o seu número de telefone?
    꽈우 에 우 쎄우 누메루 지 뗄레포니

- 너의 메일이 어떻게 되지?
  - ▶ Qual é o seu e-mail?
    꽈우 에 우 쎄우 이메이우

- 그의 직업이 뭐죠?
  - ▶ Qual é a profissão dele?
    꽈우 에 아 쁘로피써웅 델리

- 어떤 것을 원하니?
  - ▶ Qual você quer?
    꽈우 보쎄 께르

    Qual você prefere?
    꽈우 보쎄 쁘레페리

- 어떤 것을 팔았니?
  - ▶ Qual você vendeu?
    꽈우 보쎄 벵데우

- 재료가 뭐죠?
  - ▶ Quais são os ingredientes?
    꽈이스 써웅 우즈 잉그레지엥치스

- 치수가 어떻게 되죠?
  - ▶ **Qual é o seu tamanho?**
    꽈우 에 우 쎄우 따망유

- 그 옷장은 높이가 얼마나 되나요?
  - ▶ **Qual é a altura do armário?**
    꽈우 에 아 아우뚜라 두 아르마리우

- 네가 가장 좋아하는 음악은 뭐니?
  - ▶ **Qual é a sua música favorita?**
    꽈우 에 아 쑤아 무지까 파보리따

- 네가 가장 좋아하는 스포츠는 뭐니?
  - ▶ **Qual é o seu esporte preferido?**
    꽈우 에 우 쎄우 이스뽀르치 쁘레페리두

- 그가 만났던 여자들.
  - ▶ **As mulheres com as quais ele encontrou ontem.**
    아스 물레리스 꽁 아스 꽈이스 엘리 잉꽁뜨로우 옹뗑

- 내가 생각했던 여배우.
  - ▶ **A atriz na qual estava pensando.**
    아 아뜨리스 나 꽈우 이스따바 뻰쌍두

- 그것은 내가 생각했었던 가게들이다.
  - ▶ **Essas são as lojas nas quais estava pensando.**
    에싸스 써웅 아스 로쟈스 나스 꽈이스 이스따바 뻰쌍두

의문사 및 관계사 [Como]

- 어떻게
  - ▶ **Como**
    꼬무

- 어떻게 지내십니까?
  - ▶ **Como vai?**
    꼬무 바이

- 'help'를 포르투갈어로 어떻게 말합니까?
  - ▶ Como se fala 'help' em português?
    꼬무　씨 팔라' '헬프'　잉　뽀르뚜게스

- 그것을 어떻게 쓰죠?
  - ▶ Como se escreve isso?
    꼬무　씨 이스끄레비 이쑤

- 오늘은 날씨가 어떻습니까?
  - ▶ Como está o tempo hoje?
    꼬무　이스따 우 뗌뿌 오쥐

의문사 및 관계사 [Quanto]

- 얼마나, 얼만큼(양)
  - ▶ Quanto
    꽝뚜

- 얼마나, 얼만큼(수)
  - ▶ Quantos / Quantas
    꽝뚜스 /　꽝따스

- 얼마나 빨리 차가 달릴 수 있죠?
  - ▶ Quanto um carro pode correr?
    꽝뚜　웅 까후 뽀지 꼬헤르

- 그 상자는 얼마나 무겁죠?
  - ▶ Quanto pesa a caixa?
    꽝뚜　뻬자 아 까이샤

- 그 영화는 얼마나 길죠?
  - ▶ Quanto tempo demora o filme?
    꽝뚜　뗌뿌 데모라 우 피우미

- 여기에서 산 지가 얼마나 되었니?
  - ▶ Há quanto tempo você mora aqui?
    아 꽝뚜　뗌뿌 보쎄 모라 아끼

• 얼마죠?
  ▶ Quanto é? / Quanto custa?
  꽝뚜 에 / 꽝뚜 꾸스따

• 넌 몇 살이니?
  ▶ Quantos anos você tem?
  꽝뚜즈 아누스 보쎄 뗑

• 아기는 몇 킬로입니까?
  ▶ Quantos quilos pesa o bebê?
  꽝뚜스 낄루스 뻬자 우 베베

• 몇 명이 달리고 있니?
  ▶ Quantas pessoas estão correndo?
  꽝따스 뻬쏘아스 이스떠웅 꼬헹두

의문사 및 관계사 [Por que]

• 왜
  ▶ Por que
  뽀르 끼

• 왜?
  ▶ Por quê?
  뽀르 께

• 왜냐하면
  ▶ Porque
  뽀르끼

• 이유
  ▶ Porquê
  뽀르께

• 넌 왜 그것을 했니? 왜?
  ▶ Por que você fez isso? Por quê?
  뽀르 끼 보쎄 페즈 이쑤 뽀르 께

• 그가 왜 갔는지 모르겠다.

▶ **Eu não sei por que ele foi embora.**
에우 너웅 쎄이 뽀르 끼 엘리 포이 잉보라

• 그는 어제 술을 많이 마셨다 왜냐하면 오늘 일하지 않기에.

▶ **Ele bebeu muito ontem porque hoje não trabalha.**
엘리 베베우 무이뚜 옹뗑 뽀르끼 오쥐 너웅 뜨라발랴

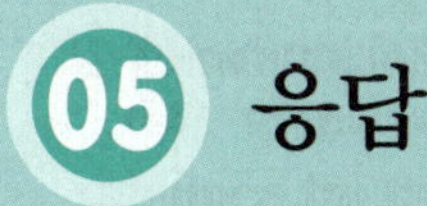

05 응답

긍정적으로 대답할 때

- 네!
  - ▶ Sim!
    씽

- 당연하죠!
  - ▶ É claro!
    에 끌라루

- 이해됩니다.
  - ▶ Está entendido.
    이스따 잉뗑지두

- 그것 알고 있습니다.
  - ▶ Sei disso.
    쎄이 지쑤

- 그렇다고 생각해요.
  - ▶ Acho que sim.
    아슈 끼 씽

- 문제없어요.
  - ▶ Não tem problema.
    너웅 뗑 쁘로블레마

- 네가 말한 것을 이해했다.
  - ▶ Entendi o que disse.
    잉뗑지 우 끼 지씨

• 모두 이해했습니다.
▶ **Entendi tudo**
잉뗑지　뚜두

• 잘 이해했어요.
▶ **Entendi direitinho.**
잉뗑지　지레이칭유

대화의 경청함을 표시할 때

• 듣고 있어.
▶ **Estou ouvindo.**
이스또우 오우빙두

• 말하는 걸 잘 듣고 있습니다.
▶ **Estou ouvindo com atenção o que diz.**
이스또우 오우빙두 꽁　아뗑써웅 우 끼　지스

• 모두 들었다.
▶ **Ouvi tudo.**
오우비 뚜두

• 계속 듣고 있습니다.
▶ **Continuo escutando / ouvindo.**
꽁치누우　이스꾸땅두 /　오우빙두

• 네가 말하는 것에 신경 쓰고 있다.
▶ **Estou prestando atenção no que está dizendo.**
이스또우 쁘레스땅두 아뗑써웅 누 끼　이스따 지젱두

• 네가 말하는 것을 귀 기울여 듣고 있다.
▶ **Estou ouvindo atentamente o que está dizendo.**
이스또우 오우빙두 아뗑따멩치　우 끼　이스따 지젱두

• 네, 모든 것을 이해했습니다.
▶ **Sim, entendi tudo.**
씽　잉뗑지　뚜두

- 의도한 것에 대해 완전히 이해했습니다.
  - ▶ **Compreendi perfeitamente do que se trata.**
    꽁쁘리엥지　　베르페이따멩치　두　끼　씨　뜨라따

부정적으로 대답할 때

- 아니오!
  - ▶ **Não!**
    너웅

- 이게 뭐야?
  - ▶ **O que é isso?**
    우 끼　에 이쑤

- 뭐야 이건!
  - ▶ **Que coisa!**
    끼　꼬이자

- 터무니없어요!
  - ▶ **Que absurdo!**
    끼　압쑤르두

- 말도 마라!
  - ▶ **Nem me fale!**
    넹　미　팔리

- 원하지 않아요.
  - ▶ **Não quero.**
    너웅 께루

- 제겐 좋지 않아요.
  - ▶ **Isso não me agrada.**
    이쑤 너웅 미　아그라다

- 가능성이 없어요.
  - ▶ **Não é possível.**
    너웅　에 뽀씨베우

- 생각조차 할 수 없죠.
  - ▶ Nem pensar!
    넹 뻥싸르

- 절대 아닙니다!
  - ▶ Nunca! / Jamais! / Absolutamente não!
    눙까 / 쟈마이스 / 압쏠루따멩치 너웅

- 분명히 아닙니다!
  - ▶ Claro que não!
    끌라루 끼 너웅

- 전 반대입니다.
  - ▶ Sou contra.
    쏘우 꽁뜨라

- 전 절대 반대입니다.
  - ▶ Sou totalmente contra.
    쏘우 또따우멩치 꽁뜨라

- 당신과 동의하지 않습니다.
  - ▶ Não concordo com você.
    너웅 꽁꼬르두 꽁 보쎄

- 당신의 의견을 지지할 수 없습니다.
  - ▶ Não posso apoiar a sua opinião.
    너웅 뽀쑤 아뽀이아르 아 쑤아 오삐니어웅

불확실하게 대답할 때

- 그럴 수 있어요.
  - ▶ É possível. / Pode ser.
    에 뽀씨베우 / 뽀지 쎄르

- 그럴 지도 모르겠어요.
  - ▶ Pode estar certo.
    뽀지 이스따르 쎄르뚜

• 아마도
▶ Talvez.
따우베스

• 그렇다면 좋겠는데.
▶ Espero que sim.
이스뻬루 끼   씽

• 그건 그때그때 달라요.
▶ Depende.
데뻰지

• 그건 경우에 따라 다릅니다.
▶ Depende da situação.
데뻰지   다 씨뚜아써웅

• 그건 사람에 따라 다릅니다.
▶ Depende da pessoa.
데뻰지   다 뻬쏘아

• 누가 알겠습니까?
▶ Quem sabe? / Só Deus sabe.
껭   싸비 /   쏘 데우스 싸비

의심을 갖고 대답할 때

• 믿을 수 없다.
▶ Não creio. / Não acredito.
너웅 끄레이우 / 너웅 아끄레지뚜

• 정말로?
▶ (É) sério? / (É) verdade? / Mentira!
(에) 쎄리우 /   (에) 베르다지 /   멩치라

• 믿기 어려운데.
▶ É difícil acreditar!
에 지피씨우 아끄레지따르

- 이상한데!
  ▶ Que estranho!
  끼   이스뜨랑유

- 난 그것이 이상하게 보인다.
  ▶ Isso me parece estranho.
  이쑤 미   빠레씨   이스뜨랑유

- 난 그것을 이상하다고 보지 않는다.
  ▶ Não acho isso estranho.
  너웅 아슈   이쑤 이스뜨랑유

- 내 생각에는 이상하다.
  ▶ Na minha opinião isso é estranho.
  나   밍야   오삐니어웅 이쑤 에 이스뜨랑유
  Para mim isso é suspeito.
  빠라 밍   이쑤 에 쑤스삐이뚜

- 장난이지?
  ▶ É brincadeira, né?
  에 브링까데이라   네

- 농담하는 거야?
  ▶ Está brincando?
  이스따 브링깡두

- 너 진실로 말하는 거 아니지?
  ▶ Você não está falando sério, né?
  보쎄   너웅 이스따 팔랑두   쎄리우 네

06 맞장구

확실하게 맞장구칠 때

- 그거야!
  ▶ **É isso!**
  에 이쑤

- 바로 그거야!
  ▶ **É isso mesmo! / É isso aí!**
  에 이쑤 메즈무 /　　에 이쑤 아이

- 왜 아니겠어?
  ▶ **Por que não?**
  뽀르 끼　　너웅

- 정확해!
  ▶ **Certo! / Correto! / Exato!**
  쎄르뚜 /　꼬헤뚜 /　　이자뚜

- 정확히 그렇지!
  ▶ **Exatamente isso!**
  이자따멩치　　이쑤

- 네게 동의한다.
  ▶ **Concordo (com você).**
  꽁꼬르두　　（꽁　보쎄）

- 조금도 의심할 바가 없다.
  ▶ **Não resta a menor dúvida!**
  너웅 헤스따 아 메노르 두비다

- 아마도
  ▶ **Talvez!**
  따우베스

- 그럴지도 모르겠어.
  ▶ **Pode ser.**
  뽀지 쎄르

- 그러기를 바랍니다.
  ▶ **Espero que sim.**
  이스뻬루 끼 씽

- 네가 말하는 것은 이해했어, 하지만…
  ▶ **Entendo o que quer dizer, mas...**
  잉뗑두 우 끼 께르 지제르 마스
  Compreendo o que diz, mas...
  꽁쁘리엥두 우 끼 지스 마스

- 어떤 부분까지는 동의한다.
  ▶ **Concordo apenas até um certo ponto.**
  꽁꼬르두 아뻬나스 아떼 웅 쎄르뚜 뽕뚜

- 난 정말 원했었지만…
  ▶ **Eu até queria, mas...**
  에우 아떼 께리아 마스

긍정의 맞장구

- 당신이 옳아요!
  ▶ **Você tem razão! / Está certo!**
  보쎄 뗑 하저웅 / 이스따 쎄르뚜

- 나도 같은 의견을 가지고 있어.
  ▶ **Eu também tenho a mesma opinião.**
  에우 땅벵 뗑유 아 메즈마 오삐니어웅

• 그것이 정확하게 내가 생각했던 것이다.

▶ Isso é exatamente o que pensava.
이쑤 에 이자따멩치 우 끼 뼁싸바

• 난 우리가 같은 것을 생각한다고 본다.

▶ Acho que estamos pensando na mesma coisa.
아슈 끼 이스따무스 뼁쌍두 나 메즈마 꼬이자

• 난 사안들을 너처럼 본다.

▶ Vejo as coisas da maneira como você vê.
베쥬 아스 꼬이자스 다 마네이라 꼬무 보쎄 베

Vejo tudo do mesmo modo que você.
베쥬 뚜두 두 메즈무 모두 끼 보쎄

• 더 이상 말할 것이 없다.

▶ Não tenho mais nada a falar.
너웅 뗑유 마이스 나다 아 팔라르

Não se fale mais nisso.
너웅 씨 팔리 마이스 니쑤

부정의 맞장구

• 그렇게 생각하지 않아요.

▶ Eu não penso assim.
에우 너웅 뼁쑤 아씽

Não tenho a mesma opinião.
너웅 뗑유 아 메즈마 오삐니어웅

• 그래요? 저도 좋아하지 않습니다.

▶ Sério? Eu também não gosto.
쎄리우 에우 땅벵 너웅 고스뚜

Sério? Eu tampouco!
쎄리우 에우 땅뽀우꾸

• 잘 모르겠네요.

▶ Não sei bem.
너웅 쎄이 벵

- 그것은 무리입니다.
  ▶ **Isso é impossível.**
  이쑤 에 잉뽀씨베우

- 난 반대다.
  ▶ **Sou contra.**
  쏘우 꽁뜨라

- 물론 아니죠.
  ▶ **Claro que não.**
  끌라루 끼 너웅

- 제가 본 것은 그렇지 않습니다.
  ▶ **Não é isso o que eu vi.**
  너웅 에 이쑤 우 끼 에우 비

- 저는 다른 방식으로 사안들을 봅니다.
  ▶ **Vejo as coisas de maneira diferente.**
  베쥬 아스 꼬이자스 지 마네이라 지페렝치

이해의 맞장구

- 맞아요.
  ▶ **Sim. / Está certo.**
  씽 / 이스따 쎄르뚜

- 그러게요.
  ▶ **Pois é.**
  뽀이즈 에

- 확실해요.
  ▶ **Com certeza.**
  꽁 쎄르떼자

- 전적으로요.
  ▶ **Absolutamente.**
  압쏠루따멩치

- 네가 옳아.
  ▶ **Tem razão!**
  뗑 하저웅

- 바로 그것입니다.
  ▶ **É isso mesmo.**
  에 이쑤 메즈무

- 흥미로운 것 같아요.
  ▶ **Que interessante! / Parece ser interessante!**
  끼 잉떼레쌍치 / 빠레씨 쎄르 잉떼레쌍치

- 거의 그렇네요.
  ▶ **Mais ou menos. / Quase isso.**
  마이즈 오우 메누스 / 꽈지 이쑤

- 나도 같은 생각을 한다.
  ▶ **Penso igual (a você).**
  뼁쑤 이과우 (아 보쎄)

- 나도 같은 방식으로 생각한다.
  ▶ **Penso da mesma maneira.**
  뼁쑤 다 메즈마 마네이라

- 내가 말하고자 하는 것도 같다.
  ▶ **É o mesmo que queria dizer.**
  에 우 메즈무 끼 께리아 지제르
  Queria dizer a mesma coisa.
  께리아 지제르 아 메즈마 꼬이자

- 글쎄.
  ▶ **Hum... / Então... / É que...**
  웅 / 잉떠웅 / 에 끼

• 노코멘트!
  ▶ **Sem comentários!**
  쎙　　꼬멩따리우스

• 어디 보자!
  ▶ **Deixe eu ver!**
  데이쉬　에우 베르

• 이거 뭐랄까?
  ▶ **O que posso dizer?**
  우 끼　뽀쑤　　지제르

• 뭐라 말해야 할지!
  ▶ **Não sei o que dizer!**
  너웅　쎄이 우 끼　지제르

• 어떻게 생각하는지 모르겠다.
  ▶ **Não sei o que pensar.**
  너웅　쎄이 우 끼　뼁싸르

• 의견을 내놓고 싶지 않다.
  ▶ **Não quero opinar.**
  너웅　꼐루　　오삐나르

• 잠시만 생각하게 해줘.
  ▶ **Deixe eu pensar por um momento.**
  데이쉬　에우 뼁싸르 뽀르 웅　모멩뚜

• 잠시, 내 의견을 유보할께.
  ▶ **No momento, me reservo o direito de não opinar.**
  누 모멩뚜　　　미　헤제르부 우 지레이뚜 지 너웅 오삐나르
  No momento, prefiro me calar.
  누 모멩뚜　　　쁘레피루 미　깔라르

• 실은 무엇을 말해야 하는지를 모르겠다.
  ▶ **Na verdade, não sei o que dizer.**
  나 베르다지　　너웅 쎄이 우 끼　지제르
  Francamente, não tenho o que dizer.
  프랑까멩치　　　　너웅 뗑유　우 끼　지제르

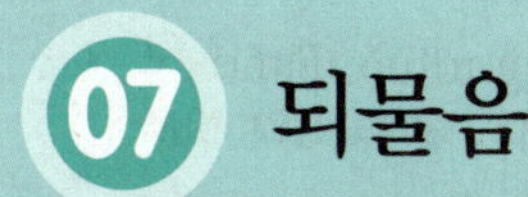

07 되물음

잘 알아듣지 못했을 때

- 다시 한 번만!
  - ▶ Só mais uma vez.
    쏘 마이즈 우마 베스

- 다시 한 번 말해줄래?
  - ▶ Pode repetir mais uma vez?
    뽀지 헤뻬치르 마이즈 우마 베스

- 다시 말씀해 주시겠어요?
  - ▶ Poderia repetir novamente?
    뽀데리아 헤뻬치르 노바멩치

- 좀 더 천천히 말해 주십시오.
  - ▶ Fale mais devagar, por favor.
    팔리 마이스 지바가르 뽀르 파보르

    Poderia falar um pouco mais devagar?
    뽀데리아 팔라르 웅 뽀우꾸 마이스 지바가르

- 여기에 써주세요.
  - ▶ Escreva aqui, por favor.
    이스끄레바 아끼 뽀르 파보르

    Poderia escrever aqui?
    뽀데리아 이스끄레베르 아끼

- 이것은 무슨 뜻입니까?
  - ▶ O que significa isso?
    우 끼 씨그니피까 이쑤

O que isso quer dizer?
우 끼 이쑤 께르 지제르

- 이게 뭡니까?

▶ O que é isso?
우 끼 에 이쑤

- 무슨 말인지 잘 모르겠습니다.

▶ Não entendi. / Não entendo.
너웅 잉뗑지 / 너웅 잉뗑두

- 그리고, 다음은?

▶ E depois (disso)?
이 데뽀이스 (지쑤)

- 네가 말하려는 것이 뭐야?

▶ O que é que você quer dizer?
우 끼 에 끼 보쎄 께르 지제르
O que quer dizer com isso?
우 끼 께르 지제르 꽁 이쑤

- 문제의 요점이 뭔데?

▶ Qual é o ponto principal do problema?
꽈우 에 우 뽕뚜 쁘링씨빠우 두 쁘로블레마

- 우리 주요 문제점들에 들어가 보자.

▶ Temos que chegar ao centro dos problemas.
떼무스 끼 셰가르 아우 쎙뜨루 두스 쁘로블레마스

- 각각의 문제점을 집어 보자.

▶ Vamos pinçar cada problema.
바무스 삥싸르 까다 쁘로블레마

- 핵심에 대해 우리 말해볼까?

▶ Que tal falarmos sobre o que interessa?
끼 따우 팔라르무스 쏘브리 우 끼 잉떼레싸
Vamos falar sobre o assunto principal.
바무스 팔라르 쏘브리 우 아쑹뚜 쁘링씨빠우

- 넌 뭘 생각하고 있는 거야?

  ▶ No que está pensando?
  누 끼 이스따 뼁쌍두

- 우리 결론을 이야기해 보자.

  ▶ Vamos concluir o assunto.
  바무스 꽁끌루이르 우 아쑹뚜

  Vamos falar sobre a conclusão.
  바무스 팔라르 쏘브리 꽁끌루저웅

상대가 이해하지 못할 때

- 반복할게…

  ▶ Repito,... / Vou repetir... / Vou dizer mais uma vez,...
  헤삐뚜 / 보우 헤뻬치르 / 보우 지제르 마이즈 우마 베스

- 즉(다시 말하면),

  ▶ Isto é, / Ou seja,
  이스뚜 에 / 오우 쎄쟈

- 다른 방법으로 말하면,

  ▶ De outro modo, / De outra maneira,
  지 오우뜨루 모두 / 지 오우뜨라 마네이라

- 다른 말로 하면, 환언하면,

  ▶ Em outras palavras,
  잉 오우뜨라스 빨라브라스

- 유심히 내 말을 한번 더 들어봐.

  ▶ Escute atentamente as minhas palavras mais uma vez.
  이스꾸치 아뗑따멩치 아스 밍야스 빨라브라스 마이즈 우마 베스

- 이해할 수 있도록 그것을 내가 몇 번을 네게 말해야 하니?

  ▶ Quantas vezes tenho que repetir para que você entenda?
  꽝따스 베지스 뗑유 끼 헤뻬치르 빠라 끼 보쎄 잉뗑다

• 내 의견을 다시 말할게.
> **Vou dizer a minha opinião mais uma vez.**
보우 지제르 아 밍야   오삐니어웅 마이즈 우마 베스
> **Deixe eu dizer a minha opinião novamente.**
데이쉬 에우 지제르 아 밍야   오삐니어웅 노바멩치

되물을 때

• 뭐요?
> **Como?**
꼬무

• 죄송합니다만, 다시 한 번 부탁합니다.
> **Perdão, mais uma vez, por favor.**
뻬르더웅 마이즈 우마 베스 뽀르 파보르

• 다시 반복해 주실 수 있나요?
> **Poderia repetir, por favor?**
뽀데리아 헤뻬치르, 뽀르 파보르

• 다시 말해주실 수 있나요?
> **Poderia dizer novamente, por favor?**
뽀데리아 지제르 노바멩치   뽀르 파보르

• 뭐라고 말했죠?
> **O que você disse?**
우 끼 보쎄 지씨

• 죄송합니다, 제대로 못 들었습니다.
> **Me desculpe, não ouvi direito.**
미 지스꾸우삐 너웅 오우비 지레이뚜

같은 말을 반복할 때

• 넌 같은 말을 또 한다.
> **Você está repetindo a mesma coisa.**
보쎄 이스따 헤뻬칭두 아 메즈마 꼬이자

Você está repetindo o que já disse.
보쎄 이스따 헤뻬칭두 우 끼 쟈 지씨

• 넌 이미 그것을 말했다.
▶ Você já disse isso.
보쎄 쟈 지씨 이쑤

• 이 문제와 얽혀있지 않다.
▶ Isso não tem a ver com o problema.
이쑤 너웅 뗑 아 베르 꽁 우 쁘로블레마
Não se intromete no problema.
너웅 씨 잉뜨로메치 누 쁘로블레마

• 넌 이것과 관련이 있어야 한다.
▶ Você tem que se intrometer nisso.
보쎄 뗑 끼 씨 잉뜨로메떼르 니쑤

• 이미 우리는 이해하고 있다고.
▶ Já entendemos.
쟈 잉뗑데무스

• 이미 우리는 너에 대해 들었다.
▶ Já ouvimos falar de você.
쟈 오우비무스 팔라르 지 보쎄

• 다른 주제로 바꿀 수가 없겠어?
▶ Não podemos mudar de assunto?
너웅 뽀데무스 무다르 지 아쑹뚜
Que tal mudarmos de assunto?
끼 따우 무다르무스 지 아쑹뚜

다시 한 번 말해달라고 할 때

• 다시 한 번 말씀해 주세요.
▶ Diga mais uma vez, por favor.
지가 마이즈 우마 베스 뽀르 파보르

Repita mais uma vez, por favor.
헤삐따 마이즈 우마 베스 뽀르 파보르

- 다시 반복해주실 수 있습니까?
  ▶ **Poderia repetir novamente?**
  뽀데리아 헤뻬치르 노바멩치

- 한 번 더 말해주실 수 있습니까?
  ▶ **Poderia dizer mais uma vez?**
  뽀데리아 지제르 마이즈 우마 베스

- 조금 더 천천히 말씀해 주시겠습니까?
  ▶ **Poderia falar mais devagar, por favor?**
  뽀데리아 팔라르 마이스 지바가르 뽀르 파보르

- 죄송합니다, 무엇을 말씀하셨죠?
  ▶ **Me desculpe, o que é que você disse?**
  미 지스꾸우삐 우 끼 에 끼 보쎄 지씨

- 그것으로 뭘 말하려는 거죠?
  ▶ **O que quer dizer com isso?**
  우 끼 께르 지제르 꽁 이쑤

- 그것을 잘 이해할 수 없습니다.
  ▶ **Não consigo entender isso.**
  너웅 꽁씨구 잉뗑데르 이쑤

 이해와 확인

이해를 확인할 때

• 분명하죠?
▶ **Está claro?**
이스따 끌라루

• 이해하니?
▶ **(Você) entende? / (Você) compreende?**
(보쎄)   잉뗑지 /   (보쎄)   꽁쁘리엥지

• 이해했니?
▶ **(Você) entendeu? / (Você) compreendeu?**
(보쎄)   잉뗑데우 /   (보쎄)   꽁쁘리엥데우

• 내가 무엇을 말하고 있는지 알겠니?
▶ **Sabe do que eu estou falando?**
싸비   두 끼   에우 이스또우 팔랑두

• 내가 무엇을 말하고 싶은지 알겠니?
▶ **Sabe o que eu quero dizer?**
싸비   우 끼   에우 께루   지제르

• 내가 더 설명을 해줘야겠니?
▶ **Será que preciso explicar mais?**
쎄라   끼   쁘레씨주 이스쁠리까르 마이스

• 의문이 있습니까?
▶ **Tem alguma dúvida?**
뗑   아우구마 두비다

- 이해 됐습니까?
  - ▶ Está entendido? / Está compreendido?
    이스따 잉뗑지두 /　　　이스따 꽁쁘리엥지두

- 만약 이해 안 되면, 내게 물어봐.
  - ▶ Caso não tenha entendido pode me perguntar.
    까주 너웅 뗑야 잉뗑지두　뽀지 미 뻬르궁따르
    Se tiver alguma dúvida pode me perguntar.
    씨 치베르 아우구마 두비다 뽀지 미 뻬르궁따르
    Qualquer dúvida, me pergunte.
    꽈우께르　두비다　미 뻬르궁치

- 아무것도 모르겠니?
  - ▶ Você não sabe de nada?
    보쎄　너웅 싸비 지 나다

- 상황이 이해 안 되니?
  - ▶ Você não entende a situação?
    보쎄　너웅 잉뗑지　아 씨뚜아써웅

- 넌 뭘 모르니?
  - ▶ Você não sabe de alguma coisa?
    보쎄　너웅 싸비 지 아우구마 꼬이자

- 왜 그렇게 멍청하게 굴었니?
  - ▶ Por que fez cara de bobo?
    뽀르 끼　페스 까라 지 보부
    Por que ficou tão bobeado?
    뽀르 끼　피꼬우 떠웅 보비아두
    Por que ficou se fazendo de bobo?
    뽀르 끼　피꼬우 씨 파젱두　지 보부

- 넌 이것저것 구분을 못하는 구나.
  - ▶ Você não consegue distinguir uma coisa da outra.
    보쎄　너웅 꽁쎄기　지스칭기르 우마 꼬이자 다 오우뜨라

- 문제를 가볍게 여기지 마라!
  - ▶ Não ignore o problema!
    너웅　이그노리 우 쁘로블레마

이해를 했을 때

- 네!
  ▶ Sim! / Claro!
  씽 /　끌라루

- 아하! [이제 알겠음]
  ▶ Ah, tá!
  아　따

- 그거야!
  ▶ É isso!
  에 이쑤

- 물론 맞지!
  ▶ Claro que sim!
  끌라루 끼　씽

- 이해해요.
  ▶ Entendo.
  잉뗑두

- 알겠어요.
  ▶ Está bem.
  이스따 벵

- 확신합니다.
  ▶ Tenho certeza.
  뗑유　쎄르떼자

이해를 못했을 때

- 아니오!
  ▶ Não!
  너웅

- 이해 안 돼요!
  - ▶ **Não entendo.**
    너웅 잉뗑두

- 모르겠어요.
  - ▶ **Não sei.**
    너웅 쎄이

- 확실치 않아요.
  - ▶ **Não tenho certeza.**
    너웅 뗑유 쎄르떼자

- 헛갈려요!
  - ▶ **Estou confuso / a.**
    이스또우 꽁푸주/ 자

- 분명히 이해 안 돼요.
  - ▶ **Não faço a menor ideia.**
    너웅 파쑤 아 메노르 이데이아

- 절대로 아닙니다!
  - ▶ **Absolutamente não!**
    압쏠루따멩치 너웅

- 그것은 무슨 의미죠?
  - ▶ **O que quer dizer com isso?**
    우 끼 께르 지제르 꽁 이쑤

- 진지하게 그것을 말씀하시는 건가요?
  - ▶ **Você realmente está falando sério?**
    보쎄 헤아우멩치 이스따 팔랑두 쎄리우
    Você não está de brincadeira, né?
    보쎄 너웅 이스따 지 브링까데이라 네

- 무엇을 해야 할지 모르겠어요.
  - ▶ **Eu não sei o que devo fazer.**
    에우 너웅 쎄이 우 끼 데부 파제르

• 넌 문제점이 어디에 있는지 모른다.

▶ Você não sabe qual é o xis da questão.
보쎄　너웅 싸비　꽈우　에 우 쉬스 다 께스떠웅

Você não sabe onde está o cerne do problema.
보쎄　너웅 싸비　옹지　이스따 우 쎄르니 두 쁘로블레마

09 대화의 막힘과 재촉

말이 막힐 때

• 음…
  ▶ Hum… / Então… / É que…
  웅 /　　　잉떠웅 /　　에 끼

• 글쎄, 어디 한번 생각해 봅시다.
  ▶ Pois é, deixa eu pensar.
  뽀이즈 에 데이샤 에우 뻰싸르
  Então, deixe eu ver.
  잉떠웅　데이쉬　에우 베르

• 글쎄요, 사실…
  ▶ Sei lá, na verdade…
  쎄이 라 나　베르다지
  Não sei te dizer, para falar a verdade…
  너웅　쎄이 치 지제르 빠라　팔라르 아 베르다지

• 이거 뭐라 할까?
  ▶ O que eu posso dizer?
  우 끼　에우 뽀쑤　지제르
  O que eu devo dizer?
  우 끼　에우 데부　지제르

• 어, 그게 뭐지?
  ▶ Ai, o que é isso?
  아이 우 끼　에 이쑤

• 어떻게 네게 그것을 말해야 할지.
  ▶ Não sei como te dizer isso.
  너웅　쎄이 꼬무　치 지제르 이쑤

• 너도 알다시피…
▶ **Como você já sabe....**
꼬무　보쎄　쟈 싸비

• 사람들이 말하는데…
▶ **Dizem que...**
지젱　　끼

• 어제 사람들이 내게 말했는데…
▶ **Ontem me contaram / disseram que...**
옹뗑　　미　꽁따랑 /　　지쎄랑　　끼

• 사실은…
▶ **Na verdade... / Para falar a verdade... / A verdade é que...**
나 베르다지 /　　빠라 팔라르 아 베르다지 /　아 베르다지 에 끼

• 아, 아, 내 생각에는…
▶ **Olha, acho que...**
올랴　　아슈　끼

• 네게 한 가지 말하고자 해.
▶ **Vou te contar / dizer uma coisa.**
보우 치 꽁따르 /　지제르 우마　꼬이자

적당한 말이 생각나지 않을 때

• 기억이 안나요.
▶ **(Eu) não me lembro.**
(에우) 너웅 미　렝브루

• 잊어버렸습니다.
▶ **(Me) esqueci.**
(미)　　이스께씨

• 기억할 수 없습니다.
▶ Não consigo lembrar.
너웅 꽁씨구 렘브라르

• 딱 맞는 말을 찾을 수가 없다.
▶ Não sei exatamente como dizer.
너웅 쎄이 이자따멩치 꼬무 지제르
Não consigo encontrar a palavra certa.
너웅 꽁씨구 잉꽁뜨라르 아 빨라브라 쎄르따

• 혀끝에서 말이 맴돈다.
▶ Está na ponta da língua.
이스따 나 뽕따 다 링구아

• 죄송합니다만, 뭐라고 말씀하셨죠?
▶ Desculpe, mas o que é que você disse?
지스꾸우삐 마즈 우 끼 에 끼 보쎄 지씨
Perdão, mas o que você disse?
뻬르더웅 마즈 우 끼 보쎄 지씨

• 내게 한번만 더 말씀해 주시겠습니까?
▶ Poderia me dizer mais uma vez, por favor?
뽀데리아 미 지제르 마이즈 우마 베스 뽀르 파보르
Poderia me dizer novamente?
뽀데리아 미 지제르 노바멩치

말하면서 생각할 때

• 글쎄…
▶ Bem...
벵

• 그런데…
▶ Entretanto... / Porém...
엥뜨레땅뚜 / 뽀렝

- 실은…
  - ▶ É que... / O fato é que...
    에 끼 / 우 파뚜 에 끼

- 그 경우는…
  - ▶ Nesse caso...
    네씨 까주

- 내 생각에는…
  - ▶ Acho que...
    아슈 끼

- 내가 생각 좀 해볼게.
  - ▶ Deixa eu pensar. / Me deixa pensar.
    데이샤 에우 뻰싸르 / 미 데이샤 뻰싸르

- 잠시만…
  - ▶ Só um pouquinho / momentinho / minutinho /
    쏘 웅 뽀우낑유 / 모멩칭유 / 미누칭유 /
    instante ...
    잉스땅치

- 정확하지 않지만,
  - ▶ Embora eu não tenha certeza,
    잉보라 에우 너웅 뗑야 쎄르떼자

말을 재촉할 때

- 대화를 끊어 죄송합니다만, 계속 하십시오.
  - ▶ Desculpa interromper, pode continuar novamente.
    지스꾸우빠 잉떼홍뻬르 뽀지 꽁치누아르 노바멩치
    Desculpa pela interrupção, continue, por favor.
    지스꾸우빠 뻴라 잉떼훕써웅 꽁치누이 뽀르 파보르

- 죄송합니다. 다시 말씀해 주실 수 있지요?
  - ▶ Desculpa, poderia repetir?
    지스꾸우빠 뽀데리아 헤뻬치르

PART Ⅱ 대화의 막힘과 재촉

• 뭐라고 말했지요?

▶ O que disse?
우 끼   지씨

• 다시 말씀해 주실 수 있죠? 부탁합니다.

▶ Poderia dizer de novo, por favor?
뽀데리아   지제르 지 노부   뽀르 파보르

• 다른 방식으로 같은 것을 말해 줄 수 없나요?

▶ Poderia expressar isso de outra maneira?
뽀데리아   이스쁘레싸르 이쑤 지 오우뜨라 마네이라

Será que pode me explicar isso de outro modo?
쎄라   끼   뽀지   미   이스쁠리까르 이쑤 지 오우뜨루 모두

대화의 시도와 화제 전환

대화를 시도할 때

• 내가 확실히 밝히게 해주세요.

▶ **Deixe eu esclarecer. / Me deixe esclarecer.**
데이쉬 에우 이스끌라레쎄르 / 미 데이쉬 이스끌라레쎄르

• 우리 … 관해 이야기 좀 하자.

▶ **Vamos falar sobre... / Que tal falarmos sobre...**
바무스 팔라르 쏘브리 / 끼 따우 팔라르무스 쏘브리

• 네게 …를 말해 주고 싶다.

▶ **Quero (te) dizer que... / Gostaria de dizer que...**
께루 (치) 지제르 끼 / 고스따리아 지 지제르 끼

• 전부터 너와 이야기를 하고 싶었어.

▶ **Já faz um tempo que queria falar com você.**
쟈 파즈 웅 뗌뿌 끼 께리아 팔라르 꽁 보쎄

• 제가 당신께 …를 알려드리고 싶습니다.

▶ **Queria informar que...**
께리아 잉포르마르 끼

Gostaria de avisar que...
고스따리아 지 아비자르 끼

• 아마 당신이 절 기억하지 못하겠지만, 저는 ...입니다

▶ **Provavelmente não deve se lembrar de mim, mas eu**
쁘로바베우멩치   너웅 데비 씨 렝브라르 지 밍,   마즈 에우

sou...
쏘우

화제를 바꿀 때

- 아, 다른 것은…
  ▶ Ah, outra coisa...
  아 오우뜨라 꼬이자

- 미안한데, 하지만…
  ▶ Desculpa, mas... / Perdão, mas...
  지스꾸우빠 마스 /   뻬르더웅 마스

- 그건 그렇고… [본론을 말하자면]
  ▶ A propósito... / Aliás...
  아 쁘로뽀지뚜 /   알리아스

- 말을 끊어 미안한데, 하지만…
  ▶ Desculpa a interrupção, mas...
  지스꾸우빠 아 잉떼훕써웅   마스

- 그럼 주제를 바꾸는 게 어떨까?
  ▶ Então, que tal mudarmos de assunto?
  잉떠웅 끼   따우 무다르무스   지 아쑹뚜
  Então, vamos mudar de assunto?
  잉떠웅 바무스   무다르   지 아쑹뚜

- 미안한데, 그것에 관해서는 더 이상 듣고 싶지 않네.
  ▶ Me desculpe, mas não quero mais ouvir a respeito
  미   지스꾸우삐   마스 너웅 께루   마이스 오우비르 아 헤스뻬이뚜
  disso.
  지쑤
  Que tal pararmos com esse assunto?
  끼   따우 빠라르무스 꽁   에씨 아쑹뚜

- 같은 것에 대해 계속 말하고 싶지는 않다.
  ▶ Não quero falar mais sobre o mesmo assunto.
  너웅 께루   팔라르 마이스 쏘브리 우 메즈무   아쑹뚜
  Não gostaria mais de falar sobre este mesmo assunto.
  너웅 고스따리아 마이스 지 팔라르 쏘브리 에스치 메즈무   아쑹뚜

Que tal não tocarmos mais neste mesmo assunto?
끼 따우 너웅 또까르무스 마이스 네스치 메즈무 아쑹뚜

- 그래?
  ▶ É mesmo?
  에 메즈무

- 좋아?
  ▶ Está bom?
  이스따 봉

- 이후에는?
  ▶ E depois?
  이 데뽀이스

- 명확하지?
  ▶ Está claro?
  이스따 끌라루

- 그래, 하지만…
  ▶ Sim, mas...
  씽 마스

- 너 알잖아, 그치?
  ▶ Você sabe, né?
  보쎄 싸비 네

- 내 말 이해하지?
  ▶ Entende o que eu digo?
  잉뗑지 우 끼 에우 지구

- 이해했니?
  ▶ Entendeu?
  잉뗑데우

• 가능하다면…
  ▶ Se puder...
    씨 뿌데르

• 솔직해 질 수 있지?
  ▶ Pode ser sincero comigo?
    뽀지 쎄르 씽쎄루 꼬미구
    Poderia ser franco?
    뽀데리아 쎄르 프랑꾸

• 진실을 말할게.
  ▶ Direi a verdade.
    지레이 아 베르다지

• 우리 솔직히 말해 보자.
  ▶ Vamos falar sinceramente.
    바무스 팔라르 씽쎄라멩치

간단히 말할 때

• 간략히 말하면,
  ▶ Resumindo, / Em resumo,
    헤주밍두 / 잉 헤주무

• 짧게 말하면,
  ▶ Em poucas palavras,
    잉 뽀우까스 빨라브라스

• 잘 생각해 보면,
  ▶ Pensando bem,
    뻰쌍두 벵

• 내가 간단히 그것을 말할게.
  ▶ Falarei rapidamente. / Serei breve.
    팔라레이 하삐다멩치 / 쎄레이 브레비

• 말 돌려서 하지 말자.

  ▶ **Não vamos ficar andando em círculos.**
    너웅 바무스 피까르 앙당두 잉 씨르꿀루스

대화를 마칠 때

• 이제 너무 늦었군요.

  ▶ **Agora já é muito tarde.**
    아고라 쟈 에 무이뚜 따르지

• 와! 시간 좀 봐(너무 지나갔잖아)!

  ▶ **Nossa! Olha a hora!**
    노싸 올랴 아 오라

    Nossa! Olha que horas são!
    노싸 올랴 끼 오라스 써웅

• 늦었어요. 전 가봐야 합니다.

  ▶ **Já é tarde, tenho que ir.**
    쟈 에 따르지 뗑유 끼 이르

    Já é tarde, preciso ir embora.
    쟈 에 따르지 쁘레씨주 이르 잉보라

• 자, 가야할 때가 되었네요.

  ▶ **Bem, já está na hora de ir (embora).**
    벵 쟈 이스따 나 오라 지 이르 (잉보라)

• 당신을 만난 것이 너무 기뻤습니다.

  ▶ **Foi um prazer vê-lo / a.**
    포이 웅 쁘라제르 벨루/ 라

    Foi muito bom encontrá-lo / a por aqui.
    포이 무이뚜 봉 잉꽁뜨랄루/ 라 뽀르 아끼

• 당신과 대화한 것이 너무 좋았습니다.

  ▶ **Foi um prazer falar com você.**
    포이 웅 쁘라제르 팔라르 꽁 보쎄

- 당신을 다시 뵙기를 원합니다.
  ▶ **Espero voltar a vê-lo / a.**
  이스뻬루 보우따르 아 벨루/ 라

- 당신을 곧 뵙기를 원합니다.
  ▶ **Espero vê-lo / a logo.**
  이스뻬루 벨루/ 라 로구

- 시간이 된다면 저를 보러 와주세요.
  ▶ **Venha me ver quando tiver tempo.**
  벵야 미 베르 꽝두 치베르 뗌뿌
  Se tiver tempo, venha me visitar.
  씨 치베르 뗌뿌 벵야 미 비지따르

- 또 함께 식사해요!
  ▶ **Vamos almoçar / jantar juntos de novo!**
  바무스 아우모싸르 / 쟝따르 쥼뚜스 지 노부
  Vamos comer juntos novamente!
  바무스 꼬메르 쥼뚜스 노바멩치

- 언제 하루 우리 만나게 시간 잡죠.
  ▶ **Gostaria de marcar um dia para nos encontrarmos.**
  고스따리아 지 마르까르 웅 지아 빠라 노스 잉꽁뜨라르무스

전화상의 대화를 마칠 때

- 누군가 문에 와 있습니다. 나중에 제가 전화할게요.
  ▶ **Tem alguém na porta. Depois te ligo.**
  뗑 아우겡 나 뽀르따 데뽀이스 치 리구

- 신호대기가 되고 있습니다. 우리 다음에 통화할 수 있겠죠?
  ▶ **Tem alguém na linha de espera. Podemos falar**
  뗑 아우겡 나 링야 지 이스뻬라 뽀데무스 팔라르
  depois?
  데뽀이스

- 전 일을 다시 해야만 합니다. 그럼 안녕.

  ▶ Tenho que voltar ao trabalho. Um abraço. Tchau.
    뗑유　끼　보우따르 아우 뜨라발류 웅　아브라쑤 챠우

    Preciso voltar ao trabalho. Até mais. Tchau.
    쁘레씨주 보우따르 아우 뜨라발류　아떼 마이스 챠우

- 죄송합니다만, 다른 전화가 와 있습니다. 그럼 안녕.

  ▶ Desculpa, mas tem alguém me ligando na outra linha.
    지스꾸우빠　마스 뗑　아우겡　미 리강두　나 오우뜨라 링야
    Tchau.
    챠우

- 전 이제 가야합니다. 다시 통화해요.

  ▶ Preciso ir. Depois nos falamos.
    쁘레씨주　이르 데뽀이스 노스 팔라무스

    Tenho que desligar. Outra hora conversamos de novo.
    뗑유　끼　지스리가르 오우뜨라 오라 꽁베르싸무스　지 노부

- 해야 할 것이 있습니다. 곧 전화 드릴게요.

  ▶ Preciso fazer uma coisa. Logo ligarei novamente.
    쁘레씨주 파제르 우마 꼬이자 로구　리가레이 노바멩치

    Preciso terminar uma coisa. Eu ligo assim que puder.
    쁘레씨주 떼르미나르 우마　꼬이자 에우 리구 아씽　끼　뿌데르

    Tenho alguma coisa para fazer. Em breve entrarei em
    뗑유　아우구마 꼬이자 빠라 파제르 잉　브레비 엥뜨라레이 잉
    contato.
    꽁따뚜

PART III
의견 표현

01 의견과 견해

자신의 의견과 견해를 말하고자 할 때

- 제가 믿기로는…

  ▶ Creio que... / Acredito que...
  끄레이우 끼 / 아끄레지뚜 끼

- 제 생각에는…

  ▶ Acho que... / Penso que...
  아슈 끼 / 뻰쑤 끼

- 내게 보기에는…

  ▶ A meu ver... / Ao meu ver...
  아 메우 베르 / 아우 메우 베르

- 내 의견은…

  ▶ Na minha opinião...
  나 밍야 오삐니어웅

- 사실은…

  ▶ Na verdade... / A verdade é que....
  나 베르다지 / 아 베르다지 에 끼
  Na realidade... / A realidade é que...
  나 헤알리다지 / 아 헤알리다지 에 끼

- 내게 인상적이었던 것은…

  ▶ Tenho a impressão de que...
  뗑유 아 잉쁘레써웅 지 끼
  Tive a impressão de que...
  치비 아 잉쁘레써웅 지 끼

- 내가 보기에는…

  ▶ Pelo que me parece...
  뻴루 끼 미 빠레씨

- 내 관점에서는…

  ▶ No meu ponto de vista...
  누 메우 뽕뚜 지 비스따

  Na minha forma de ver...
  나 밍야 포르마 지 베르

- 내가 이해하고 있는 것에 따르자면…

  ▶ Segundo o que eu entendi...
  쎄궁두 우 끼 에우 잉뗑지

- 내가 말하고자 하는 것은…

  ▶ O que eu quero dizer é que...
  우 끼 에우 께루 지제르 에 끼

의견과 견해를 물을 때

- 어떻게 생각해?

  ▶ O que você acha?
  우 끼 보쎄 아샤

- 할 말 있나요?

  ▶ Tem algum comentário a fazer?
  뗑 아우궁 꼬멩따리우 아 파제르

  Tem algo a dizer?
  뗑 아우구 아 지제르

- 다른 의견은?

  ▶ Alguma outra opinião? / O que mais?
  아우구마 오우뜨라 오삐니어웅 / 우 끼 마이스

  Mais alguma coisa? / Mais algum comentário?
  마이즈 아우구마 꼬이자 / 마이즈 아우궁 꼬멩따리우

• 다른 의견이 있나요?

▶ **Tem uma opinião diferente?**
떼 우마 오삐니어웅 지페렝치

Tem um ponto de vista diferente?
떼 웅 뽕뚜 지 비스따 지페렝치

• 어떤 다른 의견을 가지고 있나요?

▶ **Tem alguma outra opinião?**
떼 아우구마 오우뜨라 오삐니어웅

Tem algum outro comentário?
떼 아우궁 오우뜨루 꼬멩따리우

• 제 말을 이해하시나요?

▶ **Você me entende?**
보쎄 미 잉뗑지

• 제가 했던 말을 이해했죠?

▶ **Entendeu o que eu disse?**
잉뗑데우 우 끼 에우 지씨

• 뭐라고 의견은 낼 건지?

▶ **O que opinaria? / O que diria?**
우 끼 오삐나리아 / 우 끼 지리아

• 이 의견은 뭐니?

▶ **Qual é a sua opinião?**
꽈우 에 아 쑤아 오삐니어웅

• 이 관점은 뭐니?

▶ **Qual é o seu ponto de vista?**
꽈우 에 우 쎄우 뽕뚜 지 비스따

• 넌 그것에 대해 어떻게 생각해?

▶ **O que você acha disso?**
우 끼 보쎄 아샤 지쑤

O que você pensa a respeito disso?
우 끼 보쎄 뻥싸 아 헤스뻬이뚜 지쑤

O que você pensa sobre isso?
우 끼 보쎄 뻰싸 쏘브리 이쑤

• 넌 그것을 어떻게 보니?
▶ Como você vê isso?
꼬무   보쎄 베 이쑤

• 이 문제를 어떻게 보니?
▶ Como você vê o problema?
꼬무   보쎄 베 우 쁘로블레마

• 그것에 대해 뭐라 해줄 말 있니?
▶ O que você pode aconselhar a este respeito?
우 끼 보쎄 뽀지 아꽁쎌랴르   아 에스치 헤스뻬이뚜

• 네가 내 입장이라면 어떻게 하겠니?
▶ O que você faria se estivesse em meu lugar?
우 끼 보쎄 파리아 씨 이스치베씨 잉 메우 루가르

의견을 이해할 때

• 네.
▶ Sim.
씽

• 이해할 수 있습니다.
▶ Posso entender. / Posso compreender.
뽀쑤   잉뗀데르 /   뽀쑤   꽁쁘리엥데르

• 그것을 이해합니다.
▶ Entendo isso. / Compreendo isso.
잉뗀두   이쑤 / 꽁쁘리엥두   이쑤

• 이해했습니다.
▶ Entendi. / Compreendi.
잉뗀지 /   꽁쁘리엥지

- 이미 그것에 대해 들어 봤습니다.
  - ▶ Já ouvi falar nisso.
    쟈 오우비 팔라르 니쑤

- 그것을 압니다.
  - ▶ Eu sei disso.
    에우 쎄이 지쑤

- 문제없습니다.
  - ▶ Não tem problema.
    너웅 뗑   쁘로블레마

- 당신이 말한 것을 이해합니다.
  - ▶ Entendo o que disse.
    잉뗑두   우 끼   지씨

- 네가 무엇을 말하려는지 알겠어.
  - ▶ Eu sei o que quer dizer.
    에우 쎄이 우 끼 께르   지제르

- 이해되었습니다.
  - ▶ Entendido.
    잉뗑지두

- 잘 이해되었습니다.
  - ▶ Bem entendido.
    벵   잉뗑지두

- 전부 이해합니다.
  - ▶ Entendo completamente.
    잉뗑두   꽁쁠레따멩치

의견에 대해 긍정할 때

- 네, 이해합니다.
  - ▶ Sim, entendo.
    씽   잉뗑두

• 네, 이번에는 이해합니다.
  ▶ Sim, neste caso (acho que) te entendo.
  씽   네스치 까주 (아슈 끼)   치 잉뗀두

• 그렇다고 생각합니다.
  ▶ Acho que sim.
  아슈 끼 씽

• 동의합니다.
  ▶ Concordo. / Estou de acordo.
  꽁꼬르두 /   이스또우 지 아꼬르두

• 네, 아주 기꺼이.
  ▶ Sim, com todo o prazer.
  씽   꽁   또두 우 쁘라제르

• 천만에 말씀입니다.
  ▶ Não é por nada.
  너웅 에 뽀르 나다

• 알고 말고요.
  ▶ Claro que sei.
  끌라루 끼 쎄이

• 완전히 이해했습니다.
  ▶ Sim, compreendi tudinho.
  씽   꽁쁘리엥지   뚜징유

의견에 대해 부정할 때

• 바보 같은 소리군!
  ▶ Isso é bobagem!
  이쑤 에 보바젱

• 헛소리군!
  ▶ Você está delirando.
  보쎄   이스따 델리랑두

• 불가능해!
▶ Isso não é possível! / (É) impossível!
이쑤 너웅 에 뽀씨베우 /　(에) 잉뽀씨베우

• 믿을 수 없어!
▶ Não acredito! / (É) inacreditável!
너웅 아끄레지뚜 /　(에) 이나끄레지따베우

• 어떻게 가능하지?
▶ Como é possível!
꼬무　에 뽀씨베우

• 상상도 할 수 없어.
▶ Não consigo nem imaginar.
너웅 꽁씨구　넹　이마쥐나르

• 엉터리로 말하지 마라!
▶ Não diga besteiras!
너웅 지가　베스떼이라스

• 완전히 엉터리군!
▶ Isso é uma besteira! / Isso é pura idiotice! /
이쑤 에 우마 베스떼이라 / 이쑤 에 뿌라 이지오치씨 /
Isso é um disparate!
이쑤 에 웅　지스빠라치

• 그것은 될 수 없는 거야!
▶ Isso não pode ser!
이쑤 너웅 뽀지　쎄르

• 내게 그렇게 말하지 마라!
▶ Não me diga!
너웅 미　지가

• 전 완전히 반대입니다!
▶ (Eu) sou totalmente contra!
(에우) 쏘우 또따우멩치　꽁뜨라
(Eu) me oponho completamente!
(에우) 미　오뽕유　꽁쁠레따멩치

- 입에서 나오는 것은 모두 말하니!
  - ▶ Você diz tudo da boca para fora!
    보쎄　지스 뚜두　다 보까　빠라　포라

- 네가 틀린 것 같은데.
  - ▶ Acho que você está enganado / equivocado.
    아슈　끼　보쎄　이스따 잉가나두 /　에끼보까두

- 미안한데, 난 그것을 인정할 수 없어.
  - ▶ Me desculpe, mas eu não aprovo isso.
    미　지스꾸우삐　마즈　에우 너웅 아쁘로부 이쑤

의견을 칭찬할 때

- 맞아, 맞아.
  - ▶ Está certo, está certo.
    이스따 쎄르뚜 이스따 쎄르뚜

- 응, 난 네게 완전히 동의한다.
  - ▶ Sim, concordo plenamente (com você).
    씽　꽁꼬르두　쁠레나멩치　(꽁　보쎄)

- 좋은 생각입니다!
  - ▶ (É uma) boa ideia!
    (에 우마)　보아 이데이아

- 멋진 생각입니다!
  - ▶ É uma ideia maravilhosa!
    에 우마　이데이아 마라빌료자
    É uma ideia genial!
    에 우마　이데이아 제니아우

- 그녀는 칭찬 받을 만하다.
  - ▶ Ela merece elogios.
    엘라 메레씨　엘로쥐우스

Ela merece os parabéns.
엘라 메레씨   우스 빠라벵스

▶ Ele é admirado por todos.
엘리 에 아지미라두 뽀르 또두스

 동의와 찬반

동의를 구할 때

- 분명하시죠?
  - ▶ Está claro? / Está esclarecido?
    이스따 끌라루 / 이스따 이스끌라레씨두

- 이해하니?
  - ▶ Entende? / Compreende?
    잉뗑지 / 꽁쁘리엥지

- 제가 하는 말을 이해하시겠습니까?
  - ▶ Você me entende?
    보쎄 미 잉뗑지

- 동의하시나요?
  - ▶ Você concorda?
    보쎄 꽁꼬르다

- 저와 동의하십니까?
  - ▶ Você concorda comigo?
    보쎄 꽁꼬르다 꼬미구

- 같은 생각을 가지고 있니?
  - ▶ Pensa o mesmo que eu?
    뻰싸 우 메즈무 끼 에우

- 그렇게 생각하지 않니?
  - ▶ Não pensa da mesma maneira? / Não pensa assim?
    너웅 뻰싸 다 메즈마 마네이라 / 너웅 뻰싸 아씽

- 너 동의하지, 그렇지?
  ▶ **Você concorda, né?**
  보쎄 꽁꼬르다 네

- 역시 너도 그렇게 생각하지, 그렇지?
  ▶ **Você também pensa da mesma maneira, né?**
  보쎄 땅벵 뻰싸 다 메즈마 마네이라 네

- 나의 의견에 동조하지, 맞지?
  ▶ **Você concorda comigo, certo?**
  보쎄 꽁꼬르다 꼬미구 쎄르뚜
  Concorda com a minha opinião, certo?
  꽁꼬르다 꽁 아 밍야 오삐니어웅 쎄르뚜

- 너 같은 의견을 가지고 있지, 아니니?
  ▶ **Você tem a mesma opinião, não?**
  보쎄 뗑 아 메즈마 오삐니어웅 너웅

- 넌 내가 그것을 잘 했다고 생각하니?
  ▶ **Você acha que fiz bem?**
  보쎄 아샤 끼 피스 벵

- 나는 아무런 잘못 안했지, 잘못한 걸까?
  ▶ **Não fiz mal nenhum, será que fiz?**
  너웅 피스 마우 넹융 쎄라 끼 피스

- 내가 뭔가 잘못한 걸까?
  ▶ **Será que fiz algum mal?**
  쎄라 끼 피즈 아우궁 마우
  Será que fiz alguma coisa errada?
  쎄라 끼 피즈 아우구마 꼬이자 에하다

- 내가 헷갈리지 않았죠, 그렇죠?
  ▶ **Não estou equivocado / a, certo?**
  너웅 이스또우 에끼보까두/ 다 쎄르뚜

- 내가 헷갈린 걸까?
  ▶ **Será que estou enganado / a?**
  쎄라 끼 이스또우 잉가나두/ 다

• 내가 말하고 싶은 것이 무엇인지 알겠니?

▶ Sabe o que eu quero dizer?
싸비 우 끼 에우 께루 지제르

• 의문가는 것이 있니?

▶ Tem alguma dúvida?
뗑 아우구마 두비다

• 이해했지?

▶ Entendido? / Compreendido?
잉뗑지두 / 꽁쁘리엥지두

• 이해하지 못한다면 제게 질문하세요.

▶ Me pergunte se tiver alguma dúvida.
미 뻬르궁치 씨 치베르 아우구마 두비다

Qualquer dúvida, me pergunte.
꽈우께르 두비다 미 뻬르궁치

• 뭘 하려 했는지 이해하니?

▶ Você entende do que se trata?
보쎄 잉뗑지 두 끼 씨 뜨라따

• 내가 무엇에 대해 말하는지 알죠?

▶ Sabe do que estou falando?
싸비 두 끼 이스또우 팔랑두

• 제가 더 설명해 드려야 하나요?

▶ Tenho que explicar mais?
뗑유 끼 이스쁠리까르 마이스

Será que tenho que esclarecer mais do que isso?
쎄라 끼 뗑유 끼 이스끌라레쎄르 마이스 두 끼 이쑤

동의할 때

• 네! 이해합니다.

▶ Sim, te entendo.
씽 치 잉뗑두

- 좋습니다!
  - ▶ Tudo bem! / Está bem!
    뚜두 벵 / 이스따 벵

- 문제없습니다.
  - ▶ Não tem problema.
    너웅 뗑 쁘로블레마

- 동의합니다.
  - ▶ Concordo. / Estou de acordo.
    꽁꼬르두 / 이스또우 지 아꼬르두

- 아주 좋습니다!
  - ▶ Muito bom! / Maravilhoso! / Magnífico!
    무이뚜 봉 / 마라빌료주 / 마그니피꾸

- 좋은 생각이네요!
  - ▶ (É uma) boa ideia! / Bem pensado!
    (에 우마) 보아 이데이아 / 벵 뼁싸두

- 네가 옳다!
  - ▶ Você tem razão! / Você está certo!
    보쎄 뗑 하저웅 / 보쎄 이스따 쎄르뚜

- 절대적이에요!
  - ▶ Absolutamente!
    압쏠루따멩치

- 정확해요!
  - ▶ Correto! / Exato!
    꼬헤뚜 / 이자뚜

- 적중했어요!
  - ▶ Acertei no alvo!
    아쎄르떼이 누 아우부

- 의심할 여지가 없네요.
  - ▶ Sem dúvida nenhuma!
    쎙 두비다 넹유마

Sem nenhuma margem de dúvida!
쎙 넹유마 마르젱 지 두비다

- 100%로 동의합니다.
  ▶ Estou cem por cento de acordo.
  이스또우 쎙 뽀르 쎙뚜 지 아꼬르두
  Concordo cem por cento.
  꽁꼬르두 쎙 뽀르 쎙뚜

- 난 같은 의견이다.
  ▶ Sou da mesma opinião. / Tenho a mesma opinião.
  쏘우 다 메즈마 오삐니어웅 / 뗑유 아 메즈마 오삐니어웅

부분적으로 동의할 때

- 네, 조금은 당신을 이해합니다.
  ▶ Sim, te entendo até um certo ponto.
  씽 치 잉뗑두 아떼 웅 쎄르뚜 뽕뚜

- 다소.
  ▶ Mais ou menos
  마이즈 오우 메누스

- 동의합니다, 하지만…
  ▶ (Eu) concordo, mas...
  (에우) 꽁꼬르두 마스

- 그럴 수 있습니다. 하지만
  ▶ Pode ser, mas...
  뽀지 쎄르 마스

- 맞을 수도, 아닐 수도 있다.
  ▶ Pode ser que sim, pode ser que não.
  뽀지 쎄르 끼 씽 뽀지 쎄르 끼 너웅

- 저는 100% 동의하지 않습니다.
  ▶ Não concordo cem por cento.
  너웅 꽁꼬르두 쎙 뽀르 쎙뚜

- 나는 단지 부분적으로 동의한다는 것을 표하고 싶다.
  - ▶ Eu queria manifestar que só concordo parcialmente.
    에우 께리아 마니페스따르 끼 쏘 꽁꼬르두 빠르씨아우멩치

동감할 때

- 사실이에요.
  - ▶ É verdade.
    에 베르다지

- 좋아요!
  - ▶ Que bom!
    끼 봉

- 네! 당신과 동감입니다.
  - ▶ Sim, concordo com você.
    씽 꽁꼬르두 꽁 보쎄

- 분명히 맞아요.
  - ▶ É claro que sim.
    에 끌라루 끼 씽

- 바로 그것입니다.
  - ▶ É isso mesmo.
    에 이쑤 메즈무

- 그것을 믿습니다.
  - ▶ Eu acredito nisso.
    에우 아끄레지뚜 니쑤

- 의심할 바 없죠.
  - ▶ Sem sombra de dúvida.
    쎙 쏭브라 지 두비다

- 저도 똑같이 생각합니다.
  - ▶ Penso o mesmo.
    뻰쑤 우 메즈무

• 전적으로 동감입니다.

▶ Concordo plenamente.
꽁꼬르두　　쁠레나멩치

Estou completamente de acordo.
이스또우 꽁쁠레따멩치　　지 아꼬르두

• 전적으로 너와 동감이다.

▶ Concordo plenamente com você.
꽁꼬르두　　쁠레나멩치　꽁　보쎄

• 난 모든 부분에 있어서 너의 생각과 동감이다.

▶ Concordo com você em tudo (que disse).
꽁꼬르두　꽁　보쎄 잉 뚜두 (끼　지씨)

• 전 당신이 옳다고 믿습니다.

▶ Acredito que tenha (uma) razão.
아끄레지뚜 끼　뗑야　(우마)　하저웅

• 바로 그것이 제가 생각하는 겁니다.

▶ É isso mesmo o que penso.
에 이쑤 메즈무 우 끼 뻰쑤

• 우리는 같은 유형에 속해.

▶ Somos da mesma categoria.
쏘무스　다 메즈마　까떼고리아

Somos da mesma laia.
쏘무스　다 메즈마　라이아

• 우리는 매우 닮았어.

▶ Somos muito parecidos / as.
쏘무스　무이뚜 빠레씨두스/　다스

• 우리는 같은 목표를 가졌다고.

▶ Temos o mesmo objetivo.
떼무스　우 메즈무　오비제치부

Procuramos pelo mesmo objetivo.
쁘로꾸라무스　뻴루 메즈무　오비제치부

• 너는 너의 형을 닮았다.

> **Você se parece com o seu irmão.**
보쎄 씨 빠레씨 꽁 우 쎄우 이르머웅

> **Você é parecido com o seu irmão.**
보쎄 에 빠레씨두 꽁 우 쎄우 이르머웅

• 우리는 유사한 의견을 가졌어.

> **Temos opiniões similares.**
떼무스 오삐니옹이스 씨밀라리스

• 우리가 소통을 위해 비슷한 주제를 찾는 것은 매우 쉽다.

> **É fácil encontrar temas semelhantes para podermos**
에 파씨우 잉꽁뜨라르 떼마스 쎄멜량치스 빠라 뽀데르무스
conversar.
꽁베르싸르

• 우리는 같은 모델을 가지고 일을 해왔다.

> **Nós continuamos trabalhando com o mesmo modelo**
노스 꽁치누아무스 뜨라발량두 꽁 우 메즈무 모델루
de sempre.
지 쎙쁘리

상대방이 옳고 자신이 틀렸다고 할 때

• 이 말이 진짜 옳다.

> **Você tem toda a razão.**
보쎄 뗑 또다 아 하저웅

• 네가 옳다고 본다.

> **Suponho que (você) tenha razão.**
쑤뽕유 끼 (보쎄) 뗑야 하저웅

• 그것이 맞다.

> **Esse é o certo.**
에씨 에 우 쎄르뚜

• 넌 혼돈하지 않았어.

▶ Você realmente não estava equivocado / a.
보쎄 헤아우멩치 너웅 이스따바 에끼보까두/ 다

• 이 소식이 정확하다 판명 났다.

▶ Parece que a notícia que deu está realmente correta.
빠레씨 끼 아 노치씨아 끼 데우 이스따 헤아우멩치 꼬헤따

A notícia que nos disse parece ser realmente verdade.
아 노치씨아 끼 노스 지씨 빠레씨 쎄르 헤아우멩치 베르다지

• 내가 보기에 네 대답이 매우 정확했다고 본다.

▶ Parece que você acertou em cheio a resposta.
빠레씨 끼 보쎄 아쎄르또우 잉 셰이우 아 헤스뽀스따

상대방이 틀리고 자신이 옳다고 할 때

• (그것은) 다른 것이잖아요.

▶ Isso é outra coisa.
이쑤 에 오우뜨라 꼬이자

• 완전히 동떨어진 다른 이야기야.

▶ Essa história é totalmente diferente da outra.
에싸 이스또리아 에 또따우멩치 지페렝치 다 오우뜨라

• 넌 주제와 멀어지고 있다.

▶ Você está se afastando do tema.
보쎄 이스따 씨 아파스땅두 두 떼마

• 이것은 우리의 대화와 전혀 관련이 없습니다.

▶ Isso não tem nada a ver com a nossa conversa.
이쑤 너웅 뗑 나다 아 베르 꽁 아 노싸 꽁베르싸

• 그것은 우리의 주제에 해당되지 않는다.

▶ Isso não faz parte do nosso tema.
이쑤 너웅 파스 빠르치 두 노쑤 떼마

• 이건 관련이 없다.

▶ Isso não tem nada a ver.
이쑤 너웅 뗑   나다 아 베르

Isso é irrelevante (no que diz respeito).
이쑤 에 이헬레방치 (누 끼   지스 헤스뻬이뚜)

• 너는 주제로부터 빗나가고 있다

▶ Você está se desviando do tema.
보쎄   이스따 씨 지스비앙두 두 떼마

• 우리 본론으로 돌아가자.

▶ Vamos ao ponto que interessa.
바무스   아우 뽕뚜   끼   잉떼레싸

찬성할 때

• 좋습니다!

▶ Está bem!
이스따 벵

• 아주 좋습니다!

▶ Muito bem!
무이뚜 벵

• 멋집니다!

▶ É maravilhoso! / Que maravilha!
에 마라빌료주 /   끼   마라빌랴

• 기발하다!

▶ É genial! / Que genial!
에 제니아우 / 끼   제니아우

• 그거 이상적이다.

▶ Isso seria o ideal.
이쑤   쎄리아 우 이데아우

• 완벽해!
  ▶ Perfeito!
    뻬르페이뚜

• 좋게 들린다.
  ▶ Me soa bem. / Isso soa bem.
    미 쏘아 벵 /   이쑤 쏘아 벵

• 난 그리 멋진 것을 본적이 없다.
  ▶ Nunca tinha visto algo tão magnífico.
    눙까   칭야   비스뚜 아우구 떠웅 마그니피꾸

• 그것이 내가 원하는 거야.
  ▶ Isso é o que eu quero / desejo.
    이쑤 에 우 끼   에우 께루 /   데제쥬

• 내가 원했던 바야.
  ▶ Isso é o que eu queria / desejava.
    이쑤 에 우 끼   에우 께리아 / 데제쟈바

• 이것보다 더 좋은 것은 없다.
  ▶ Não tem nada melhor que isto.
    너웅 뗑   나다 멜료르   끼 이스뚜

• 이것이 완벽하다.
  ▶ Isto é perfeito
    이스뚜 에 뻬르페이뚜

• 이것이 1순위이다.
  ▶ Isto está em primeiro lugar.
    이스뚜 이스따 잉 쁘리메이루 루가르

반대할 때

• 아니요!
  ▶ Não!
    너웅

• 절대로(아닙니다)!
▶ **Nunca!**
눙까

• 헷갈리시는 겁니다.
▶ **Você está enganado / a.**
보쎄 이스따 잉가나두/   다

• 완전히 혼동하셨네요.
▶ **Você está totalmente enganado / a.**
보쎄 이스따 또따우멩치 잉가나두/   다

• 분명히 아닙니다.
▶ **Com certeza não. / Certamente não.**
꽁   쎄르떼자 너웅 / 쎄르따멩치   너웅

• 실수하셨습니다.
▶ **Está errado / a.**
이스따 에하두/   다

Você cometeu um erro.
보쎄 꼬메떼우   웅   에후

• 불가능해요.
▶ **Impossível!**
잉뽀씨베우

• 좋지 않아요!
▶ **Não está bem!**
너웅 이스따 벵

• 전 반대입니다.
▶ **Sou contra. / Não estou a favor!**
쏘우 꽁뜨라 /   너웅 이스또우 아 파보르

• 믿을 수 없어요.
▶ **Não acredito. / Não consigo acreditar.**
너웅 아끄레지뚜 / 너웅 꽁씨구   아끄레지따르

PART III

동의와 찬반

- 동의할 수 없어요.

  ▶ **Não posso concordar.**
  너웅 뽀쑤 꽁꼬르다르

  Não te apoio. / Não estou de acordo.
  너웅 치 아뽀이우 / 너웅 이스또우 지 아꼬르두

- 그것을 그렇게 보지 않습니다.

  ▶ **Não vejo as coisas dessa maneira!**
  너웅 베쥬 아스 꼬이자스 데싸 마네이라

  Não vejo a realidade da mesma maneira!
  너웅 베쥬 아 헤알리다지 다 메즈마 마네이라

- 아주 나쁜 생각이에요!

  ▶ **É uma péssima ideia!**
  에 우마 뻬씨마 이데이아

- 아니요. 전혀 이해 못합니다.

  ▶ **Não, não consigo entendê-lo de maneira alguma.**
  너웅 너웅 꽁씨구 잉뗑델루 지 마네이라 아우구마

  Não, realmente não te entendo nada!
  너웅 헤아우멩치 너웅 치 잉뗑두 나다

- 어떻게 가능하죠?

  ▶ **Como é possível?**
  꼬무 에 뽀씨베우

- 상상도 할 수 없어요.

  ▶ **Não consigo nem imaginar. / Nem imagino.**
  너웅 꽁씨구 넹 이마쥐나르 / 넹 이마쥐누

- 말도 안돼요.

  ▶ **Isso é um absurdo. / Isso não tem cabimento.**
  이쑤 에 웅 압쑤르두 / 이쑤 너웅 뗑 까비멩뚜

- 당신 편을 들 수가 없네요.

  ▶ **Não estou do seu lado.**
  너웅 이스또우 두 쎄우 라두

- 전 당신의 의견을 지지할 수 없습니다.

▶ Não posso apoiá-lo. / Não apoio a sua opinião.
너웅 뽀쑤　아뽀이알루 / 너웅　아뽀이우 아 쑤아 오삐니어웅

- 전 이 생각에 반대합니다.

▶ Eu me oponho a essa ideia. / Sou contra essa ideia.
에우 미 오뽕유　아 에싸 이데이아 / 쏘우 꽁뜨라 에싸 이데이아

- 농담이군!

▶ É brincadeira!
에 브링까데이라

- 바보짓이에요.

▶ É besteira.
에 베스떼이라

- 모든 것이 바보소리야!

▶ Tudo isso é uma besteira.
뚜두　이쑤 에 우마 베스떼이라

- 저는 외국인이라 전혀 이해하지 못합니다.

▶ Sou estrangeiro por isso não entendo nada.
쏘우　이스뜨랑제이루 뽀르 이쑤 너웅 잉뗑두　　나다

참을 수 없을 때

- 생각할 수도 없죠!

▶ Nem pensar! / Nem pense nisso!
넹　뻰싸르 /　넹　뻰씨 니쑤

- 안돼요, 절대로!

▶ Não pode de maneira alguma!
너웅 뽀지 지 마네이라　아우구마

Não, de jeito nenhum!
너웅　지 제이뚜 넹융

• 역겹다!
  ▶ É revoltante!
    에 헤보우땅치

• 날 역겹게 한다.
  ▶ Isso me dá náuseas!
    이쑤 미 다 나우지아스

• 끔찍해!
  ▶ Que horrível / Que terrível!
    끼   오히베우 / 끼   떼히베우

• 안 좋아!
  ▶ Não é nada bom!
    너웅 에 나다 봉

• 불쾌하다!
  ▶ Isso me enjoa! / Isso é desagradável!
    이쑤 미 잉죠아 / 이쑤 에 지자그라다베우

• 헛소리야!
  ▶ Isso é mentira! / Não diga mentiras!
    이쑤 에 멩치라 /   너웅 지가 멩치라스
    Mas que disparate! / Não invente coisas!
    마스 끼 지스빠라치 / 너웅 잉벵치   꼬이자스

• 그것을 증오한다.
  ▶ Odeio isso. / Tenho raiva disso.
    오데이우 이쑤 / 뗑유   하이바 지쑤

• 더는 못 참아.
  ▶ Não aguento mais.
    너웅 아구엥뚜 마이스

• 네가 미쳤다고 밖에 생각할 수 없다.
  ▶ Acho que você está louco.
    아슈   끼   보쎄 이스따 로우꾸

- 잘 모르겠습니다만…
  ▶ **Não sei exatamente, mas...**
  너웅 쎄이 이자따멩치 마스

- 제 생각에는…
  ▶ **Na minha opinião... / Acho que...**
  나 밍야 오삐니어웅 / 아슈 끼

- 제가 알기로는…
  ▶ **Pelo que eu saiba... / Pelo que eu sei...**
  뻴루 끼 에우 싸이바 / 뻴루 끼 에우 쎄이

- 저도 다르지 않습니다.
  ▶ **Para mim não faz diferença.**
  빠라 밍 너웅 파스 지페렝싸

- 전 의견이 없습니다.
  ▶ **Não tenho nada a dizer. / Não tenho o que opinar.**
  너웅 뗑유 나다 아 지제르 / 너웅 뗑유 우 끼 오삐나르

- 그것은 저와 아무 관계가 없습니다.
  ▶ **Isso não tem nada a ver comigo.**
  이쑤 너웅 뗑 나다 아 베르 꼬미구

- 그것은 나의 일이 아닙니다.
  ▶ **Isso não me diz respeito.**
  이쑤 너웅 미 지스 헤스뻬이뚜

- 그것은 내게 중요하지 않습니다.
  ▶ **Isso não me importa. / Isso não me interessa.**
  이쑤 너웅 미 잉뽀르따 / 이쑤 너웅 미 잉떼레싸

주의와 타이름

주의를 줄 때

- 네가 잘못했다.
  - ▶ Você está errado / a.
    보쎄 이스따 에하두/ 다

- 넌 완전히 헷갈렸다.
  - ▶ Você está totalmente enganado / a.
    보쎄 이스따 또따우멩치 잉가나두/ 다
    Você está completamente equivocado / a.
    보쎄 이스따 꽁쁠레따멩치 에끼보까두/ 다

- 넌 일을 명확하게 하지 않았다.
  - ▶ Você não esclareceu as coisas.
    보쎄 너웅 이스끌라레쎄우 아스 꼬이자스

- 무엇인가를 씹고 있을 때는 입을 다물어라.
  - ▶ Mastigue de boca fechada.
    마스치기 지 보까 페샤다

- 입에 하나 가득 넣은 채로 말하지 마라.
  - ▶ Não fale de boca cheia.
    너웅 팔리 지 보까 셰이아

- 식탁 위에 팔 괴지 마라.
  - ▶ Não coloque o cotovelo na mesa.
    너웅 꼴로끼 우 꼬또벨루 나 메자

- 숙제가 끝날 때까지 TV를 볼 수 없다.
  ▶ Não pode assistir TV antes de terminar a lição de casa.
  너웅 뽀지 아씨스치르 떼베 앙치스 지 떼르미나르 아 리써웅 지 까자

- 모르는 사람에게 문을 열어주지 마라.
  ▶ Não abra a porta para desconhecidos.
  너웅 아브라 아 뽀르따 빠라 지스꽁예씨두스

- 모르는 사람이 네게 준 것을 먹지 마라.
  ▶ Não coma nenhuma coisa dada por um desconhecido.
  너웅 꼬마 넹유마 꼬이자 다다 뽀르 웅 지스꽁예씨두

- 길을 건너기 전에 오른쪽, 왼쪽을 살펴야 한다.
  ▶ Olhe bem para os dois lados antes de atravessar a rua.
  올리 벵 빠라 우스 도이스 라두스 앙치스 지 아뜨라베싸르 아 후아

꾸짖을 때

- 넌 '죄송하다'고 말해야 한다.
  ▶ Peça desculpas.
  뻬싸 지스꾸우빠스
  Você deve pedir desculpas.
  보쎄 데비 뻬지르 지스꾸우빠스
  É melhor (você) pedir desculpas.
  에 멜료르 (보쎄) 뻬지르 지스꾸우빠스

- 넌 '감사하다'고 말해야 한다.
  ▶ Diga 'obrigado / a'.
  지가 오브리가두/ 다
  Você deve agradecer.
  보쎄 데비 아그라데쎄르
  Seria bom (você) agradecer.
  쎄리아 봉 (보쎄) 아그라데쎄르

- 넌 '천만에요'라고 말해야 한다.
  ▶ Diga 'de nada'.
  지가 지 나다

Você deve responder 'não há de quê'.
보쎄 데비 헤스뽕데르 너웅 아 지 께

• 넌 '부탁합니다'라고 말해야 한다.

▶ Diga 'por favor'.
지가 뽀르 파보르

Você tem que dizer 'por favor'.
보세 뗑 끼 지제르 뽀르 파보르

• 넌 상식이 없니?

▶ Você não tem senso comum?
보쎄 너웅 뗑 쎙쑤 꼬뭉

Onde está o seu senso comum?
옹지 이스따 우 쎄우 쎙쑤 꼬뭉

Não sabe o que é senso comum?
너웅 싸비 우 끼 에 쎙쑤 꼬뭉

• 네 동생을 귀찮게 하지 마라!

▶ Para de incomodar o seu irmão(zinho).
빠라 지 잉꼬모다르 우 쎄우 이르머웅(징유)

Para de pentelhar a sua irmã(zinha).
빠라 지 뺑뗄랴르 아 쑤아 이르망(징야)

• 이제 네 잘못을 알겠니?

▶ Agora sabe o que fez de errado?
아고라 싸비 우 끼 페스 지 에하두

Já entendeu o que fez de errado?
쟈 잉뗀데우 우 끼 페스 지 에하두

Já sabe qual foi o seu erro?
쟈 싸비 꽈우 포이 우 쎄우 에후

• 넌 내가 네게 말했던 것을 잘 들었었니?

▶ Escutou / Ouviu bem o que eu disse?
이스꾸또우 / 오우비우 벵 우 끼 에우 지씨

• 넌 일이 명확해질 때까지 말을 하지 마라.

▶ Não diga / fale nada até a situação se esclarecer.
너웅 지가 / 팔리 나다 아떼 아 씨뚜아써웅 씨 이스끌라레쎄르

PART Ⅲ · 주의와 타이름

Nenhuma palavra até tudo ficar claro, entendido?
넹유마　　　빨라브라　아떼 뚜두 피까르 끌라루　잉뗑지두

- 넌 일의 근본적인 것을 다시 설명해야 한다.
  ▶ Você tem que explicar a base disso tudo novamente.
  보쎄 뗑 끼 이스쁠리까르 아 바지 지쑤 뚜두　노바멩치

- 문을 열어 두었던 사람이 너였니?
  ▶ Foi você quem deixou a porta aberta?
  포이 보쎄 껭　데이쇼우 아 뽀르따 아베르따
  Por acaso você esqueceu de fechar a porta?
  뽀르 아까주 보쎄 이스께쎄우 지 페샤르 아 뽀르따

- 내 자전거를 가져갔던 사람이 너였니?
  ▶ Foi você quem pegou a minha bicicleta?
  포이 보쎄 껭　뻬고우 아 밍야　비씨끌레따
  Por acaso você levou a minha bicicleta?
  뽀르 아까주 보쎄 레보우 아 밍야　비씨끌레따

- 이 소식을 폭로한 사람이 그 사람이니?
  ▶ É ele quem contou a notícia?
  에 엘리 껭　꽁또우 아 노치씨아
  Por acaso, ele é o fofoqueiro?
  뽀르 아까주　엘리 에 우 포포께이루

- 이 비밀을 전부 폭로한 사람이 그녀니?
  ▶ É ela quem revelou todo o segredo?
  에 엘라 껭　헤벨로우 또두 우 쎄그레두
  Ela é a fofoqueira que contou tudo?
  엘라 에 아 포포께이라 끼　꽁또우　뚜두

- 내가 늦게 도착한 것은 바로 너 때문이야.
  ▶ Eu me atrasei por causa de você.
  에우 미 아뜨라제이 뽀르 까우자 지 보쎄
  Eu cheguei atrasado por sua culpa.
  에우 셰게이　아뜨라자두 뽀르 쑤아 꾸우빠

- 너의 몸가짐에 주의해라!

  ▶ Cuide-se!
  꾸이지 씨

  Cuide de seus modos!
  꾸이지 지 쎄우스 모두스

  Controle seus modos!
  꽁뜨롤리 쎄우스 모두스

- 행동 잘해!

  ▶ Comporte-se bem!
  꽁뽀르치 씨 벵

  Seja educado / a!
  쎄쟈 에두까두/ 다

- 난 네가 제대로 행동하리라 희망한다.

  ▶ Espero que se comporte bem.
  이스뻬루 끼 씨 꽁뽀르치 벵

- 아가씨처럼[답게] 행동해라!

  ▶ Comporte-se como uma moça!
  꽁뽀르치 씨 꼬무 우마 모싸

- 숙녀처럼　　como uma dama
  　　　　　　꼬무 우마 다마

- 신사처럼　　como um cavalheiro
  　　　　　　꼬무 웅 까발례이루

- 모범생처럼　como um estudante exemplar
  　　　　　　꼬무 웅 이스뚜당치 에젱쁠라르

- 선생님처럼　como um(a) professor(a)
  　　　　　　꼬무 웅(우마) 쁘로페쏘르(라)

- 부모님처럼　como pais
  　　　　　　꼬무 빠이스

- 너의 방을 청소해라!

▶ Limpe o seu quarto!
링삐   우 쎄우 꽈르뚜

Faça uma faxina no seu quarto!
파싸 우마 파쉬나 누 쎄우 꽈르뚜

- 이 방을 정리해라!

▶ Arrume o seu quarto!
아후미   우 쎄우 꽈르뚜

Arrume a bagunça do seu quarto!
아후미   아 바궁싸   두 쎄우 꽈르뚜

- 이 침대를 정돈해라!

▶ Faça a sua cama!
파싸 아 쑤아 까마

Arrume a sua cama!
아후미   아 쑤아 까마

- 이 장난감을 정리해라!

▶ Arrume os seus brinquedos!
아후미   우스 쎄우스 브링께두스

Organize os seus brinquedos!
오르가니지 우스 쎄우스 브링께두스

- 너 손 닦아라!

▶ Lave as mãos!
라비   아스 머웅스

Não se esqueça de lavar as mãos!
너웅 씨 이스께싸 지 라바르 아스 머웅스

- 너 입 닦아라!

▶ Limpe a sua boca!
링삐   아 쑤아 보까

- 머리를 빗어라!

▶ Penteie o seu cabelo!
뻰떼이이 우 쎄우 까벨루

Arrume o seu cabelo!
아후미　우 쎄우 까벨루

• 똑바로 앉아라!

▶ Sente-se direito! / Senta direito!
쎙치　씨 지레이뚜 / 쎙따　지레이뚜

• 서있어!

▶ Fique em pé! / Fique de pé!
피끼　잉 뻬 / 피끼　지 뻬

• 폭식하지 마라!

▶ Não coma demais!
너웅 꼬마　지마이스

• 그렇게 빨리 먹지 마라!

▶ Não coma tão rápido!
너웅 꼬마　떠웅 하삐두

• 야채를 더 먹어라!

▶ Coma mais verdura!
꼬마　마이스 베르두라

Por que não come mais verdura?
뽀르 끼　너웅 꼬미　마이스 베르두라

• 편식하지 마라!

▶ Não fique comendo só o que você gosta!
너웅 피끼　꼬멩두　쏘 우 끼 보쎄 고스따

Não deve comer apenas o que te apetece.
너웅 데비　꼬메르　아뻬나스 우 끼　치 아뻬떼씨

• 단 것만 그렇게 먹지 마라!

▶ Não coma apenas doces!
너웅 꼬마　아뻬나스 도씨스

Pare de ficar só comendo doces!
빠리　지 피까르 쏘 꼬멩두　도씨스

• 걸을 때 머리를 들고, 가슴은 펴라!
▶ **Ande com a cabeça erguida e a coluna reta!**
앙지 꽁 아 까베싸 에르기다 이 아 꼴루나 헤따

• 창문을 열어두지 마라!
▶ **Não deixe a janela aberta!**
너웅 데이쉬 아 쟈넬라 아베르따

• 너는 그에게 모든 것을 말하지 말았어야 했다.
▶ **Você não deveria ter contado tudo para ele.**
보쎄 너웅 데베리아 떼르 꽁따두 뚜두 빠라 엘리

Você não precisava ter dito nada a ele!
보쎄 너웅 쁘레씨자바 떼르 지뚜 나다 아 엘리

변명을 듣고 싶지 않을 때

• 너 지금 농담하고 있는 거야?
▶ **Você está brincando comigo?**
보쎄 이스따 브링깡두 꼬미구

• 결론이 없다.
▶ **Não tem nada concluído!**
너웅 뗑 나다 꽁끌루이두

Não existe nenhuma conclusão.
너웅 이지스치 넹유마 꽁끌루저웅

Nada foi concluído ainda.
나다 포이 꽁끌루이두 아잉다

• 너의 결론은 근거가 없다.
▶ **A sua conclusão não tem fundamento.**
아 쑤아 꽁끌루저웅 너웅 뗑 풍다멩뚜

• 난 그것에 관심이 없다.
▶ **Não tenho interesse nesse assunto.**
너웅 뗑유 잉떼레씨 네씨 아쑹뚜

Não estou interessado / a nisso.
너웅 이스또우 잉떼레싸두/   다 니쑤
Isso não me interessa.
이쑤 너웅 미 잉떼레싸

• 내게 그것은 하나도 다른 게 없습니다.

▶ Para mim isso não faz nenhuma diferença.
빠라 밍   이쑤 너웅 파스 넹유마   지페렝싸

• 그것은 다른[상관없는] 일이다.

▶ Isso é outro assunto!
이쑤 에 오우뜨루 아쑹뚜
Isso é outra coisa!
이쑤 에 오우뜨라 꼬이자
Isso é diferente!
이쑤 에 지페렝치

• 넌 내가 시킨 것을 해라!

▶ Faça o que te mandei!
파싸 우 끼 치 망데이
Faz o que eu disse!
파즈 우 끼   에우 지씨
Não vai me fazer o que eu pedi?
너웅 바이 미 파제르 우 끼   에우 뻬지

 충고와 의무

충고할 때

• 나와 같이 가자고 권하고 싶다.
▶ Eu te aconselho a vir comigo.
에우 치 아꽁쎌류　아 비르 꼬미구

• 네게 그것을 하지 말라고 몇 번을 말했지?
▶ Quantas vezes te disse para não fazer isso?
꽝따스　베지스 치 지씨　빠라　너웅 파제르 이쑤

• 내가 네게 그것을 몇 번 말해야 하니?
▶ Quantas vezes tenho que dizer isso?
꽝따스　베지스 뗑유　끼　지제르 이쑤
Quantas vezes tenho que repetir?
꽝따스　베지스 뗑유　끼　헤뻬치르

• 네게 그것을 천 번은 이야기했다.
▶ Eu te disse isso umas mil vezes.
에우 치 지씨　이쑤 우마스 미우 베지스

• 왜 너는 정해진 대로 행동할 수 없는 거니?
▶ Por que você não pode agir de maneira certa?
뽀르 끼　보쎄　너웅 뽀지　아쥐르 지 마네이라　쎄르따
Será que você não consegue agir como se deve?
쎄라　끼　보쎄　너웅 꽁쎄기　아쥐르 꼬무　씨 데비

• 언제 너는 제대로 행동할래?
▶ Quando é que você vai começar a se comportar direito?
꽝두　에 끼　보쎄　바이 꼬메싸르 아 씨 꽁뽀르따르　지레이뚜

Será que algum dia você vai se comportar de maneira
쎄라 끼 아우궁 지아 보쎄 바이 씨 꽁뽀르따르 지 마네이라
certa?
쎄르따

- 네게 말하고자 했던 것은…

  ▶ Eu queria dizer a você que...
  에우 께리아 지제르 아 보쎄 끼

- 내가 너였다면…

  ▶ Se eu fosse você....
  씨 에우 포씨 보쎄

- 내가 네 입장에 있었다면…

  ▶ Se eu estivesse no seu lugar...
  씨 에우 이스치베씨 누 쎄우 루가르

- 내가 너였다면, 그것을 하지 않을거야.

  ▶ Se eu fosse você não faria isso.
  씨 에우 포씨 보쎄 너웅 파리아 이쑤

- 내가 당신이었다면, 그것을 다른 방식으로 했을 것입니다.

  ▶ Se eu fosse você teria feito de outro jeito.
  씨 에우 포씨 보쎄 떼리아 페이뚜 지 오우뜨루 제이뚜

  No seu lugar, eu faria isso de outra maneira.
  누 쎄우 루가르 에우 파리아 이쑤 지 오우뜨라 마네이라

- 말만하지 말고, 행동해라!

  ▶ Não fale apenas da boca pra fora, reaja!
  너웅 팔리 아뻬나스 다 보까 쁘라 포라 헤아쟈

  Não fique apenas falando, mostre alguma ação!
  너웅 피끼 아뻬나스 팔랑두 모스뜨리 아우구마 아써웅

- 우리 서둘러야 한다.
  ▶ **Temos que nos apressar!**
  떼무스 끼 노스 아쁘레싸르

- 우린 일에 손을 대야만 한다.
  ▶ **Temos que colocar mãos à obra.**
  떼무스 끼 꼴로까르 머웅즈 아 오브라

- 우리 이 일을 시작합시다.
  ▶ **Vamos começar essa obra.**
  바무스 꼬메싸르 에싸 오브라

- 아주 좋은 기회다.
  ▶ **Essa é uma ótima oportunidade.**
  에싸 에 우마 오치마 오뽀르뚜니다지
  É uma oportunidade muito boa.
  에 우마 오뽀르뚜니다지 무이뚜 보아

- 아무것도 안 하면서 거기에 매일 있을 거야?
  ▶ **Vai ficar aí sem fazer nada todo dia?**
  바이 피까르 아이 쎙 파제르 나다 또두 지아

- 팔짱만 끼고 거기 있지 마라!
  ▶ **Não fique aí de braços cruzados.**
  너웅 피끼 아이 지 브라쑤스 끄루자두스

- 넌 인생을 낭비하고 있다.
  ▶ **Você está desperdiçando a sua vida.**
  보쎄 이스따 지스뻬르지쌍두 아 쑤아 비다

- 당신 자신에 대해 자신감을 가지세요, 그러면 승리할 것입니다.
  ▶ **Tenha confiança em si mesmo, você vai conseguir.**
  뗑야 꽁피앙싸 잉 씨 메즈무 보쎄 바이 꽁쎄기르
  Confie em si mesmo, assim vai alcançar o que deseja.
  꽁피이 잉 시 메즈무 아씽 바이 아우깡싸르 우 끼 데제쟈

- 시간을 버리지 말고 이용해라.
  ▶ **Não perca tempo, aproveite!**
  너웅 뻬르까 뗑뿌 아쁘로베이치

- 넌 공부를 열심히 해야 한다.

  ▶ **Você tem que estudar com afinco.**
  보쎄 뗑 끼 이스뚜다르 꽁 아핑꾸

- 넌 우리에 대해 아무에게도 얘기해선 안 된다.

  ▶ **Você não deve contar a ninguém sobre a gente.**
  보쎄 너웅 데비 꽁따르 아 닝겡 쏘브리 아 젱치

- 도서관에서는 조용히 해야 한다.

  ▶ **Você deve manter silêncio na biblioteca.**
  보쎄 데비 망떼르 씰렝씨우 나 비블리오떼까
  Faça silêncio na biblioteca.
  파싸 씰렝씨우 나 비블리오떼까

- 역 내에서는 금연이다.

  ▶ **É proibido fumar na estação.**
  에 쁘로이비두 푸마르 나 이스따써웅
  Não fume dentro da estação.
  너웅 푸미 뎅뜨루 다 이스따써웅

- 학교 근처에서는 차를 천천히 모세요.

  ▶ **Dirija devagar nos arredores da escola.**
  지리쟈 지바가르 누스 아헤도리스 다 이스꼴라
  Diminua a velocidade perto da escola.
  지미누아 아 벨로씨다지 뻬르뚜 다 이스꼴라

비밀 준수

- 비밀이다.

  ▶ **É segredo.**
  에 쎄그레두

- 단지 너만 알아야 한다!

  ▶ **Só você deve ficar sabendo disso!**
  쏘 보쎄 데비 피까르 싸벵두 지쑤

• 난 아무에게도 말하지 않을 것이다.

▶ **Não vou contar nada para ninguém.**
너웅 보우 꽁따르 나다 빠라 닝겡

• 난 비밀을 지킬 것이다.

▶ **Vou guardar o segredo.**
보우 과르다르 우 쎄그레두

• 난 입을 막고 있을 것이다.

▶ **Vou manter a minha boca calada.**
보우 망떼르 아 밍야 보까 깔라다

• 이 시점에서는 조용히 있는 것이 나을 것이다.

▶ **Nesse momento, é melhor ficarmos calados.**
네씨 모멩뚜 에 멜료르 피까르무스 깔라두스

No momento, é melhor mantermos a boca fechada.
누 모멩뚜 에 멜료르 망떼르무스 아 보까 페샤다

• 넌 그것을 누구에게도 말하지 마라.

▶ **Não diga isso para ninguém.**
너웅 지가 이쑤 빠라 닝겡

Não diga nada a ninguém.
너웅 지가 나다 아 닝겡

• 넌 그것에 대해 아무에게도 얘기하지 마라.

▶ **Não conte nada disso a ninguém!**
너웅 꽁치 나다 지쑤 아 닝겡

• 난 어떤 경우에도 누구에게도 말하지 않을 것이다.

▶ **Aconteça o que acontecer, não direi isso para ninguém.**
아꽁떼싸 우 끼 아꽁떼쎄르 너웅 지레이 이쑤 빠라 닝겡

• 우리 사이의 비밀이다.

▶ **Isso fica só entre nós!**
이쑤 피까 쏘 엥뜨리 노스

Isso deve ficar só entre nós!
이쑤 데비 피까르 쏘 엥뜨리 노스

- 난 그것을 무덤까지 가져갈 것이다.

  ▶ Levarei esse segredo até o meu túmulo.
    레바레이 에씨 쎄그레두 아떼 우 메우 뚜물루

    Enterrarei esse segredo comigo.
    엥떼하레이 에씨 쎄그레두 꼬미구

- 한마디 말도 하지 마라.

  ▶ Não diga mais nenhuma palavra!
    너웅 지가 마이스 넹유마 빨라브라

    Não quero ouvir mais nem um piu!
    너웅 께루 오우비르 마이스 넹 웅 삐우

- 입 다물어라!

  ▶ Cale-se!
    깔리 씨

    Fique calado!
    피끼 깔라두

    Fique de boca fechada!
    피끼 지 보까 페샤다

- 입 꼭 다물고 있겠다고 약속해라!

  ▶ Prometa que vai se calar!
    쁘로메따 끼 바이 씨 깔라르

    Prometa que ficará calado!
    쁘로메따 끼 피까라 깔라두

- 난 이 방에서 나가는 것을 허락하지 않는다.

  ▶ Não permito que saia deste quarto!
    너웅 뻬르미뚜 끼 싸이아 데스치 꽈르뚜

    Você está proibido de sair deste quarto!
    보쎄 이스따 쁘로이비두 지 싸이르 데스치 꽈르뚜

제안할 때

• ~할 수 있습니까?
▶ **Poderia...? / Podia...?**
뽀데리아 / 뽀지아

• 네가 할 수 있다고 믿니?
▶ **Você acha que pode fazer (isso)?**
보쎄 아샤 끼 뽀지 파제르 (이쑤)

• ...에 대해 경험이 있니?
▶ **Você tem experiência em / com...?**
보쎄 뗑 이스뻬리엥씨아 잉 / 꽁

• 네게 그것 하기를 제안한다.
▶ **Sugiro que você faça isso.**
쑤쥐루 끼 보쎄 파싸 이쑤

• 제안을 하나 해도 될까요?
▶ **Poderia sugerir uma coisa?**
뽀데리아 쑤제리르 우마 꼬이자

Posso fazer uma sugestão?
뽀쑤 파제르 우마 쑤제스떠웅

• 네게 아이디어 하나를 주려고 해.
▶ **Quero te dar uma ideia.**
께루 치 다르 우마 이데이아

• 네게 추천해 주고자하는 것은...
▶ **Eu queria te recomendar que...**
에우 께리아 치 헤꼬멩다르 끼

- 음료수 한 잔 드릴까요?

  ▶ Quer beber / tomar alguma coisa?
  께르 베베르 / 또마르 아우구마 꼬이자

  Que tal uma bebida?
  끼 따우 우마 베비다

  Posso te oferecer uma bebida?
  뽀쑤 치 오페레쎄르 우마 베비다

  Quer que eu te ofereça algo para beber?
  께르 끼 에우 치 오페레싸 아우구 빠라 베베르

- 실례합니다, 무엇을 좀 마시겠습니까?

  ▶ Com licença, deseja tomar alguma coisa?
  꽁 리쎙싸 데제쟈 또마르 아우구마 꼬이자

  Desculpa, quer beber alguma coisa?
  지스꾸우빠 께르 베베르 아우구마 꼬이자

제안 · 권유를 거절할 때

- 안 해!

  ▶ Não vou fazer isso! / Não farei isso!
  너웅 보우 파제르 이쑤 / 너웅 파레이 이쑤

- 가능하지 않아!

  ▶ Não é possível! / Não será possível!
  너웅 에 뽀씨베우 / 너웅 쎄라 뽀씨베우

- 절대로 안해!

  ▶ Eu nunca vou fazer isso! / Jamais farei isso!
  에우 눙까 보우 파제르 이쑤 / 쟈마이스 파레이 이쑤

- 죄송합니다.

  ▶ Desculpa. / Sinto muito. / Perdão.
  지스꾸우빠 / 씽뚜 무이뚜 / 뻬르더웅

- 꿈도 꾸지 마라!

  ▶ Nem sonhe com isso! / Nem pense nisso!
  넹 쏭이 꽁 이쑤 / 넹 뻰씨 니쑤

PART Ⅲ

제안과 권유

• 너 꿈꾸고 있니?

▶ Você está sonhando?
보쎄   이스따 쏭양두

• 넌 기회를 잃었어.

▶ Você perdeu a sua oportunidade.
보쎄   뻬르데우 아 쑤아 오뽀르뚜니다지

• 쓸데없는 말 하지 마라.

▶ Não gaste a sua saliva. / Não fique aí gastando saliva.
너웅 가스치 아 쑤아 쌀리바 /   너웅 피끼   아이 가스땅두 쌀리바

• 그거 잊어라!

▶ Esqueça isso!
이스께싸   이쑤

• 난 다른 계획들이 있다.

▶ Tenho outros planos!
뗑유   오우뜨루스 쁠라누스

• 나 스케줄이 꽉 차있다.

▶ Estou com a agenda cheia / lotada.
이스또우 꽁   아 아젱다   셰이아 / 로따다

A minha agenda está cheia / lotada.
아 밍야   아젱다   이스따 셰이아 / 로따다

• 난 관심 없다.

▶ Não tenho interesse. / Não me interessa.
너웅 뗑유   잉떼레씨 /   너웅 미   잉떼레싸

• 머리가 아프네.

▶ Estou com dor de cabeça. / Minha cabeça está doendo.
이스또우 꽁   도르 지 까베싸 /   밍야   까베싸   이스따 도엥두

• 백만 년 내로는 안 된다.

▶ Nem em um milhão de anos.
넹   잉 웅 밀려웅 지 아누스

• 백만 헤알로도 안 된다.
▶ Nem mesmo por um milhão de reais.
넹　메즈무　뽀르 웅　밀려웅　지 헤아이스

• 단지 너만 원할 뿐이다.
▶ Isso é o que só você quer.
이쑤 에 우 끼 쏘 보쎄　께르

 # 부탁과 도움

부탁할 때

- 저를 도와주세요.
  ▶ **Me ajude, por favor!**
  미 아쥬지 뽀르 파보르

- 더 크게 말씀해 주세요.
  ▶ **Fale mais alto, por favor.**
  팔리 마이즈 아우뚜 뽀르 파보르
  Poderia falar mais alto?
  뽀데리아 팔라르 마이즈 아우뚜

더 작게 말씀해 주세요.	**Poderia falar mais baixo?** 뽀데리아 팔라르 마이스 바이슈
더 명료하게 말씀해 주세요.	**Poderia falar mais claro?** 뽀데리아 팔라르 마이스 끌라루
한 번 더 말씀해 주세요.	**Poderia falar mais uma vez?** 뽀데리아 팔라르 마이즈 우마 베스
다시 말씀해 주세요.	**Poderia falar de novo?** 뽀데리아 팔라르 지 노부
더 천천히 말씀해 주세요.	**Poderia falar mais devagar?** 뽀데리아 팔라르 마이스 지바가르
포르투갈어로 말씀해 주세요.	**Poderia falar em português?** 뽀데리아 팔라르 잉 뽀르뚜게스

- 부탁 좀 드려도 될까요?
  - ▶ **Posso pedir um favor?**
    뽀쑤   뻬지르 웅   파보르

- 절 좀 도와주실 수 있어요?
  - ▶ **Pode me ajudar? / Poderia me dar uma mão(zinha)?**
    뽀지   미   아쥬다르 / 뽀데리아   미   다르 우마   머웅(징야)

- 실례합니다만, 소금을 제게 전해줄 수 있습니까?
  - ▶ **Desculpe, poderia me passar o sal?**
    지스꾸우삐   뽀데리아   미   빠싸르   우 싸우

- 포크 하나를 제게 갖다 주실 수 있습니까?
  - ▶ **Poderia me trazer um garfo?**
    뽀데리아   미   뜨라제르 웅   가르푸

- 국을 먹을 수 있게 숟가락을 하나 주실 수 있습니까?
  - ▶ **Poderia me trazer uma colher para a sopa?**
    뽀데리아   미   뜨라제르 우마 꼴례르   빠라   아 쏘빠

구체적으로 부탁할 때

- 살려줘요!
  - ▶ **Socorro!**
    쏘꼬후

- 미안한데, 문 좀 닫아 줄래요?
  - ▶ **Desculpe, poderia fechar a porta?**
    지스꾸우삐   뽀데리아   페샤르   아 뽀르따

    Perdão, pode fechar a porta, por favor?
    뻬르더웅 뽀지   페샤르   아 뽀르따 뽀르 파보르

- 죄송한데, 가방을 선반 위에 올리는 것을 도와주실 수 있나요?
  - ▶ **Desculpe, poderia me ajudar a colocar essa mala na**
    지스꾸우삐   뽀데리아   미   아쥬다르 아 꼴로까르 에싸   말라   나

    estante?
    이스땅치

• 이 양식을 채우는 것을 도와주실 수 있습니까?

▶ **Poderia me ajudar a preencher este formulário?**
뽀데리아 미 아쥬다르 아 쁘리엥셰르 에스치 포르물라리우

• 제가 길을 잃은 것 같습니다. 도와주실 수 있나요?

▶ **Desculpe, acho que perdi o caminho.**
지스꾸우삐 아슈 끼 뻬르지 우 까밍유

Poderia me ajudar?
뽀데리아 미 아쥬다르

Perdão, mas estou perdido / a. Poderia me ajudar a
뻬르더웅 마즈 이스또우 뻬르지두/ 다 뽀데리아 미 아쥬다르 아

achar o caminho?
아샤르 우 까밍유

• 부탁드리기 민망합니다만, 제게 잠시 핸드폰을 빌려주실 수 있습니까?

▶ **Perdão incomodá-lo / a, mas poderia me emprestar o**
뻬르더웅 잉꼬모달루/ 라 마스 뽀데리아 미 잉쁘레스따르 우

celular só um momento?
쎌룰라르 쏘 웅 모멩뚜

• 실례합니다, 저는 제 우편이 있는지 없는지 알고 싶습니다.

▶ **Desculpe, queria saber se tem alguma carta para mim.**
지스꾸우삐 께리아 싸베르 씨 뗑 아우구마 까르따 빠라 밍

가벼운 명령투로 부탁할 때

• 미안한데, TV의 볼륨을 조금 낮춰 줄 수 있나요?

▶ **Perdão, senhor. Poderia baixar um pouco o volume da TV?**
뻬르더웅 씽요르 뽀데리아 바이샤르 웅 뽀우꾸 우 볼루미 다 떼베

• 이보세요, 댁의 개를 다른 쪽으로 데려 갈 수 있습니까? 이곳의 많은 사람들을 신경쓰이게 하는 것 같군요.

▶ **Desculpe, mas será que poderia levar o seu cachorro**
지스꾸우삐 마스 쎄라 끼 뽀데리아 레바르 우 쎄우 까쇼후

para o outro lado, por favor? Seu cachorro parece
빠라 우 오우뜨루 라두 뽀르 파보르 쎄우 까쇼후 빠레씨

estar incomodando muita gente aqui.
이스따르 잉꼬모당두 무이따 젱치 아끼

부탁을 들어줄 때

• 문제없습니다. 뭘 알기 원하시죠?

▶ Não tem problema. O que queria saber?
너웅 뗑 쁘로블레마 우 끼 께리아 싸베르

Sem problemas. Sobre o que queria perguntar?
쎙 쁘로블레마스 쏘브리 우 끼 께리아 뻬르궁따르

• 기꺼이(그렇게 하죠).

▶ Seria um prazer.
쎄리아 웅 쁘라제르

• 좋아, 네 계획을 말해 봐.

▶ Tudo bem, me fale sobre o seu plano.
뚜두 벵 미 팔리 쏘브리 우 쎄우 쁠라누

Está bem, me conte quais são os seus planos.
이스따 벵 미 꽁치 꽈이스 써웅 우스 쎄우스 쁠라누스

• 응, 이제 내게 자세한 것을 말해 봐.

▶ Está bem, agora me conte sobre os detalhes.
이스따 벵 아고라 미 꽁치 쏘브리 우스 데딸리스

• 아니라고 말하리라 생각한 적 있어?

▶ Você pensou que eu fosse dizer não?
보쎄 뻥쏘우 끼 에우 포씨 지제르 너웅

• 기꺼이, 우리 …하자.

▶ Com muito prazer, vamos...
꽁 무이뚜 쁘라제르 바무스

• 네 계획은 매우 현명한 듯하다.
  ▶ Este seu plano parece ser coerente.
    에스치 쎄우 쁠라누 빠레씨 쎄르 꼬에렝치

    Acho que o seu plano é bem inteligente.
    아슈 끼 우 쎄우 쁠라누 에 벵 잉뗄리젱치

부탁을 거절할 때

• 안 돼!
  ▶ Não!
    너웅

• 난 싫어.
  ▶ Não quero.
    너웅 께루

• 난 그럴 수 없어.
  ▶ Não posso.
    너웅 뽀쑤

• 안 돼. 불가능해.
  ▶ Não dá. É impossível.
    너웅 다 에 잉뽀씨베우

• 안 될 거야. 불가능할거야.
  ▶ Isso não vai dar. Será impossível.
    이쑤 너웅 바이 다르 쎄라 잉뽀씨베우

• 너 심각하게 그것을 말하는 거야?
  ▶ Você está falando sério?
    보쎄 이스따 팔랑두 쎄리우

• 너 미쳤니?
  ▶ Está louco / a? / Será que você enlouqueceu?
    이스따 로우꾸/ 까 / 쎄라 끼 보세 잉로께쎄우

- 미안하다 너를 도와줄 수 없어서.
  - ▶ Desculpe, mas não posso te ajudar.
    지스꾸우삐　마스 너웅 뽀쑤　치 아쥬다르

- 죄송합니다. 어떠한 정보도 제공해 드릴 수 없습니다.
  - ▶ Sinto muito, mas não posso te dar nenhuma
    씽뚜　무이뚜　마스 너웅 뽀쑤　치 다르 넹유마
    informação.
    잉포르마써웅

완곡하게 거절할 때

- 난 널 도와줄 수 없다.
  - ▶ Não posso te ajudar.
    너웅 뽀쑤　치 아쥬다르

- 관심 없다
  - ▶ Não me interessa.
    너웅 미　잉떼레싸

- 안 돼, 나는 …할 수 없을 것이다.
  - ▶ Não, não posso fazer...
    너웅　너웅 뽀쑤　파제르

- 정말 미안하지만 사실…
  - ▶ Sinto muito, mas na verdade...
    씽뚜　무이뚜　마스 나 베르다지

- 가치가 있을 수는 있지만, 난 흥미 없다.
  - ▶ Até poderia valer a pena, mas não me interessa.
    아떼 뽀데리아　발레르 아 뻬나　마스 너웅 미　잉떼레싸

- 너는 내가 받아드릴 것이라 생각하니? 그럼 매우 착각한 것이다.
  - ▶ Você pensou que eu fosse aceitar?
    보쎄　뻥쏘우　끼　에우 포씨 아쎄이따르
    Pois estava bastante equivocado / a.
    뽀이즈 이스따바 바스땅치 에끼보까두/　　다

PART Ⅲ

부탁과 도움

• 내가 널 도와줄 수 있을까?
▶ **Posso (te) ajudar?**
뽀쑤　(치)　아쥬다르

• 넌 도움이 필요하니?
▶ **Precisa de ajuda?**
쁘레씨자　지　아쥬다

• 당신을 돕기 위해 가능한 모든 것을 하겠습니다.
▶ **Vou fazer todo o possível para ajudar você.**
보우 파제르 또두　우 뽀씨베우　빠라　아쥬다르 보쎄

• 도움이 필요하면 내게 말해 주렴.
▶ **Me diga se precisar de ajuda.**
미　지가　씨 쁘레씨자르 지 아쥬다

Conte comigo caso precise de ajuda.
꽁치　　꼬미구　　까주　쁘레씨지 지 아쥬다

• 난 어떤 때라도 여기에 있다.
▶ **Estarei aqui a qualquer hora.**
이스따레이 아끼 아 꽈우께르　오라

Estou o tempo todo aqui.
이스또우 우 뗑뿌　또두　아끼

• 나를 도와줄래?
▶ **Você me ajuda?**
보쎄　미　아쥬다

• 나를 도와 줄 수 있니?
▶ **Pode me ajudar?**
뽀지　미　아쥬다르

• 당신의 도움이 필요합니다.
▶ **Preciso de sua ajuda.**
쁘레씨주　지　쑤아 아쥬다

• 네가 날 도와주길 원한다.
▶ **Quero que me ajude.**
  께루　　끼　미　아쥬지

• …에 대해 나를 도와줄 수 있습니까?
▶ **Poderia me ajudar com / em...**
  뽀데리아　미　아쥬다르 꽁 /　　잉

• 시간이 될 때, …할 수 있습니까?
▶ **Quando tiver tempo, poderia...?**
  꽝두　　　치베르 뗌뿌　　뽀데리아

지시할 때

• 앞으로! 전진하세요!
▶ **Siga em frente!**
씨가 잉 프렝치

• 좌회전 하세요!
▶ **Vire à esquerda!**
비리 아 이스께르다

• 우회전 하세요!
▶ **Vire à direita!**
비리 아 지레이따

• 이 길로 계속 가신 후에 우회전 하세요.
▶ **Siga por este caminho. E depois vire à direita.**
씨가 뽀르 에스치 까밍유 이 데뽀이스 비리 아 지레이따

• 그렇게 속력 내지 마세요!
▶ **Não vá tão rápido, por favor!**
너웅 바 떠웅 하삐두 뽀르 파보르

• 속도를 줄이세요!
▶ **Diminua a velocidade, por favor!**
지미누아 아 벨로씨다지 뽀르 파보르

• 이제 가자!
▶ **Agora vamos!**
아고라 바무스

• 내말 좀 들어요!

▶ **Me escute, por favor!**
미 이스꾸치 뽀르 파보르

• 빨리!

▶ **Rápido, por favor!**
하삐두 뽀르 파보르

• 정숙하세요!

▶ **Fique quieto. / Guarde silêncio!**
피끼 끼에뚜 / 과르지 씰렝씨우

• 이 소포들을 우체국으로 지금 당장 가져가세요.

▶ **Leve estes pacotes para o correio agora mesmo.**
레비 에스치스 빠꼬치스 빠라 우 꼬헤이우 아고라 메즈무

• 계약서 사본을 3부 만들어 주세요.

▶ **Faça / Tire 3 cópias do contrato, por favor.**
파싸 / 치리 뜨레스 꼬삐아스 두 꽁뜨라뚜 뽀르 파보르

• 마르따, 페르난두씨의 전화번호 좀 알려 주실래요?

▶ **Marta, poderia me passar o número de telefone do**
마르따 뽀데리아 미 빠싸르 우 누메루 지 뗄레포니 두
senhor Fernando?
씽요르 페르낭두

• 로뻬스씨, 라우라 여사와의 약속을 내일 오전으로 잡아주세요.

▶ **Senhor López, marque um encontro com a senhora**
씽요르 로삐스 마르끼 웅 잉꽁뜨루 꽁 아 씽요라
Laura para amanhã de manhã, por favor.
라우라 빠라 아망양 지 망양 뽀르 파보르

명령, 권유할 때

• 먹을까요?

▶ **Vamos comer?**
바무스 꼬메르

• 나가 주실래요?

▶ **Poderia sair, por favor?**
뽀데리아 싸이르 뽀르 파보르

• 당신의 면허증 좀 제시해 주시겠어요?

▶ **Poderia me mostrar a sua carteira?**
뽀데리아 미 모스뜨라르 아 쑤아 까르떼이라

• 참고 기다리세요!

▶ **Tenha paciência!**
뗑야 빠씨엥씨아

• 내가 말하는 것을 잘 들으세요.

▶ **Escute com atenção o que estou dizendo.**
이스꾸치 꽁 아뗑써웅 우 끼 이스또우 지젠두

Ouça bem o que estou dizendo.
오우싸 벵 우 끼 이스또우 지젠두

• 그 일은 그들이 요청하는 방식대로 하세요.

▶ **Conclua esse trabalho da maneira como eles pedem.**
꽁끌루아 에씨 뜨라발류 다 마네이라 꼬무 엘리스 뻬뎅

Faça o trabalho da maneira como eles exigem.
파싸 우 뜨라발류 다 마네이라 꼬무 엘리즈 에지젱

금지할 때

• 너무 늦게 오지 마라!

▶ **Não chegue tão tarde!**
너웅 셰기 떠웅 따르지

• 움직이지 마세요!

▶ **Não se mova / mexa!**
너웅 씨 모바 / 메샤

• 겁먹지 마세요.

▶ **Não tenha medo!**
너웅 뗑야 메두

- 넌 너무 바빠.
  ▶ Você está tão ocupado / a!
  보쎄 이스따 떠웅 오꾸빠두/ 다
  Você está superocupado / a!
  보쎄 이스따 쑤뻬로꾸빠두/   다

- 뛰지 마라!
  ▶ Não corra!
  너웅 꼬하

- 넌 하루 종일 쉬지 않고 일한다.
  ▶ Você está trabalhando sem parar o dia todo!
  보쎄 이스따 뜨라발량두   쎙   빠라르 우 지아 또두

- 넌 너무 많은 것에 관여하고 있다.
  ▶ Você está se metendo demais.
  보쎄 이스따 씨 메뗑두   지마이스

- 넌 모든 사람들을 만족시킬 수 없다.
  ▶ Você não pode satisfazer a todos.
  보쎄 너웅 뽀지 싸치스파제르 아 또두스
  Você não pode agradar todo mundo.
  보쎄 너웅 뽀지 아그라다르 또두 뭉두

 # 재촉과 여유

- 빨리 해라!
  - ▶ Faça logo! / Faz logo!
    파싸 로구 / 파스 로구

- 부탁이다!
  - ▶ Por favor!
    뽀르 파보르

- 조금만 더 해!
  - ▶ Faça um pouco mais!
    파싸 웅 뽀우꾸 마이스

- 왜 아직도 시작 안했어?
  - ▶ Por que ainda não começou?
    뽀르 끼 아잉다 너웅 꼬메쏘우

- 난 더이상 참을 수 없다.
  - ▶ Não aguento mais.
    너웅 아구엥뚜 마이스

- 네가 할 때까지 지속적으로 반복할 것이다.
  - ▶ Vou insistir até que você faça.
    보우 잉씨스치르 아떼 끼 보쎄 파싸

- …하지 않는다면, 화날 것이다.
  - ▶ Se não fizer…, vou perder o controle.
    씨 너웅 피제르 보우 뻬르데르 우 꽁뜨롤리

- 진정해라!
  - ▶ Calma!
    까우마

- 안심해라!
  - ▶ Fique tranquilo / a!
    피끼　뜨랑뀔루/　라

- 침착함을 유지해라!
  - ▶ Mantenha-se calmo / a! / Controle-se!
    망뗑야　씨 까우무/ 마 / 꽁뜨롤리　씨

- 평상심을 잃지 마라!
  - ▶ Não perca o controle!
    너웅　뻬르까 우 꽁뜨롤리

- 이렇게 화내지 마라!
  - ▶ Não fique bravo / a assim!
    너웅 피끼　브라부/ 바 아씽

- 소리 지르지 마라!
  - ▶ Não grite!
    너웅　그리치

- 자신을 조절을 할 수 있겠니?
  - ▶ Poderia se controlar?
    뽀데리아　씨 꽁뜨롤라르

- 격분하지 마라!
  - ▶ Não se exalte! / Não saia do controle!
    너웅 씨 이자우치 / 너웅　싸이아 두 꽁뜨롤리

- 한 걸음, 한 걸음.
  - ▶ Passo a passo.
    빠쑤　아 빠쑤

• 조금씩, 조금씩
▶ Pouco a pouco.
뽀우꾸 아 뽀우꾸

• 서두르지 마라!
▶ Não se apresse!
너웅 씨 아쁘레씨

A pressa é inimiga da perfeição.
아 쁘레싸 에 이니미가 다 뻬르페이써웅

• 걱정하지 마라!
▶ Não se preocupe!
너웅 씨 쁘레오꾸삐

• 난 모든 것이 잘 될 것이라 믿는다.
▶ Creio que vai dar tudo certo.
끄레이우 끼 바이 다르 뚜두 쎄르뚜

• 제 시간에 그 일(을 해라)!
▶ Cada coisa a seu tempo!
까다 꼬이자 아 쎄우 뗑뿌

• 얻고자 한다면 얻을 수 있다.
▶ Quem quer consegue.
껭 께르 꽁쎄기

09 추측과 확신

확신을 물을 때

- 맞아요?
  - ▶ É mesmo?
    에 메즈무

- 진짜요?
  - ▶ É verdade?
    에 베르다지

- 확신하니?
  - ▶ Tem certeza?
    뗑　쎄르떼자

- 완전히 확신하니?
  - ▶ Tem toda a certeza?
    뗑　또다　아 쎄르떼자

- 그것을 제대로 봤니?
  - ▶ Você viu direito?
    보쎄　비우 지레이뚜

- 정확하다 생각합니까?
  - ▶ Você acha que está correto?
    보쎄　아샤　끼　이스따 꼬헤뚜

- 그것을 맹세해?
  - ▶ Você jura?
    보쎄　쥬라

• 혼동했다는 가능성의 여지가 없어?

▶ Será que você não poderia ter se equivocado?
쎄라 끼 보쎄 너웅 뽀데리아 떼르 씨 에끼보까두

Não acha que poderia ter se enganado?
너웅 아샤 끼 뽀데리아 떼르 씨 잉가나두

확신할 때

• 분명해요.

▶ Tenho certeza.
뗑유 쎄르떼자

• 의심의 여지가 없어요.

▶ Sem dúvida nenhuma / alguma!
쎙 두비다 넹유마 / 아우구마

• 확실히 그렇다.

▶ É claro que sim.
에 끌라루 끼 씽

• 맞다고 확신합니다.

▶ Tenho certeza que sim.
뗑유 쎄르떼자 끼 씽

• 전혀 의심하지 않습니다.

▶ Não tenho dúvida nenhuma / alguma.
너웅 뗑유 두비다 넹유마 / 아우구마

• 진짜라고 약속한다.

▶ Prometo que é verdade.
쁘로메뚜 끼 에 베르다지

• 내게 한 치의 의심도 없다.

▶ Não resta a menor dúvida.
너웅 헤스따 아 메노르 두비다

- 반대로 말하는 사람은 거짓말하는 것이다.

  ▶ **Mente quem diz o contrário.**
  멩치　껭　지즈 우 꽁뜨라리우

확신하지 못할 때

- 의심이 된다.

  ▶ **Algo me incomoda. / Suspeito de algo. / Ainda me**
  아우구 미　잉꼬모다 /　쑤스뻬이뚜 지 아우구 /　아잉다　미
  resta uma dúvida.
  헤스따 우마　두비다

- 아마도 아닐 것이다.

  ▶ **Provavelmente não é isso. / Não acho que seja isso.**
  쁘로바베우멩치　너웅 에 이쑤 / 너웅 아슈　끼　쎄쟈 이쑤

- 확실히 아니다.

  ▶ **É claro que não.**
  에 끌라루 끼　너웅

- 의심이 되었었다.

  ▶ **Eu suspeitava. / Algo me incomodava.**
  에우 쑤스뻬이따바 /　아우구 미　잉꼬모다바

- 난 뭐라 말해야 할지 모르겠다.

  ▶ **Não sei o que dizer.**
  너웅 쎄이 우 끼　지제르

- 난 결정할 수 없다.

  ▶ **Não posso decidir. / Não consigo decidir.**
  너웅 뽀쑤　데씨지르 / 너웅 꽁씨구　데씨지르

- 난 그다지 확신이 되진 않는다.

  ▶ **Não estou completamente seguro.**
  너웅 이스또우 꽁쁠레따멩치　쎄구루
  Não tenho toda a certeza.
  너웅 뗑유　또다 아 쎄르떼자

• 아직, 난 생각의 틀이 잡히지 않았다
▶ **Ainda não me veio nenhuma ideia.**
아잉다 너웅 미 베이우 넹유마 이데이아

• 난 이것에 대해 몇몇 의문점이 든다.
▶ **Tenho algumas dúvidas sobre isso.**
뗑유 아우구마스 두비다스 쏘브리 이쑤

• 이 이유는 조금 억지라고 생각하지 않니?
▶ **Não acha que a razão que me deu é um pouco forçada?**
너웅 아샤 끼 아 하저웅 끼 미 데우 에 웅 뽀우꾸 포르싸다

• 이 이유는 믿을 수 없다.
▶ **Não dá para acreditar nessa razão.**
너웅 다 빠라 아끄레지따르 네싸 하저웅
Não posso acreditar nessa razão.
너웅 뽀쑤 아끄레지따르 네싸 하저웅

• 이게 …에 관한 거야?
▶ **Isso é sobre...?**
이쑤 에 쏘브리

• 정말 미안한데, 난 그것에 대해 정확히 모르겠다.
▶ **Sinto muito, mas não sei exatamente disso.**
씽뚜 무이뚜 마스 너웅 쎄이 이자따멩치 지쑤

PART
허가와 양해

⑩ 허가와 양해

허가나 허락을 구할 때

• 실례합니다. 제게 허락해 주시겠어요?

▶ Perdão. Será que me permite?
뻬르더웅 쎄라 끼 미 뻬르미치

• 제게 …하도록, 부탁합니다.

▶ Me deixe...., por favor.
미 데이쉬 뽀르 파보르

• 내 부탁을 하나 들어 줄 수 있니?

▶ Poderia me fazer um favor?
뽀데리아 미 파제르 웅 파보르

• 네게 부탁하나 할 수 있을까?

▶ Posso te pedir um favor?
뽀쑤 치 뻬지르 웅 파보르

• 내게 도움의 손길을 줄 수 있을까?

▶ Pode me dar uma mãozinha?
뽀지 미 다르 우마 머웅징야

Será que poderia me dar uma mão?
쎄라 끼 뽀데리아 미 다르 우마 머웅

• 이 차를 내게 빌려줄 수 있을까?

▶ Será que poderia me emprestar o seu carro?
쎄라 끼 뽀데리아 미 잉쁘레스따르 우 쎄우 까후

Desculpa, mas será que é demais se eu pedir o carro
지스꾸우빠 마스 쎄라 끼 에 지마이스 씨 에우 뻬지르 우 까후

emprestado?
잉쁘레스따두

• 당신을 귀찮게 해드려 죄송합니다만, …하실 수 있을까요?
▶ **Sinto muito incomodá-lo / a, mas será que poderia...?**
씽뚜 무이뚜 잉꼬모달루/ 라 마스 쎄라 끼 뽀데리아

양해를 구할 때

• 기다려 주세요.
▶ **Espere!**
이스뻬리

• 잠시만 기다려라!
▶ **Espere um momento!**
이스뻬리 웅 모멩뚜

• 참고 기다려라!
▶ **Tenha paciência!**
뗑야 빠씨엥씨아

• 곧 돌아오겠습니다.
▶ **Voltarei logo!**
보우따레이 로구

• 담배를 피울 수 있을까요?
▶ **Posso fumar?**
뽀쑤 푸마르

• 담배를 피워도 괜찮을까요?
▶ **Se incomoda se eu fumar?**
씨 잉꼬모다 씨 에우 푸마르

• 들어갈 수 있을까요?
▶ **Posso entrar?**
뽀쑤 엥뜨라르

• 제가 이제 지나갈 수 있을까요?
▶ **Será que agora posso passar?**
쎄라 끼 아고라 뽀쑤 빠싸르

• 지금 너를 찾아가도 되니?

▶ **Posso te visitar agora?**
뽀쑤　치 비지따르 아고라

• 화장실을 사용할 수 있을까요?

▶ **Posso usar o banheiro?**
뽀쑤　우자르 우 방예이루

• 전화를 사용할 수 있을까요?

▶ **Posso usar o telefone?**
뽀쑤　우자르 우 뗄레포니

• 이것을 봐도 될까요?

▶ **Posso ver isso? / Posso dar uma olhada?**
뽀쑤　베르 이쑤 /　뽀쑤　다르 우마 올랴다

• 당신들과 함께 갈 수 있을까요?

▶ **Posso ir com vocês?**
뽀쑤　이르 꽁　보쎄스

• 잠시 나가려 합니다, 괜찮을까요?

▶ **Vou dar uma saída rapidinho, tudo bem?**
보우 다르 우마　싸이다 하삐징유　뚜두　벵

Se importa se eu sair por um momento?
씨 잉뽀르따　씨 에우 싸이르 뽀르 웅 모멩뚜

• 포르투갈어를 잘하지 못해 죄송합니다.

▶ **Desculpe por não falar português direito.**
지스꾸우삐　뽀르 너웅 팔라르 뽀르뚜게스　지레이뚜

Perdão por não saber falar muito português.
뻬르더웅 뽀르 너웅 싸베르 팔라르 무이뚜　뽀르뚜게스

• 조금 더 천천히 말을 해줄 수 있니?

▶ **Poderia falar um pouco mais devagar?**
뽀데리아 팔라르 웅　뽀우꾸　마이스 지바가르

• 나는 바로 그 사람 때문에 기차를 놓쳤다.

▶ **Perdi o trem justamente por causa dele.**
뻬르지 우 뜨렝 쥬스따멩치　뽀르 까우자　델리

 **희망과 의지**

희망을 말할 때

• 난 그녀가 빨리 오기를 희망한다.

▶ Espero que ela venha logo.
이스뻬루 끼 엘라 벵야 로구

• 난 인기 가수가 되고 싶다.

▶ Eu quero ser um cantor famoso.
에우 께루 쎄르 웅 깡또르 파모주

Eu quero ser uma cantora famosa.
에루 께루 쎄르 우마 깡또라 파모자

• 내일 비가 그치면 좋겠다.

▶ Espero que amanhã pare de chover.
이스뻬루 끼 아망양 빠리 지 쇼베르

Espero que amanhã não chova mais.
이스뻬루 끼 아망양 너웅 쇼바 마이스

• 언젠가 크고 아름다운 정원을 가진 별장을 가지고 싶다.

▶ Algum dia, gostaria de ter um chalé com um jardim
아우궁 지아 고스따리아 지 떼르 웅 샬레 꽁 웅 쟈르징
grande e bonito.
그랑지 이 보니뚜

• 바로 지금 네가 얼마나 보고 싶은지.

▶ Não imagina como gostaria de te ver agora mesmo.
너웅 이마쥐나 꼬무 고스따리아 지 치 베르 아고라 메즈무

• 언젠가 내가 로또에 당첨될지 누가 알겠냐.

▶ Quem sabe se um dia eu ganhar na loteria.
껭 싸비 씨 웅 지아 에우 강야르 나 로떼리아

• 난 항상 달나라 여행을 꿈꿨었다.
▶ **Sempre sonhei viajar até a lua.**
쎙쁘리 쏭예이 비아쟈르 아떼 아 루아
Sempre sonhei ir para a lua.
쎙쁘리 쏭예이 이르 빠라 아 루아

• 내가 하버드 대학에서 공부를 할 수 있다면 좋을 것이다.
▶ **Seria maravilhoso poder estudar na Universidade de**
쎄리아 마라빌료주 뽀데르 이스뚜다르 나 우니베르씨다지 지
Harvard.
하르바르지

• 크리스마스에 휴대폰을 받기를 희망한다.
▶ **Espero ganhar um celular no Natal.**
이스뻬루 강야르 웅 쎌룰라르 누 나따우

의향을 물을 때

• 그것에 대해 어떻게 생각하니?
▶ **O que você acha disso?**
우 끼 보쎄 아샤 지쑤

• 넌 그것에 대해 어떤 의견이니?
▶ **Qual é a sua opinião sobre isso?**
꽈우 에 아 쑤아 오삐니어웅 쏘브리 이쑤
Que opinião tem sobre isso?
끼 오삐니어웅 뗑 쏘브리 이쑤

• 넌 그것을 어떻게 보니?
▶ **Como você vê isso?**
꼬무 보쎄 베 이쑤

• 너의 관점은 뭐니?
▶ **Qual é o seu ponto de vista?**
꽈우 에 우 쎄우 뽕뚜 지 비스따

• 네 의견은 뭐지?
  ▶ Qual é a sua opinião? / O que você diria?
    꽈우 에 아 쑤아 오삐니어웅 / 우 끼 보쎄 지리아

• 그것에 대해 너는 그에게 뭐라 조언을 해줄래?
  ▶ O que você aconselharia a ele?
    우 끼 보쎄 아꽁쎌랴리아 아 엘리

• 네가 내 입장이었다면 무엇을 했겠니?
  ▶ O que você faria se estivesse no meu lugar?
    우 끼 보쎄 파리아 씨 이스치베씨 누 메우 루가르

기대감을 표할 때

• 그것을 조심해서 해라.
  ▶ Faça com cuidado. / Tenha cuidado.
    파싸 꽁 꾸이다두 / 뗑야 꾸이다두

• 난 네가 네 인생을 걸고 그것을 할 것이라 믿는다.
  ▶ Sei que você apostaria a sua vida nisso.
    쎄이 끼 보쎄 아뽀스따리아 아 쑤아 비다 니쑤

• 난 그것을 기대하고 있다.
  ▶ Espero que isso aconteça.
    이스뻬루 끼 이쑤 아꽁떼싸

    Tenho expectativas nisso.
    뗑유 이스뻭따치바스 니쑤

• 네가 성공하기를 바란다.
  ▶ Espero que tenha sucesso.
    이스뻬루 끼 뗑야 쑤쎄쑤

    Espero que se saia bem.
    이스뻬루 끼 씨 싸이아 벵

• 네가 시험에 통과하길 바란다.
  ▶ Espero que passe no exame.
    이스뻬루 끼 빠씨 누 이자미

Espero que passe na prova.
이스뻬루 끼 빠싸 나 쁘로바

• 아무 탈 없이 그것을 되돌려 줘라.
▶ Devolva-o são e salvo. / Devolva-a sã e salva.
데보우바 우 써웅 이 싸우부 / 데보우바 아 쌍 이 싸우바

• 이것을 조심해라.
▶ Tenha cuidado com isso.
뗑야 꾸이다두 꽁 이쑤

가능을 말할 때

- 가능하다.
  ▶ É possível. / É provável.
  에 뽀씨베우 / 에 쁘로바베우

- 될 수 있다.
  ▶ Pode ser.
  뽀지 쎄르

- 아마도.
  ▶ Provavelmente. / Talvez.
  쁘로바베우멩치 / 따우베스

- …를 희망한다.
  ▶ Espero que...
  이스뻬루 끼

- …가 될 수 있는 충분한 가능성이 있다.
  ▶ É bastante provável que...
  에 바스땅치 쁘로바베우 끼

- …에 관한 희망은 존재한다.
  ▶ Tenho esperanças de que...
  뗑유 이스뻬랑싸스 지 끼

- …가 불가능할 것 같지는 않다.
  ▶ Não acho que seja impossível...
  너웅 아슈 끼 쎄쟈 잉뽀씨베우

- 난 매우 잘 할 수 있을 것이라 믿는다.
  - ▶ Acredito que posso fazer muito bem.
    아끄레지뚜 끼 뽀쑤 파제르 무이뚜 벵

불가능을 말할 때

- 불가능하다.
  - ▶ É impossível.
    에 잉뽀씨베우

- 가능성이 없다.
  - ▶ Não é possível. / Não será possível.
    너웅 에 뽀씨베우 / 너웅 쎄라 뽀씨베우

- 믿을 수 없다.
  - ▶ Não acredito! / Não creio! / É incrível!
    너웅 아끄레지뚜 / 너웅 끄레이우 / 에 잉끄리베우

- …는 어렵다.
  - ▶ É dificil...
    에 지피씨우

- 난 …라는 것을 믿을 수 없다.
  - ▶ Não acredito que... / Não creio que...
    너웅 아끄레지뚜 끼 / 너웅 끄레이우 끼

- 이제는 방법이 없다.
  - ▶ Já não tem remédio. / Agora não tem jeito.
    쟈 너웅 뗑 헤메지우 / 아고라 너웅 뗑 제이뚜

- 하느님만이 무슨 일이 일어날 지 안다.
  - ▶ Só Deus sabe o que vai acontecer.
    쏘 데우스 싸비 우 끼 바이 아꽁떼쎄르

- 아마도 안 될 것이다.
  - ▶ Provavelmente não vai dar. / Acho que não vai dar certo.
    쁘로바베우멩치 너웅 바이 다르 / 아슈 끼 너웅 바이 다르 쎄르뚜

• …라는 것이 매우 의심스럽다.

▶ **É muito suspeito que...**
에 무이뚜 쑤스뻬이뚜 끼

• …에 관한 가능성은 거의 존재하지 않는다.

▶ **São poucas as possibilidades de...**
써웅 뽀우까스 아스 뽀씨빌리다지스 지

Quase não há possibilidade de...
꽈지 너웅 아 뽀씨빌리다지 지

• …라는 것을 생각한다는 것은 옳지 않다.

▶ **Não é certo pensar que...**
너웅 에 쎄르뚜 뼁싸르 끼

• …에 관한 가장 희박한 가능성도 존재하지 않는다.

▶ **Não existe nem mesmo a mais remota possibilidade de...**
너웅 이지스치 넹 메즈무 아 마이스 헤모따 뽀씨빌리다지 지

PART IV
감정 표현

01 기쁨과 즐거움

기쁠 때

- 너무 좋다.
  ▶ Que bom!
  끼 봉

- 난 기쁘다.
  ▶ Estou contente / feliz.
  이스또우 꽁뗑치 / 펠리스

- 기분이 좋습니다.
  ▶ Estou de bom humor.
  이스또우 지 봉 우모르

- 넌 내게 큰 기쁨을 줬다.
  ▶ Você me deu uma grande alegria.
  보쎄 미 데우 우마 그랑지 알레그리아

- 난 널 만나 기쁘다.
  ▶ Fico feliz em te ver.
  피꾸 펠리즈 잉 치 베르

- 난 널 다시 보게 되어 너무 기쁘다.
  ▶ Fico tão feliz em te ver de novo.
  피꾸 떠웅 펠리즈 잉 치 베르 지 노부

- 난 네가 잘 있다는 것을 알게 되어 너무 기쁘다.
  ▶ Fico tão feliz em saber que (você) está bem.
  피꾸 떠웅 펠리즈 잉 싸베르 끼 (보쎄) 이스따 벵

- 난 모든 것이 핑크 빛으로 보여.
  ▶ Vejo tudo cor de rosa.
  베쥬 뚜두 꼬르 지 호자

- 너무 멋지다!
  - ▶ Que maravilha!
    끼   마라빌랴

- 네가 좋았다니 너무 좋다!
  - ▶ É bom saber que gostou!
    에 봉   싸베르 끼   고스또우

    Fico feliz em saber que gostou!
    피꾸 펠리즈 잉 싸베르 끼   고스또우

    Que bom que gostou!
    끼   봉   끼   고스또우

- 모든 결과가 잘 나와서 너무 좋다!
  - ▶ Que bom que tudo acabou / terminou bem!
    끼   봉   끼   뚜두   아까보우 / 떼르미노우   벵

- 너무 만족스러워 절로 웃음이 나온다.
  - ▶ Estou tão feliz que fico rindo à toa.
    이스또우 떠웅 펠리스 끼 피꾸 힝두   아 또아

    Estou tão contente que não paro de rir.
    이스또우 떠웅 꽁뗑치   끼   너웅 빠루   지 히르

재미있을 때

- 난 …가 좋다.
  - ▶ Eu gosto (de)...
    에우 고스뚜 (지)

- 난 클래식 음악이 좋다.
  - ▶ Eu gosto de música clássica.
    에우 고스뚜 지 무지까   끌라씨까

- 난 영화 보는 것을 좋아한다.
  - ▶ Eu gosto de ver filmes.
    에우 고스뚜 지 베르 피우미스

• 난 농구에 열광한다.

▶ **Sou fanático / a por basquete.**
쏘우 파나치꾸/　까 뽀르 바스께치

Adoro basquete.
아도루　바스께치

• 난 세계사에 관심이 많다.

▶ **Tenho um grande interesse pela história mundial.**
뗑유　웅　그랑지　잉떼레씨　뻴라　이스또리아 뭉지아우

Eu me interesso pela história do mundo.
에우 미　잉떼레쑤　뻴라　이스또리아 두 뭉두

• 난 브라질 문학에 매료되었다.

▶ **A literatura brasileira me fascina.**
아 리떼라뚜라　브라질레이라 미　파씨나

Tenho uma grande admiração pela literatura
뗑유　우마 그랑지　아지미라써웅 뻴라 리떼라뚜라

brasileira.
브라질레이라

행복할 때

• 너무 행복하다.

▶ **Estou muito feliz.**
이스또우 무이뚜 펠리스

• 난 행복해 죽겠어.

▶ **Estou morrendo de felicidade.**
이스또우 모헹두　　지 펠리씨다지

• 신혼부부는 행복하다.

▶ **Os noivos estão felizes.**
우스 노이부스 이스떠웅 펠리지스

- 내 인생에서 이렇게 행복한 적은 없었어.

▶ Nunca senti tanta felicidade na minha vida.
눙까　쎙치　땅따　펠리씨다지　나 밍야　비다

Nunca fui tão feliz em toda a minha vida.
눙까　푸이 떠웅 펠리즈 잉 또다　아 밍야　비다

Nunca estive tão feliz em toda a minha vida.
눙까　이스치비 떠웅 펠리즈 잉 또다 아 밍야　비다

02 걱정과 긴장

• 왜 그렇게 작은 일 때문에 걱정하니?
> **Por que está se exaltando por tão pouca coisa?**
뽀르 끼   이스따 씨 이자우땅두 뽀르 떠웅 뽀우까 꼬이자

• 그렇게 민감해 하지 마!
> **Não fique assim tão sensível!**
너웅 피끼   아씽   떠웅 쎙씨베우

• 참아!
> **Controle-se! / Seja paciente!**
꽁뜨롤리   씨 / 쎄쟈   빠씨엥치

• 화내지마!
> **Não se descontrole! / Não fique bravo / a!**
너웅 씨 지스꽁뜨롤리 /   너웅 피끼   브라부/ 바

• 나쁜 의도는 없다.
> **Não tenho nenhuma má intenção.**
너웅 뗑유   넹유마   마 잉뗑써웅

• 그렇게 호들갑을 떨 필요가 뭐가 있니?
> **Para que tanto alvoroço?**
빠라 끼   땅뚜   아우보로쑤

> **Por que tanto estardalhaço?**
뽀르 끼   땅뚜   이스따르달랴쑤

- 난 네가 올 수 없다는 것이 느껴진다.

  ▶ Eu sinto que você não poderá vir.
  에우 씽뚜 끼 보쎄 너웅 뽀데라 비르

- 난 문제 앞에 봉착했다.

  ▶ Estou diante de um problema.
  이스또우 지앙치 지 웅 쁘로블레마

- 난 큰 문제와 맞닿았다.

  ▶ Estou diante de um grande problema.
  이스또우 지앙치 지 웅 그랑지 쁘로블레마

  Eu me encontro diante de um enorme problema.
  에우 미 잉꽁뜨루 지앙치 지 웅 이노르미 쁘로블레마

- 난 위험에 처했다.

  ▶ Estou em perigo. / Estou em apuros.
  이스또우 잉 뻬리구 / 이스또우 잉 아뿌루스

- 급박한 위기이다.

  ▶ É uma crise iminente. / A crise está iminente.
  에 우마 끄리지 이미넹치 / 아 끄리지 이스따 이미넹치

- 내가 범한 실수로 난 위험에 처해 있다.

  ▶ Por causa do engano que cometi agora estou em
  뽀르 까우자 두 잉가누 끼 꼬메치 아고라 이스또우 잉
  apuros.
  아뿌루스

  Estou correndo um grande perigo por causa do erro
  이스또우 꼬헹두 웅 그랑지 뻬리구 뽀르 까우자 두 에후
  que cometi.
  끼 꼬메치

- 난 예상하지 못한 문제에 직면하고 있다.

  ▶ Ando passando por alguns problemas imprevistos.
  앙두 빠쌍두 뽀르 아우궁스 쁘로블레마스 잉쁘레비스뚜스

Estou enfrentando alguns problemas imprevistos.
이스또우 잉프렝땅두　아우궁스 쁘로블레마스 잉쁘레비스뚜스

• 난 빚더미에 있다.
▶ Estou em dívida. / Estou cheio de dívidas.
이스또우 잉 지비다 /　이스또우 셰이우 지 지비다스
Tenho muitas dívidas.
뗑유　무이따스 지비다스

• 난 채무(債務)의 책임이 있다.
▶ Tenho uma montanha de dívidas (a pagar).
뗑유　우마 몽땅야　　지 지비다스 (아 빠가르)

• 난 빚에 얽혀 있다.
▶ Tenho um monte de dívidas.
뗑유　웅 몽치　지 지비다스
Minha conta está negativa. / Estou em déficit.
밍야　꽁따　이스따 네가치바 /　이스또우 잉 데피씨치

걱정하지 말라고 할 때

• 걱정하지 마라!
▶ Não se preocupe!
너웅 씨 쁘레오꾸삐

• 그렇게 그것을 가슴에 담아 놓지 마라.
▶ Não fique tão angustiado / a.
너웅 피끼　떠웅 앙구스치아두/　다
Não fique tão ressentido / a.
너웅 피끼　떠웅 헤쎙치두/　다

• 너를 향한 나의 감정들은 변하지 않았다.
▶ Os sentimentos que sinto por você não mudaram.
우스 쎙치멩뚜스　끼 씽뚜 뽀르 보쎄 너웅 무다랑
Os meus sentimentos por você não mudaram.
우스 메우스 쎙치멩뚜스　뽀르 보쎄 너웅 무다랑

• 큰 문제는 아니다.

▶ Isso não é um grande problema.
이쑤 너웅 에 웅 그랑지 쁘로블레마

• 항상 해결 방안은 있다.

▶ Sempre há uma solução.
쎙쁘리 아 우마 쏠루써웅

Para tudo existe uma solução.
빠라 뚜두 이지스치 우마 쏠루써웅

• 진정해라, 모든 것이 잘될 것이다.

▶ Calma, vai dar tudo certo.
까우마 바이 다르 뚜두 쎄르뚜

Acalme-se, tudo sairá bem.
아까우미 씨 뚜두 싸이라 벵

긴장과 초조할 때

• 긴장된다.

▶ Estou nervoso / a.
이스또우 네르보주/ 자

Estou ficando nervoso / a.
이스또우 피깡두 네르보주/ 자

Sinto um frio na barriga.
씽뚜 웅 프리우 나 바히가

• 난 극히 긴장되고 있다.

▶ Estou supernervoso / a.
이스또우 쑤뻬르네르보주/ 자

O nervosismo está batendo!
우 네르보지즈무 이스따 바뗑두

• 난 긴장해 미칠 것이다.

▶ Vou enlouquecer de tanto nervosismo!
보우 잉로우께쎄르 지 땅뚜 네르보지즈무

- 미치겠다.
  - ▶ Vou ficar louco / a.
    보우 피까르 로우꾸/ 까

- 이성을 잃을 것 같다.
  - ▶ Acho que vou perder a razão.
    아슈 끼 보우 뻬르데르 아 하저웅

- 머리가 터질 것이다.
  - ▶ Parece que a minha cabeça vai explodir.
    빠레씨 끼 아 밍야 까베싸 바이 이스쁠로지르

- 난 더 할 수 없다.
  - ▶ Não posso fazer mais nada.
    너웅 뽀쑤 파제르 마이스 나다

- 좌불안석이다.
  - ▶ Sinto o corpo todo formigando.
    씽뚜 우 꼬르뿌 또두 포르미강두

- 엄청나게 긴장된다.
  - ▶ Estou com os nervos a flor da pele!
    이스또우 꽁 우스 네르부스 아 플로르 다 뻴리
    Sinto muito frio na barriga!
    씽뚜 무이뚜 프리우 나 바히가

- 난 파산 직전에 있다.
  - ▶ Estou à beira da ruína.
    이스또우 아 베이라 다 후이나

- 난 무너지고 있다.
  - ▶ Estou desabando.
    이스또우 지자방두

긴장과 초조함을 진정시킬 때

- 진정해!
  - ▶ Calma! / Acalme-se!
    까우마 / 아까우미 씨

- 힘내!
  - ▶ Força! / Ânimo!
    포르싸 /　아니무

- 마음잡아!
  - ▶ Controle-se!
    꽁뜨롤리　씨

- 평정심을 유지해!
  - ▶ Mantenha a calma! / Fique tranquilo!
    망뗑야　아 까우마 /　피끼　뜨랑뀔루

- 차분히 그것을 해봐라!
  - ▶ Tente fazer com tranquilidade.
    뗑치　파제르 꽁　뜨랑뀔리다지

- 그렇게 걱정하지 마라!
  - ▶ Não se preocupe tanto.
    너웅　씨 쁘레오꾸뻬　땅뚜

- 긴장 하지마!
  - ▶ Não fique nervoso / a!
    너웅　피끼　네르보주/　자

- 그게 인생이라고!
  - ▶ A vida é assim.
    아 비다　에 아씽

- 때때로 인생은 잔인해!
  - ▶ Às vezes a vida é cruel.
    아스 베지스 아 비다 에 끄루에우

03 슬픔과 우울함

슬플 때

- 난 너무 슬프다.
  - ▶ Estou muito triste.
    이스또우 무이뚜 뜨리스치

- 너무 슬퍼!
  - ▶ Que tristeza!
    끼　뜨리스떼자

- 너무 안타깝다!
  - ▶ Que pena!
    끼　뻬나

- 너무 (마음) 아프다!
  - ▶ Quanta dor! / Mas que dor na alma!
    꽝따　도르 / 마스 끼　도르 나 아우마
    Meu coração está em pedaços!
    메우 꼬라써웅　이스따 잉 뻬다쑤스

- 슬퍼하지 마라.
  - ▶ Não fique triste.
    너웅 피끼　뜨리스치

- 난 울고 싶다.
  - ▶ Tenho vontade de chorar.
    뗑유　봉따지　지 쇼라르
    Fico com vontade de chorar.
    피꾸 꽁　봉따지　지 쇼라름

Acho que minhas lágrimas vão rolar.
아슈 끼 밍야스 라그리마스 버웅 홀라르

• 내 가족의 과거를 말하는 것이 날 슬프게 한다.

▶ Me dá uma tristeza falar do passado da minha família.
미 다 우마 뜨리스떼자 팔라르 두 빠싸두 다 밍야 파밀리아

• 그녀는 아직도 아버지의 죽음에 피눈물을 흘린다.

▶ Ela ainda chora lágrimas de sangue pela morte do pai.
엘라 아잉다 쇼라 라그리마스 지 쌍기 뻴라 모르치 두 빠이

• 난 내 자신의 신세에 통곡을 했다.

▶ Estou desesperado / a com a situação em que me
이스또우 지지스뻬라두/ 다 꽁 아 씨뚜아써웅 잉 끼 미

encontro.
잉꽁뜨루

Fico desolado / a nestas circunstâncias precárias.
피꾸 지졸라두/ 다 네스따스 씨르꿍스땅씨아스 쁘레까리아스

• 나의 마음은 슬픔으로 가득 차 있다.

▶ Meu coração está cheio de tristeza.
메우 꼬라써웅 이스따 셰이우 지 뜨리스떼자

Sinto uma pontada muito forte na alma.
씽뚜 우마 뽕따다 무이뚜 포르치 나 아우마

• 슬픔을 표현할 적당한 말이 없습니다.

▶ Não encontro palavras que expressem a dor que sinto.
너웅 잉꽁뜨루 빨라브라스 끼 이스쁘레쎙 아 도르 끼 씽뚜

• 헛되이 슬픔에 빠져 있을 수는 없다.

▶ Não nos entreguemos à tristeza.
너웅 노스 잉뜨레게무스 아 뜨리스떼자

Não vamos nos render à tristeza.
너웅 바무스 노스 헹데르 아 뜨리스떼자

• 난 우울하다
▶ **Estou deprimido / a.**
이스또우 데쁘리미두/   다

• 비는 나를 우울하게 한다.
▶ **A chuva me deixa deprimido / a.**
아 슈바   미   데이샤 데쁘리미두/   다

• 난 위안이 안 된다.
▶ **Estou desolado / a. / Estou desconsolado / a.**
이스또우 지졸라두/   다 / 이스또우 지스꽁쏠라두/   다

• 그것을 알고 나서 우울해졌다
▶ **Fiquei deprimido / a assim que soube.**
피께이 데쁘리미두/   다 아씽   끼   쏘우비
Depois que fiquei sabendo entrei em melancolia.
데뽀이스 끼   피께이 싸벵두   엥뜨레이 잉 멜랑꼴리아

• 그런 우울한 표정 짓지 마라.
▶ **Não faça essa cara triste.**
너웅 파싸 에싸   까라 뜨리스치

• 난 눈물을 참을 수 있을지 자신이 없다.
▶ **Não sei se conseguirei segurar as minhas lágrimas.**
너웅 쎄이 씨 꽁쎄기레이   쎄구라르 아스 밍야스   라그리마스
Acho que não posso conter as lágrimas.
아슈   끼   너웅 뽀쑤   꽁떼르   아스 라그리마스

짜증날 때

- 구실을 찾지 마라.
  - ▶ **Não fique procurando desculpas.**
    너웅 피끼 쁘로꾸랑두 지스꾸우빠스

- 바보짓 하지 마라.
  - ▶ **Não fique (aí) de bobeira.**
    너웅 피끼 (아이) 지 보베이라

- 나 화났다.
  - ▶ **Estou com raiva. / Estou irritado / a.**
    이스또우 꽁 하이바 / 이스또우 이히따두/ 다
    O meu sangue já subiu a cabeça.
    우 메우 쌍기 쟈 쑤비우 아 까베싸
    A minha paciência já se esgotou.
    아 밍야 빠씨엥씨아 쟈 씨 이스고또우

- 네가 한 짓을 봐라!
  - ▶ **Olha o que você fez!**
    올랴 우 끼 보쎄 페스

- 난 화가나 죽을 것 같다.
  - ▶ **Estou morrendo de raiva.**
    이스또우 모헹두 지 하이바

- 그는 쉽게 짜증을 낸다.
  - ▶ **Ele fica irritado por qualquer coisa.**
    엘리 피까 이히따두 뽀르 꽈우께르 꼬이자

Ele se irrita facilmente.
엘리 씨 이히따 파씨우멩치

• 그녀는 자신을 초대하지 않아 무척 짜증을 냈다.
▶ Ela ficou muito ressentida por não ter sido convidada.
엘라 피꼬우 무이뚜 헤쎙치다 뽀르 너웅 떼르 씨두 꽁비다다

• 많은 사람들이 이런 말에 짜증을 낸다.
▶ Muita gente se ofende com o comentário.
무이따 젱치 씨 오펭지 꽁 우 꼬멩따리우

• 참을 수 없다.
▶ Estou impaciente.
이스또우 잉빠씨엥치

• 신경질이 난다.
▶ (Você) está me dando nos nervos.
(보쎄) 이스따 미 당두 누스 네르부스

• 난 더 이상 기다릴 수 없다.
▶ Não posso mais esperar.
너웅 뽀쑤 마이즈 이스뻬라르

• 동시에 너무 많은 일을 맡았다.
▶ Estou lotado / a de coisas para fazer ao mesmo tempo.
이스또우 로따두/ 다 지 꼬이자스 빠라 파제르 아우 메즈무 뗌뿌

• 난 너무 많은 일을 하고 싶지 않다.
▶ Não quero ficar lotado / a de coisas para fazer.
너웅 께루 피까르 로따두/ 다 지 꼬이자스 빠라 파제르

• 겨우 숨 쉴 시간만 있다.
▶ Mal tenho tempo para respirar.
마우 뗑유 뗌뿌 빠라 헤스삐라르

• 그는 그 결정에 불평을 많이 한다.

▶ Ele se queixa muito dessa decisão.
엘리 씨 께이샤 무이뚜 데싸   데씨저웅

• 공사의 소음에 주민들이 불평했다.

▶ A vizinhança reclamou do barulho da construção.
아 비징양싸   헤끌마모우 두 바룰류   다 꽁스뜨루써웅

불만을 나타낼 때

• 가치가 없다.

▶ Não vale a pena!
너웅 발리 아 뻬나

• 논리에 안 맞아!

▶ É ilógico! / Isso não tem nenhuma lógica!
에 일로쥐꾸 / 이쑤 너웅 뗑   넹유마   로쥐까

• 헛일이 될거야!

▶ Será em vão!
쎄라 잉   버웅

• 그것은 요구를 충족시키지 못한다.

▶ Isso não satisfaz os requisitos.
이쑤 너웅 싸치스파즈 우스 헤끼지뚜스

• 바보짓 하지 마라!

▶ Não faça besteiras!
너웅 파싸 베스떼이라스

• 넌 최소요건도 충족시키지 못한다.

▶ Você não cumpre os requisitos mínimos.
보쎄   너웅 꿍쁘리   우스 헤끼지뚜스 미니무스

• 무엇이 불만이니?

▶ O que te incomoda?
우 끼   치 잉꼬모다

Está descontente com alguma coisa?
이스따 지스꽁뗑치 꽁 아우구마 꼬이자
Quer se queixar de alguma coisa?
께르 씨 께이샤르 지 아우구마 꼬이자

• 나는 이렇게 적은 월급에 불만이다.
▶ Não estou satisfeito com o meu salário baixo.
너웅 이스또우 싸치스페이뚜 꽁 우 메우 쌀라리우 바이슈
Não posso ficar satisfeito com um salário tão baixo.
너웅 뽀쑤 피까르 싸치스페이뚜 꽁 웅 쌀라리우 떠웅 바이슈
Estou insatisfeito com o meu salário baixo.
이스또우 잉싸치스페이뚜 꽁 우 메우 쌀라리우 바이슈

• 불만이 커지기만 할 뿐이다.
▶ As queixas só aumentam.
아스 께이샤스 쏘 아우멩땅

• 그는 불만스러워 보였다.
▶ Ele pareceu estar insatisfeito.
엘리 빠레쎄우 이스따르 잉싸치스페이뚜
Ele pareceu estar descontente.
엘리 빠레세우 이스따르 지스꽁뗑치

• 난 아무 불만이 없다.
▶ Não tenho nada a queixar.
너웅 뗑유 나다 아 께이샤르
Não tenho nada a reclamar.
너웅 뗑유 나다 아 헤끌라마르

 **망각 · 후회 그리고 실망**

망각할 때

- 내가 뭐라고 말했죠?
  - ▶ O que é que eu disse?
    우 끼 에 끼 에우 지씨

- 어디까지죠?
  - ▶ Até onde?
    아떼 옹지

- 언제까지죠?
  - ▶ Até quando?
    아떼 꽝두

- 기억나지 않는다.
  - ▶ Não me lembro. / Não me recordo.
    너웅 미 렝브루 / 너웅 미 헤꼬르두
    Não estou lembrado / a disso.
    너웅 이스또우 렝브라두/ 다 지쑤

- 네가 뭐라고 했니?
  - ▶ O que é que você disse? / O que você disse?
    우 끼 에 끼 보쎄 지씨 / 우 끼 보쎄 지씨

- 뭐라고?
  - ▶ O quê? / Como? / Como é que é?
    우 께 / 꼬무 / 꼬무 에 끼 에

- 나 건망증이 있다.
  - ▶ Eu estou com amnésia.
    에우 이스또우 꽁 · 아미네지아

• 혀끝에서 말이 맴돈다.
> **Tenho isso na ponta da língua.**
> 뗑유   이쑤 나 뽕따   다 링구아

> **Está na ponta da língua.**
> 이스따 나 뽕따   다 링구아

후회할 때

• 난 그에게 진실을 말했어야 했다.
> **Eu deveria ter contado / dito a verdade.**
> 에우 데베리아 떼르 꽁따두 /   지뚜 아 베르다지

• 지금은 너무 늦었다.
> **Agora ja é tarde. / Agora é tarde demais.**
> 아고라   쟈 에 따르지 / 아고라   에 따르지 지마이스

• 난 내가 입을 왜 다물지 않았는지 모르겠다.
> **Não sei por que não fiquei de boca fechada.**
> 너웅 쎄이 뽀르 끼   너웅 피께이 지 보까   페샤다

• 지금은 더 방법이 없다.
> **Agora não tem mais jeito.**
> 아고라   너웅 뗑   마이스 제이뚜

• 그것을 승낙할 수 밖에 없다.
> **Não tem outro jeito se não aceitar.**
> 너웅 뗑   오우뜨루 제이뚜 씨 너웅 아쎄이따르

• 그녀와 함께 가지 못했던 것이 너무 안타깝다.
> **Que pena que não pude ir com ela.**
> 끼   뻬나 끼   너웅 뿌지 이르 꽁 엘라

> **É uma pena não poder ir com ela.**
> 에 우마 뻬나   너웅 뽀데르 이르 꽁 엘라

• 시간을 되돌릴 수 있다면, 다시 시도해 보고 싶다.
> **Queria poder voltar o tempo atrás e tentar de novo.**
> 께리아   뽀데르   보우따르 우 뗌뿌   아뜨라즈 이 뗑따르 지 노부

PART Ⅳ 망각 · 후회 그리고 실망

Se eu pudesse voltar atrás, tentaria de novo.
씨 에우 뿌데씨　보우따르 아뜨라스 뗑따리아 지 노부

• 시간을 되돌릴 수 있다면, 전부 다시 했을 텐데.
▶ Se eu pudesse voltar atrás, faria tudo de novo.
씨 에우 뿌데씨　보우따르 아뜨라스 파리아 뚜두 지 노부

실망할 때

• 너무 끔찍해!
▶ Que horror! / Que horrível!
끼　오호르 /　끼　오히베우

• 불운이다!
▶ Que azar! / Que má sorte!
끼　아자르 / 끼　마　쏘르치

• 실망스러워!
▶ Que decepção! / Que desilusão!
끼　데쎕써웅 /　끼　지질루저웅

• 난 실망감을 느낀다.
▶ Estou decepcionado / a.
이스또우 데쎕시오나두/　다
Estou frustrado / a.
이스또우 프루스뜨라두/다
Estou desiludido / a.
이스또우 데질루지두/　다

• 나는 결과에 실망했다
▶ O resultado me deixou decepcionado / a.
우 헤주우따두 미　데이죠우 데쎕씨오나두/　다
Fiquei decepcionado / a com o resultado.
피께이　데쎕씨오나두/　다 꽁　우 헤주우따두

• 그녀가 실망시켰다.

▶ **Ela me decepcionou.**
엘라 미 데쎕씨오노우

Ela me deixou decepcionada.
엘라 미 데이쇼우 데쎕씨오나다

• 그는 실망해서 나갔다.

▶ **Ele saiu todo decepcionado.**
엘리 싸이우 또두 데쎕씨오나두

Ele saiu meio frustrado / desiludido.
엘리 싸이우 메이우 프루스뜨라두 / 지질루지두

• 난 배신감을 느낀다.

▶ **Eu me sinto traído / a.**
에우 미 씽뚜 뜨라이두/ 다

Sinto que fui traído / a.
씽뚜 끼 푸이 뜨라이두/다

• 난 너를 믿었었는데.

▶ **Eu realmente acreditava em você.**
에우 헤아우멘치 아끄레지따바 잉 보쎄

• 너에게 다른 것을 바랬는데!

▶ **Eu esperava mais de você!**
에우 이스뻬라바 마이스 지 보쎄

Não esperava isso de você!
너웅 이스뻬라바 이쑤 지 보쎄

 **비난과 다툼**

비난할 때

- 너무 역겨운걸!
  - ▶ Que nojo! / Que desgosto!
    끼 노쥬 / 끼 지스고스뚜

- 엉터리야!
  - ▶ Que besteira!
    끼 베스떼이라

- 멍청한 짓이야!
  - ▶ Que bobagem! / Que bobeira! / Que burrice!
    끼 보바젱 / 끼 보베이라 / 끼 부히씨

- 꿈꾸지도 마!
  - ▶ Nem sonhe! / Nem vem sonhando!
    넹 쏭이 / 넹 벵 쏭양두

- 너무 허세 부려서는 안 된다고!
  - ▶ Não tem por que ficar se gabando tanto!
    너웅 뗑 뽀르 끼 피까르 씨 가방두 땅뚜

- 넌 미쳤다고 봐.
  - ▶ Acho que você está louco / a.
    아슈 끼 보쎄 이스따 로우꾸/ 까

- 그건 단지 네가 원하는 것일 뿐이다.
  - ▶ É só isso o que quer.
    에 쏘 이쑤 우 끼 께르

• 넌 네가 말하는 것에 대해서 아무 생각도 하지 않니?

▶ Você não tem nenhuma ideia do que está dizendo?
보쎄 너웅 뗑 넹유마 이데이아 두 끼 이스따 지젱두

Você não faz nenhuma ideia do que está falando?
보쎄 너웅 파스 넹유마 이데이아 두 끼 이스따 팔랑두

• 다시 한 번 해봐!

▶ Faz de novo! / Faz outra vez!
파스 지 노부 / 파즈 오우뜨라 베스

• 여기 좀 봐!

▶ Olha aqui!
올랴 아끼

• 바로 너!

▶ Você mesmo!
보쎄 메즈무

• 바로 당신!

▶ O senhor mesmo!
우 씽요르 메즈무

• 바로 그거야!

▶ É isso mesmo! / É isso aí!
에 이쑤 메즈무 / 에 이쑤 아이

• 불쌍한 놈!

▶ Pobre coitado! / Pobre de você! / Coitado de você!
뽀브리 꼬이따두 / 뽀브리 지 보쎄 / 꼬이따두 지 보쎄

• 이것을 이제 기억하게 될거야!

▶ Agora você vai se lembrar disso!
아고라 보쎄 바이 씨 렝브라르 지쑤

Pode deixar que agora eu faço você se lembrar disso!
뽀지 데이샤르 끼 아고라 에우 파쑤 보쎄 씨 렝브라르 지쑤

Depois de hoje, você nunca mais vai se esquecer do
데뽀이스 지 오쥐, 보쎄 눙까   마이스 바이 씨 이스께쎄르 두

que aconteceu!
끼 아꽁떼쎄우

• 각오해라!

▶ Prepare-se! / Se Prepare!
쁘레빠리 씨 /   씨 쁘레빠리

Você vai receber o troco!
보쎄   바이 헤쎄베르 우 뜨로꾸

• 맞을래?

▶ Quer apanhar?
께르   아빵야르

Te pego na esquina!
치 뻬구   나 이스끼나

Te pego na saída.
치 뻬구   나 싸이다

Está querendo levar uma surra?
이스따 께렝두   레바르 우마   쑤하

욕설할 때

• 짐승!

▶ (Seu) animal (asqueiroso)!
(쎄우) 아니마우 (아스께이로주)

(Sua) besta (selvagem)!
(쑤아) 베스따 (쎄우바젱)

• 속 뒤틀려!

▶ Seu nojento!
쎄우 노젱뚜

• 더러운 놈!

▶ Seu sujo!
쎄우 쑤쥬

• 돼지같은 놈!
▶ Porco! / Porquinho!
뽀르꾸 / 뽀르낑유

• 멍청한 놈!
▶ Burro! / Idiota! / Estúpido!
부후 / 이지오따 / 이스뚜삐두

• 근본 없는 놈!(개자식!)
▶ Filho / a da puta!
필류/ 랴 다 뿌따
Filho / a da mãe!
필류/ 랴 다 망이

• 개자식!
▶ Cachorro (imundo)! / Vagabundo / a!
까쇼후 (이뭉두) / 바가붕두/ 다

• 저능아!
▶ Imbecil!
잉베씨우

• 거짓말쟁이!
▶ Mentiroso / a!
멩치로주/ 자

• 뻔뻔스런 놈!
▶ Descarado! / Atrevido! / Insolente!
지스까라두 / 아뜨레비두 / 잉쏠렝치

• 철면피!
▶ Sem vergonha! / Cara de pau!
쎙 베르공야 / 까라 지 빠우

• 도둑놈!
▶ Ladrão! / Bandido!
라드러웅 / 방지두

- 내가 말할 때, 잘 들어라!
  ▶ Ouça bem enquanto eu falo!
  오우싸 벵　잉꽝뚜　에우 팔루

  Escute atentamente enquanto eu falo!
  이스꾸치 아뗑따멩치　잉꽝뚜　에우 팔루

- 그것은 비난받을 만하다.
  ▶ Isso é censurável!
  이쑤 에 쎙쑤라베우

- 널 질책한다.
  ▶ Te reprimo. / Eu reprimo você.
  치 헤쁘리무 /　에우 헤쁘리무　보쎄

- 입 좀 다물어!
  ▶ Cale a boca! / Feche a boca! / Cale-se!
  깔리 아 보까 /　페샤　아 보까 /　깔리　씨

  Fique calado / a!
  피끼　깔라두/다

- 네 방으로 가!
  ▶ Vá para o seu quarto!
  바　빠라 우 쎄우 꽈르뚜

- 오늘은 나가지 마라!
  ▶ Não saia hoje!
  너웅　싸이아 오쥐

- 오늘은 집에서 종일 있어라!
  ▶ Hoje, fique em casa o dia inteiro!
  오쥐　피끼　잉　까자 우 지아 잉떼이루

- 네 방으로 가서, 네가 했던 것을 잘 생각해 봐!
  ▶ Vá para o seu quarto e reflita bem sobre o que você fez!
  바　빠라 우 쎄우 꽈르뚜 이 헤쁠리따 벵　쏘브리 우 끼　보쎄　페스

07 감탄과 칭찬

감탄을 나타낼 때

- 와!
  - ▶ Uau! / Nossa!
    우아우 / 노싸

- 뭐야!
  - ▶ O quê! / Como! / Quê!
    우 께 / 꼬무 / 께

- 너무 좋아!
  - ▶ Que bom!
    끼 봉

- 너무 환상이야!
  - ▶ Que maravilha!
    끼 마라빌랴

- 믿을 수 없어!
  - ▶ Inacreditável! / Não acredito!
    이나끄레지따베우 / 너웅 아끄레지뚜

칭찬할 때

- 그는 매우 특별한 사람이다.
  - ▶ Ele é uma pessoa muito / bastante especial.
    엘리 에 우마 뻬쏘아 무이뚜 / 바스땅치 이스뻬씨아우

• 그는 믿기지 않는 사람이다.

▶ **Ele é incrível.**
엘리 에 잉끄리베우

• 그는 항상 무엇을 해야 하는지 안다.

▶ **Ele sempre sabe o que fazer.**
엘리 쎙쁘리 싸비 우 끼 파제르

• 그녀는 우아하다.

▶ **Ela é elegante.**
엘라 에 엘레강치

• 이 파란색 자켓을 입은 그녀는 예쁘다.

▶ **A moça de jaqueta azul é bonita.**
아 모싸 지 쟈께따 아주우 에 보니따

• 너는 참 옷을 잘 입는다.

▶ **Você tem bom gosto para roupa.**
보쎄 뗑 봉 고스뚜 빠라 호우빠

• 넌 멋진 체형을 가졌다.

▶ **Você tem um corpo bonito.**
보쎄 뗑 웅 꼬르뿌 보니뚜

Que belo corpo você tem!
끼 벨루 꼬르뿌 보쎄 뗑

• 너는 매력적이다.

▶ **Você é (bem) atraente.**
보쎄 에 (벵) 아뜨라엥치

• 너의 머리 스타일은 아주 세련되었다.

▶ **O estilo do seu cabelo é bem moderno.**
우 이스칠루 두 쎄우 까벨루 에 벵 모데르누

O seu penteado é tão moderno.
우 쎄우 뻥치아두 에 떠웅 모데르누

• 너는 정말 능력을 가진 사람이다.

▶ **Você é uma pessoa bem habilidosa.**
보쎄 에 우마 뻬쏘아 벵 아빌리도자

Você é uma pessoa que tem muitas qualidades.
보쎄 에 우마 뻬쏘아 끼 뗑 무이따스 꽐리다지스

• 넌 믿겨지지 않는 발레리나이다.
▶ Você é uma bailarina incrível.
보쎄 에 우마 바일라리나 잉끄리베우

Você é uma bailarina com muito talento.
보쎄 에 우마 바일라리나 꽁 무이뚜 딸렝뚜

• 넌 정말 기억력이 좋다.
▶ Que memória boa você tem!
끼 메모리아 보아 보쎄 뗑

Você tem boa memória.
보쎄 뗑 보아 메모리아

• 넌 포르투갈어를 아주 잘 말하는구나.
▶ Você fala muito bem português.
보쎄 팔라 무이뚜 벵 뽀르뚜게스

• 그녀는 믿겨지지 않는 여인이다.
▶ Ela é uma mulher incrível / inacreditável.
엘라 에 우마 물레르 잉끄리베우 / 이나끄레지따베우

우정을 표현할 때

• 우린 친구야.
▶ Somos amigos.
쏘무즈 아미구스

• 그는 나의 가장 좋은 친구야.
▶ Ele é o meu melhor amigo.
엘리 에 우 메우 멜료르 아미구

• 그녀는 나의 가장 좋은 친구야.
▶ Ela é a minha melhor amiga.
엘라 에 밍야 멜료르 아미가

• 우리는 친해.

▶ Somos íntimos.
쏘무즈　잉치무스

• 우리는 아주 친해.

▶ Temos bastante intimidade.
떼무스　바스땅치　잉치미다지

• 우리는 아주 친한 친구들이다.

▶ Nós somos amigos íntimos.
노스 쏘무즈　아미구즈 잉치무스

• 그녀는 어릴 때부터 나의 진정한 친구이다.

▶ Ela é minha amiga de confiança desde a infância.
엘라 에 밍야　아미가 지 꽁피앙싸　데스지 아 잉팡씨아

• 두 사람은 굳건한 우정을 맺고 있다.

▶ A amizade dos dois é bem firme.
아 아미자지　두스 도이즈 에 벵　피르미

• 친구가 있어 얼마나 좋은지!

▶ Como é bom ter amigos!
꼬무　에 봉　떼르 아미구스

• 친구 있는 게 그래서 좋은 거야.

▶ É por isso que é bom ter amigos.
에 뽀르 이쑤 끼　에 봉　떼르 아미구스

격려할 때

- 힘내!
  ▶ Força! / Ânimo!
  포르싸 / 아니무

- 곧 시작해 봐!
  ▶ Comece já!
  꼬메씨　쟈

- 두려워하지 마!
  ▶ Não tenha medo!
  너웅 뗑야　메두

- 꿋꿋해!
  ▶ Insista!
  잉씨스따

- 조금만 더!
  ▶ Só um pouco mais! / Só mais um pouco!
  쏘 웅 뽀우꾸 마이스 / 쏘 마이즈 웅 뽀우꾸

- 시도해 봐!
  ▶ Tente fazer! / Tente uma vez! / Faça uma tentativa!
  뗑치　파제르 / 뗑치　우마 베스 / 파싸　우마 뗑따치바

- 시험해 봐!
  ▶ Experimente! / Prove uma vez!
  이스뻬리멩치 / 　쁘로비 우마 베스

- 네 운을 시험해 봐!
  - ▶ Teste a sua sorte!
    떼스치 아 쑤아 쏘르치

- 네가 무엇을 할 수 있는지 봐!
  - ▶ Veja o que pode fazer! / Olha o que pode fazer!
    베쟈 우 끼 뽀지 파제르 / 올랴 우 끼 뽀지 파제르

- 가능한 모든 것을 해라!
  - ▶ Faça todo o possível!
    파싸 또두 우 뽀씨베우

- 용기를 잃지 마!
  - ▶ Não perca a coragem!
    너웅 뻬르까 아 꼬라젱

- 그것을 포기하지 마!
  - ▶ Não desista!
    너웅 데지스따

- 더 강해져라!
  - ▶ Seja mais forte! / Fortaleça-se!
    쎄쟈 마이스 포르치 / 포르딸레싸 씨

- 미래가 밝다.
  - ▶ O futuro parece brilhar à frente.
    우 푸뚜루 빠레씨 브릴랴르 아 프렝치
    O futuro parece prometer bastante.
    우 푸뚜루 빠레씨 쁘로메떼르 바스땅치

- 넌 그것을 잘 했다.
  - ▶ Você fez muito bem.
    보쎄 페스 무이뚜 벵

- 내가 널 도와줄거야.
  - ▶ Eu vou te ajudar. / Eu vou te apoiar.
    에우 보우 치 아쥬다르 / 에우 보우 치 아뽀이아르

• 후회하지 마라.

▶ **Não se arrependa!**
너웅 씨 아헤뻰다

• 더 좋은 일이 생길 것이다.

▶ **Verá que o melhor ainda está por vir!**
베라 끼 우 멜료르 아잉다 이스따 뽀르 비르

• 우리 앞길에는 어떤 장애물도 없다.

▶ **Não há nenhum obstáculo no nosso caminho.**
너웅 아 넹유마 옵스따꿀루 누 노쑤 까밍유

Não há obstáculos no nosso caminho.
너웅 아 옵스따꿀루스 누 노쑤 까밍유

• 봄에 씨 뿌린 사람이 가을에 수확을 거둔다.

▶ **Quem não semeia na primavera, não colhe no outono.**
껭 너웅 쎄메이아 나 쁘리마베라 너웅 꼴리 누 오우또누

• 내가 너와 함께 있어.

▶ **Eu estou com você.**
에우 이스또우 꽁 보쎄

• 항상 내가 네 옆에 있을게.

▶ **Vou estar sempre ao seu lado.**
보우 이스따르 쎙쁘리 아우 쎄우 라두

Estarei sempre contigo.
이스따레이 쎙쁘리 꽁치구

• 내가 널 도울게.

▶ **Deixa que eu te ajudo. / Deixa eu te ajudar.**
데이샤 끼 에우 치 아쥬두 / 데이샤 에우 치 아쥬다르

• 내가 널 도울 거야.

▶ **Eu vou te ajudar. / Vou te apoiar.**
에우 보우 치 아쥬다르 / 보우 치 아뽀이아르

- 우리가 널 도울 거야.
  - ▶ Nós te ajudaremos. / Nós vamos te ajudar.
    노스 치 아쥬다레무스 /   노스 바무스 치 아쥬다르

- 나를 믿어도 돼.
  - ▶ Pode confiar em mim. / Pode acreditar em mim.
    뽀지 꽁피아르 잉 밍 /   뽀지   아끄레지따르 잉 밍

- 넌 우리를 믿어도 돼.
  - ▶ Pode confiar na gente. / Pode acreditar em nós.
    뽀지 꽁피아르 나 젱치 /   뽀지   아끄레지따르 잉 노스

- 넌 나와 이야기를 나눌 수 있단다.
  - ▶ Pode contar comigo.
    뽀지 꽁따르   꼬미구

- 조속한 회복을 기원합니다.
  - ▶ Espero que melhore logo. / Espero que se recupere logo.
    이스뻬루 끼   멜료리 로구 /   이스뻬루 끼 씨 헤꾸뻬리   로구

- 진심으로 조속한 회복을 기원합니다.
  - ▶ Espero sinceramente que se recupere logo.
    이스뻬루 씽쎄라멩치   끼 씨 헤꾸뻬리   로구
    Desejo de todo o coração que se recupere o mais
    데제쥬   지 또두 우 꼬라써웅 끼 씨 헤꾸뻬리   우 마이스
    rápido possível.
    하삐두   뽀씨베우

- 조속히 회복되세요!
  - ▶ Melhore logo! / Recupere-se logo!
    멜료리   로구 / 헤꾸뻬리   씨 로구

믿음을 보일 때

- 난 널 믿는다.
  - ▶ Eu acredito em você.
    에우 아끄레지뚜 잉 보쎄

• 난 네게 믿음을 가지고 있다.

▶ Eu tenho confiança em você.
에우 뗑유 꽁피앙싸 잉 보쎄

• 넌 내게 믿음을 가지렴.

▶ Tenha confiança em mim.
뗑야 꽁피앙싸 잉 밍

• 그는 믿을 만한 친구다.

▶ Ele é um amigo confiável.
엘리 에 웅 아미구 꽁피아베우

• 난 결코 너의 신의를 의심하지 않았다.

▶ Nunca duvidei da sua credibilidade.
눙까 두비데이 다 쑤아 끄레지빌리다지
Nunca desconfiei de você.
눙까 지스꽁피에이 지 보쎄

• 넌 나의 전폭적인 신임을 얻었다.

▶ Você ganhou toda a minha confiança.
보쎄 강요우 또다 아 밍야 꽁피앙싸
Voce tem toda a minha confiança.
보쎄 뗑 또다 아 밍야 꽁피앙싸

• 그렇다고 믿는다.

▶ Acredito que sim. / Creio que sim.
아끄레지뚜 끼 씽 / 끄레이우 끼 씽

• 그렇지 않다고 믿는다.

▶ Creio que não. / Não acredito nisso.
끄레이우 끼 너웅 / 너웅 아끄레지뚜 니쑤

• 난 그의 성공을 믿는다.

▶ Acredito que ele terá sucesso.
아끄레지뚜 끼 엘리 떼라 쑤쎄쑤
Creio que conseguirá alcançar seus objetivos.
끄레이우 끼 꽁쎄기라 아우깡싸르 쎄우스 오비제치부스

• 난 그의 무죄를 믿고 있다.

▶ **Acredito que ele é inocente.**
아끄레지뚜 끼 엘리 에 이노쎙치

• 난 당신이 오리라고 믿는다.

▶ **Acredito que você vai vir.**
아끄레지뚜 끼 보쎄 바이 비르

• 나는 그녀가 생각을 바꾸리라 믿는다.

▶ **Acredito que ela vai mudar de ideia.**
아끄레지뚜 끼 엘라 바이 무다르 지 이데이아

Acho que ela vai mudar de opinião.
아슈 끼 엘라 바이 무다르 지 오삐니어웅

좋아함과 싫어함

좋아하는 것을 말할 때

- 난 … 좋다.
  - ▶ Eu gosto (de)...
    에우 고스뚜 (지)

- 난 … 매료되었다.
  - ▶ Fiquei encantado / a...
    피께이　잉깡따두/　　　다
  - Estou fascinado / a...
    이스또우 파씨나두/　　　다

- 난 브라질 음악이 좋다.
  - ▶ Eu gosto de música brasileira.
    에우 고스뚜 지　무지까　　브라질레이라

- 그는 스포츠를 좋아한다.
  - ▶ Ele gosta de esportes.
    엘리 고스따 지　이스뽀르치스

- 난 브라질 음식을 엄청 좋아한다.
  - ▶ Eu adoro comida brasileira.
    에우 아도루 꼬미다　　브라질레이라

- 그는 브라질 문학에 빠져 있다.
  - ▶ Ele é apaixonado pela literatura brasileira.
    엘리 에 아빠이쇼나두 뻴라　리떼라뚜라　　브라질레이라
  - Ele tem um grande interesse pela literatura brasileira.
    엘리 뗑　웅　그랑지　잉떼레씨　뻴라　리떼라뚜라　브라질레이라

- 그는 축구에 열광한다.

  ▶ Ele é fanático por futebol.
    엘리 에 파나치꾸 뽀르 푸치보우

- 난 대중음악보다는 고전음악이 더 좋다.

  ▶ Gosto mais de música clássica do que de música
    고스뚜 마이스 지 무지까   끌라씨까 두 끼   지 무지까
    popular.
    뽀뿔라르

- 난 커피보다는 차를 선호한다.

  ▶ Prefiro chá a café.
    쁘레피루 샤   아 까페

- 난 커피 대신 차를 마시겠다.

  ▶ Vou tomar chá em vez de café.
    보우 또마르 챠 잉 베스 지 까페

- 난 영화관에 가는 것도 좋아하지만, 극장에 가는 게 더 좋다.

  ▶ Eu gosto de ir ao cinema, mas prefiro ir ao teatro.
    에우 고스뚜 지 이르 아우 씨네마 마스 쁘레피루 이르 아우 떼아뜨루

- 하나를 골라야 한다면, 이것을 고르겠어.

  ▶ Se só posso escolher um, acho que fico com este.
    씨 쏘 뽀쑤   이스꼴례르 웅 아슈 끼 피꾸 꽁   에스치

- 난 점점 더 이 일이 좋아진다.

  ▶ Gosto deste trabalho cada vez mais.
    고스뚜 데스치 뜨라발류   까다 베스 마이스
    Este trabalho me agrada mais e mais a cada dia que
    에스치 뜨라발류   미   아그라다 마이즈 이 마이즈 아 까다 지아 끼
    passa.
    빠싸

- 난 여기의 기후가 너무 맘에 든다.

  ▶ Eu gosto muito do clima daqui.
    에우 고스뚜 무이뚜 두 끌리마 다끼
    O clima daqui me agrada muito.
    우 끌리마 다끼   미   아그라다 무이뚜

• 이것은 나에게 잘 맞는다.
▶ Isso fica bem em mim.
이쑤 피까 벵 잉 밍

• 난 그녀에게 많은 호감이 있다.
▶ Tenho uma ótima impressão dela.
뗑유 우마 오치마 잉쁘레써웅 델라
Estou interessado nela.
이스또우 잉떼레싸두 넬라

• 난 네가 너무 그립다.
▶ Sinto a sua falta. / Sinto falta de você.
씽뚜 아 쑤아 파우따 / 씽뚜 파우따 지 보쎄
Sinto saudades de você.
씽뚜 싸우다지스 지 보쎄
Estou com saudades de você.
이스또우 꽁 싸우다지스 지 보쎄

• 너를 얼마나 그리워하는지 넌 알 수가 없다.
▶ Você não imagina o quanto eu sinto a sua falta.
보쎄 너웅 이마쥐나 우 꽝뚜 에우 씽뚜 아 쑤아 파우따

• 너를 얼마나 생각하는지 넌 알 수가 없다.
▶ Você não imagina o quanto eu penso em você.
보쎄 너웅 이마쥐나 우 꽝뚜 에우 뼁쑤 잉 보쎄

• 호베르뚜는 호자에게 미쳐 있다.
▶ O Roberto está louco pela Rosa.
우 호베르뚜 이스따 로우꾸 뻴라 호자

• 미게우는 가브리엘라에 대해 사랑에 빠졌다.
▶ O Miguel está apaixonado pela Gabriela.
우 미게우 이스따 아빠이쇼나두 뻴라 가브리엘라

- 너무 싫다!
  - ▶ **Não gosto disso!**
    너웅 고스뚜 지쑤
    Que chato!
    끼 샤뚜

- 역겹다!
  - ▶ **Que desgosto!**
    끼 지스고스뚜

- 진저리난다!
  - ▶ **Isso me dá calafrios!**
    이쑤 미 다 깔라프리우스

- 재수 없다!
  - ▶ **Que azar! / Que má sorte!**
    끼 아자르 / 끼 마 쏘르치

- 난 수학공부 하는 것이 싫다.
  - ▶ **Não gosto de estudar matemática.**
    너웅 고스뚜 지 이스뚜다르 마떼마치까
    Odeio estudar matemática.
    오데이우 이스뚜다르 마떼마치까

- 난 너의 방법이 싫다.
  - ▶ **Não gosto do seu jeito.**
    너웅 고스뚜 두 쎄우 제이뚜

- 지긋지긋하다.
  - ▶ **Estou farto / a. / Já Basta!**
    이스또우 파르뚜/따 / 쟈 바스따

- 지친다.
  - ▶ **Estou cansado / a. / Não aguento mais.**
    이스또우 깡싸두/ 다 / 너웅 아구엥뚜 마이스

• 지겹다.

▶ Estou entediado / a. / Que tédio!
이스또우 잉떼지아두/ 다 / 끼 떼지우

• 널 증오한다.

▶ Eu te odeio. / Sinto ódio por você.
에우 치 오데이우 / 씽뚜 오지우 뽀르 보쎄

Eu tenho raiva de você.
에우 뗑유 하이바 지 보쎄

• 이제 난 더 이상 참을 수 없다.

▶ Agora não posso mais aguentar.
아고라 너웅 뽀쑤 마이스 아구엥따르

Agora não posso mais me segurar.
아고라 너웅 뽀쑤 마이스 미 쎄구라르

• 모든 게 악몽이었다.

▶ Foi tudo um pesadelo.
포이 뚜두 웅 뻬자델루

Tudo não passou de um pesadelo.
뚜두 너웅 빠쏘우 지 웅 뻬자델루

• 새벽에 일어나는 게 너무 싫다.

▶ Odeio acordar de madrugada.
오데이우 아꼬르다르 지 마드루가다

Detesto acordar de madrugada.
데떼스뚜 아꼬르다르 지 마드루가다

PART V

사교 표현

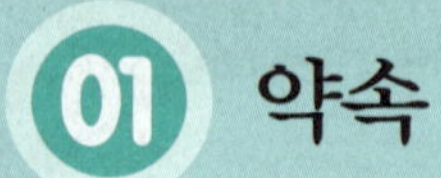

약속을 청할 때

- 주말에 시간 있니?
  ▶ **Tem tempo neste fim de semana?**
  뗑 뗑뿌 네스치 핑 지 쎄마나

- 토요일에 한가하니?
  ▶ **Está livre no sábado?**
  이스따 리브리 누 싸바두

- 너를 집에 저녁식사 초대하고 싶어.
  ▶ **Queria te convidar para jantar em casa.**
  께리아 치 꽁비다르 빠라 쟝따르 잉 까자
  Gostaria de te convidar para jantar em casa.
  고스따리아 지 치 꽁비다르 빠라 쟝따르 잉 까자

- 우리 집에서 점심식사 하지 않을래?
  ▶ **Não quer almoçar em casa?**
  너웅 께르 아우모싸르 잉 까자

- 목마르지 않아? 내가 한잔 살게.
  ▶ **Não está com sede? Eu (te) pago uma bebida.**
  너웅 이스따 꽁 쎄지 에우 (치) 빠구 우마 베비다

- 뭐 먹을래? 내가 쏜다.
  ▶ **Quer comer alguma coisa? Eu pago.**
  께르 꼬메르 아우구마 꼬이자 에우 빠구
  Não quer comer alguma coisa? Eu te convido.
  너웅 께르 꼬메르 아우구마 꼬이자 에우 치 꽁비두

- 오늘 저녁에 우리 함께 식사하는 게 어때?

  ▶ Que tal jantarmos juntos hoje?
  끼　따우 쟝따르무스　즁뚜스　오쥐

- 오늘 함께 저녁 먹자. 우리랑 함께 갈래?

  ▶ Hoje vamos jantar juntos. Quer ir com a gente?
  오쥐　바무스　쟝따르　즁뚜스　　께르　이르 꽁 아 젱치

- 오늘 저녁에 외식하자. 나랑 같이 갈거지?

  ▶ Vamos sair para jantar hoje. Você vai junto comigo, né?
  바무스　싸이르 빠라 쟝따르 오쥐　보쎄　바이 즁뚜　꼬미구　　네

- 오늘밤에 파티 할 건데, 올래?

  ▶ Hoje à noite vamos ter uma festa, quer vir?
  오쥐　아 노이치 바무스　떼르 우마 페스따 께르　비르

- 이번 주 일요일에 파티를 하려고 하는데, 너 올 수 있니?

  ▶ Pretendo fazer uma festa neste domingo, será que
  쁘레뗑두　　파제르 우마　페스따 네스치 도밍구　　　쎄라　끼

  você pode vir?
  보쎄　뽀지　비르

  Vou dar uma festa neste domingo, você pode vir?
  보우 다르 우마 페스따 네스치 도밍구　　　보쎄　뽀지　비르

- 나는 네가 이번 주 토요일의 소풍에 우리와 같이 갈 수 있길 바란다.

  ▶ Eu espero que venha com a gente no passeio deste
  에우 이스뻬루 끼　벵야　꽁　아 젱치　누　빠쎄이우 데스치

  sábado.
  싸바두

- 네가 원한다면, 누군가를 데려와도 돼.

  ▶ Se quiser pode trazer alguém com você.
  씨 끼제르　뽀지　뜨라제르 아우겡　꽁　보쎄

- 공원에서 너와 거닐고 싶은데, 함께 하지 않을래?

  ▶ Eu quero dar um passeio no parque.
  에우 께루　다르 웅 빠쎄이우 누　빠르끼

Não quer vir comigo?
너웅 께르 비르 꼬미구

• 너 시간되면, 일요일에 함께 당구 칠까?
▶ Se estiver livre, vamos jogar bilhar no domingo?
씨 이스치베르 리브리 바무스 죠가르 빌랴르 누 도밍구

• 너 오늘 저녁에 나랑 콘서트에 가지 않을래?
▶ Não quer ir ao concerto comigo esta noite?
너웅 께르 이르 아우 꽁쎄르뚜 꼬미구 에스따 노이치

• 너를 우리 결혼식에 초대할 수 있을까?
▶ Posso convidar você para o nosso casamento?
뽀쑤 꽁비다르 보쎄 빠라 우 노쑤 까자멩뚜

• 내일 함께 저녁 식사해요, 어때요?
▶ Vamos jantar juntos amanhã, o que você acha?
바무스 쟝따르 즁뚜스 아망양 우 끼 보쎄 아샤

• 그는 시간에 맞춰 왔다.
▶ Ele chegou em ponto. / Ele chegou pontualmente.
엘리 셰고우 잉 뽕뚜 / 엘리 셰고우 뽕뚜아우멩치
Ele chegou em cima da hora.
엘리 셰고우 잉 씨마 다 오라

• 그는 내게 이번 주 금요일로 약속을 정하기 위해 전화를 했다.
▶ Ele me ligou para marcar um encontro para essa sexta.
엘리 미 리고우 빠라 마르까르 웅 잉꽁뜨루 빠라 에싸 쎄스따

• 나는 이번 주에 스케줄이 꽉 차 있다.
▶ Essa semana estou com a agenda cheia / lotada.
에싸 쎄마나 이스또우 꽁 아 아젠다 셰이아 / 로따다

• 이 일은 하는데 시간이 얼마나 걸립니까?
▶ Quanto tempo vai levar para fazer este trabalho?
꽝뚜 뗌부 바이 레바르 빠라 파제르 에스치 뜨라발류

- 이 일을 하기에는 시간이 충분하지 못하다.
  - ▶ Não vou ter tempo suficiente para fazer este trabalho.
    너웅 보우 떼르 뗌뿌 쑤피씨엥치 빠라 파제르 에스치 뜨라발류

- 수요일이 괜찮겠니?
  - ▶ Tudo bem na quarta? / Que tal na quarta?
    뚜두 벵 나 꽈르따 / 끼 따우 나 꽈르따

- 무슨 요일이 네게 좋겠니?
  - ▶ Que dia da semana é melhor para você?
    끼 지아 다 쎄마나 에 멜료르 빠라 보쎄
    Qual dia da semana você prefere?
    꽈우 지아 다 쎄마나 보쎄 쁘레페리

- 금요일에 만나는 것이 어떠신지요?
  - ▶ Que tal nos encontrarmos na sexta?
    끼 따우 노스 잉꽁뜨라르무스 나 쎄스따
    Que tal a gente se encontrar na sexta?
    끼 따우 아 젱치 씨 잉꽁뜨라르 나 쎄스따

- 몇 시에 만나주실 수 있어요?
  - ▶ A que horas você pode me encontrar?
    아 끼 오라스 보쎄 뽀지 미 잉꽁뜨라르
    A que horas acha que poderia me ver?
    아 끼 오라스 아샤 끼 뽀데리아 미 베르

- 우리의 약속날짜를 정하고 싶습니다.
  - ▶ Gostaria de marcar um dia para nos encontrarmos.
    고스따리아 지 마르까르 웅 지아 빠라 노스 잉꽁뜨라르무스
    Gostaria de marcar um dia para o nosso compromisso.
    고스따리아 지 마르까르 웅 지아 빠라 우 노쑤 꽁쁘로미쑤

- 문제가 되지 않는다면, 다음 주 화요일로 제안하고 싶은데.

  ▶ Se não tiver nenhum problema, gostaria de sugerir a
  씨 너웅 치베르 넹융   쁘로블레마   고스따리아 지 쑤제리르 아

  terça que vem.
  떼르싸 끼 벵

- 전 우리가 언제 만날 수 있는지 알기 위해 전화했습니다.

  ▶ Eu liguei para perguntar quando podemos nos
  에우 리게이 빠라 뻬르궁따르 꽝두   뽀데무스   노스

  encontrar.
  잉꽁뜨라르

- 전 페르난두 박사님과 인터뷰 일정을 정하고 싶습니다.

  ▶ Gostaria de marcar uma entrevista com o doutor
  고스따리아 지 마르까르 우마 잉뜨레비스따 꽁   우 도우또르

  Fernando.
  페르낭두

- 시간을 내서 사고에 관해 말씀해주실 수 있는지 알고 싶습니다.

  ▶ Gostaria de saber se poderia me dar um tempo da sua
  고스따리아 지 싸베르 씨 뽀데리아 미 다르 웅 뗌뿌   다 쑤아

  atenção e me contar sobre o acidente.
  아뗑써웅 이 미 꽁따르 쏘브리 우 아씨뎅치

- 가능하다면, 당신과 모임을 가졌으면 합니다.

  ▶ Se possível, gostaria de marcar uma reunião com
  씨 뽀씨베우   고스따리아 지 마르까르 우마 헤우니어웅 꽁

  você.
  보쎄

  Se puder, gostaria de marcar uma reunião contigo.
  씨 뿌데르   고스따리아 지 마르까르 우마 헤우니어웅 꽁치구

- 그럼 우리 5일 7시에 보자.

  ▶ Então, a gente se vê no dia 5 às 7 (horas).
  잉떠웅 아 젱치   씨 베 누 지아 씽꾸 아스 쎄치 (오라스)

  Então, nos vemos no dia 5 às 7 (horas).
  잉떠웅 노스 베무스   누 지아 씽구 아스 쎄치 (오라스)

- 우리 어디에서 만날까?

  ▶ Onde podemos nos encontrar?
  옹지　뽀데무스　노스 잉꽁뜨라르

  Onde a gente pode se ver?
  옹지　아 젱치　뽀지　씨 베르

- 우리 지하철역에서 보자. 괜찮아?

  ▶ A gente se encontra na estação de metrô, tá bom?
  아 젱치　씨 잉꽁뜨라　나 이스따써웅 지 메뜨로　따 봉

- 학교 근처 커피전문점이 있어. 어때?

  ▶ Tem uma cafeteria perto da escola. O que você acha?
  뗑　우마　까페떼리아 뻬르뚜 다 이스꼴라 우 끼　보쎄　아샤

- 교보문고 입구까지 올래?

  ▶ Você pode vir até a entrada da livraria Kyobo?
  보쎄　뽀지　비르 아떼 아 엥뜨라다 다 리브라리아 교보

- 모임을 어디에서 개최하고 싶어요?

  ▶ Onde gostaria de abrir a reunião?
  옹지　고스따리아 지　아브리르 아 헤우니어웅

약속 제안에 승낙할 때

- 정말? 너무 좋아, 고마워.

  ▶ É sério? Que maravilha! Obrigado / a.
  에 쎄리우　끼　마라빌랴　　오브리가두/　다

- 아주 좋지! 난 한가해.

  ▶ Ótimo! Eu estou livre.
  오치무　에우 이스또우 리브리

- 너무 좋아! 나 할 게 없었는데.

  ▶ Que bom! Eu não tinha o que fazer.
  끼　봉　　에우 너웅 칭야 우 끼　파제르

Acho ótimo! Eu não tinha nada para fazer mesmo.
아슈 오치무 에우 너웅 칭야 나다 빠라 파제르 메즈무

• 너무 좋아! 어떤 옷을 입어야 하니?

▶ Que legal! Que tipo de roupa devo usar?
끼 레가우 끼 치뿌 지 호우빠 데부 우자르

• 알았어, 월요일에 보자.

▶ Perfeito, nos vemos na segunda.
뻬르페이뚜 노스 베무스 나 쎄궁다

Tá bom, até a segunda.
따 봉 아떼 아 쎄궁다

• 좋아, 그럼 그때 보자.

▶ Ótimo, a gente se vê lá então!
오치무 아 젱치 씨 베 라 잉떠웅

• 왜 안 되겠어?

▶ Por que não?
뽀르 끼 너웅

• 초대 고마워. 제 시간에 갈게.

▶ Obrigado / a pelo convite. Vou chegar a tempo.
오브리가두/ 다 뻴루 꽁비치 보우 셰가르 아 뗑뿌

• 좋은 것 같아. 내가 뭐 가져갈까?

▶ Parece ser bom. O que é que eu levo?
빠레씨 쎄르 봉 우 끼 에 끼 에우 레부

Parece ser uma ótima ideia. Preciso levar alguma
빠레씨 쎄르 우마 오치마 이데이아 쁘레씨주 레바르 아우구마

coisa?
꼬이자

• 참 친절하시네요. 기쁜 마음으로 초대에 응하겠습니다.

▶ Você é muito gentil. Aceito com muito prazer o seu
보쎄 에 무이뚜 젱치우 아쎄이뚜 꽁 무이뚜 쁘라제르 우 쎄우

convite.
꽁비치

• 미안해, 불가능할거야.

▶ Me desculpe, mas não será possível.
미 지스꾸우삐 마스 너웅 쎄라 뽀씨베우
Sinto muito, mas acho que não posso.
씽뚜 무이뚜 마즈 아슈 끼 너웅 뽀쑤

• 미안, 우리 다른 날로 약속을 정하자.

▶ Perdão, mas acho que é melhor marcarmos um
뻬르더웅 마즈 아슈 끼 에 멜료르 마르까르무스 웅
compromisso algum outro dia.
꽁쁘로미쑤 아우궁 오우뜨루 지아

Desculpa, mas vamos deixar para a próxima.
지스꾸우빠 마스 바무스 데이샤르 빠라 아 쁘로씨마

• 고마워, 그런데 갈 수가 없어.

▶ Obrigado / a, mas não posso ir.
오브리가두/ 다 마스 너웅 뽀쑤 이르

• 참 친절하구나, 그런데 안타깝게도 내가 갈 수가 없어.

▶ É muito gentil, mas infelizmente não posso ir.
에 무이뚜 젱치우 마즈 잉펠리스멩치 너웅 뽀쑤 이르

• 난 조금 힘들다고 봐.

▶ Acho que vai ser um pouco difícil.
아슈 끼 바이 쎄르 웅 뽀우꾸 지피씨우
Creio que será um pouco difícil.
끄레이우 끼 쎄라 웅 뽀우꾸 지피씨우

• 미안, 내가 네게 나중에 전화해 줄게.

▶ Desculpa, mas depois eu te ligo.
지스꾸우빠 마스 데뽀이스 에우 치 리구
Perdão, mas eu te ligo mais tarde.
뻬르더웅 마즈 에우 치 리구 마이스 따르지

• 미안, 우리 다른 날로 시간 잡을 수 있을까?

▶ **Desculpa, mas poderíamos marcar para outro dia?**
지스꾸우빠　마스 뽀데리아무스　마르까르 빠라 오우뜨루 지아

• 정말 가고 싶었는데, 하지만 내가 이번 주말에는 시간이 안 돼.

▶ **Adoraria ir, mas este fim de semana estou sem tempo.**
아도라리아 이르 마즈 에스치 핑 지 쎄마나　이스또우 쎙　뗑뿌

Eu gostaria de ir, mas não estou livre neste fim de
에우 고스따리아 지　이르 마스 너웅 이스또우 리브리 네스치 핑　지

semana.
쎄마나

• 정말 가고 싶었는데, 다른 약속이 있어서.

▶ **Adoraria ir, mas já tenho outro compromisso.**
아도라리아　이르 마스 쟈 뗑유　오우뜨루 꽁쁘로미쑤

• 안타깝지만, 오늘밤에 해야 할 다른 일이 있어.

▶ **É uma pena, mas esta noite tenho outras coisas para**
에 우마　뻬나　마즈 에스따 노이치 뗑유　오우뜨라스 꼬이자스 빠라

fazer.
파제르

• 아쉽다! 오늘밤에 이미 다른 계획을 가지고 있어.

▶ **Que pena! Esta noite já tenho outros planos.**
끼　뻬나　에스따 노이치 쟈 뗑유　오우뜨루스 쁠라누스

• 아쉽다! 네가 미리 말해줬다면 좋았을 텐데.

▶ **Que pena! Se tivesse sabido antes.**
끼　뻬나　씨 치베씨　싸비두　앙치스

Que pena! Se tivesse me convidado antes.
끼　뻬나　씨 치베씨　미　꽁비다두　앙치스

• 다른 시간이었으면 갔을 거야. 하지만, 오늘밤에는 이미 약속이 있다.

▶ **Se fosse em outra hora, eu iria. Mas esta noite já**
씨 포씨　잉　오우뜨라 오라　에우 이리아 마즈 에스따 노이치 쟈

tenho um compromisso.
뗑유　웅　꽁쁘로미쑤

• 미안해, 이번 주말에 해야 할 일이 엄청 많아.

▶ Me desculpe, mas este fim de semana estou cheio / a
미 지스꾸우삐 마즈 에스치 핑 지 쎄마나 이스또우 셰이우/아

de coisas para fazer.
지 꼬이자스 빠라 파제르

Sinto muito, mas tenho um monte de coisas para fazer
씽뚜 무이뚜 마스 뗑유 웅 몽치 지 꼬이자스 빠라 파제르

neste fim de semana.
네스치 핑 지 쎄마나

• 이번 주는 엄청 바빠서 못 갈 것 같아.

▶ Não posso ir porque estou superocupado / a esta
너웅 뽀쑤 이르 뽀르끼 이스또우 쑤뻬로꾸빠두/ 다 에스따

semana.
쎄마나

Esta semana estou superatarefado / a, por isso não
에스따 쎄마나 이스또우 쑤뻬라따레파두/ 다 뽀르 이쑤 너웅

poderei ir.
뽀데레이 이르

초대할 때

- 널 초대해.
  ▶ **Te convido.**
  치 꽁비두

- 올래?
  ▶ **Quer vir? / Está a fim de vir?**
  께르 비르 이스따 아 핑 지 비르

- 안 올래?
  ▶ **Não quer vir?**
  너웅 께르 비르

- 와봐, 우리 파티에 함께 가자!
  ▶ **Vem, vamos para a festa!**
  벵 바무스 빠라 아 페스따

- 난 널 파티에 초대한다.
  ▶ **Eu te convido para a festa.**
  에우 치 꽁비두 빠라 아 페스따

- 파티에 오지 않을래?
  ▶ **Não quer vir para a festa?**
  너웅 께르 비르 빠라 아 페스따
  Por que não vem à festa?
  뽀르 끼 너웅 벵 아 페스따

- 너 파티에 올 의향 없니?
  ▶ **Não gostaria de vir à festa?**
  너웅 고스따리아 지 비르 아 페스따

- 네게 우리 집의 문은 항상 열려 있다.
  - ▶ As portas da nossa casa estão sempre abertas para
    아스 뽀르따스 다 노싸 까자 이스떠웅 쎙쁘리 아베르따스 빠라
    você.
    보쎄

- 난 네가 우리의 귀빈이 되어주길 원해.
  - ▶ Quero que seja o nosso hóspede.
    께루 끼 쎄쟈 우 노쑤 오스뻬지

- 전 당신이 제 초대에 잘 응해주시길 희망합니다.
  - ▶ Espero que aceite o nosso convite.
    이스뻬루 끼 아쎄이치 우 노쑤 꽁비치

초대에 응할 때

- 알았어, 고마워.
  - ▶ Está bem, obrigado / a.
    이스따 벵 오브리가두/ 다
    Claro, obrigado / a.
    끌라루 오브리가두/ 다

- 알았어. 어디야?
  - ▶ Está bem, onde é?
    이스따 벵 옹지 에
    Claro, onde vai ser?
    끌라루 옹지 바이 쎄르

- 좋아, 어디로 가야 돼?
  - ▶ Tudo bem, onde eu tenho que ir?
    뚜두 벵 옹지 에우 뗑유 끼 이르

- 기꺼이, 고마워!
  - ▶ Com prazer, obrigado / a!
    꽁 쁘라제르 오브리가두/ 다

• 당연히 동의해!
▶ **É claro que concordo.**
에 끌라루 끼 꽁꼬르두

• 꼭 갈게!
▶ **Irei sem dúvida alguma.**
이레이 쎙 두비다 아우구마

• 알았어. 너무 좋은데.
▶ **Claro. Fico encantado / a.**
끌라루 피꾸 잉깡따두/ 다

• 최고인 것 같아!
▶ **Parece ser excelente!**
빠레씨 쎄르 에쎌렝치

• 물론이죠!
▶ **Mas é claro!**
마즈 에 끌라루

Com toda a certeza!
꽁 또다 아 쎄르떼자

• 네, 전 너무 좋아요.
▶ **Sim, fico muito feliz.**
씽 피꾸 무이뚜 펠리스

• 내가 바로 원하던 바였습니다.
▶ **É exatamente o que eu queria.**
에 이자따멩치 우 끼 에우 께리아

• 안 간다고 말할 수 없죠.
▶ **Não posso dizer que não.**
너웅 뽀쑤 지제르 끼 너웅

• 누가 거부할 수 있겠어요?
▶ **Quem poderia negar?**
껭 뽀데리아 네가르

- 당신의 초대에 감사드립니다.
  - ▶ Obrigado / a pelo convite.
    오브리가두/ 다 뻴루 꽁비치
    Obrigado / a por me convidar.
    오브리가두/ 다 뽀르 미 꽁비다르
    Agradeço muito o convite.
    아그라데쑤 무이뚜 우 꽁비치

- 고맙습니다. 당신의 초대에 전 매우 기쁩니다.
  - ▶ Obrigado / a, me alegro com o seu convite.
    오브리가두/ 다 미 알레그루 꽁 우 쎄우 꽁비치

- 절 그렇게 생각해 주셨다니 매우 감사드립니다.
  - ▶ Fico agradecido / a por se importar tanto comigo.
    피꾸 아그라데씨두/ 다 뽀르 씨 잉뽀르따르 땅뚜 꼬미구

- 당신의 초대를 받아들이게 되어 매우 영광으로 생각합니다.
  - ▶ É uma honra aceitar o seu convite.
    에 우마 옹하 아쎄이따르 우 쎄우 꽁비치
    Fico honrado / a em aceitar o seu convite.
    피꾸 옹하두/ 다 잉 아쎄이따르 우 쎄우 꽁비치

- 당신의 정성스런 초대를 받아들이지 않을 수 없습니다.
  - ▶ Não posso deixar de aceitar seu amável convite.
    너웅 뽀쑤 데이샤르 지 아쎄이따르 쎄우 아마베우 꽁비치

초대에 응할 수 없을 때

- 안 돼!
  - ▶ Não!
    너웅

- 아뇨, 갈 수 없습니다.
  - ▶ Não, não posso.
    너웅 너웅 뽀쑤

- 초대 감사하지만, 지금은 안돼요.
  - ▶ Obrigado / a pelo convite, mas agora não posso.
    오브리가두/ 다 뻴루 꽁비치 마즈 아고라 너웅 뽀쑤

    Agradeço o convite, mas agora não vai dar.
    아그라데쑤 우 꽁삐치 마즈 아고라 너웅 바이 다르

- 대단히 감사합니다만, 전 갈 수 없을 겁니다.
  - ▶ Fico muito agradecido / a, mas não vou poder ir.
    피꾸 무이뚜 아그라데씨두/ 다 마스 너웅 보우 뽀데르 이르

- 안타깝지만 응할 수 없습니다.
  - ▶ Infelizmente não posso aceitar.
    잉펠리스멩치 너웅 뽀쑤 아쎄이따르

- 감사합니다만, 안타깝게도 불가능할 겁니다.
  - ▶ Agradeço, mas infelizmente não será possível.
    아그라데쑤 마즈 잉펠리스멩치 너웅 쎄라 뽀씨베우

- 미안합니다만, 전 불가능합니다.
  - ▶ Sinto muito, mas não é possível.
    씽뚜 무이뚜 마스 너웅 에 뽀씨베우

- 안돼요, 다른 날 그렇게 해요!
  - ▶ Não vai dar, vamos outro dia!
    너웅 바이 다르 바무스 오우뜨루 지아

- 정말 가고 싶었는데, 안타깝게도 갈 수 없어요.
  - ▶ Eu adoraria, mas infelizmente não posso ir.
    에우 아도라리아 마즈 잉펠리스멩치 너웅 뽀쑤 이르

- 아쉬워요, 전 갈 수 없어요!
  - ▶ É uma pena, mas não posso ir.
    에 우마 뻬나 마스 너웅 뽀쑤 이르

- 아쉬워요. 사실은 해야 할 일이 많아서요.
  - ▶ É uma pena. Na verdade, tenho muitas coisas para fazer.
    에 우마 뻬나 나 베르다지 뗑유 무이따스 꼬이자스 빠라 파제르

• 미안하지만, 사실은 끝낼 일이 하나 있어서요.

▶ **Sinto muito, mas tenho que terminar um trabalho.**
씽뚜 무이뚜 마스 뗑유 끼 떼르미나르 웅 뜨라발류

• 아쉬워요. 오늘은 응할 수 없지만, 다른 날은 (괜찮을 듯해요).

▶ **É uma pena. Hoje não posso, mas quem sabe outro dia.**
에 우마 뻬나 오쥐 너웅 뽀쑤 마스 껭 싸비 오우뜨루 지아

• 고맙지만, 제게 약속이 있어서요.

▶ **Obrigado / a, mas é que já tenho compromisso.**
오브리가두/ 다 마즈 에 끼 쟈 뗑유 꽁쁘로미쑤

• 미안. 다른 약속이 있어요.

▶ **Desculpa. Tenho outro compromisso.**
지스꾸우빠 뗑유 오우뜨루 꽁쁘로미쑤

• 당신의 초대에 매우 감사드립니다. 전 가고 싶었었습니다.

▶ **Agradeço muito o seu convite. Eu adoraria ir.**
아그라데쑤 무이뚜 우 쎄우 꽁비치 에우 아도라리아 이르

초
대

방문했을 때

- 여기가 페르난두씨 댁입니까?
  - ▶ (Será que) esta é a casa do senhor Fernando?
    (쎄라 끼) 에스따 에 아 까자 두 씽요르 페르낭두

- 호베르뚜씨가 사는 곳이 여기입니까?
  - ▶ (Será que) é aqui onde mora o senhor Roberto?
    (쎄라 끼) 에 아끼 옹지 모라 우 씽요르 호베르뚜

- 까를루스씨가 이 호텔에 묵고 계십니까?
  - ▶ É neste hotel onde fica o senhor Carlos?
    에 네스치 오떼우 옹지 피까 우 씽요르 까를루스

    Será que o senhor Carlos está hospedado neste hotel?
    쎄라 끼 우 씽요르 까를루스 이스따 오스뻬다두 네스치 오떼우

- 엘레나 여사는 댁에 계십니까?
  - ▶ Será que a senhora Helena está em casa?
    쎄라 끼 아 씽요라 엘레나 이스따 잉 까자

- 그분을 잠깐 뵈었으면 합니다.
  - ▶ Gostaria de vê-lo por um momento.
    고스따리아 지 벨루 뽀르 웅 모멩뚜

    Queria vê-lo um instante.
    께리아 벨루 웅 잉스땅치

- 레치시아라는 사람이 뵈러 왔다고 전해 주십시오.
  - ▶ Diga que a Letícia veio vê-lo.
    지가 끼 아 레치씨아 베이우 벨루

- 어떤 분이라 전할까요?

  ▶ **Quem seria o senhor?**
  껭   쎄리아 우 씽요르

  Devo anunciar a chegada de quem?
  데부   아눙씨아르 아 셰가다   지 껭

- 명함을 보여주시겠습니까?

  ▶ **Poderia me mostrar o seu cartão?**
  뽀데리아   미   모스뜨라르 우 쎄우 까르떠웅

- 제 친구에게 말씀 많이 들었습니다.

  ▶ **O meu amigo falou muito de você.**
  우 메우 아미구   팔로우 무이뚜 지 보쎄

  Escutei falar bastante de você do meu amigo.
  이스꾸떼이 팔라르 바스땅치 지 보쎄   두 메우   아미구

- 들어오셔서 잠시만 기다리십시오. 그는 곧 돌아오실 겁니다.

  ▶ **Entre e espere um momento, por favor. Ele vai voltar**
  엥뜨리 이 이스뻬리 웅   모멩뚜   뽀르 파보르 엘리 바이 보우따르
  logo.
  로구

  Por favor, entre e espere um instante. Ele voltará logo.
  뽀르 파보르 엥뜨리 이 이스뻬리 웅 잉스땅치   엘리 보우따라 로구

- 앉으셔서 얘기를 좀 나누시죠.

  ▶ **Sente-se para conversarmos.**
  쎙치   씨 빠라 꽁베르싸르무스

  Vamos nos sentar para conversar?
  바무스   노스 쎙따르   빠라   꽁베르싸르

- 집에 있는 것처럼 여기 편히 앉으세요.

  ▶ **Sente-se aqui como se estivesse em casa.**
  쎙치   씨 아끼 꼬무   씨 이스치베시 잉 까자

  Sente aqui e sinta-se em casa.
  쎙치   아끼 이 씽따 씨 잉   까자

- 네게 뭔가를 대접하고 싶어.
  - ▶ **Eu gostaria de te oferecer algo.**
    에우 고스따리아 지 치 오페레쎄르 아우구
    Eu queria oferecer alguma coisa para você.
    에우 께리아 오페레쎄르 아우구마 꼬이자 빠라 보쎄

- 네 집처럼 편하게 있어.
  - ▶ **Fique à vontade. A casa é sua.**
    피끼 아 봉따지 아 까자 에 쑤아
    Você já sabe, sinta-se em casa.
    보쎄 쟈 싸비 씽따 씨 잉 까자

- 당신께 무엇을 해드릴까요?
  - ▶ **Em que posso servi-lo / a?**
    잉 끼 뽀쑤 쎄르빌루/ 라

- 당신께 한 가지를 드리고 싶습니다.
  - ▶ **Quero fazer uma oferta para você.**
    께루 파제르 우마 오페르따 빠라 보쎄

- 뭔가 필요하다면 내게 알려줘.
  - ▶ **Se precisar de alguma coisa, me avise.**
    씨 쁘레씨자르 지 아우구마 꼬이자 미 아비지
    Qualquer coisa que precisar, me avise.
    꽈우께르 꼬이자 끼 쁘레씨자르 미 아비지

- 초대에 감사드립니다.
  - ▶ **Obrigado / a por nos convidar.**
    오브리가두/ 다 뽀르 노스 꽁비다르
    Agradeço por ter nos convidado.
    아그라데쑤 뽀르 떼르 노스 꽁비다두

• 멋진 밤이었어요, 감사합니다.
> ▶ **Foi uma noite muito agradável, obrigado / a.**
> 포이 우마 노이치 무이뚜 아그라다베우 오브리가두/ 다
> **Foi uma noite maravilhosa, obrigado / a.**
> 포이 우마 노이치 마라빌료자 오브리가두/ 다

• 너무 맛있는 저녁 감사했습니다.
> ▶ **Muito obrigado / a pelo jantar maravilhoso.**
> 무이뚜 오브리가두/ 다 뻴루 쟝따르 마라빌료주
> **Agradeço pelo jantar delicioso.**
> 아그라데쑤 뻴루 쟝따르 델리씨오주

• 이미 너무 늦었군요. 전 가봐야겠습니다.
> ▶ **Já é muito tarde. Tenho que ir.**
> 쟈 에 무이뚜 따르지 뗑유 끼 이르

• 열렬한 환대에 감사드립니다.
> ▶ **Obrigado / a pela calorosa hospitalidade.**
> 오브리가두/ 다 뻴라 깔로로자 오스삐딸리다지

• 파티에서 좋은 시간 보냈습니다. 굉장히 감사합니다.
> ▶ **Passei um momento agradável na sua festa.**
> 빠쎄이 웅 모멩뚜 아그라다베우 나 쑤아 페스따
> **Muito obrigado / a.**
> 무이뚜 오브리가두/ 다

주인으로서의 작별 인사

• 와 주셔서 감사해요.
> ▶ **Obrigado / a por vir.**
> 오브리가두/다 아 뽀르 비르

• 여러분들을 뵙게 되서 너무 좋습니다.
> ▶ **Que bom vê-los!**
> 끼 봉 벨루스
> **É um prazer vê-los!**
> 에 웅 쁘라제르 벨루스

• 방문 감사합니다.
▶ **Obrigado / a pela visita.**
오브리가두/ 다 뻴라 비지따

• 여러분이 오셔서 너무 좋습니다.
▶ **Fico contente por terem vindo.**
피꾸 꽁뗑치 뽀르 떼렝 빙두

• 좀 더 계시면 안 되나요?
▶ **Não pode ficar mais um pouco?**
너웅 뽀지 피까르 마이즈 웅 뽀우꾸

• 왜 좀 더 계시지 않고요?
▶ **Por que não fica um pouco mais?**
뽀르 끼 너웅 피까 웅 뽀우꾸 마이스

• 좀 더 여기에 계실 수 있잖아요?
▶ **Você pode ficar aqui um pouco mais, né?**
보쎄 뽀지 피까르 아끼 웅 뽀우꾸 마이스 네

• 또 오세요!
▶ **Volte novamente! / Volte em breve! / Volte sempre!**
보우치 노바멩치 / 보우치 잉 브레비 / 보우치 쎙쁘리

• 언제든 오세요!
▶ **Venha a qualquer hora! / Volte a qualquer hora!**
벵야 아 꽈우께르 오라 / 보우치 아 꽈우께르 오라

• 또 오시는 것 잊지 마세요!
▶ **Não se esqueça de vir novamente!**
너웅 씨 이스께싸 지 비르 노바멩치

나갈 때

• 가자!
▶ **Vamos!**
바무스
Vamos embora!
바무즈 잉보라

- 우리 가자고!
  - ▶ **Vamos indo!**
    바무즈 잉두

- 가도 될까?
  - ▶ **Podemos ir?**
    뽀데무즈 이르

- 우린 가야만 한다.
  - ▶ **Temos que ir.**
    떼무스 끼 이르

- 시간 되었네, 우리 가지요.
  - ▶ **Vamos, já está na hora.**
    바무스 쟈 이스따 나 오라

- 출발하죠!
  - ▶ **Vamos! / Vamos partir!**
    바무스 / 바무스 빠르치르

- 바로 나가자고요!
  - ▶ **Vamos sair logo!**
    바무스 싸이르 로구

- 출발할 준비되었죠?
  - ▶ **Está pronto para sair?**
    이스따 쁘롱뚜 빠라 싸이르

- 곧 끝나죠?
  - ▶ **Já está terminando?**
    쟈 이스따 떼르미낭두
  - **Vai terminar logo?**
    바이 떼르미나르 로구

- 여기서 빠져 나가자!
  - ▶ **Vamos sair daqui!**
    바무스 싸이르 다끼

- 도망가는 게 어때?
  - ▶ **Que tal fugirmos?**
    끼 따우 푸지르무스

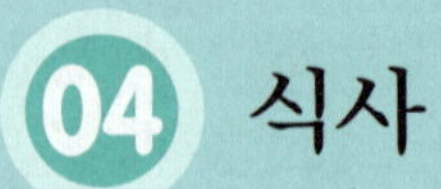 **식사**

식사를 제안할 때

• 식사합시다!
▶ Vamos comer!
바무스 꼬메르

• 네게 식사를 사주고 싶다.
▶ Eu queria te convidar para comer.
에우 께리아 치 꽁비다르 빠라 꼬메르
Eu gostaria de te convidar para comer.
에우 고스따리아 지 치 꽁비다르 빠라 꼬메르

• 우리 함께 식사하자.
▶ Vamos comer juntos.
바무스 꼬메르 즁뚜스

• 시간이 되면 함께 저녁 식사하자.
▶ Se tiver tempo, vamos jantar juntos.
씨 치베르 뗑뿌 바무스 쟝따르 즁뚜스

• 나랑 뭐 좀 먹을래?
▶ Quer comer algo comigo?
께르 꼬메르 아우구 꼬미구
Que tal comer alguma coisa comigo?
끼 따우 꼬메르 아우구마 꼬이자 꼬미구

- 웨이터! 주문해도 될까요?

▶ **Garçom, posso fazer o pedido?**
가르쏭　　뽀쑤　　파제르 우 뻬지두

- 우리 이제 뭘 주문할 지 결정했어요.

▶ **Já decidimos o nosso pedido.**
쟈 데씨지무스　　우 노쑤　　뻬지두

Já decidimos o que vamos pedir.
쟈 데씨지무스　　우 끼　바무스　　뻬지르

- 우리 이제 뭘 먹을지 결정했습니다.

▶ **Já decidimos o que vamos comer.**
쟈 데씨지무스　　우 끼　바무스　　꼬메르

- 주문하는 걸 받아 쓰실래요?

▶ **Pode anotar o nosso pedido, por favor?**
뽀지　아노따르 우 노쑤　뻬지두　　뽀르 파보르

- 와인 한 병 가져다 주세요.

▶ **Poderia trazer uma garrafa de vinho?**
뽀데리아　뜨라제르 우마 가하파　지 빙유

- 물을 가져다 주시겠습니까?

▶ **Poderia trazer (uma) água?**
뽀데리아　뜨라제르 (우마)　아과

- 고기는 어떻게 해드릴까요?

▶ **Como deseja a sua carne? / Como quer a sua carne?**
꼬무　　데제쟈　아 쑤아 까르니 /　꼬무　　께르　아 쑤아 까르니

Como deseja que a carne seja preparada?
꼬무　　데제쟈　끼　아 까르니 쎄쟈 쁘레빠라다

웰던(well done)	**bem passado** 벵 빠싸두
미디엄(medium)	**ao ponto** 아우 뽕뚜
레어(rare)	**malpassado** 마우빠싸두

술을 권할 때

• 한잔 어때?

▶ **Que tal um drinque?**
끼 　따우 웅 드링끼

• 한잔 할래?

▶ **Quer tomar um drinque?**
께르 　또마르 웅 　드링끼

• 당신께 맥주 한잔 사고 싶은데, 괜찮아요?

▶ **Eu gostaria de te pagar uma cerveja, você aceita?**
에우 고스따리아 지 치 빠가르 우마 　쎄르베쟈 보쎄 　아쎄이따

• 당신께 맥주 한잔 사도 될까요?

▶ **Posso te pagar uma cerveja?**
뽀쑤 　치 빠가르 우마 　쎄르베쟈

• 저와 와인 한잔하시겠습니까?

▶ **Quer tomar um vinho?**
께르 　또마르 웅 　빙유

• 우리 까이삐링야 한 잔 하는 게 어때요?

▶ **Que tal tomarmos uma caipirinha?**
끼 　따우 또마르무스 우마 　까이삐링야

PART
Ⅴ
식
사

• 우리와 함께 술 한 잔 하러가요!

▶ **Vem tomar um drinque com a gente!**
벵　또마르　웅 드링끼　꽁　아 젱치

• 우리 생맥주 한잔하러 가요! 시간 없어요?

▶ **Vamos lá tomar um chope!**
바무스　라 또마르 웅　쇼삐

Será que não tem um tempinho?
쎄라　끼　너웅 뗑　웅　뗑삥유

전화

전화를 걸기 전에

• 전화를 사용할 수 있을 까요?

▶ **Posso usar o telefone?**
뽀쑤 우자르 우 뗄레포니

Será que eu poderia usar o telefone?
쎄라 끼 에우 뽀데리아 우자르 우 뗄레포니

• 통화하려면 먼저 몇 번을 눌러야 하나요?

▶ **Preciso digitar algum número para fazer uma ligação?**
쁘레씨주 지쥐따르 아우궁 누메루 빠라 파제르 우마 리가써웅

• 공중전화 부스는 어디에 있습니까?

▶ **Onde posso encontrar um telefone público?**
옹지 뽀쑤 잉꽁뜨라르 웅 뗄레포니 뿌블리꾸

• 이 근처에 공중전화가 있나요?

▶ **Será que tem algum orelhão por aqui?**
쎄라 끼 뗑 아우궁 오렐려웅 뽀르 아끼

• 가장 가까운 공중전화가 어디에 있나요?

▶ **Onde fica o orelhão mais próximo?**
옹지 피까 우 오렐려웅 마이스 쁘로씨무

Cadê o telefone público mais próximo?
까데 우 뗄레포니 뿌블리꾸 마이스 쁘로씨무

• 이 번호로 전화 거는 방법을 가르쳐 주시겠어요?

▶ **Por favor, poderia me mostrar como devo discar para**
뽀르 파보르 뽀데리아 미 모스뜨라르 꼬무 데부 지스까르 빠라

este número?
에스치 누메루

- 저는 까리나입니다.
  - ▶ **Aqui é a Carina.**
    아끼 에 아 까리나

- 하파엘씨와 통화하고 싶습니다.
  - ▶ **Gostaria de falar com o senhor Rafael.**
    고스따리아 지 팔라르 꽁   우 씽요르   하파에우

- 마르꾸스씨와 통화를 할 수 있을까요?
  - ▶ **Poderia falar com o senhor Marcos?**
    뽀데리아 팔라르 꽁   우 씽요르   마르꾸스

- 루까스씨 거기 있나요?
  - ▶ **Será que o seu Lucas está aí?**
    쎄라 끼   우 쎄우 루까스 이스따 아이

- 여보세요. 후이씨입니까?
  - ▶ **Alô, senhor Rui?**
    알로 씽요르   후이

- 영어로 말해도 되겠습니까?
  - ▶ **Poderia falar em inglês?**
    뽀데리아 팔라르 잉 잉글레스

- 영어를 할 줄 아는 사람과 통화할 수 있을까요?
  - ▶ **Será que eu poderia falar com alguém que fale inglês?**
    쎄라 끼   에우 뽀데리아 팔라르 꽁   아우겡   끼 팔리 잉글레스

- 이 전화를 히까르두씨에게 연결시켜 주시겠어요?
  - ▶ **Poderia transferir a minha chamada para o senhor**
    뽀데리아 뜨랑스페리르 아 밍야   샤마다   빠라 우 씽요르
    Ricardo, por favor?
    히까르두   뽀르 파보르

- 여보세요.
  ▶ Alô.
  알로

- 말씀하세요.
  ▶ Diga. / Fale.
  지가 / 팔리

- 누구시죠?
  ▶ Quem fala? / Quem está falando?
  껭 팔라 / 껭 이스따 팔랑두

- 제가 어느 분과 통화를 하고 있는지요?
  ▶ Com quem eu falo? / Com quem estou falando?
  꽁 껭 에우 팔루 / 꽁 껭 이스또우 팔랑두

- 잘 들리지 않습니다.
  ▶ Não estou escutando. / Não consigo ouvir direito.
  너웅 이스또우 이스꾸땅두 / 너웅 꽁씨구 오우비르 지레이뚜

- 좀 더 큰소리로 말씀해 주시겠어요?
  ▶ Poderia falar mais alto?
  뽀데리아 팔라르 마이즈 아우뚜

- 좀 더 천천히 말씀해 주시겠어요?
  ▶ Poderia falar mais devagar?
  뽀데리아 팔라르 마이스 지바가르

전화를 바꿔줄 때

- 잠시만 기다려 주세요.
  ▶ Espere um momento. / Aguarde um momento.
  이스뻬리 웅 모멩뚜 / 아과르지 웅 모멩뚜
  Só um pouquinho. / Só um minuto. / Só um instante.
  쏘 웅 뽀우낑유 / 쏘 웅 미누뚜 / 쏘 웅 잉스땅치

- 잠시만요.
  - ▶ Um momento, por favor.
    웅   모멩뚜   뽀르 파보르

- 친구 분 전화입니다.
  - ▶ É uma chamada do seu amigo.
    에 우마 샤마다   두 쎄우 아미구

전화를 받을 수 없을 때

- 그는 여기 없습니다.
  - ▶ Ele não se encontra aqui.
    엘리 너웅 씨 잉꽁뜨라   아끼
  - Ele não está aqui.
    엘리 너웅 이스따 아끼

- 그녀는 막 나갔습니다.
  - ▶ Ela acabou de sair.
    엘라 아까보우 지 싸이르

- 다시 전화해 주시겠습니까?
  - ▶ Será que você poderia ligar de novo?
    쎄라 끼   보쎄   뽀데리아 리가르 지 노부

- 죄송합니다만, 그 분은 지금 좀 바쁩니다.
  - ▶ Sinto muito, mas no momento ele está ocupado.
    씽뚜   무이뚜   마스 누 모멩뚜   엘리 이스따 오꾸빠두

- 그 분은 지금 외출중이십니다.
  - ▶ No momento ele não se encontra.
    누 모멩뚜   엘리 너웅 씨 잉꽁뜨라

- 그 분은 지금 회의 중이십니다.
  - ▶ Agora ele está no meio de uma reunião.
    아고라   엘리 이스따 누 메이우 지 우마 헤우니어웅

다시 전화할 때

• 좀 있다가 전화하겠습니다.

▶ Vou ligar mais tarde.
보우 리가르 마이스 따르지

Ligo mais tarde.
리구 마이스 따르지

• 다시 전화하겠습니다.

▶ Vou ligar de novo.
보우 리가르 지 노부

Ligo novamente.
리구 노바멩치

• 제가 잠시 후에 전화드려도 될까요?

▶ Posso ligar dagui a pouco?
뽀쑤 리가르 다끼 아 뽀우꾸

메시지를 부탁할 때

• 메모를 남기시겠습니까?

▶ Quer deixar um recado?
께르 데이샤르 웅 헤까두

• 제가 뭐라고 전해 드릴까요?

▶ Quer que eu passe alguma mensagem?
께르 끼 에우 빠씨 아우구마 멩싸젱

• 전화가 왔었다고 그에게 전해 주세요.

▶ Diga que liguei para ele, por favor.
지가 끼 리게이 빠라 엘리 뽀르 파보르

Por favor, diga que eu chamei ele.
뽀르 파보르 지가 끼 에우 샤메이 엘리

• 제게 전화해 달라고 전해 주세요.

▶ Peça para que me telefone, por favor.
뻬싸 빠라 끼 미 뗄레포니 뽀르 파보르

Diga a ele que pedi para telefonar.
지가　아 엘리 끼 뻬지 빠라 뗄레포나르

잘못 걸려온 전화를 받았을 때

• 잘못된 번호입니다.

▶ Este número está errado.
에스치 누메루　이스따 에하두

• 몇 번으로 거셨습니까?

▶ Você ligou para que número?
보쎄　리고우 빠라 끼　누메루

Que número você discou?
끼　누메루　보쎄　지스꼬우

• 그런 이름을 가진 사람이 여기에 없습니다.

▶ Não tem ninguém com esse nome aqui.
너웅 뗑　닝겡　꽁　에씨 노미　아끼

• 잘못 걸었습니다.

▶ Foi engano.
포이 잉가누

• 전화를 잘못 건 것 같습니다.

▶ Acho que ligou para o número errado.
아슈　끼 리고우 빠라 우 누메루　에하두

• 미안합니다만 잘 못 거셨습니다.

▶ Desculpa, mas voce ligou errado.
지스꾸우빠　마스 보쎄　리고우 에하두

• 죄송합니다. 제가 전화를 잘못 건 것 같습니다.

▶ Sinto muito, mas acho que cometi um engano.
씽뚜　무이뚜　마즈 아슈　끼　꼬메치　웅 잉가누

Desculpa, mas acho que liguei errado.
지스꾸우빠　마즈 아슈　끼　리게이　에하두

- 장거리 전화 부탁합니다.
  ▶ Gostaria de fazer uma ligação interurbana, por favor.
  고스따리아 지 파제르 우마 리가써웅 잉떼루르바나   뽀르 파보르

- 한국으로 전화하고 싶습니다.
  ▶ Gostaria de ligar para a Coreia.
  고스따리아 지 리가르 빠라 아 꼬레이아

- 제게 연결되는 데는 얼마나 걸릴까요?
  ▶ Quanto tempo demora para entrar na linha?
  꽝뚜   뗌뿌   데모라   빠라 엥뜨라르 나 링야

- 영어로 말해도 될까요?
  ▶ Posso falar em inglês?
  뽀쑤   팔라르 잉   잉글레스

- 영어를 할 줄 아는 분 있을지요?
  ▶ Será que tem alguém que saiba falar inglês?
  쎄라 끼 뗑 아우겡   끼   싸이바 팔라르 잉글레스

교환을 이용할 때

- 요금은 콜렉트콜(수취인 지불)로 해주세요.
  ▶ Por favor, faça uma chamada a cobrar.
  뽀르 파보르 파싸 우마   샤마다   아 꼬브라르

- 콜렉트콜로 전화를 걸고 싶습니다.
  ▶ Quero fazer uma chamada a cobrar.
  께루   파제르 우마 샤마다   아 꼬브라르

- 요금은 제가 지불하겠습니다.
  ▶ Vou pagar a tarifa. / Pagarei a tarifa.
  보우 빠가르 아 따리파 / 빠가레이 아 따리파

- 긴급통화입니다.
  - ▶ Preciso fazer uma ligação urgente.
    쁘레씨주 파제르 우마 리가써웅 우르젱치

- 끊지 말고 기다려 주세요.
  - ▶ Por favor, espere sem desligar.
    뽀르 파보르 이스뻬리 쎙   데스리가르

    Só um momento, não desligue, por favor.
    쏘 웅 모멩뚜   너웅 지스리기   뽀르 파보르

- 일단 끊고 기다려 주세요.
  - ▶ Por favor, desligue a ligação por um momento e
    뽀르 파보르   지스리기   아 리가써웅 뽀르 웅   모멩뚜   이

    aguarde (a resposta).
    아과르지   (아 헤스뽀스따)

통화에 문제가 있을 때

- 통화 중 입니다.
  - ▶ O telefone está ocupado. / A linha está ocupada.
    우 뗄레포니   이스따 오꾸빠두 /   아 링야   이스따 오꾸빠다

- 그는 다른 전화를 받고 있습니다.
  - ▶ Ele está atendendo o telefone na outra linha.
    엘리 이스따 아뗑뎅두   우 뗄레포니   나 오우뜨라 링야

- 아무도 받지 않네요.
  - ▶ Ninguém atende.
    닝겡   아뗑지

전화를 끊을 때

- 나중에 다시 전화하겠습니다.
  - ▶ Vou ligar mais tarde. / Ligo mais tarde.
    보우 리가르 마이스 따르지 / 리구 마이스 따르지

• 누군가 문가에 있어서요. 제가 나중에 전화 드릴게요.

▶ Alguém está na porta. Te ligo depois.
아우겡 이스따 나 뽀르따 치 리구 데뽀이스

Tem alguém na porta. Depois eu ligo.
뗑 아우겡 나 뽀르따 데뽀이스 에우 리구

• 통화대기중인 사람이 있어서요. 우리 나중에 통화할 수 있을까요?

▶ Tem alguém (esperando) na outra linha.
뗑 아우겡 (이스뻬랑두) 나 오우뜨라 링야

Podemos conversar depois?
뽀데무스 꽁베르싸르 데뽀이스

• 저 일하러 다시 가야합니다. 안녕히 계세요.

▶ Preciso voltar ao trabalho. Tchau.
쁘레씨주 보우따르 아우 뜨라발류 차우

• 미안해. 다른 전화로 통화할 사람이 있어서. 안녕!

▶ Desculpa, mas tem alguém chamando na outra linha.
지스꾸우빠 마스 뗑 아우겡 샤망두 나 오우뜨라 링야
Tchau!
챠우

• 죄송합니다, 전 다른 회선에 호출이 있습니다.

▶ Sinto muito, mas tenho uma chamada em espera na
씽뚜 무이뚜 마스 뗑유 우마 샤마다 잉 이스뻬라 나
outra linha.
오우뜨라 링야

• 나 지금 가야해. 우리 또 통화하자.

▶ Tenho que ir. A gente se fala de novo.
뗑유 끼 이르 아 젱치 씨 팔라 지 노부

Preciso ir. Nos falamos novamente outra hora.
쁘레씨주 이르 노스 팔라무스 노바멩치 오우뜨라 오라

• 더 시간이 없을 것 같아.

▶ Não tenho mais tempo.
너웅 뗑유 마이스 뗑뿌

• 그럼, 내게 전화하는 것 잊지 마.

▶ Então, não se esqueça de me ligar.
잉떠웅 너웅 씨 이스께싸 지 미 리가르

PART VI

화제 표현

01 개인 신상

출신지에 대해서

- 넌 어디 출신이니?
  ▶ De onde você é?
  지 옹지 보쎄 에

- 당신은 어디에서 왔습니까?
  ▶ De onde você veio?
  지 옹지 보쎄 베이우

- 여기 온 게 처음입니까?
  ▶ É a primeira vez que veio aqui?
  에 아 쁘리메이라 베스 끼 베이우 아끼

- 전 대한민국에서 왔습니다.
  ▶ Eu vim da Coreia.
  에우 빙 다 꼬레이아

- 전 한국인입니다.
  ▶ Sou coreano / a.
  쏘우 꼬레아누/ 나

- 전 브라질 출신입니다.
  ▶ Sou do Brasil.
  쏘우 두 브라지우

- 전 브라질인입니다.
  ▶ Sou brasileiro / a.
  쏘우 브라질레이루/ 라

◑ 주요 국명 형용사

- 미국 (norte-)americano / (norte-)americana
  (노르치-) 아메리까누 / (노르치-) 아메리까나

- 중국 chinês / chinesa
  쉬네스 / 쉬네자

- 일본 japonês / japonesa
  쟈뽀네스 / 쟈뽀네자

- 영국 inglês / inglesa
  잉글레스 / 잉글레자

- 프랑스 francês / francesa
  프랑쎄스 / 프랑쎄자

- 포르투갈 português / portuguesa
  뽀르뚜게스 / 뽀르뚜게자

- 브라질 brasileiro / brasileira
  브라질레이루 / 브라질레이라

- 러시아 russo / russa
  후쑤 / 후싸

- 멕시코 mexicano / mexicana
  메쉬까누 / 메쉬까나

- 아르헨티나 argentino / argentina
  아르젱치누 / 아르젱치나

- 스페인 espanhol / espanhola
  이스빵요우 / 이스빵욜라

- 독일 alemão / alemã
  알레머웅 / 알레망

- 이탈리아 italiano / italiana
  이딸리아누 / 이딸리아나

- 캐나다 canadense
  까나뎅씨

- 너 몇 살이니?

  ▶ Quantos anos você tem?
  꽝뚜즈　아누스 보쎄 뗑

  Que idade você tem?
  끼　이다지 보쎄 뗑

  Qual é a sua idade?
  꽈우　에 아 쑤아 이다지

- 전 42살입니다.

  ▶ Tenho quarenta e dois anos.
  뗑유　꽈렝따　이 도이즈 아누스

- 그는 그의 부인보다 3살이 더 많다.

  ▶ Ele é três anos mais velho que a esposa.
  엘리 에 뜨레즈 아누스 마이스 벨류 끼　아 이스뽀자

- 그녀는 33살에 결혼을 했다.

  ▶ Ela se casou aos trinta e três anos.
  엘라 씨 까조우 아우스 뜨링따 이 뜨레즈 아누스

- 그는 그녀보다 젊게 보인다.

  ▶ Ele parece ser mais jovem do que ela.
  엘리 빠레씨　쎄르 마이스 죠벵　두 끼　엘라

- 나는 이제 점점 나이를 먹고 있다.

  ▶ Já estou ficando cada vez mais velho.
  쟈 이스또우 피깡두　까다　베스 마이스 벨류

 가족관계

가족에 대해서

- 너희는 대가족이니?
  - ▶ Você tem uma família grande?
    보쎄 뗑 우마 파밀리아 그랑지

- 너희 가족은 몇 명이니?
  - ▶ Quantas pessoas tem na sua família?
    꽝따스 뻬쏘아스 뗑 나 쑤아 파밀리아

- 우리 가족은 4명이다.
  - ▶ Somos quatro pessoas na família.
    쏘무스 꽈뜨루 뻬쏘아스 나 파밀리아
  - Na minha família tem quatro pessoas.
    나 밍야 파밀리아 뗑 꽈뜨루 뻬쏘아스

- 저는 부모님과 아직 살고 있습니다.
  - ▶ Eu ainda moro com os meus pais.
    에우 아잉다 모루 꽁 우스 메우스 빠이스

- 자녀는 있니?
  - ▶ Você tem filhos?
    보쎄 뗑 필류스

- 자녀는 몇 명이니?
  - ▶ Quantos filhos você tem?
    꽝뚜스 필류스 보쎄 뗑

- 너희 부모님은 뭐하시니?
  - ▶ O que os seus pais fazem?
    우 끼 우스 쎄우스 빠이스 파젱

• 아버지는 무역회사를 경영하신다.

▶ **O meu pai administra uma empresa comercial.**
우 메우　빠이 아지미니스뜨라 우마 잉쁘레자　꼬메르씨아우

• 아버지는 선생님이시고, 어머니는 간호사이시다.

▶ **O meu pai é professor e a minha mãe é enfermeira.**
우 메우　빠이 에 쁘로페쏘르 이 아 밍야　망이 에 잉페르메이라

• 어머니는 가정주부이시고, 아버지는 이제 은퇴하셨다.

▶ **A minha mãe é dona de casa e o meu pai está**
아 밍야　　망이 에 도나　지 까자 이 우 메우 빠이 이스따
aposentado.
아뽀젱따두

◑ **직업**

• 교수 **professor(a)** 　　쁘로페쏘르/라	• 경찰 **policial** 　　뽈리씨아우
• 판사 **juiz / juíza** 　　쥬이스 / 쥬이자	• 요리사 **cozinheiro / a** 　　꼬징예이루 /　라
• 검사 **promotor(a)** 　　쁘로모또르 / 라	• 가이드 **guia** 　　기아
• 변호사 **advogado / a** 　　아지보가두 / 다	• 승무원 **comissário / a** 　　꼬미싸리우 /　아
• 공무원 **funcionário / a** 　　풍씨오나리우 / 아 　　**público / a** 　　뿌블리꾸 / 까	• 군인 **soldado / a** 　　쏘우다두 / 다 • 과학자 **cientista** 　　씨엥치스따
• 회사원 **funcionário / a** 　　풍시오나리우 /　아	• 기술자 **engenheiro / a** 　　엥젱예이루 /　라
• 의사 **médico / a** 　　메지꾸 /　까	• 디자이너 **designer** 　　지자이네르

- 약사 farmacêutico / a
  파르마쎄우치꾸 / 까
- 비서 secretário / a
  쎄끄레따리우 / 아
- 통역사 intérprete
  잉떼르쁘레치
- 번역사 tradutor(a)
  뜨라두또르 / 라
- 기자 jornalista
  죠르날리스따
- 사회자 apresentador(a)
  아쁘레젱따도르 / 라

- 미용사 cabeleireiro / a
  까벨레이레이루 / 라
- 배우 ator / atriz
  아또르 / 아뜨리스
- 화가 pintor(a)
  삥또르 / 라
- 가수 cantor(a)
  깡또르 / 라
- 베이비시터 babá
  바바
- 파출부 faxineiro / a
  파쉬네이루 / 라

- 네 부인은 일하니?
  ▶ A sua esposa trabalha?
  아 쑤아 이스뽀자 뜨라발랴

- 넌 어디에서 살았었니?
  ▶ Onde você morava?
  옹지　보쎄　모라바

- 넌 어디서 컸니?
  ▶ Onde você foi criado?
  옹지　보쎄　포이 끄리아두

- 네 아들은 몇 살이니?
  ▶ Quantos anos tem o seu filho?
  꽝뚜즈　아누스 뗑　우 쎄우 필류

- 난 나의 가족을 사랑한다.
  ▶ Eu amo a minha família.
  에우 아무 아 밍야　파밀리아

- 전 제 가족을 엄청 좋아합니다.
  ▶ **Eu adoro a minha família.**
  에우 아도루 아 밍야　파밀리아

- 제 가족은 제게 매우 소중합니다.
  ▶ **A minha família é muito importante para mim.**
  아 밍야　파밀리아 에 무이뚜 잉뽀르땅치　빠라 밍

- 제게는 가족이 첫 번째입니다.
  ▶ **Para mim a família está em primeiro lugar.**
  빠라 밍　아 파밀리아 이스따 잉 쁘리메이루 루가르

- 전 가족 중에 미운 오리새끼입니다.
  ▶ **Sou a ovelha negra da família.**
  쏘우 아 오벨랴　네그라 다 파밀리아

- 저는 아버지와 잘 지냅니다.
  ▶ **Eu me dou muito bem com o meu pai.**
  에우 미 도우 무이뚜 벵　꽁　우 메우 빠이

- 저희 가족은 조금 복잡합니다.
  ▶ **A nossa família é um pouco complicada.**
  아 노싸　파밀리아 에 웅　뽀우꾸 꽁쁠리까다

형제자매에 대해서

- 형제는 있니?
  ▶ **Você tem irmãos?**
  보쎄 뗑　이르머웅스

- 네 형은 뭐하니?
  ▶ **O que o seu irmão mais velho faz?**
  우 끼　우 쎄우 이르머웅 마이스 벨류 파스

- 네 누나는 어디서 일하니?
  ▶ **Onde a sua irmã mais velha trabalha?**
  옹지　아 쑤아 이르망 마이스 벨랴　뜨라발랴

- 내 남동생은 아직 결혼하지 않았다.

  ▶ O meu irmão mais novo ainda não se casou.
  우 메우 이르머웅 마이스 노부 아잉다 너웅 씨 까조우

  O meu irmãozinho ainda é solteiro.
  우 메우 이르머웅징유 아잉다 에 쏘우떼이루

- 네 여동생은 애가 있니?

  ▶ A sua irmãzinha tem filhos?
  아 쑤아 이르망징야 뗑 필류스

- 나는 두 명의 형제가 있고, 형은 이미 결혼했다.

  ▶ Eu tenho dois irmãos. O meu irmão mais velho já se
  에우 뗑유 도이스 이르머웅스 우 메우 이르머웅 마이스 벨류 쟈 씨

  casou.
  까조우

- 나는 우리 가족의 둘째 아들이다.

  ▶ Eu sou o segundo filho da família.
  에우 쏘우 우 쎄궁두 필류 다 파밀리아

- 넌 독자니?

  ▶ Você é filho único?
  보쎄 에 필류 우니꾸

- 난 외동딸이다.

  ▶ Eu sou filha única.
  에우 쏘우 필랴 우니까

- 난 막내다.

  ▶ Eu sou caçula.
  에우 쏘우 까쑬라

- 난 누이와 말하지 않은 지 오래 되었다.

  ▶ Faz muito tempo que não falo com a minha irmã.
  파스 무이뚜 뗑뿌 끼 너웅 팔루 꽁 아 밍야 이르망

- 우리는 어렸을 때 많이 싸웠다.

  ▶ Nós brigávamos muito quando éramos pequenos.
  노스 브리가바무스 무이뚜 꽝두 에라무스 삐께누스

친척에 대해서

- 브라질에 친척이 있나요?
  - ▶ Você tem parentes no Brasil?
    보쎄 뗑 빠렝치스 누 브라지우

- 우리는 정기적으로 친척들을 만난다.
  - ▶ Nós encontramos regularmente os nossos parentes.
    노스 잉꽁뜨라무스 헤굴라르멩치 우스 노쑤스 빠렝치스

- 할아버지, 할머니가 아직 살아 계신다.
  - ▶ Os meus avós ainda estão vivos.
    우스 메우즈 아보스 아잉다 이스떠웅 비부스

- 장인께서 작년에 돌아가셨다.
  - ▶ O meu sogro faleceu no ano passado.
    우 메우 쏘그루 팔레쎄우 누 아누 빠싸두

- 내 사촌은 회계사이고 합작회사에서 일을 한다.
  - ▶ O meu tio é contador e trabalha numa empresa
    우 메우 치우 에 꽁따도르 이 뜨라발랴 누마 잉쁘리자
    conjunta.
    꽁중따

자녀에 대해서

- 네 아들은 뭘 전공했니?
  - ▶ O seu filho é formado em quê?
    우 쎄우 필류 에 포르마두 잉 께

- 아들을 원하니 딸을 원하니?
  - ▶ Você quer um filho ou uma filha?
    보쎄 께르 웅 필류 오우 우마 필랴

- 난 5살짜리 아들이 있다.
  - ▶ Eu tenho um filho de 5 anos.
    에우 뗑유 웅 필류 지 씽꾸 아누스

• 내 아들은 브라질에서 공부하고 있다.

▶ O meu filho está estudando no Brasil.
우 메우 필류 이스따 이스뚜당두 누 브라지우

• 우리는 출근하기 전에 아이를 보육원에 맡긴다.

▶ Nós deixamos o nosso filho numa creche antes de ir
노스 데이샤무스 우 노쑤   필류 누마   끄레쉬 앙치스 지 이르
ao trabalho.
아우 뜨라발류

• 우리 딸은 한국에서 태어나서 브라질에서 컸다.

▶ A minha filha nasceu na Coreia e cresceu no Brasil.
아 밍야   필랴 나쎄우   나 꼬레이아 이 끄레쎄우 누 브라지우

03 데이트

데이트를 신청할 때

- 오늘 밤에 시간 있니?
  - ▶ Você está livre hoje à noite?
    보쎄 이스따 리브리 오쥐 아 노이치

- 나와 함께 저녁식사 하지 않을래?
  - ▶ Não quer jantar comigo?
    너웅 께르 쟝따르 꼬미구

- 나와 함께 영화보러 갈래?
  - ▶ Quer ir ao cinema comigo?
    께르   이르 아우 씨네마 꼬미구

- 네가 영화관에 가고 싶은지 알고 싶다.
  - ▶ Eu queria saber se você gostaria de ir no cinema.
    에우 께리아 싸베르 씨 보쎄   고스따리아 지 이르 누 씨네마

- 벌써 토요일 계획이 있니?
  - ▶ Já tem planos para o sábado?
    쟈 뗑   쁠라누스 빠라   우 싸바두

- 금요일 저녁 때를 위해 다 준비되었니?
  - ▶ Está tudo preparado para sexta à noite?
    이스따 뚜두 쁘레빠라두   빠라 쎄스따 아 노이치

- 너 해야 할 일이 없다면, 내 생일파티에 올 수 있겠니?
  - ▶ Se não tiver nada para fazer, poderia vir na minha festa
    씨 너웅 치베르 나다 빠라 파제르 뽀데리아 비르 나 밍야   페스따
    de aniversário?
    지 아니베르싸리우

- 널 사랑해.
  - ▶ Te amo.
    치 아무
  - Eu amo você.
    에우 아무 보쎄

- 난 네 거야.
  - ▶ Sou todo seu.
    쏘우 또두 쎄우
  - Sou toda sua.
    쏘우 또다 쑤아

- 넌 내꺼야.
  - ▶ Você é meu.
    보쎄 에 메우
  - Você é minha.
    보쎄 에 밍야

- 너는 내 사랑이야.
  - ▶ Você é o meu amor.
    보쎄 에 우 메우 아모르

- 넌 나의 진실한 사랑이야.
  - ▶ Você é o meu amor verdadeiro.
    보쎄 에 우 메우 아모르 베르다데이루

- 넌 나의 유일한 존재야.
  - ▶ Para mim, você é insubstituível.
    빠라 밍 보쎄 에 잉쑤비스치뚜이베우

- 넌 내 인생 최고의 사랑이야.
  - ▶ Você é o amor da minha vida.
    보쎄 에 우 아모르 다 밍야 비다

- 넌 내 삶의 이유야.
  - ▶ Você é a razão da minha vida.
    보쎄 에 아 하저웅 다 밍야 비다

- 난 네가 나를 영원히 사랑해주길 원해.

▶ **Quero que você me ame para sempre.**
께루 끼 보쎄 미 아미 빠라 쎙쁘리

Espero que você me ame eternamente.
이스뻬루 끼 보쎄 미 아미 에떼르나멩치

사랑을 고백할 때

- 널 너무 사랑해.

▶ **Eu te amo muito.**
에우 치 아무 무이뚜

- 나와 사귈래?

▶ **Quer namorar comigo?**
께르 나모라르 꼬미구

- 너의 애인이 되고 싶어.

▶ **Eu quero ser seu namorado.**
에우 께루 쎄르 쎄우 나모라두

Eu quero ser sua namorada.
에우 께루 쎄르 쑤아 나모라다

- 난 네게 푹 빠져 버렸어.

▶ **Estou perdidamente apaixonado / a por você.**
이스또우 뻬르지다멩치 아빠이쇼나두/ 다 뽀르 보쎄

- 난 네게 미쳤어.

▶ **Estou louco / a por você.**
이스또우 로우꾸/ 까 뽀르 보쎄

- 미치도록 널 사랑해.

▶ **Eu te amo loucamente.**
에우 치 아무 로우까멩치

- 온 마음으로 널 사랑해.

▶ **Te amo com todas as forças do meu coração.**
치 아무 꽁 또다즈 아스 포르싸스 두 메우 꼬라써웅

• 난 큐피드의 화살에 맞았어.
  ▶ O cupido me acertou em cheio.
    우 꾸삐두　미　아쎄르또우 잉　셰이우

• 난 너 없이 살수 없어.
  ▶ Não consigo viver sem você.
    너웅　꽁씨구　　비베르 쎙　　보쎄

 04 결혼

청혼에 대해서

- 나의 신부가 되어 줘.
  ▶ Quero que você seja minha noiva.
  께루 끼 보세 쎄쟈 밍야 노이바

- 나와 결혼해 줄래?
  ▶ Quer se casar comigo?
  께르 씨 까자르 꼬미구

  Gostaria de se casar comigo?
  고스따리아 지 씨 까자르 꼬미구

- 나와 결혼하지 않을래?
  ▶ Não quer se casar comigo?
  너웅 께르 씨 까자르 꼬미구

- 우리 결혼할래?
  ▶ Vamos nos casar?
  바무스 노스 까자르

- 난 너와 결혼하고 싶어.
  ▶ Quero me casar com você.
  께루 미 까자르 꽁 보쎄

  Gostaria de me casar com você.
  고스따리아 지 미 까자르 꽁 보쎄

- 그는 그녀에게 청혼했다.
  ▶ Ele pediu a mão dela.
  엘리 뻬지우 아 머웅 델라

• 우리 부모님은 결혼을 승낙하셨다.

▶ **Os meus pais aceitaram o casamento.**
우스 메우스 빠이스 아쎄이따랑 우 까자멩뚜

결혼에 대해서

• 그들은 대학에서 서로 알았고, 졸업 후에 결혼을 했다.

▶ **Eles se conheceram na universidade e se casaram**
엘리스 씨 꽁예쎄랑　　　나 우니베르씨다지　이 씨 까자랑

depois da graduação.
데뽀이스 다 그라두아써웅

• 나는 아직 결혼하고 싶지 않아요.

▶ **Ainda não quero (me) casar.**
아잉다 너웅 께루　(미)　까자르

• 그들은 일요일에 결혼한다.

▶ **Eles vão se casar no domingo.**
엘리스 버웅 씨 까자르 누　도밍구

• 그들은 교회에서 결혼했다.

▶ **Eles se casaram na igreja.**
엘리스 씨 까자랑　　나 이그레쟈

• 우리는 결혼한 지 7년이 되었다.

▶ **Somos / Estamos casados há 7 anos.**
쏘무스 /　이스따무스 까자두스　아 쎄치 아누스

• 그들의 자녀들을 이미 모두 결혼했다.

▶ **Todos os filhos deles já estão casados.**
또두즈　우스 필류스 델리스 쟈 이스떠웅 까자두스

• 그녀는 그들의 결혼을 방해하려고 했다.

▶ **Ela tentou impedir o casamento deles.**
엘라 뗑또우　잉뻬지르　우 까자멩뚜　　델리스

• 그는 두 번 결혼 했다.

▶ **Ele se casou duas vezes.**
엘리 씨 까조우 두아스 베지스

05 취미와 여가

여행에 대해서

• 언제 출발하세요?

▶ **Quando você vai? / Quando vai partir?**
꽝두 보쎄 바이 / 꽝두 바이 빠르치르

• 전 다음 주 토요일에 떠납니다.

▶ **Vou partir no sábado que vem.**
보우 빠르치르 누 싸바두 끼 벵

Partirei no próximo sábado.
빠르치레이 누 쁘로씨무 싸바두

• 며칠에 떠나세요?

▶ **Em que dia você vai partir?**
잉 끼 지아 보쎄 바이 빠르치르

Em que dia você vai embora?
잉 끼 지아 보쎄 바이 잉보라

• 전 11월 11일에 떠납니다.

▶ **Vou partir no dia onze de novembro.**
보우 빠르치르 누 지아 옹지 지 노벵브루

Vou embora no dia onze de novembro.
보우 잉보라 누 지아 옹지 지 노벵브루

• 무슨 목적으로 여행가세요?

▶ **Qual o objetivo da viagem?**
꽈우 우 오비제치부 다 비아젱

Com que objetivo vai viajar?
꽁 끼 오비제치부 바이 비아쟈르

• 여행가는 특별한 어떤 동기가 있나요?

▶ Tem algum motivo em especial para viajar?
떼엥 아우궁 모치부 잉 이스뻬씨아우 빠라 비아쟈르

• 일 때문에 가시는 거예요 아니면 놀러 가시는 거에요?

▶ É uma viagem de negócios ou prazer?
에 우마 비아젱 지 네고씨우스 오우 쁘라제르

Você vai viajar a trabalho ou lazer?
보쎄 바이 비아쟈르 아 뜨라발류 오우 라제르

• 전 브라질의 산업도시를 방문하고 싶습니다.

▶ Eu gostaria de visitar as cidades industriais do Brasil.
에우 고스따리아 지 비지따르 아스 씨다지스 잉두스뜨리아이스 두 브라지우

06 엔터테인먼트

공연관람에 대해서

- 난 극장에 가고 싶다.
  - ▶ Eu quero ir ao teatro.
    에우 께루 이르 아우 떼아뜨루

- 넌 어떤 타입의 작품을 보고 싶니?
  - ▶ Que tipo de obra você queria ver?
    끼 치뿌 지 오브라 보쎄 께리아 베르

- 난 뮤지컬을 보고 싶어.
  - ▶ Eu queria ver um musical.
    에우 께리아 베르 웅 무지까우

- 남자 주인공이 누구니?
  - ▶ Quem é o protagonista?
    껭   에 우 쁘로따고니스따

- 여배우는 누구니?
  - ▶ Quem é a atriz?
    껭   에 아 아뜨리스

- 누가 돈키호테의 역할을 하니?
  - ▶ Quem vai fazer o papel do Dom Quixote?
    껭   바이 파제르 우 빠뻬우 두 동   끼쇼치

- 오늘밤의 공연을 위한 표가 있습니까?
  - ▶ Tem bilhetes para o espetáculo de hoje à noite?
    뗑   빌례치스 빠라 우 이스뻬따꿀루 지 오쥐 아 노이치

- 입장권은 얼마입니까?

  ▶ Quanto é a entrada?
  꽝뚜　　에 아 엥뜨라다

  Quanto custa o ingresso?
  꽝뚜　　꾸스따 우 잉그레쑤

- 여기에 입장권이 있습니다.

  ▶ Aqui estão as entradas.
  아끼　이스떠웅 아즈 엥뜨라다스

- C열의 11, 12번 좌석이 예약되었습니다.

  ▶ Foram reservados os assentos 11 e 12 da ala C.
  포랑　　헤제르바두스　우즈 아쎙뚜스　옹지 이 도지 다 알라 쎄

- 몇 시에 공연이 시작합니까?

  ▶ A que horas começa o espetáculo?
  아 끼　오라스　꼬메싸　　우 이스뻬따꿀루

- 어디에 외투를 맡길 수 있습니까?

  ▶ Onde podemos deixar o casaco?
  옹지　뽀데무스　　데이샤르 우 까자꾸

- 우리 외투를 보관해 줄 수 있습니까?

  ▶ Vocês podem guardar o nosso casaco?
  보쎄스 뽀뎅　　과르다르　우 노쑤　　까자꾸

- 안내인이 우리에게 프로그램을 줄 것이다.

  ▶ O encarregado do evento vai nos dar a programação.
  우 잉까헤가두　　두 이벵뚜　바이 노스 다르 아 쁘로그라마써웅

연극과 영화에 대해서

- 커튼이 오른다.

  ▶ As cortinas estão se abrindo.
  아스 꼬르치나스 이스떠웅 씨 아브링두

  As cortinas se abrem.
  아스 꼬르치나스 씨 아브렝

• 커튼이 내려진다.

▶ **As cortinas estão se fechando.**
아스 꼬르치나스 이스떠웅 씨 페샹두

As cortinas se fecham.
아스 꼬르치나스 씨 페샹

• 관객들이 박수를 친다.

▶ **A plateia aplaude.**
아 쁠라떼이아 아쁠라우지

• 배우가 무대에 오른다.

▶ **O ator sobe no palco.**
우 아또르 쏘비 누   빠우꾸

A atriz entra em cena.
아 아뜨리스 엥뜨라 잉 쎄나

• 연극은 세 파트로 되어 있다.

▶ **A peça é dividida em três partes.**
아 뻬싸   에 지비지다   잉   뜨레스 빠르치스

• 각 파트마다 2개의 장이 있다.

▶ **Cada parte é composta de duas cenas.**
까다   빠르치 에 꽁뽀스따   지   두아스 쎄나스

• 두 번째 막이 끝난 후에 막간이 있다.

▶ **Após o segundo ato haverá um intervalo.**
아뽀즈 우 쎄궁두   아뚜 아베라   웅   잉떼르발루

• 오늘밤에는 무슨 영화가 상영될 겁니까?

▶ **Que filme estará em cartaz esta noite?**
끼   피우미 이스따라 잉   까르따즈 에스따 노이치

• 누가 영화에서 연기를 하고 있죠?

▶ **Quem está atuando no filme?**
껭   이스따 아뚜앙두 누 피우미

• 오늘밤에 자리가 있습니까?

▶ **Tem lugar para hoje à noite?**
뗑   루가르 빠라   오쥐 아 노이치

• 전 스크린과 아주 가까운 자리엔 앉고 싶지 않습니다.
▶ Não quero ficar muito perto da tela.
너웅 께루 피까르 무이뚜 뻬르뚜 다 뗄라

• 미국 영화인데 포르투갈어로 더빙되어 있습니다.
▶ É um filme americano, dublado em português.
에 웅 피우미 아메리까누 두블라두 잉 뽀르뚜게스

• 난 자막 있는 영화를 선호한다.
▶ Prefiro ver o filme legendado.
쁘레피루 베르 우 피우미 레젱다두
Prefiro ver o filme com legenda.
쁘레피루 베르 우 피우미 꽁 레젱다

• 어디에서 영화가 상영되었죠?
▶ Onde o filme foi estreado?
옹지 우 피우미 포이 이스뜨리아두

• 넌 오리지날 버전으로 영화를 보길 더 원하니?
▶ Você prefere ver o filme na versão original?
보쎄 쁘레페리 베르 우 피우미 나 베르써웅 오리쥐나우

07 스포츠와 레저

기타 운동에 대해서

(1) 수영

- 수영을 할 줄 압니까?
  ▶ Sabe nadar?
  싸비 나다르

- 수영을 배웠나요?
  ▶ Já aprendeu a nadar?
  쟈 아쁘렝데우 아 나다르

- 이번 여름방학 때, 수영을 배우겠습니다.
  ▶ Nestas férias de verão, vou aprender a nadar.
  네스따스 페리아스 지 베러웅 보우 아쁘렝데르 아 나다르

- 전혀 수영을 하지 못합니다.
  ▶ Não sei nadar nem um pouco.
  너웅 쎄이 나다르 넹 웅 뽀우꾸

- 태양 빛은 매우 위험할 수 있다.
  ▶ Os raios do sol podem ser muito perigosos.
  우스 하이우스 두 쏘우 뽀뎅 쎄르 무이뚜 뻬리고주스

- 피부암을 유발시킬 수 있다.
  ▶ Podem causar câncer de pele.
  뽀뎅 까우자르 깡쎄르 지 뻴리

(2) 축구

- 플리멩구는 리우데자네이루의 축구팀이다.
  - ▶ O Flamengo é um time de futebol do Rio de Janeiro.
    우 플라멩구　에 웅 치미 지 푸치보우 두 히우 지 챠네이루

- 각 팀에는 11명의 선수가 있다.
  - ▶ Cada time tem 11 jogadores.
    까다 치미 뗑 옹지 죠가도리스

- 선수들은 축구 경기장에 있다.
  - ▶ Os jogadores estão no campo de futebol.
    우스 죠가도리스 이스떠웅 누 깡뿌　지 푸치보우

- 선수들은 축구공을 찬다.
  - ▶ Os jogadores chutam a bola.
    우스 죠가도리스 슈땅　아 볼라

- 골키퍼는 공을 막는다.
  - ▶ O goleiro defende o chute.
    우 골레이루 데펭지　우 슈치
  - O goleiro defende a bola.
    우 골레이루 데펭지　아 볼라

- 레프트 윙이 공을 센터포워드에게 패스했다.
  - ▶ A ala esquerda passou a bola para o centroavante.
    아 알라 이스께르다 빠쏘우　아 볼라 빠라 우 쎙뜨루아방치

- 호나우두가 골을 넣었다.
  - ▶ O Ronaldo fez um gol.
    우 호나우두 페즈 웅 고우

- 심판이 휘슬을 불었다.
  - ▶ O juiz soou / assoprou o apito.
    우 쥬이스 쏘오우 / 아쏘쁘로우 우 아삐뚜

- 심판이 파울을 선언했다.
  - ▶ O árbitro marcou uma falta.
    우 아르비뜨루 마르꼬우 우마 파우따

• 경기는 무승부로 끝났다.

▶ O jogo terminou em empate.
우 죠구 떼르미노우 잉 잉빠치

• 경기는 1대 1로 비겼다.

▶ O jogo ficou empatado em 1 a 1.
우 죠구 피꼬우 잉빠따두 잉 웅 아 웅

• 어떤 팀도 이기지 못했다.

▶ Nenhum time ganhou a partida.
넹융 치미 강요우 아 빠르치다

• 마지막 순간에 카카가 2대 0의 스코어를 결정지었다.

▶ No último minuto, o Kaká definiu o placar de 2 a 0.
누 우우치무 미누뚜 우 까까 데피니우 우 쁠라까르 지 도이즈 아 제루

• 선수들은 경기 후 셔츠를 서로 교환했다.

▶ Os jogadores trocaram as camisas entre si após o jogo.
우스 죠가도리스 뜨로까랑 아스 까미자스 엥뜨리 씨 아뽀즈 우 죠구

(3) 테니스

• 테니스 토너먼트가 있다.

▶ Vai ter um torneio de tênis.
바이 떼르 웅 또르네이우 지 떼니스

• 두 여자선수가 테니스 코트에 있습니다.

▶ As duas jogadoras estão na quadra de tênis.
아스 두아스 죠가도라스 이스떠웅 나 꽈드라 지 떼니스

• 각각의 선수가 자신의 라켓을 들고 있다.

▶ Cada jogadora está segurando a sua raquete.
까다 죠가도라 이스따 쎄구랑두 아 쑤아 하께치

• 그들은 복식경기를 하지 않는다.

▶ Eles não estão jogando em duplas.
엘리스 너웅 이스떠웅 죠강두 잉 두쁠라스

• 선수가 공을 서브한다.
▶ O jogador saca a bola.
우 죠가도르 싸까 아 볼라

• 다른 선수가 공을 받아친다.
▶ O outro jogador rebate a bola.
우 오우뜨루 죠가도르 헤바치 아 볼라

• 공이 아웃되었다.
▶ A bola foi para fora.
아 볼라 포이 빠라 포라

• 점수는 15대 0이다.
▶ O placar é de 15 a 0.
우 쁠라까르 에 지 낑지 아 제루

• 네트에 걸렸다.
▶ A bola tocou na rede.
아 볼라 또꼬우 나 헤지

• 그는 2대 1로 이겼다.
▶ Ele ganhou por 2 a 1.
엘리 강요우 뽀르 도이즈 아 웅

⑷ 농구

• 선수들은 농구코트에 있다.
▶ Os jogadores estão na quadra de basquete.
우스 죠가도리스 이스떠웅 나 꽈드라 지 바스께치

• 선수가 슛을 했다.
▶ O jogador arremessou a bola na cesta.
우 죠가도르 아헤메쏘우 아 볼라 나 세스따

• 선수가 골을 넣었다.
▶ O jogador fez a cesta.
우 죠가도르 페즈 아 쎄스따

Cesta!
쎄스따

• 상대편의 골대의 그물에 공을 넣어야 한다.
▶ Você tem que lançar a bola na cesta do time
보쎄 뗑 끼 랑싸르 아 볼라 나 쎄스따 두 치미
adversário.
아지베르싸리우

• 선수가 그물에 공을 넣는다면, 2점이 기록된다.
▶ Quando o jogador faz uma cesta, ele marca 2 pontos.
꽝두 우 죠가도르 파즈 우마 쎄스따 엘리 마르까 도이스 뽕뚜스

 08 날씨와 계절

날씨를 물을 때

- 날씨가 어때요?
  - ▶ Como está o tempo?
    꼬무   이스따 우 뗑뿌

- 날씨가 아주 좋네요, 그렇죠?
  - ▶ O tempo está muito bom, né?
    우 뗑뿌   이스따 무이뚜 봉   네

- 내일은 날씨가 좋아지겠죠?
  - ▶ Amanhã o tempo vai melhorar, né?
    아망양   우 뗑뿌   바이 멜료라르   네

기후에 대해서

- 더워!
  - ▶ Que calor!
    끼   깔로르

- 무덥다!
  - ▶ Que abafado!
    끼   아바파두

- 너무 덥다! 통닭 되겠어.
  - ▶ Está quente demais! Estou cozinhando aqui.
    이스따 껭치   지마이스   이스또우 꼬징양두   아끼

• 추워!
▶ **Que frio!**
끼　프리우

• 햇볕은 좋은데, 춥다.
▶ **Está frio, apesar do sol estar brilhando.**
이스따 프리우 아뻬자르 두 쏘우 이스따르 브릴량두

• 추워 죽겠다.
▶ **Estou morrendo de frio.**
이스또우 모헹두　　지 프리우

• 옷을 잘 껴입어라, 날씨가 많이 춥다.
▶ **Agasalhe-se bem, o tempo está muito frio.**
아가잘리　씨 벵　우 뗌뿌　이스따 무이뚜 프리우

날씨를 말할 때

• 날씨 좋다.
▶ **Que tempo bom!**
끼　뗌뿌　봉

• 날씨가 끝내준다.
▶ **Que tempo maravilhoso!**
끼　뗌뿌　마라빌료주

• 오늘 바람이 강하게 분다.
▶ **Hoje o vento está soprando forte.**
오쥐　우 벵뚜　이스따 쏘쁘랑두　포르치
Hoje está ventando forte.
오쥐　이스따 벵땅두　포르치

• 거의 바람 한 점 없다.
▶ **Quase não está ventando.**
꽈지　너웅 이스따 벵땅두

• 난 이 안개 때문에 아무것도 식별할 수 없다.
▶ Não enxergo nada por causa dessa neblina.
  너웅 잉셰르구 나다 뽀르 까우자 데싸 네블리나

• 비가 한두 방울 온다.
▶ Está começando a garoar.
  이스따 꼬메쌍두 아 가로아르

• 오늘 비가 많이 올 것이다.
▶ Hoje vai chover muito.
  오쥐 바이 쇼베르 무이뚜

• 비가 억수로 온다.
▶ Está caindo muita chuva!
  이스따 까잉두 무이따 슈바
▶ Está caindo um toró!
  이스따 까잉두 웅 또로

• 완전 비 맞은 생쥐 꼴 되었어.
▶ Estou todo molhado.
  이스또우 또두 몰랴두
▶ Estou todo encharcado.
  이스또우 또두 잉샤르까두

• 오늘밤에 소나기가 올 거야.
▶ Hoje à noite vai cair uma chuva de verão.
  오쥐 아 노이치 바이 까이르 우마 슈바 지 베러웅

• 우산 챙기는 것 잊지 말아라.
▶ Não se esqueça de levar o guarda-chuva.
  너웅 씨 이스께싸 지 레바르 우 과르다 슈바

• 해가 났다. 그런데 구름이 좀 있다.
▶ O sol saiu, mas ainda tem algumas nuvens.
  우 쏘우 싸이우 마즈 아잉다 뗑 아우구마스 누벵스

• 아직 부분적으로 흐리다.
▶ Ainda está parcialmente nublado.
  아잉다 이스따 빠르씨아우멩치 누블라두

• 날씨가 좋다. 비온 후 해가 났다.

▶ O tempo está bom. Depois que a chuva passou o sol
우 뗌뿌   이스따 봉   데뽀이스 끼   아 슈바   빠쏘우   우 쏘우
apareceu.
아빠레쎄우

• 봐봐! 다시 해가 나오는 것을 보니 너무 좋다.

▶ Olha! É muito bom ver o sol saindo de novo.
올랴 에 무이뚜   봉   베르 우 쏘우 싸잉두 지 노부

• 내일 눈 오겠지?

▶ Amanhã vai nevar, né?
아망양   바이 네바르 네

• 태양이 강렬하다, 모자 써라.

▶ O sol está muito forte. Use um chapéu.
우 쏘우 이스따 무이뚜 포르치 우지 웅   샤뻬우

• 오늘밤에 돌풍이 분대.

▶ Esta noite vai cair um temporal.
에스따 노이치 바이 까이르 웅 뗌뽀라우

• 내일 비가 올지 안 올지 아무도 모른다.

▶ Ninguém sabe se amanhã vai chover ou não.
닝겡   싸비 씨 아망양   바이 쇼베르   오우 너웅

• 이런 날씨가 일주일이나 계속되어 왔다.

▶ O tempo está assim há uma semana.
우 뗌뿌   이스따 아씽   아 우마 쎄마나

일기예보에 대해서

• 내일 일기예보가 어떻대?

▶ Qual é a previsão do tempo para amanhã?
꽈우   에 아 쁘레비저웅 두 뗌뿌   빠라 아망양

• 날씨가 일기예보와 완전히 다르다.

▶ O tempo está totalmente diferente do que saiu na
우 뗑뿌　　이스따 또따우멩치　지페렝치　두　끼　싸이우 나

previsão.
쁘레비저웅

• 내일 비가 올 것이라고 보니?

▶ Você acha que vai chover amanhã?
보쎄　아샤　끼　바이 쇼베르　아망양

• 오후에 눈이 올 것이라고 보니?

▶ Você acha que vai nevar à tarde?
보쎄　아샤　끼　바이 네바르 아 따르지

PART VII
일상 표현

# 하루의 생활

일어날 때

- 난 새벽 5시에 일어나야 한다.
  - ▶ **Tenho que acordar às 5 da madrugada.**
    뗑유 끼 아꼬르다르 아스 씽꾸 다 마드루가다
    Preciso levantar às 5 da madrugada.
    쁘레씨주 레방따르 아스 씽꾸 다 마드루가다

- 저를 오전 6시에 깨워 주세요.
  - ▶ **Poderia me acordar às 6 da manhã?**
    뽀데리아 미 아꼬르다르 아스 쎄이스 다 망양
    Me acorde às 6 da manhã.
    미 아꼬르지 아스 쎄이스 다 망양

- 난 학교를 가기 위해 5시 30분에 잠에서 깼다.
  - ▶ **Eu acordei às 5 e meia para ir à escola.**
    에우 아꼬르데이 아스 씽꾸 이 메이아 빠라 이르 아 이스꼴라

외출을 준비할 때

- 세수를 하고 양치질을 한다.
  - ▶ **Eu lavo o rosto e escovo os dentes.**
    에우 라부 우 호스뚜 이 이스꼬부 우스 뎅치스

- 오늘은 정장을 준비해 주세요.
  - ▶ **Hoje prepare um conjunto para mim.**
    오쥐 쁘레빠리 웅 꽁중뚜 빠라 밍

• 넥타이는 빨간색을 할 것입니다.
▶ **Vou usar uma gravata vermelha.**
보우 우자르 우마 그라바따 베르멜랴

• 제 서류가방이 어디에 있죠?
▶ **Onde está a minha pasta?**
옹지 이스따 아 밍야 빠스따

• 나가기 전에 전 사무실 열쇠를 찾아야 합니다.
▶ **Antes de sair, preciso encontrar a chave do escritório.**
앙치스 지 싸이르 쁘레씨주 잉꽁뜨라르 아 샤비 두 이스끄리또리우

• 샌드위치와 우유 한잔을 준비해 주세요.
▶ **Me prepare um sanduíche e um copo de leite.**
미 쁘레빠리 웅 쌍두이쉬 이 웅 꼬뿌 지 레이치

• 집을 나서기 전에 지갑, 휴대폰 그리고 자동차 키가 있는지 확인하세요.
▶ **Antes de sair de casa, verifique se está levando a**
앙치스 지 싸이르 지 까자 베리피끼 씨 이스따 레방두 아
carteira, o celular e a chave do carro.
까르떼이라 우 쎌룰라르 이 아 샤비 두 까후

집으로 돌아올 때

• 난 집에 오후 6시에 돌아간다.
▶ **Eu volto para casa às 6 da tarde.**
에우 보우뚜 빠라 까자 아스 쎄이스 다 따르지

• 난 집에 가는 도중에 그를 만났다.
▶ **Eu encontrei ele no caminho para casa.**
에우 잉꽁뜨레이 엘리 누 까밍유 빠라 까자

• 난 집에 버스를 타고 간다.
▶ **Eu vou para casa de ônibus.**
에우 보우 빠라 까자 지 오니부스

- 난 평소보다 늦게 집에 도착했다.
  ▶ Cheguei em casa mais tarde do que de costume.
  셰게이 잉 까자 마이스 따르지 두 끼 지 꼬스뚜미

저녁식사를 할 때

- 우리 식사 준비하자.
  ▶ Vamos preparar a mesa.
  바무스 쁘레빠라르 아 메자

- 우리 저녁식사 준비하자.
  ▶ Vamos preparar a mesa para o jantar.
  바무스 쁘레빠라르 아 메자 빠라 우 쟝따르
  Vamos preparar o jantar.
  바무스 쁘레빠라르 우 쟝따르

- 저녁 먹을 시간이다.
  ▶ É hora de jantar.
  에 오라 지 쟝따르
  Está na hora de jantar.
  이스따 나 오라 지 쟝따르

- 저녁식사가 거의 준비되었다.
  ▶ O jantar está quase pronto.
  우 쟝따르 이스따 꽈지 쁘롱뚜

- 우리 뭐 먹을까?
  ▶ O que vamos comer?
  우 끼 바무스 꼬메르

휴식과 취침

- 우리 5분만 더 쉬자.
  ▶ Vamos descansar só mais 5 minutos.
  바무스 지스깡싸르 쏘 마이스 씽꾸 미누뚜스

• 쉴 시간이다.

▶ É hora de descansar.
에 오라 지 데스깡싸르

• 졸린다.

▶ Que sono!
끼 쏘누

Estou com sono.
이스또우 꽁 쏘누

• 잘 시간이다.

▶ Está na hora de dormir.
이스따 나 오라 지 도르미르

• 잠들 시간이다.

▶ Está na hora de deitar.
이스따 나 오라 지 데이따르

• 난 자러 가야한다.

▶ Preciso ir dormir.
쁘레씨주 이르 도르미르

Preciso ir deitar na cama.
쁘레씨주 이르 데이따르 나 까마

• 난 어제 일찍 잤다.

▶ Ontem dormi cedo.
옹뗑 도르미 쎄두

Ontem fui me deitar cedo.
옹뗑 푸이 미 데이따르 쎄두

• 그는 완전히 잠들었다.

▶ Ele dormiu profundamente.
엘리 도르미우 쁘로풍다멩치

Ele está totalmente adormecido.
엘리 이스따 또따우멩치 아도르메씨두

• 그는 대(大)자로 자고 있다.

▶ Ele está dormindo com as pernas abertas.
엘리 이스따 도르밍두 꽁 아스 뻬르나스 아베르따스

• 그는 아기처럼 잔다.
▶ **Ele dorme como um bebê.**
엘리 도르미 꼬무 웅 베베

• 그는 코를 골고 있다.
▶ **Ele está roncando.**
엘리 이스따 홍깡두

휴일을 보낼 때

• 주말 어땠니?
▶ **Como foi o fim de semana?**
꼬무 포이 우 핑 지 쎄마나

• 주말에 뭐 했니?
▶ **O que você fez no fim de semana?**
우 끼 보쎄 페스 누 핑 지 쎄마나

• 어디에 갔었니?
▶ **Aonde você foi?**
아옹지 보쎄 포이

• 난 집에 있었다.
▶ **Eu fiquei em casa.**
에우 피께이 잉 까자

• TV 보면서 집에 있었다.
▶ **Fiquei em casa assistindo TV.**
피께이 잉 까자 아씨스칭두 떼베

• 사무실에서 일을 해야만 했다.
▶ **Tive que ficar no escritório trabalhando.**
치비 끼 피까르 누 이스끄리또리우 뜨라발량두

• 형과 함께 해변에 갔다.
▶ **Fui à praia com o meu irmão.**
푸이 아 쁘라이아 꽁 우 메우 이르머웅

- 친구와 함께 파티에 갔다.

▶ Fui numa festa com um amigo.
푸이 누마　페스따 꽁　웅　아미구

Fui à festa com uma amiga.
푸이 아 페스따 꽁　우마　아미가

- 잠을 엄청 잤다.

▶ Dormi bastante.
도르미　바스땅치

Dormi até não poder mais.
도르미　아떼 너웅 뽀데르 마이스

Dormi para caramba.
도르미　빠라　까랑바

- 부모님이 다니러 오셨다.

▶ Os meus pais vieram me visitar.
우스 메우스 빠이스 비에랑　미　비지따르

- 난 리우에 있는 부모님께 갔다.

▶ Fui no Rio de Janeiro visitar os meus pais.
푸이 누 히우 지 쟈네이루　비지따르 우스 메우스 빠이스

- 지난 주말에 어디에 있었니? 네게 여러 번 전화를 했는데, 받지 않더라고.

▶ Onde esteve no fim de semana?
옹지　이스떼비 누 핑　지 쎄마나

Te liguei várias vezes, mas ninguém atendeu.
치 리게이 바리아스 베지스　마스　닝겡　　아뗑데우

돈이 없을 때

- 난 도산 직전에 있다.

▶ Estou à beira da ruína.
이스또우 아 베이라 다 후이나

- 난 땡전 한 푼 없다.
  ▶ **Não tenho mais nem um centavo.**
  너웅 뗑유　마이스 넹　웅　쎙따부

- 난 파산을 선언한다.
  ▶ **Estou falido / a.**
  이스또우 팔리두/ 다

- 내 지갑이 비어 있다.
  ▶ **A minha carteira está vazia.**
  아 밍야　까르떼이라 이스따 바지아

- 난 입은 옷 외에는 아무것도 없다.
  ▶ **Não tenho nada além da roupa que estou vestindo.**
  너웅 뗑유　나다 알렝 다 호우빠 끼　이스또우 베스칭두

- 내 통장에 돈이 하나도 없다.
  ▶ **A minha conta bancária está completamente vazia.**
  아 밍야　꽁따　방까리아　이스따 꽁쁠레따멩치　　바지아

- 이제 난 아무 것도 없다.
  ▶ **Agora estou sem nada.**
  아고라　이스또우 쎙 나다

- 내가 가진 모든 것은 내 멋진 이름뿐이다.
  ▶ **Tudo o que possuo é o meu bom nome.**
  뚜두　우 끼　뽀쑤우　에 우 메우 봉　노미

- 난 끼니 걱정이다.
  ▶ **Não faço ideia de quando sentirei o cheiro de comida novamente.**
  너웅 파쑤 이데이아 지 꽝두　쎙치레이　우 셰이루　지 꼬미다
  노바멩치

02 레스토랑

식당을 찾을 때

- 이 근처의 좋은 식당을 하나 소개해 주시겠습니까?

▶ **Poderia me recomendar um restaurante bom aqui**
뽀데리아　미　헤꼬멩다르　　웅　헤스따우랑치　봉　　아끼
perto?
뻬르뚜

- 그다지 비싸지 않은 음식점이 좋습니다.

▶ **Prefiro um restaurante não tão caro.**
쁘레피루 웅　헤스따우랑치　너웅 떠웅 까루

- 더 저렴한 음식점이 좋습니다.

▶ **Prefiro um restaurante mais barato.**
쁘레피루 웅　헤스따우랑치　마이스 바라뚜

- 그런 식당 중에 하나를 소개해 주세요.

▶ **Me recomende um desses restaurantes.**
미　헤꼬멩지　　웅　데씨스　헤스따우랑치스

- 영어가 통하는 레스토랑이 좋습니다.

▶ **Prefiro um restaurante onde entendam inglês.**
쁘레피루 웅　헤스따우랑치　옹지　잉뗑땅　　잉글레스

- 조용한 분위기의 식당을 원합니다.

▶ **Eu queria um restaurante com um ambiente tranquilo.**
에우 께리아 웅　헤스따우랑치 꽁　웅　앙비엥치　뜨랑뀔루

- 이 근처에 중국 음식점이 있을까요?

▶ **Será que tem algum restaurante chinês aqui perto?**
쎄라　끼　뗑　아우궁　헤스따우랑치　쉬네스 아끼 뻬르뚜

식당을 예약할 때

• 예약이 가능합니까?

▶ **Posso fazer uma reserva?**
뽀쑤　파제르 우마　헤제르바

Ainda tem lugar para reserva?
아잉다　뗑　루가르　빠라　헤제르바

• 저녁 8시로 두 명 부탁합니다.

▶ **Por favor, duas pessoas para às 8 da noite.**
뽀르 파보르　두아스 뻬쏘아스　빠라　아즈 오이뚜 다 노이치

• 예약이 되었습니다.

▶ **Está reservado.**
이스따 헤제르바두

A reserva foi feita.
아 헤제르바 포이 페이따

• 4인용 테이블이 있습니까?

▶ **Tem mesa para 4 pessoas?**
뗑　메자　빠라 꽈뜨루 뻬쏘아스

식당 입구에서

• 예약하셨습니까?

▶ **O senhor tem reserva?**
우 씽요르　뗑　헤제르바

A senhora fez reserva?
아 씽요라　페스 헤제르바

• 저는 수자나 이름으로 예약을 했습니다.

▶ **Fiz uma reserva em nome de Susana.**
피즈 우마　헤제르바 잉　노미　지 쑤자나

• 환영합니다.

▶ **Bem-vindo(s).**
벵　빙두　(스)

- 몇 분이시죠?
  - ▶ São quantas pessoas?
    써웅 꽝따스　　삐쏘아스

- 이쪽으로 오세요.
  - ▶ Por favor, me acompanhem.
    뽀르 파보르 미　아꽁빵옝
    Vocês me acompanham?
    보쎄스 미　아꽁빵양
    Por aqui, por favor.
    뽀르 아끼　뽀르 파보르

- 죄송합니다만, 빈자리가 없습니다.
  - ▶ Desculpe, mas estamos sem mesa.
    지스꾸우삐　마즈 이스따무스 쎙　메자
    Perdão, mas estamos lotados.
    뻬르더웅 마즈　이스따무스 로따두스

- 죄송합니다만, 저 자리는 이미 예약이 되어 있습니다.
  - ▶ Desculpe, mas aquela mesa já está reservada.
    지스꾸우삐　마즈 아껠라　메자　쟈 이스따 헤제르바다

- 아직 빈자리가 있나요?
  - ▶ Será que ainda tem lugar livre?
    쎄라 끼　아잉다 뗑　루가르 리브리

- 5명이 앉을 자리가 있나요?
  - ▶ Tem lugar para 5 pessoas?
    뗑　루가르 빠라 씽꾸 삐쏘아스

- 우리 얼마나 기다려야 합니까?
  - ▶ Quanto tempo temos que esperar?
    꽝뚜　　뗑뿌　　떼무스 끼　이스뻬라르

- 우리는 창문 가까이 앉고 싶은데요.
  - ▶ Gostaríamos de sentar perto da janela.
    고스따리아무스　지 쎙따르　뻬르뚜 다 쟈넬라
    Queríamos sentar perto da janela.
    께리아무스　　쎙따르　뻬르뚜 다 쟈넬라

• 공원이 보이는 쪽의 자리에 우리 앉을 수 있나요?

▶ **Podemos nos sentar no lado que dá para o parque?**
뽀데무스 노스 쎙따르 누 라두 끼 다 빠라 우 빠르끼

Podemos nos sentar numa mesa com vista para o
뽀데무스 노스 쎙따르 누마 메자 꽁 비스따 빠라 우

parque?
빠르끼

• 우린 금연구역에 앉고 싶습니다.

▶ **Queremos nos sentar na área de não-fumantes.**
께레무스 노스 쎙따르 나 아레아 지 너웅 푸망치스

메뉴를 물을 때

• 잠시만요. 한 명 더 기다리고 있습니다.

▶ **Só um momento. Estamos esperando mais uma**
쏘 웅 모멩뚜 이스따무스 이스뻬랑두 마이즈 우마

pessoa.
뻬쏘아

• 제 친구들이 곧 올 것입니다. 그 때 주문하겠습니다.

▶ **Os meus amigos vão chegar daqui a pouco.**
우스 메우즈 아미구스 버웅 셰가르 다끼 아 뽀우꾸

Farei o pedido quando eles chegarem.
파레이 우 뻬지두 꽝두 엘리스 셰가렝

Vou fazer o pedido mais tarde quando os meus amigos
보우 파제르 우 뻬지두 마이스 따르지 꽝두 우스 메우즈 아미구스

chegarem.
셰가렝

• 메뉴판 좀 가져다 주실래요?

▶ **Poderia trazer o cardápio, por favor?**
뽀데리아 뜨라제르 우 까르다삐우 뽀르 파보르

Pode trazer o menu, por favor?
뽀데리아 뜨라제르 우 메누 뽀르 파보르

• 메뉴를 볼 수 있을까요?

▶ **Poderia ver o cardápio?**
뽀데리아　베르 우 까르다삐우

Posso olhar o cardápio?
뽀쑤　올랴르 우 까르다삐우

• 이곳의 명물 요리는 무엇입니까?

▶ **Qual é o prato típico daqui?**
꽈우　에 우 쁘라뚜 치삐꾸 다끼

Qual é a especialidade do local?
꽈우　에 아 이스뻬씨알리다지 두 로까우

Que tipo de comida é popular por aqui?
끼　치뿌 지 꼬미다　에 뽀뿔라르 뽀르 아끼

• 이 지역의 명물 요리를 먹어보고 싶습니다.

▶ **Gostaria de experimentar o prato típico da região.**
고스따리아 지 이스뻬리멩따르　우 쁘라뚜 치삐꾸　다 헤쥐어웅

Gostaria de provar a especialidade do local.
고스따리아 지 쁘로바르 아 이스뻬씨알리다지 두　로까우

Queria comer algo que seja popular da região.
께리아　꼬메르　아우구 끼　쎄쟈 뽀뿔라르　다 헤쥐어웅

음식을 주문할 때

• 아직 결정하지 못했습니다.

▶ **Ainda não decidi.**
아잉다　너웅 데씨지

• 우리 잠시 후에 주문할게요, 아직 뭘 먹을지 결정해야 해서요.

▶ **Faremos o pedido daqui a pouco, ainda precisamos**
파레무스　우 뻬지두　다끼　아 뽀우꾸　아잉다 쁘레씨자무스
decidir o que comer.
데씨지르 우 끼　꼬메르

• 조금 기다릴 수 있으시죠?

▶ Pode esperar um pouquinho?
뽀지　이스뻬라르 웅 뽀우낑유

• 이것을 먹겠습니다.

▶ Vou comer isso.
보우 꼬메르 이쑤

• 이것 하나 주세요.

▶ Me dê um desse.
미 데 웅 데씨

• 물 좀 주세요.

▶ Água, por favor.
아과　　뽀르 파보르

• 전채요리를 가져다 줄 수 있나요?

▶ Pode trazer a entrada, por favor?
뽀지　뜨라제르 아 엥뜨라다 뽀르 파보르

• 식사 전에 애피타이저 주문하고 싶습니다.

▶ Gostaria de pedir algum aperitivo antes da refeição.
고스따리아 지　뻬지르 아우궁　아뻬리치부　앙치스 다　헤페이써웅

• 권해주는 요리를 먹겠습니다.

▶ Vou querer o prato que recomendam.
보우 께레르　우 쁘라뚜 끼　헤꼬멩당

• 메뉴판을 주세요.

▶ O cardápio, por favor.
우 까르다삐우　뽀르 파보르

O menu, por favor.
우 메누　　뽀르 파보르

• 영어로 된 메뉴판은 없나요?

▶ Vocês não têm um cardápio em inglês?
보쎄스 너웅 뗑　웅　까르다삐우 잉　잉글레스

- 이 식당에서 가장 자신 있게 내 놓는 요리는 무엇입니까?

  ▶ Qual é o prato mais recomendado do restaurante?
  꽈우 에 우 쁘라뚜 마이스 헤꼬멩다두 두 헤스따우랑치

  Qual é a especialidade que o restaurante recomenda?
  꽈우 에 아 이스뻬씨알리다지 끼 우 헤스따우랑치 헤꼬멩다

- 바로 그것으로 하겠습니다.

  ▶ Vou querer isso mesmo.
  보우 께레르 이쑤 메즈무

- 같은 음식으로 할게요.

  ▶ Vou querer o mesmo prato.
  보우 께레르 우 메즈무 쁘라뚜

- 고기요리하고 전채요리도 주십시오.

  ▶ Quero um prato com carne e a entrada também.
  께루 웅 쁘라뚜 꽁 까르니 이 아 엥뜨라다 땅벵

- 오늘의 특별요리는 무엇입니까?

  ▶ Qual é o prato do dia?
  꽈우 에 우 쁘라뚜 두 지아

- 오늘의 요리를 먹겠습니다.

  ▶ Vou comer o prato do dia.
  보우 꼬메르 우 쁘라뚜 두 지아

- 지금 바로 됩니까?

  ▶ Será que a comida sairá logo?
  쎄라 끼 아 꼬미다 싸이라 로구

- 바짝 구워주세요.

  ▶ Bem passado, por favor.
  벵 빠싸두 뽀르 파보르

- 중간정도로 구워주세요.

  ▶ Ao ponto, por favor.
  아우 뽕뚜 뽀르 파보르

• 살짝 구워주세요.

▶ **Malpassado, por favor.**
마우빠싸두　　　뽀르 파보르

• 여기에 메뉴판이 있습니다.

▶ **Aqui está o cardápio.**
아끼　이스따 우 까르다삐우

• 무엇을 주문하시겠습니까?

▶ **O que gostaria de pedir?**
우 끼　고스따리아 지　뻬지르

Quer pedir alguma coisa?
께르　뻬지르 아우구마　꼬이자

• 무엇을 드시겠습니까?

▶ **O que gostaria de comer?**
우 끼　고스따리아 지　꼬메르

Deseja comer alguma coisa?
데제쟈　꼬메르　아우구마　꼬이자

• 오늘의 요리로 하시겠습니까? 아니면 일품요리로 하시겠습니까?

▶ **Vai querer o prato do dia ou pedir um prato à la carte?**
바이 께레르　우 쁘라뚜 두 지아 오우 뻬지르 웅　쁘라뚜 아 라 까르치

• 어떤 스프를 먹고 싶습니까?

▶ **Que tipo de sopa gostaria de comer?**
끼　치뿌 지 쏘빠　고스따리아 지 꼬메르

• 닭 육수 스프와 크림 스프 중 어느 것이 더 좋습니까?

▶ **Deseja sopa de caldo de frango ou de creme?**
데제쟈　쏘빠　지 까우두 지 프랑구　오우 지 끄리미

• 어떤 고기를 더 좋아하세요?

▶ **Que tipo de carne você prefere?**
끼　치뿌 지 까르니 보쎄 쁘레페리

• 소고기와 돼지고기 중 어느 쪽을 원하십니까?

▶ **Prefere carne bovina ou suína?**
쁘레페리 까르니 보비나 오우 쑤이나

• 무엇을 마시겠습니까?

▶ **O que gostaria de tomar?**
우 끼 고스따리아 지 또마르

• 음료를 원하십니까?

▶ **Quer alguma bebida?**
께르 아우구마 베비다

• 더 필요하신 건요?

▶ **Gostaria de mais alguma coisa?**
고스따리아 지 마이즈 아우구마 꼬이자

• 여기에는 상추, 토마토 샐러드와 감자튀김이 있습니다.

▶ **Aqui temos a salada de alface com tomate e as batatas**
아끼 떼무스 아 쌀라다 지 아우파씨 꽁 또마치 이 아스 바따따스
fritas.
프리따스

주문에 문제가 있을 때

• 이것은 제가 주문한 것이 아닙니다.

▶ **Isso não é o que pedi.**
이쑤 너웅 에 우 끼 뻬지
Eu não pedi isso aqui.
에우 너웅 뻬지 이쑤 아끼

• 주문한 요리가 아직 안 나오네요.

▶ **O meu pedido ainda não veio.**
우 메우 뻬지두 아잉다 너웅 베이우
O meu pedido está demorando muito.
우 메우 뻬지두 이스따 데모랑두   무이뚜

• 이 요리는 너무 맵습니다.

▶ Esta comida está picante demais.
에스따 꼬미다　이스따 삐깡치　지마이스

• 이것은 너무 짜군요.

▶ Isto está muito salgado.
이스뚜 이스따 무이뚜 싸우가두

• 음식이 차갑습니다.

▶ A comida está fria.
아 꼬미다　이스따 프리아

• 스테이크를 너무 익혔습니다.

▶ O bife está muito passado.
우 비피　이스따 무이뚜 빠싸두

• 이것은 냄새가 고약합니다.

▶ Isto aqui está cheirando mal.
이스뚜 아끼 이스따 셰이랑두　마우

Essa comida está com um cheiro estranho.
에싸 꼬미다　이스따 꽁 웅　셰이루　이스뜨랑유

• 고기를 더 익혀 주시겠습니까?

▶ Poderia assar um pouco mais a carne?
뽀데리아　아싸르 웅　뽀우꾸　마이즈 아 까르니

음식을 먹으면서

• 빵을 좀 더 주세요.

▶ Poderia trazer um pouco mais de pão?
뽀데리아　뜨라제르 웅 뽀우꾸　마이스 지 뻐웅

• 이 요리를 먹는 방법을 가르쳐 주세요.

▶ Poderia me explicar como se come isso?
뽀데리아　미　이스쁠리까르 꼬무 씨 꼬미　이쑤

- 탄산 없는 물 좀 주세요.
  ▶ Uma água sem gás, por favor.
  우마 아과 쎙   가스 뽀르 파보르

- 저 접시를 내게 전해 주시겠습니까?
  ▶ Poderia me passar o prato, por favor?
  뽀데리아 미 빠싸르 우 쁘라뚜 뽀르 파보르

- 와인 한 병 더 주세요.
  ▶ Mais uma garrafa de vinho, por favor.
  마이즈 우마 가하파   지 빙유   뽀르 파보르

디저트에 대해서

- 어떤 디저트를 더 좋아합니까?
  ▶ Qual sobremesa você mais gosta?
  꽈우 쏘브리메자   보쎄 마이스 고스따

- 사과, 멜론과 아이스크림이 있습니다.
  ▶ Temos maçã, melão e sorvete.
  떼무스   마쌍   멜러웅 이 쏘르베치

- 커피를 드시겠습니까? 아님 차를 드시겠습니까?
  ▶ Gostaria de tomar café ou chá?
  고스따리아 지 또마르 카페 오우 샤

- 아메리카노를 좋아합니까? 아님 카페라떼를 좋아합니까?
  ▶ Você prefere café puro ou com leite?
  보쎄 쁘레페리 카페 뿌루 오우 꽁 레이치

- 아메리카노만 좋아합니다.
  ▶ Prefiro só café puro.
  쁘레피루 쏘 카페 뿌루

- 까페라떼 한잔 하고 싶어요.
  ▶ Eu queria tomar um café com leite.
  에우 께리아 또마르 웅 카페 꽁 레이치

식사를 마칠 때

• 아주 맛있었습니다.

▶ Estava muito gostoso.
이스따바 무이뚜 고스또주

Foi uma delícia.
포이 우마 델리씨아

• 고맙습니다만, 더는 못 먹겠습니다.

▶ Obrigado / a, mas não consigo comer mais nada.
오브리가두/ 다 마스 너웅 꽁씨구 꼬메르 마이스 나다

• 너무 사양하지 마십시오.

▶ Não fique recusando demais.
너웅 피끼 헤꾸장두 지마이스

• 잘 먹었습니다.

▶ Estou satisfeito / a.
이스또우 싸치스페이뚜/따

• 엄청 많이 먹었습니다.

▶ Comi demais.
꼬미 지마이스

Comi até não poder mais.
꼬미 아떼 너웅 뽀데르 마이스

• 이미 충분히 먹었습니다.

▶ Já comi bastante!
쟈 꼬미 바스땅치

• 이 요리는 일품이었습니다.

▶ A comida estava espetacular.
아 꼬미다 이스따바 이스뻬따꿀라르

Essa comida estava maravilhosa.
에싸 꼬미다 이스따바 마라빌료자

- 너무나 푸짐해서 조금 남겼습니다.
  ▶ É tanta comida que nem consegui comer tudo.
  에 땅따 꼬미다 끼 넹 꽁쎄기 꼬메르 뚜두

음식 값을 계산할 때

- 계산서 주세요.
  ▶ A conta, por favor.
  아 꽁따 뽀르 파보르
  Poderia trazer a conta?
  뽀데리아 뜨라제르 아 꽁따

- 계산서에 봉사료까지 포함되어 있습니까?
  ▶ O serviço também está incluído na conta?
  우 쎄르비쑤 땅벵 이스따 잉끌루이두 나 꽁따

- 내가 낼께.
  ▶ Deixa que eu pago.
  데이샤 끼 에우 빠구
  Eu pago.
  에우 빠구

- 내가 오늘 한턱 쏜다.
  ▶ Pode deixar que hoje é por minha conta.
  뽀지 데이샤르 끼 오쥐 에 뽀르 밍야 꽁따

- 루까스씨가 우리에게 한턱 낸대.
  ▶ O Lucas disse que hoje é por conta dele.
  우 루까스 지씨 끼 오쥐 에 뽀르 꽁따 델리

- 제가 지불하겠습니다.
  ▶ Vou pagar a conta.
  보우 빠가르 아 꽁따

• 이번은 내가 낼 차례다.

▶ **Esta é a minha vez de pagar.**
에스따 에 아 밍야 베스 지 빠가르

Desta vez eu pago.
데스따 베스 에우 빠구

• 다음에는 내 차례야.

▶ **Na próxima, será a minha vez.**
나 쁘로씨마 쎄라 아 밍야 베스

Da próxima vez eu pago.
다 쁘로씨마 베스 에우 빠구

카페와 술집

음료를 권할 때

• 마실 것을 원하세요.

▶ Quer tomar alguma coisa?
께르 또마르 아우구마 꼬이자

• 뭐 마실래?

▶ Quer beber o quê?
께르 베베르 우 께

• 맥주를 원하세요?

▶ Quer uma cerveja?
께르 우마 쎄르베쟈

• 음료 한잔 할래요?

▶ Quer tomar alguma bebida?
께르 또마르 아우구마 베비다

• 탄산음료 마실래요?

▶ Quer tomar refrigerante?
께르 또마르 헤프리제랑치

• 과라나 마실래?

▶ Quer tomar um guaraná?
께르 또마르 웅 과라나

• 무슨 음료를 선호하세요?

▶ O que você prefere tomar?
우 끼 보쎄 쁘레페리 또마르

- 좋아하는 제품이 뭐에요?
  - ▶ Qual é a marca de sua preferência?
    꽈우　에 아 마르까 지　쑤아 쁘레페렝씨아

- 탄산이 있는 것을 원하세요, 없는 것을 원하세요?
  - ▶ Prefere com gás ou sem gás?
    쁘레페리 꽁　가스 오우 쎙 가스

- 어떤 안주를 주문하실래요?
  - ▶ Que petiscos gostaria de pedir?
    끼　뻬치스꾸스 고스따리아 지　뻬지르

- 조금 먹어 보겠니?
  - ▶ Quer provar um pouco?
    께르　쁘로바르 웅　뽀우꾸

- 햄, 올리브와 감자 튀김이 있습니다.
  - ▶ Temos presunto, azeitona e batata frita.
    떼무스　쁘레중뚜　아제이또나 이 바따따 프리따

술을 마시자고 할 때

- 우리 술 한잔할까요?
  - ▶ Vamos tomar um drinque?
    바무스　또마르 웅　드링끼

- 우리 오늘 밤에 술 한잔해요!
  - ▶ Vamos beber hoje à noite!
    바무스　베베르 오쥐　아 노이치

- 제가 한잔 사고 싶은데요. 어떠세요?
  - ▶ Gostaria de te pagar uma bebida, aceita?
    고스따리아 지 치 빠가르 우마　베비다　아쎄이따

- 뭐 한잔 하는 게 어때요?
  - ▶ Que tal beber alguma coisa?
    끼　따우 베베르 아우구마 꼬이자

• 한잔 할건데, 나랑 같이 갈래요?

▶ Vou beber alguma coisa, quer ir junto comigo?
보우 베베르 아우구마 꼬이자 께르 이르 즁뚜 꼬미구

• 우리와 한잔 하게 오세요!

▶ Vem beber com a gente!
벵 베베르 꽁 아 젱치

Vem tomar um drinque conosco!
벵 또마르 웅 드링끼 꼬노스꾸

• 우리 한잔 하러 갑시다. 시간 있죠?

▶ Vamos beber. Você tem tempo, né?
바무스 베베르 보쎄 뗑 뗌뿌 네

• 오늘밤에 저와 함께 맥주 마시겠습니까?

▶ Gostaria de tomar uma cerveja comigo esta noite?
고스따리아 지 또마르 우마 쎄르베쟈 꼬미구 에스따 노이치

술을 주문할 때

• 이 지역의 특산 와인을 마시고 싶습니다.

▶ Gostaria de tomar o vinho tradicional da região.
고스따리아 지 또마르 우 빙유 뜨라지씨오나우 다 헤쥐어웅

Quero beber um vinho típico da região.
께루 베베르 웅 빙유 치삐꾸 아 헤쥐어웅

• 생맥주 있죠?

▶ Tem chope?
뗑 쇼피

• 흑맥주 있나요?

▶ Tem cerveja preta?
뗑 쎄르베쟈 쁘레따

• 맥주 한잔 주세요.

▶ Me dê uma cerveja.
미 데 우마 쎄르베쟈

Uma cerveja, por favor.
우마   쎄르베쟈 뽀르 파보르

- 무알콜 음료도 있나요?
  ▶ Será que também tem bebida não-alcoólica?
  쎄라 끼 땅벵   뗑   베비다 너웅 아우꼬올리까
  Vocês também têm bebida não-alcoólica?
  보쎄스 땅벵   뗑   베비다 너웅 아우꼬올리까

- 그 사람 것과 같은 것으로 하나 원합니다.
  ▶ Quero o mesmo que ele.
  께루   우 메즈무 끼   엘리

술·안주를 추가로 주문할 때

- 맥주 한잔 더 주세요.
  ▶ Mais uma cerveja, por favor.
  마이즈 우마 쎄르베쟈 뽀르 파보르

- 포도주를 더 드세요.
  ▶ Tome um pouco mais de vinho.
  또미   웅 뽀우꾸 마이스 지 빙유

- 올리브 더 부탁합니다.
  ▶ Poderia trazer mais azeitona?
  뽀데리아 뜨라제르 마이즈 아제이또나
  Quero mais azeitona, por favor.
  께루   마이즈 아제이또나 뽀르 파보르

- 얼음 더 부탁합니다.
  ▶ Poderia trazer mais gelo?
  뽀데리아 뜨라제르 마이스 젤루
  Quero mais gelo, por favor.
  께루   마이스 젤루   뽀르 파보르

- 건배!
  - ▶ Saúde!
    싸우지

- 인생을 위해!
  - ▶ Um brinde ao nosso destino!
    웅   브링지   아우 노쑤   데스치누

- 사랑을 위해!
  - ▶ Um brinde ao amor!
    웅   브링지   아우 아모르

- 우리들을 위해!
  - ▶ Um brinde a nós!
    웅   브링지   아 노스

- 우리의 성공을 위해!
  - ▶ Um brinde ao nosso sucesso!
    웅   브링지   아우 노쑤   쑤쎄쑤

- 찬란한 미래를 위해!
  - ▶ Um brinde a um futuro brilhante!
    웅   브링지   아 웅 푸뚜루   브릴량치

- 우리의 팀워크를 위해 건배합시다!
  - ▶ Vamos fazer um brinde à nossa equipe de trabalho!
    바무스   파제르 웅   브링지   아 노싸   에끼삐   지 뜨라발류

- 여기서 담배를 피워도 괜찮겠습니까?
  - ▶ Posso fumar aqui?
    뽀쑤   푸마르   아끼

    Tudo bem se eu fumar aqui?
    뚜두   벵   씨 에우 푸마르 아끼

• 얼음물 한잔 주세요.

▶ Uma água com gelo, por favor.
우마 아과 꽁 젤루 뽀르 파보르

• 물 한 병 주세요.

▶ Uma garrafa de água, por favor.
우마 가하파 지 아과 뽀르 파보르

• 너 벌써 너무 마셨어.

▶ Você já bebeu demais.
보쎄 쟈 베베우 지마이스

• 너 더 마실 수 없어.

▶ Você não pode beber mais.
보쎄 너웅 뽀지 베베르 마이스

• 마지막 잔이다.

▶ É saideira.
에 싸이데이라

É o último chope.
에 우 우우치무 쇼삐

Este é o último.
에스치 에 우 우우치무

É a última cerveja.
에 아 우우치마 쎄르베쟈

Esta é a última.
에스따 에 아 우우치마

É a última rodada.
에 아 우우치마 호다다

• 너 계속 마시면, 취할 것이다.

▶ Você vai ficar bêbado se continuar bebendo.
보쎄 바이 피까르 베바두 씨 꽁치누아르 베벵두

• 너 이미 많이 마셨다고 본다.

▶ Acho que você já bebeu muito.
아슈 끼 보쎄 쟈 베베우 무이뚜

• 너 더 마시지 못할 거라고 본다.

▶ Acho que você não aguenta mais beber.
아슈 끼 보쎄 너웅 아구엥따 마이스 베베르

• 너 한잔 더 할 수 있어?

▶ Consegue beber mais um pouco?
꽁쎄기 베베르 마이즈 웅 뽀우꾸

Aguenta beber mais uma?
아구엥따 베베르 마이즈 우마

합석을 권할 때

• 노래가 좋네요. 그렇죠?

▶ Que música legal, né?
끼 무지까 레가우 네

É uma música linda, né?
에 우마 무지까 링다 네

• 여기 앉아도 될까요?

▶ Posso sentar aqui?
뽀쑤 쎙따르 아끼

• 너희들과 함께 해도 괜찮겠니?

▶ Posso ficar com vocês?
뽀쑤 피까르 꽁 보쎄스

Tudo bem se eu me juntar a vocês?
뚜두 벵 씨 에우 미 쥰따르 아 보쎄스

• 이 옆에 앉아도 될까?

▶ Posso sentar do seu lado?
뽀쑤 쎙따르 두 쎄우 라두

Posso sentar ao seu lado?
뽀쑤 쎙따르 아우 쎄우 라두

• 네게 한잔 사줘도 될까?

▶ Posso te pagar uma bebida?
뽀쑤 치 빠가르 우마 베비다

• 우리와 함께 갈래?

▶ Quer ir com a gente?
께르 이르 꽁 아 젱치

Quer ir conosco?
께르 이르 꼬노스꾸

• 넌 이 노래를 누가 썼는지 아니?

▶ Sabe quem escreveu essa música?
싸비 껨   이스끄레베우 에싸 무지까

• 넌 뭘 마시고 있니?

▶ O que está bebendo?
우 끼   이스따 베벵두

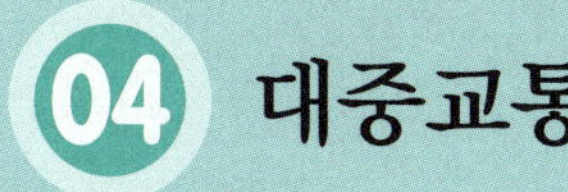

04 대중교통

택시를 이용할 때

• 택시 타는 곳이 어디입니까?

▶ **Onde é o ponto de táxi?**
옹지　에우 뽕뚜　지 딱씨

Onde posso pegar um táxi?
옹지 뽀쑤　뻬가르 웅 딱씨

• 택시 한 대 불러 주세요.

▶ **Me chame um táxi, por favor.**
미 샤미　웅 딱씨 뽀르 파보르

Poderia chamar um táxi para mim?
뽀데리아 샤마르　웅 딱씨 빠라 밍

• 과룰류스 공항까지 요금은 얼마 정도 되나요?

▶ **Quanto sai até o aeroporto de Guarulhos?**
꽝뚜　　싸이 아떼 우 아에로뽀르뚜 지 과룰류스

• 루스플라자 호텔로 가 주세요.

▶ **Vamos para o hotel Luz Plaza.**
바무스　빠라　우 오떼우 루스 쁠라자

Me leve ao hotel Luz Plaza.
미　레비 아우 오떼우 루스 쁠라자

• 봉헤치루까지 가 주세요.

▶ **Vamos para o Bom Retiro.**
바무스　빠라 우 봉　헤치루

Me leve até o Bom Retiro, por favor.
미　레비 아떼 우 봉　헤치루　뽀르 파보르

• 이 장소로 가 주세요.

▶ **Vá até este local, por favor.**
바 아떼 에스치 로까우 뽀르 파보르

Me leve aqui, por favor.
미 레비 아끼 뽀르 파보르

• 이 주소로 가 주세요.

▶ **Vá neste endereço, por favor.**
바 네스치 잉데레쑤 뽀르 파보르

Me leve para este endereço, por favor.
미 레비 빠라 에스치 잉데레쑤 뽀르 파보르

• 더 빨리 가 주세요.

▶ **Mais rápido, por favor.**
마이스 하삐두 뽀르 파보르

Poderia ir mais rápido?
뽀데리아 이르 마이스 하삐두

• 공항까지 얼마나 걸립니까?

▶ **Quanto tempo leva até o aeroporto?**
꽝뚜 뗑뿌 레바 아떼 우 아에로뽀르뚜

Quanto tempo demora até o aeroporto?
꽝뚜 뗑뿌 데모라 아떼 우 아에로뽀르뚜

• 이것이 제 짐입니다.

▶ **Esta é a minha bagagem.**
에스따 에 아 밍야 바가젱

• 이 동네 한 바퀴 돌아 주세요.

▶ **Podemos dar uma volta pelas ruas do bairro?**
뽀데무스 다르 우마 보우따 뻴라스 후아스 두 바이후

Poderia dar uma voltinha pelo bairro, por favor?
뽀데리아 다르 우마 보우칭야 뻴루 바이후 뽀르 파보르

• 여기서 잠깐만 기다려 주세요.

▶ **Espere aqui só um momento, por favor.**
이스뻬리 아끼 쏘 웅 모멩뚜 뽀르 파보르

Pode esperar aqui só um instante?
뽀지　이스뻬라르 아끼 쏘 웅　잉스땅치

• 여기서 세워 주세요.

▶ Pare aqui, por favor.
빠리　아끼　뽀르 파보르

• 여기서 내리겠습니다.

▶ Vou descer aqui.
보우 데쎄르　아끼

• 저기 횡단보도에서 세워 주세요.

▶ Pare ali na faixa de pedestre, por favor.
빠리　알리 나 파이샤 지　뻬데스뜨리　뽀르 파보르

• 요금은 얼마 나왔죠?

▶ Quanto saiu?
꽝뚜　　　싸이우

Quanto fica?
꽝뚜　　　피까

• 여기에 있습니다. 거스름돈은 그냥 받아 두시죠.

▶ Aqui está. Pode ficar com o troco.
아끼　이스따 뽀지　피까르 꽁　우 뜨로꾸

시내버스를 이용할 때

• 버스표는 어디서 사야하죠?

▶ Onde posso comprar o bilhete de ônibus?
옹지　뽀쑤　꽁쁘라르　우 빌례치　지 오니부스

• 매표소가 어디죠?

▶ Onde é a bilheteria?
옹지　에 아 빌례떼리아

• 얼마입니까?

▶ Quanto é?
꽝뚜　　　에

• 빠울리스따 (대로)로 가는 버스의 정류장은 어디죠?

▶ **Onde fica o ponto de ônibus que vai para a (Avenida)**
옹지　피까 우 뽕뚜　지 오니부스 끼　바이 빠라　아 (아베니다)

Paulista?
빠울리스따

• 이 버스는 꽁솔라써웅으로 갑니까?

▶ **Este ônibus vai para a Consolação?**
에스치 오니부스 바이 빠라 아 꽁쏠라써웅

Este ônibus passa na Consolação?
에스치 오니부스 빠싸　나 꽁쏠라써웅

• 이삐랑가까지 얼마입니까?

▶ **Quanto é até a Ipiranga?**
꽝뚜　　　에 아떼 아 이삐랑가

Quanto custa até a Ipiranga?
꽝뚜　　　꾸스따 아떼 아 이삐랑가

Quanto fica para ir até a Ipiranga?
꽝뚜　　　피까 빠라 이르 아떼 아 이삐랑가

• 이 자리에 사람이 있습니까?

▶ **Este lugar está ocupado?**
에스치 루가르 이스따 오꾸빠두

• 다음 정거장에서 내립니다.

▶ **Vou descer no próximo ponto.**
보우 데쎄르　누 쁘로씨무　뽕뚜

• 여기서 내릴게요.

▶ **Vou descer aqui.**
보우 데쎄르　아끼

• 이 버스는 힐튼 호텔 앞에서 정차합니까?

▶ **Este ônibus para em frente ao hotel Hilton?**
에스치 오니부스 빠라 잉 프렝치　아우 오떼우 히우똥

• 창문을 열어도 괜찮겠습니까?

▶ **Posso abrir a janela?**
뽀쑤　　아브리르 아 쟈넬라

• 터미널은 어디에 있습니까?

▶ **Onde fica a rodoviária?**
옹지　피까 아 호도비아리아

• 승차권은 어디서 사야하죠?

▶ **Onde posso comprar a passagem?**
옹지　뽀쑤　꽁쁘라르　아 빠싸젱

• 리우까지는 얼마나 걸립니까?

▶ **Quanto tempo leva até o Rio?**
꽝뚜　뗑뿌　레바 아떼 우 히우

Quanto tempo demora para chegar no Rio de Janeiro?
꽝뚜　뗑뿌　데모라　빠라 셰가르　누 히우 지 쟈네이루

• 이 버스는 포스두이과수에 섭니까?

▶ **Este ônibus para em Foz do Iguaçu?**
에스치 오니부스 빠라 잉　포스 두　이과수

• 꾸리치바에서 갈아타셔야 합니다.

▶ **Você precisa fazer uma baldeação em Curitiba.**
보쎄　쁘레씨자 파제르 우마　바우지아써웅 잉　꾸리치바

• 이 버스는 브라질리아 직행입니까?

▶ **Este ônibus vai direto para Brasília?**
에스치 오니부스 바이 지레뚜 빠라　브라질리아

• 시내 관광버스가 있나요?

▶ **Tem algum ônibus turístico que circule pela cidade?**
뗑　아우궁　오니부스 뚜리스치꾸 끼　씨르꿀리 뻴라　씨다지

• 반나절만 걸리는 관광패키지는 없나요?

▶ Não tem nenhum pacote turístico que dure apenas
너웅 뗑 넹융 빠꼬치 뚜리스치꾸 끼 두리 아뻬나스
metade do dia?
메따지 두 지아

• 이 관광패키지는 어디 어디를 볼 수 있습니까?

▶ Que lugares estão inclusos no roteiro deste pacote
끼 루가리스 이스떠웅 잉끌루주스 누 호떼이루 데스치 빠꼬치
turístico?
뚜리스치꾸

• 시간은 얼마나 걸리나요?

▶ Quanto tempo leva?
꽝뚜 뗑뿌 레바
Quanto tempo dura?
꽝뚜 뗑뿌 두라

• 패키지에 식사가 포함되어 있나요?

▶ A refeição está incluída no pacote?
아 헤페이써웅 이스따 잉끌루이다 누 빠꼬치

• 몇 시에 출발합니까?

▶ A que horas o ônibus parte?
아 끼 오라스 우 오니부스 빠르치

• 어디서 출발합니까?

▶ De onde o ônibus vai partir?
지 옹지 우 오니부스 바이 빠르치르
De que lugar o ônibus parte?
지 끼 루가르 우 오니부스 빠르치

• 몇 시에 일정이 끝납니까?

▶ A que horas o roteiro turístico termina?
아 끼 오라스 우 호떼이루 뚜리스치꾸 떼르미나

• 몇 시까지 버스가 돌아옵니까?

▶ Até que horas o ônibus volta?
아떼 끼   오라스 우 오니부스 보우따

• 프린스타워 호텔에서 그 버스에 합류할 수 있습니까?

▶ Posso pegar este ônibus do hotel Prince Tower?
뽀쑤   뻬가르 에스치 오니부스 두 오떼우 쁘링씨   따웨르

• 표는 어디서 살 수 있죠?

▶ Onde posso comprar o bilhete?
옹지   뽀쑤   꽁쁘라르   우 빌례치

▶ Onde eu compro a passagem?
옹지   에우 꽁쁘루   아 빠싸젱

• 꼬빠까바나 호텔에서 내릴 수 있습니까?

▶ Posso descer no hotel Copacabana?
뽀쑤   데쎄르   누 오떼우 꼬빠까바나

• 관광패키지 비용은 얼마입니까?

▶ Quanto custa o pacote turístico?
꽝뚜   꾸스따 우 빠꼬치   뚜리스치꾸

지하철을 이용할 때

• 가장 가까운 지하철역은 어디죠?

▶ Onde fica a estação de metrô mais próxima?
옹지   피까 아 이스따써웅 지 메뜨로 마이스 쁘로씨마

• 지하철 표는 어디서 사야하죠?

▶ Onde posso comprar o bilhete do metrô?
옹지   뽀쑤   꽁쁘라르   우 빌례치 두 메뜨로

• 매표소는 어디에 있죠?

▶ Onde fica a bilheteria?
옹지   피까 아 빌례떼리아

- 표 두 장 주세요.
  ▶ Me dê dois unitários.
  미 데 도이즈 우니따리우스
  Quero dois bilhetes unitários.
  께루 도이스 빌례치스 우니따리우스

- 리베르다지로 가려면 몇 호선을 타야합니까?
  ▶ Que linha eu preciso pegar para ir à estação Liberdade?
  끼 링야 에우 쁘레씨주 뻬가르 빠라 이르 아 이스따써웅 리베르다지
  Que linha eu pego para ir na estação Liberdade?
  끼 링야 에우 뻬구 빠라 이르 나 이스따써웅 리베르다지

- 쎄 역은 몇 번째에서 내려야 합니까?
  ▶ A estação Sé fica depois de quantas estações?
  아 이스따써웅 쎄 피까 데뽀이스 지 꽝따즈 이스따쏭이스

- 조금만 비켜주세요. 내리려고 합니다.
  ▶ Com Licença. Preciso descer.
  꽁 리쎙싸 쁘레씨주 데쎄르

열차를 이용할 때

- 매표소가 어디에 있습니까?
  ▶ Onde fica a bilheteria?
  옹지 피까 아 빌례떼리아

- 이 열차의 좌석을 예매하고 싶습니다.
  ▶ Gostaria de reservar um assento neste trem.
  고스따리아 지 헤제르바르 웅 아쎙뚜 네스치 뜨렘

- 일반적으로 출발 5일전부터 표를 팔고 있습니다.
  ▶ Normalmente, só vendemos a passagem com
  노르마우멩치 쏘 벵데무스 아 빠싸젱 꽁
  antecedência de 5 dias.
  앙떼쎄뎅씨아 지 씽꾸 지아스

Em geral, a passagem só pode ser comprada a partir
잉 제라우 아 빠싸젱 쏘 뽀지 쎄르 꽁쁘라다 아 빠르치르
de 5 dias antes da partida.
지 씽꾸 지아스 앙치스 다 빠르치다

▶ De que estação parte o trem?
지 끼 이스따써웅 빠르치 우 뜨렝

▶ Quero duas passagens de trem para a segunda classe.
께루 두아스 빠싸젱스 지 뜨렝 빠라 아 쎄궁다 끌라씨

Duas passagens de trem na segunda classe, por favor.
두아스 빠싸젱스 지 뜨렝 나 쎄궁다 끌라씨 뽀르 파보르

▶ Gostaria de trocar a minha passagem por uma
고스따리아 지 뜨로까르 아 밍야 빠싸젱 뽀르 우마

passagem da primeira classe.
빠싸젱 다 쁘리메이라 끌라씨

Tem como trocar esta passagem por uma da primeira
뗑 꼬무 뜨로까르 에스따 빠싸젱 뽀르 우마 다 쁘리메이라

classe?
끌라씨

▶ Quero uma passagem de ida para o Rio.
께루 우마 빠싸젱 지 이다 빠라 우 히우

▶ Quero duas passagens de ida e volta para o Rio.
께루 두아스 빠싸젱스 지 이다 이 보우따 빠라 우 히우

▶ Quanto fica?
꽝뚜 피까
Quanto custa?
꽝뚜 꾸스따

• 표는 3일까지 유효합니다.

▶ A passagem só terá validade em até 3 dias.
아 빠싸젱   쏘 떼라 발리다지   잉   아떼 뜨레스 지아스

O bilhete só tem validade até 3 dias.
우 빌례치   쏘 뗑   발리다지   아떼 뜨레스 지아스

• 아이들과 학생들은 반값에 표를 구입하실 수 있습니다.

▶ Crianças e estudantes podem comprar a passagem
끄리앙싸즈 이 이스뚜당치스 뽀뎅   꽁쁘라르   아 빠싸젱

pela metade do preço.
뻴라 메따지   두 쁘레쑤

• 왕복표를 사시면 더 쌉니다.

▶ Comprar a passagem de ida e volta sai mais barato.
꽁쁘라르   아 빠싸젱 지   이다 이 보우따   싸이 마이스 바라뚜

Você recebe um desconto se comprar a passagem de
보쎄   헤쎄비   웅   지스꽁뚜   씨 꽁쁘라르   아 빠싸젱   지

ida e volta de uma vez.
이다 이 보우따 지 우마   베스

• 자동 발권기가 역 안에 있습니다.

▶ A máquina de venda automática do bilhete está dentro
아 마끼나   지 벵다   아우또마치까 두 빌례치   이스따 뎅뜨루

da estação.
다 이스따써웅

• 급행열차가 있습니까?

▶ Tem algum trem que vá mais rápido?
뗑   아우궁 뜨렝 끼   바 마이스 하삐두

Será que tem alguma linha de trem bala?
쎄라 끼 뗑   아우구마 링야   지 뜨렝   발라

• 급행을 타려면 더 내야 합니다.

▶ Para pegar um trem expresso é preciso pagar mais.
빠라 뻬가르 웅   뜨렝 이스쁘레쑤 에 쁘레씨주 빠가르 마이스

• 급행요금은 더 비쌉니다.

▶ A tarifa do trem expresso é mais cara.
아 따리파 두 뜨렝 이스쁘레쑤 에 마이스 까라

• 이 열차에 침대칸이 있습니까?

▶ Tem alguma cabine privativa com cama neste trem?
뗑 아우구마 까비니 쁘리바치바 꽁 까마 네스치 뜨렝

Este trem tem algum assento-cama?
에스치 뜨렝 뗑 아우궁 아쎙뚜 까마

• 이 기차에는 침대칸이 없습니다.

▶ Não há cabines privativas com cama neste trem.
너웅 아 까비니스 쁘리바치바스 꽁 까마 네스치 뜨렝

Neste trem não temos nenhum assento-cama.
네스치 뜨렝 너웅 떼무스 넹융 아쎙뚜 까마

• 식당차가 있습니까?

▶ Tem algum serviço de restaurante neste trem?
뗑 아우궁 쎄르비쑤 지 헤스따우랑치 네스치 뜨렝

• 이 열차 루스역에서 정차합니까?

▶ Este trem para na estação Luz?
에스치 뜨렝 빠라 나 이스따써웅 루스

• 이 열차는 그라자우까지 직행입니까?

▶ Este trem vai direto para Grajaú?
에스치 뜨렝 바이 지레뚜 빠라 그라쟈우

• 루스역과 모지다스끄루지스역 사이의 급행열차는 없습니다.

▶ Não tem nenhum trem expresso entre a estação da Luz
너웅 뗑 넹융 뜨렝 이스쁘레쑤 엥뜨리 아 이스따써웅 다 루스

e Mogi das Cruzes.
이 모쥐 다스 끄루지스

• 어디서 갈아탑니까?

▶ Onde devo fazer a baldeação?
옹지 데부 파제르 아 바우지아써웅

Onde posso fazer a transferência?
옹지 뽀쑤 파제르 아 뜨랑스페렝씨아

• 중간에 갈아타야 합니다.

▶ Você precisa fazer uma baldeação no meio do caminho.
보쎄　쁘레씨자 파제르 우마　바우지아써웅 누　메이우 두　까밍유

É preciso fazer uma transferência no meio do caminho.
에 쁘레씨주 파제르 우마　뜨랑스페렝씨아　누　메이우 두　까밍유

• 몇 번 플랫폼에서 떠납니까?

▶ De que plataforma o trem parte?
지　끼　쁠라따포르마 우 뜨렝　빠르치

Em que plataforma pego o trem?
잉　끼　쁠라따포르마　뻬구　우 뜨렝

• 이 열차가 리우 가는 것입니까?

▶ Este trem vai para o Rio de Janeiro?
에스치 뜨렝　바이 빠라　우 히우 지 쟈네이루

• 이 자리 비었습니까?

▶ Este lugar está vago?
에스치 루가르 이스따 바구

Este assento não está ocupado?
에스치 아쎙뚜　너웅 이스따 오꾸빠두

• 여기는 제 자리입니다.

▶ Este lugar é meu.
에스치 루가르 에 메우

Este assento é meu.
에스치 아쎙뚜　에 메우

• 지금 어디를 지나고 있죠?

▶ Por onde estamos passando agora?
뽀르 옹지　이스따무스 빠쌍두　　아고라

• 다음 역은 어디입니까?

▶ Qual é a próxima estação?
꽈우　에 아 쁘로씨마 이스따써웅

• 여기서 얼마간 정차합니까?

▶ O trem para aqui por quanto tempo?
우 뜨렝　빠라 아끼 뽀르 꽝뚜　떼뿌

- 열차는 밤 10시에 출발해서, 다음날 새벽 5시 15분에 도착합니다.
  - ▶ O trem parte às dez da noite e chega às cinco e quinze
    우 뜨렝   빠르치 아스 데스 다 노이치 이 셰가   아스 씽꾸   이 낑지
    da madrugada.
    다 마드루가다

- 이 열차의 좌석을 예약하고 싶습니다.
  - ▶ Gostaria de fazer uma reserva de assento neste trem.
    고스따리아 지 파제르 우마 헤제르바 지 아쎈뚜   네스치 뜨렝
    Gostaria de reservar um assento neste trem.
    고스따리아 지 헤제르바르 웅   아쎈뚜   네스치 뜨렝

- 상파울루에서 예약했습니다.
  - ▶ Eu fiz uma reserva em São Paulo.
    에우 피즈 우마 헤제르바 잉   써웅 빠울루

- 열차 예약을 취소할 방법이 있습니까?
  - ▶ Tem como cancelar a reserva de trem?
    뗑   꼬무   깡쎌라르   아 헤제르바 지 뜨렝

- 이 열차표를 반환할 수 있습니까?
  - ▶ Posso devolver esta passagem de trem?
    뽀쑤   데보우베르 에스따 빠싸젱   지 뜨렝

- 열차표를 분실했습니다. 어떻게 해야 하죠?
  - ▶ Eu perdi a minha passagem. O que faço?
    에우 뻬르지 아 밍야   빠싸젱   우 끼   파쑤

- 열차 안에 배낭을 두고 내렸어요.
  - ▶ Deixei a minha mochila no trem.
    데이셰이 아 밍야   모쉴라   누 뜨렝

• 가능한 빠른 항공편을 예약해 주십시오.

▶ **Por favor, gostaria de pegar o voo mais rápido**
뽀르 파보르   고스따리아 지 뻬가르   우 보우 마이스 하삐두

disponível.
지스뽀니베우

• 비행기 예약을 재확인하고 싶습니다.

▶ **Gostaria de reconfirmar a reserva do meu voo.**
고스따리아 지 헤꽁피르마르   아 헤제르바 두 메우   보우

• 이 예약을 취소해 주십시오.

▶ **Gostaria de cancelar a reserva, por favor.**
고스따리아 지   깡쎌라르   아 헤제르바 뽀르 파보르

• 예약을 변경하고 싶습니다.

▶ **Gostaria de modificar a minha reserva.**
고스따리아 지 모지피까르   아 밍야   헤제르바

• 항공편명은 8월 28일의 KE602입니다.

▶ **O número do voo é KE602 marcado para vinte e oito**
우 누메루 두 보우 에 까 에 메이아 제루 도이스 마르까두 빠라 빙치 이 오이뚜

de agosto.
지 아고스뚜

• 상파울루행 이코노미 클래스 두 자리가 필요합니다.

▶ **Preciso de dois lugares na classe econômica com**
쁘레씨주 지 도이스 루가리스   나 끌라씨 이꼬노미까   꽁

destino a São Paulo.
데스치누 아 써웅 빠울루

• 이름은 베뚜입니다.

▶ **Meu nome é Beto.**
메우 노미   에 베뚜

• 다른 항공사의 항공편을 알아봐 주세요.

▶ **Pode verificar os voos de outra companhia aérea?**
뽀지   베리피까르 우스 보우스 지 오우뜨라 꽁빵이아   아에리아

• 창 쪽에 앉고 싶습니다.

▶ Gostaria de (me) sentar na janela.
고스따리아 지 (미) 쎙따르 나 쟈넬라

• 통로 쪽 자리로 해주십시오.

▶ Gostaria de um assento no corredor.
고스따리아 지 웅 아쎙뚜 누 꼬헤도르

• 몇 시에 탑승을 시작합니까?

▶ A que horas começa o embarque?
아 끼 오라스 꼬메싸 우 잉바르끼

Quando começa o embarque?
꽝두 꼬메싸 우 잉바르끼

• 짐은 전부 3개입니다.

▶ Tenho três malas no total.
뗑유 뜨레스 말라스 누 또따우

• 게이트 번호를 가르쳐 주세요.

▶ Qual é o número do portão de embarque?
꽈우 에 우 누메루 두 뽀르떠웅 지 잉바르끼

Pode me informar o número do portão?
뽀지 미 잉포르마르 우 누메루 두 뽀르떠웅

• 7번 게이트는 어디있습니까?

▶ Onde fica o portão 7?
옹지 피까 우 뽀르떠웅 쎄치

• 이 비행기는 정시에 이륙합니까?

▶ Esse voo vai decolar na hora exata?
에씨 보우 바이 데꼴라르 나 오라 이자따

• 얼마나 지연됩니까?

▶ Quanto tempo o voo vai atrasar?
꽝뚜 뗑뿌 우 보우 바이 아뜨라자르

• 다른 항공편을 알아봐 주십시오.

▶ Poderia verificar um outro voo?
뽀데리아 베리피까르 웅 오우뜨루 보우

- 앙그라두스헤이스 가는 배를 어디서 탑니까?

  ▶ Onde posso embarcar no navio que vai para a Angra
  옹지 뽀쑤 잉바르까르 누 나비우 끼 바이 빠라 아 앙그라
  dos Reis?
  두스 헤이스

- 몇 시에 승선합니까?

  ▶ Quando posso embarcar no navio?
  꽝두 뽀쑤 잉바르까르 누 나비우
  A que horas devo embarcar no navio?
  아 끼 오라스 데부 잉바르까르 누 나비우

- 언제 배가 떠납니까?

  ▶ Quando o navio parte?
  꽝두 우 나비우 빠르치
  A que horas o navio sai do porto?
  아 끼 오라스 우 나비우 싸이 두 뽀르뚜

- 항구에 정박했을 때, 주변 거리 구경을 하고 싶습니다.

  ▶ Quando o navio parar no porto, gostaria de dar uma volta
  꽝두 우 나비우 빠라르 누 뽀르뚜 고스따리아 지 다르 우마 보우따
  nas ruas da cidade.
  나스 후아스 다 씨다지
  Quando o navio desembarcar no porto, quero dar um
  꽝두 우 나비우 지젱바르까르 누 뽀르뚜 께루 다르 웅
  passeio pelos arredores.
  빠쎄이우 뻴루즈 아헤도리스

- 혹시 이 배에 브라질 승객은 타고 있지 않습니까?

  ▶ Será que não tem algum passageiro brasileiro neste
  쎄라 끼 너웅 뗑 아우궁 빠싸제이루 브라질레이루 네스치
  barco?
  바르꾸

- 식사는 몇 시에 나옵니까?
  - ▶ A que horas sai a refeição?
    아 끼   오라스 싸이 아 헤페이써웅

- 멀미가 심합니다.
  - ▶ Estou sentindo muito enjoo.
    이스또우 쎙칭두   무이뚜   잉죠우
    Sinto náuseas.
    씽뚜   나우지아스

 자동차 운전

렌터카를 이용할 때

• 차 한 대를 빌렸으면 합니다.

▶ Gostaria de alugar um carro.
고스따리아 지 알루가르 웅 까후

• 요금표를 보여 주세요.

▶ Poderia me mostrar a tabela de preços?
뽀데리아 미 모스뜨라르 아 따벨라 지 쁘레쑤스

Posso ver a tabela de preços?
뽀쑤 베르 아 따벨라 지 쁘레쑤스

• 목적지에 가서 차를 그대로 두고 와도 됩니까?

▶ Posso deixar o carro no local de destino?
뽀쑤 데이샤르 우 까후 누 로까우 지 지스치누

• 이러한 차종으로 3일 즉, 72시간을 빌리고 싶습니다.

▶ Gostaria de alugar um veículo deste tipo por 3 dias,
고스따리아 지 알루가르 웅 베이꿀루 데스치 치뿌 뽀르 뜨레스 지아스

ou seja, por 72 horas.
오우 쎄쟈 뽀르 쎄뗑따 이 두아즈 오라스

• 사고가 날 경우에 어디로 연락해야 합니까?

▶ Para onde devo ligar caso ocorra algum acidente?
빠라 옹지 데부 리가르 까주 오꼬하 아우궁 아씨뎅치

• 이것이 제 국제 면허증입니다.

▶ Esta é a minha carteira internacional de motorista .
에스따 에 아 밍야 까르떼이라 잉떼르나씨오나우 지 모또리스따

• 보증금이 필요하나요?

▶ Preciso pagar algum valor calção?
쁘레씨주 빠가르 아우궁 발로르 까우써웅

• 내일 아침에 사보이 호텔로 차를 보내주세요.

▶ Envie o carro para o hotel Savoy amanhã de manhã,
엥비이 우 까후 빠라 우 오떼우 싸보이 아망양 지 망양
por favor.
뽀르 파보르

• 차가 고장 났어요. 사람 좀 보내 주세요.

▶ O carro não está funcionando.
우 까후 너웅 이스따 풍씨오낭두

Por favor, mande alguém para averiguar o veículo.
뽀르 파보르 망지 아우겡 빠라 아베리과르 우 베이꿀루

O carro está com algum problema.
우 까후 이스따 꽁 아우궁 쁘로블레마

Poderia enviar um mecânico, por favor?
뽀데리아 엥비아르 웅 메까니꾸 뽀르 파보르

주유소에서

• 차에 기름을 넣어야 한다.

▶ Preciso colocar gasolina no carro.
쁘레씨주 꼴로까르 가졸리나 누 까후

• 기름이 거의 바닥이다.

▶ O carro está quase sem gasolina.
우 까후 이스따 꽈지 쎙 가졸리나

O tanque está quase vazio.
우 땅끼 이스따 꽈지 바지우

• 기름 50헤알어치 넣어 주세요.

▶ Enche o tanque até 50 reais, por favor.
엥쉬 우 땅끼 아떼 씽꿸따 헤아이스 뽀르 파보르

Coloque 50 reais de gasolina, por favor.
꼴로끼 씽꿩따 헤아이스 지 가졸리나 뽀르 파보르

• 기름 30리터 넣어 주세요.

▶ Enche o tanque com 30 litros de gasolina, por favor.
엥쉬 우 땅끼 꽁 뜨링따 리뜨루스 지 가졸리나 뽀르 파보르

Coloque 30 litros de gasolina, por favor.
꼴로끼 뜨링따 리뜨루스 지 가졸리나 뽀르 파보르

• 기름 가득 채워 주세요.

▶ Enche o tanque até o máximo, por favor.
엥쉬 우 땅끼 아떼 우 마씨무 뽀르 파보르

Coloque gasolina até ficar cheio, por favor.
꼴로끼 가졸리나 아떼 피까르 셰이우 뽀르 파보르

• 타이어 상태 좀 봐주세요.

▶ Poderia verificar o estado do pneu, por favor?
뽀데리아 베리피까르 우 이스따두 두 삐네우 뽀르 파보르

Você pode dar uma olhada no pneu, por favor?
보쎄 뽀지 다르 우마 올랴다 누 삐네우 뽀르 파보르

• 자동차 앞 유리 좀 닦아 주세요.

▶ Poderia limpar o para-brisa, por favor?
뽀데리아 링빠르 우 빠라 브리자 뽀르 파보르

Você pode limpar o para-brisa, por favor?
보쎄 뽀지 링빠르 우 빠라 브리자 뽀르 파보르

자동차를 체크할 때

• 어떻게 시동을 걸죠?

▶ Como é que dou a partida (no carro)?
꼬무 에 끼 도우 아 빠르치다 (누 까후)

• 어떻게 깜빡이를 켜죠?

▶ Como é que dou a seta (no carro)?
꼬무 에 끼 도우 아 쎄따 (누 까후)

Como é que ligo a seta (do carro)?
꼬무   에 끼 리구 아 쎄따 (두 까후)

• 어떻게 기어를 바꾸죠?
▶ Como troco a marcha?
꼬무   뜨로꾸 아 마르샤

• 어떻게 후진 기어를 넣나요?
▶ Como dou a marcha à ré?
꼬무   도우 아 마르샤   아 헤
Como engato a marcha ré?
꼬무   잉가뚜 아 마르샤   헤

• 스페어타이어가 있습니까?
▶ No carro tem pneu extra?
누   까후 뗑 삐네우 에스뜨라

• 어디 기스가 나있습니까?
▶ O carro está riscado em algum lugar?
우 까후   이스따 히스까두 잉 아우궁 루가르

• 여기에 움푹 들어간 자국이 있습니다.
▶ O carro está amassado aqui.
우 까후   이스따 아마싸두   아끼
Tem uma marca de batida aqui no carro.
뗑   우마 마르까 지 바치다 아끼 누 까후

06 은행

은행을 찾을 때

• 이 근처에 은행이 있습니까?

▶ **Tem algum banco por aqui?**
떼   아우궁   방꾸   뽀르 아끼

• 어디에서 ATM기계를 사용할 수 있습니까?

▶ **Onde posso encontrar um caixa eletrônico?**
옹지   뽀쑤   잉꽁뜨라르 웅   까이샤 엘레뜨로니꾸

• 여기서 가장 가까운 은행이 어디에 있습니까?

▶ **Onde fica o banco mais próximo daqui?**
옹지   피까 우 방꾸   마이스 쁘로씨무   다끼

• 어떤 은행에서 환전할 수 있습니까?

▶ **Em que banco posso trocar dinheiro?**
잉   끼   방꾸   뽀쑤   뜨로까르 징예이루

은행 열고, 닫는 시간 확인할 때

• 은행은 몇 시부터 엽니까?

▶ **A partir de que horas abre o banco?**
아 빠르치르 지 끼   오라즈 아브리 우 방꾸

• 은행은 몇 시까지 엽니까?

▶ **Até que horas o banco fica aberto?**
아떼 끼   오라즈 우 방꾸   피까 아베르뚜

• 언제 은행 문을 엽니까?

▶ **Quando o banco abre?**
꽝두　　　우 방꾸　아브리

• 언제 은행 문을 닫습니까?

▶ **Quando o banco fecha?**
꽝두　　　우 방꾸　페샤

• 주말에 은행을 이용할 수 있습니까?

▶ **Posso usar o banco no fim de semana?**
뽀쑤　우자르 우 방꾸　누 핑　지 쎄마나

환전할 때

• 오늘의 환율이 어떻게 됩니까?

▶ **Como está a cotação do dia?**
꼬무　　이스따 아 꼬따써웅 두 지아

Como está a taxa de câmbio hoje?
꼬무　　이스따 아 따샤 지 깡비우　　오쥐

• 달러를 유로로 바꿀 때의 환율이 어떻게 됩니까?

▶ **Quanto está a cotação do dólar para o euro?**
꽝뚜　　　이스따 아 꼬따써웅 두 돌라르 빠라 우 에우루

Qual é a taxa de câmbio do dólar para o euro?
꽈우 에 아 따샤 지 깡비우　　두 돌라르 빠라 우 에우루

• 환전하는 액수에 따라 차이가 있습니다.

▶ **Depende do valor da transação.**
데뼁지　　　두 발로르 다 뜨랑자써웅

Isso depende da quantidade que vai trocar.
이쑤 데뼁지　　다 꽝치다지　　　끼　바이 뜨로까르

• 1달러에 몇 헤알입니까?

▶ **1 dólar equivale a quantos reais?**
웅 돌라르 에끼발리　아 꽝뚜스　　헤아이스

- 1달러에 2헤알입니다.
  - ▶ 1 dólar equivale a 2 reais.
    웅 돌라르 에끼발리　아 도이스 헤아이스

- 여기서 달러를 헤알로 바꿀 수 있습니까?
  - ▶ Posso trocar dólar por real aqui?
    뽀쑤　뜨로까르 돌라르 뽀르 헤아우 아끼

- 전 1,000 헤알이 필요합니다.
  - ▶ Eu preciso de 1.000 reais.
    에우 쁘레씨주 지　미우　헤아이스

- 환전소가 어디에 있습니까?
  - ▶ Onde fica a casa de câmbio?
    옹지　피까 아 까자 지　깡비우

- 어디서 환전을 할 수 있습니까?
  - ▶ Onde posso trocar moeda estrangeira?
    옹지　뽀쑤　뜨로까르 모에다　이스뜨랑제이라
  - Onde posso trocar dinheiro?
    옹지　뽀쑤　뜨로까르 징예이루

- 이 여행자 수표를 현금으로 바꿔줄 수 있습니까?
  - ▶ Poderia trocar este cheque de viagem por dinheiro?
    뽀데리아　뜨로까르 에스치 셰끼　지 비아젱　뽀르 징예이루

- 잔돈도 섞어 주십시오.
  - ▶ Poderia misturar algum dinheiro trocado junto?
    뽀데리아　미스뚜라르 아우궁　징예이루　뜨로까두 중뚜

잔돈을 바꿀 때

- 100달러짜리 지폐 한 장으로 주십시오.
  - ▶ Me dê uma nota de 100 dólares.
    미　데 우마　노따 지 쩽　돌라리스

• 이 나라에서 사용되는 모든 종류의 동전을 갖고 싶습니다.
▶ **Gostaria de ter todos os tipos de moedas deste país.**
고스따리아 지 떼르 또두즈 우스 치뿌스 지 모에다스 데스치 빠이스

• 이 액수를 바꿔 주십시오.
▶ **Me troque esta quantia, por favor.**
미   뜨로끼   에스따 꽝치아   뽀르 파보르

• 수수료를 지불해야 하나요? 얼마입니까?
▶ **Preciso pagar uma taxa? Quanto é a taxa?**
쁘레씨주 빠가르 우마 따샤   꽝뚜   에 아 따샤

계좌를 개설할 때

• 계좌를 개설하고 싶습니다.
▶ **Eu gostaria de abrir uma conta.**
에우 고스따리아 지 아브리르 우마 꽁따

• 이 은행에 다른 계좌를 가지고 계십니까?
▶ **Você tem outra conta neste banco?**
보쎄   뗑   오우뜨라 꽁따 네스치 방꾸

• 고객님의 계좌번호 부탁합니다.
▶ **Qual é o número da sua conta?**
꽈우   에 우 누메루   다 쑤아 꽁따

• 계좌의 명의는 누구십니까?
▶ **Quem é o titular da conta?**
껭   에 우 치뚤라르 다 꽁따

• 고객님 명의의 계좌가 있습니까?
▶ **O senhor tem uma conta em seu nome?**
우 씽요르 뗑   우마 꽁따   잉   쎄우 노미

• 제게 여권을 보여주세요.
▶ **Me mostre o seu passaporte.**
미   모스뜨리 우 쎄우 빠싸뽀르치

- 제게 여권이나 신분증을 주시겠습니까?
  ▶ **Poderia me dar o seu passaporte ou a carteira de**
  뽀데리아　미　다르 우 쎄우 빠싸뽀르치　　오우 아 까르떼이라 지
  identidade?
  이뎅치다지

- 이 신청서류를 작성해 주세요.
  ▶ **Preencha este formulário, por favor.**
  쁘리엥샤　에스치 포르물라리우 뽀르 파보르
  Poderia preencher este formulário?
  뽀데리아　쁘리엥셰르　에스치 포르물라리우

- 이 쪽 아래에 서명해 주세요.
  ▶ **Assine aqui embaixo, por favor.**
  아씨니　아끼　잉바이슈　　뽀르 파보르

- 비밀 번호를 누르셔야 합니다.
  ▶ **Digite a senha, por favor.**
  지쥐치　아 쎙야　　뽀르 파보르

- 카드는 다음 주에 댁으로 발송됩니다.
  ▶ **O cartão será enviado para a sua casa na próxima semana.**
  우 까르떠웅 쎄라 엥비아두 빠라　아 쑤아 까자 나 쁘로씨마　쎄마나

입출금과 송금할 때

- 얼마를 입금하시겠습니까?
  ▶ **Quanto vai depositar?**
  꽝뚜　　바이 데뽀지따르

- 입금하고 싶습니다.
  ▶ **Quero fazer um depósito.**
  께루　파제르 웅　데뽀지뚜

- 저는 1,000달러를 입금하겠습니다.
  ▶ **Vou depositar 1.000 dólares.**
  보우 데뽀지따르 미우　돌라리스

- 돈을 찾고 싶습니다.
  - ▶ Gostaria de sacar dinheiro.
    고스따리아 지 싸까르 징예이루

    Quero fazer um saque da minha conta.
    께루 파제르 웅 싸끼 다 밍야 꽁따

- ATM에 지폐를 입금할 수 있습니까?
  - ▶ Tem como fazer depósito no caixa eletrônico?
    뗑 꼬무 파제르 데뽀지뚜 누 까이샤 엘레뜨로니꾸

- 저는 은행에 보통예금계좌를 가지고 있습니다.
  - ▶ Tenho uma conta corrente no banco.
    뗑유 우마 꽁따 꼬헹치 누 방꾸

- 제게 거의 수표가 남지 않았습니다. 저는 다른 수표책을 필요로 합니다.
  - ▶ Estou quase sem cheque. Preciso de outro talão de
    이스또우 꽈지 쎙 셰끼 쁘레씨주 지 오우뜨루 딸러웅 지
    cheque.
    셰끼

- 제 계좌의 잔고를 알고 싶다.
  - ▶ Quero saber o saldo da minha conta.
    께루 싸베르 우 싸우두 다 밍야 꽁따

- 은행이 제 계좌의 거래내역서를 줄 수 있나요?
  - ▶ Será que o banco pode me dar um extrato da minha
    쎄라 끼 우 방꾸 뽀지 미 다르 웅 이스뜨라뚜 다 밍야
    conta?
    꽁따

- 이체를 할 수 있습니까?
  - ▶ Posso fazer uma transferência?
    뽀쑤 파제르 우마 뜨랑스페렝씨아

• 빠울루의 이름으로 이체된 돈이 들어왔는지 알고 싶습니다.

▶ **Eu queria saber se chegou alguma transferência em**
에우 께리아 싸베르 씨 셰고우 아우구마 뜨랑스페렝씨아 잉

nome de Paulo.
노미 지 빠울루

• 저는 브라질로 송금을 하고 싶습니다.

▶ **Quero fazer uma transferência para o Brasil.**
께루 파제르 우마 뜨랑스페렝씨아 빠라 우 브라지우

• 제 계좌로부터 송금을 하고자 합니다.

▶ **Vou fazer uma transferência da minha conta.**
보우 파제르 우마 뜨랑스페렝씨아 다 밍야 꽁따

• 얼마를 이체하실 겁니까?

▶ **Quanto gostaria de transferir?**
꽝뚜 고스따리아 지 뜨랑스페리르

• 이 양식을 채워 주세요.

▶ **Preencha este formulário.**
쁘리엥샤 에스치 포르물라리우

• 여기에 돈을 보낼 은행의 이름을 써 주세요.

▶ **Escreva aqui o nome do banco para onde enviará o**
이스끄레바 아끼 우 노미 두 방꾸 빠라 옹지 엥비아라 우

dinheiro.
징예이루

• 여기에 수취인의 계좌번호를 써 주세요.

▶ **Escreva aqui o número da conta do destinatário.**
이스끄레바 아끼 우 누메루 다 꽁따 두 데스치나따리우

• 5일 내에 돈이 도착할 것입니다.

▶ **O dinheiro chegará na conta do destinatário em 5 dias.**
우 징예이루 셰가라 나 꽁따 두 데스치나따리우 잉 씽꾸 지아스

- 신용카드를 신청할 수 있습니까?

  ▶ Posso solicitar um cartão de crédito?
  뽀쑤　쏠리씨따르 웅　까르떠웅 지 끄레지뚜

- 신용 등급을 확인해도 되겠습니까?

  ▶ Posso confirmar o seu limite de crédito pessoal?
  뽀쑤　꽁피르마르　우 쎄우 리미치　지　끄레지뚜 뻬쏘아우

- 여권이나 신분증을 보여 주십시오.

  ▶ Pode me mostrar o seu passaporte ou a carteira de
  뽀지　미　모스뜨라르 우 쎄우 빠싸뽀르치　　오우 아 까르떼이라 지

  identidade?
  이뎅치다지

- 이 양식지를 작성해 주세요.

  ▶ Preencha este formulário.
  쁘리엥샤　　에스치 포르물라리우

- 여기 아래에 서명하십시오.

  ▶ Assine aqui embaixo, por favor.
  아씨니　아끼　잉바이슈　　뽀르 파보르

- 카드는 어디로 보내드릴까요?

  ▶ Para onde enviamos o cartão?
  빠라　옹지　엥비아무스　　우 까르떠웅

- 카드는 댁으로 발송됩니다.

  ▶ O cartão será enviado para a sua casa.
  우 까르떠웅 쎄라 엥비아두　빠라　아 쑤아 까자

- 카드는 직장으로 발송됩니다.

  ▶ O cartão será enviado para o seu trabalho.
  우 까르떠웅 쎄라 엥비아두　빠라　우 쎄우 뜨라발류

• 카드 거래 내역서를 어디로 보내 드릴까요?

▶ **Para onde enviamos o extrato do cartão?**
빠라 옹지 엥비아무스 우 이스뜨라뚜 두 까르떠웅

• 이메일로 받으시겠습니까? 우편으로 받으시겠습니까?

▶ **Quer receber por e-mail ou pelo correio?**
께르 헤쎄베르 뽀르 이메이우 오우 뻴루 꼬헤이우

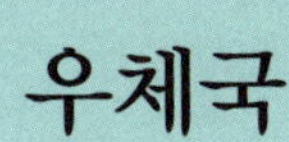 **07** 우체국

우체국을 찾을 때

• 우체국은 어디입니까?

▶ **Onde fica o correio?**
옹지　피까 우 꼬헤이우

• 우체국은 여기에서 버스로 5분 거리에 있습니다.

▶ **O correio fica a 5 minutos daqui de ônibus.**
우 꼬헤이우 피까 아 씽꾸 미누뚜스 다끼 지 오니부스

• 우체국에 영어를 말하는 직원이 있습니까?

▶ **Tem algum funcionário que fale inglês no correio?**
뗑　아우궁 풍씨오나리우　끼　팔리 잉글레스 누 꼬헤이우

• 가장 가까운 우체국은 어디에 있습니까?

▶ **Onde fica o correio mais próximo?**
옹지　피까 우 꼬헤이우 마이스 쁘로씨무

우표를 살 때

• 어디에서 우표를 살 수 있습니까?

▶ **Onde posso comprar os selos postais?**
옹지　뽀쑤　꽁쁘라르　우스 쎌루스 뽀스따이스

• 여기 우체국에서 우표를 살 수 있습니까?

▶ **Posso comprar os selos postais aqui no correio?**
뽀쑤　꽁쁘라르　우스 쎌루스 뽀스따이스 아끼 누 꼬헤이우

- 2번 창구에서 팝니다.
  ▶ O selo é vendido no caixa 2.
    우 쎌루 에 벵지두 누 까이샤 도이스

- 제게 1헤알짜리 우표를 10장 주세요.
  ▶ Me dê dez selos de um real, por favor.
    미 데 데스 쎌루스 지 웅 헤아우 뽀르 파보르

- 이 편지를 부치려면 이 우표로 충분합니까?
  ▶ Será que este selo é suficiente para mandar esta
    쎄라 끼 에스치 쎌루 에 쑤피씨엥치 빠라 망다르 에스따
    correspondência?
    꼬헤스뽕뎅씨아

편지를 부칠 때

- 이것은 우체통이다
  ▶ Esta é a caixa do correio.
    에스따 에 아 까이샤 두 꼬헤이우

- 이 편지를 등기로 부쳐 주세요.
  ▶ Quero enviar uma carta autenticada.
    께루 엥비아르 우마 까르따 아우뗑치까다

- 이 편지는 외국으로 가는 것입니다.
  ▶ Esta correspondência é para ser enviada para o
    에스따 꼬헤스뽕뎅씨아 에 빠라 쎄르 엥비아다 빠라 우
    exterior.
    이스떼리오르

    Quero enviar esta carta para fora do país.
    께루 엥비아르 에스따 까르따 빠라 포라 두 빠이스

- 한국에 도착하는데 며칠 걸립니까?
  ▶ Quantos dias leva para chegar na Coreia?
    꽝뚜스 지아스 레바 빠라 셰가르 나 꼬레이아

• 이 편지를 항공편으로 보내고 싶습니다.

▶ Quero enviar esta carta por via aérea.
께루   엥비아르 에스따 까르따 뽀르 비아 아에리아

• 얼마입니까?

▶ Quanto é?
꽝뚜   에

Quanto custa?
꽝뚜   꾸스따

• 이 우편의 요금은 얼마입니까?

▶ Quanto devo pagar pela carta?
꽝뚜   데부   빠가르 뻴라   까르따

소포를 부칠 때

• 이 소포를 우편으로 보내고 싶습니다.

▶ Quero enviar este pacote por correspondência.
께루   엥비아르 에스치 빠꼬치 뽀르 꼬헤스뽕뎅씨아

• 이 소포를 등기로 부쳐줄 수 있습니까?

▶ Pode enviar este pacote por correspondência
뽀지   엥비아르   에스치 빠꼬치   뽀르   꼬헤스뽕뎅씨아
autenticada?
아우뗑치까다

• 이 소포는 얼마를 지불해야 합니까?

▶ Quanto devo pagar para enviar este pacote?
꽝뚜   데부   빠가르 빠라   엥비아르 에스치 빠꼬치

• 중량이 조금 초과됩니다. 돈을 더 지불하셔야 합니다.

▶ Ele está passando do peso. É preciso pagar uma taxa
엘리 이스따 빠쌍두   두 뻬주   에 쁘레씨주 빠가르 우마   따샤
extra.
에스뜨라

• 이 소포 안에는 무엇이 있습니까?

▶ O que tem dentro do pacote?
우 끼 뗑 뎅뜨루 두 빠꼬치

Qual é o conteúdo do pacote?
꽈우 에 우 꽁떼우두 두 빠꼬치

• 소포 안에는 20권의 책이 있습니다.

▶ No pacote tem 20 livros.
누 빠꼬치 뗑 빙치 리브루스

Tem 20 livros dentro do pacote.
뗑 빙치 리브루스 뎅뜨루 두 빠꼬치

• 한국까지 도착하려면 얼마나 걸리나요?

▶ Quanto tempo leva para chegar na Coreia?
꽝뚜 뗑뿌 레바 빠라 셰가르 나 꼬레이아

• 이 소포는 2주일이면 한국에 도착할 것입니다.

▶ Este pacote vai chegar na Coreia em duas semanas.
에스치 빠꼬치 바이 셰가르 나 꼬레이아 잉 두아스 쎄마나스

 **이발과 미용**

이발소에서

• 어떻게 머리를 자르고 싶으세요?

▶ **Como gostaria de cortar o cabelo?**
꼬무　고스따리아 지 꼬르따르 우 까벨루

• 이발과 면도를 하고 싶습니다.

▶ **Quero cortar o cabelo e fazer a barba.**
께루　꼬르따르 우 까벨루 이 파제르 아 바르바

• 면도해 주세요.

▶ **Pode fazer a minha barba, por favor?**
뽀지 파제르 아 밍야　바르바 뽀르 파보르

• 면도는 하지 마세요. 얼굴에 땀띠가 있습니다.

▶ **Não faça a minha barba. Tenho uma erupção na pele.**
너웅 파싸 아 밍야　바르바 뗑유　우마 에룹써웅　나 뻴리

• 면도할 때, 작은 상처 조심해 주세요.

▶ **Ao fazer a barba tome cuidado com as pequenas**
아우 파제르 아 바르바 또미　꾸이다두　꽁　아스 삐께나스
feridas, por favor.
페리다스 뽀르 파보르

• 될 수 있는 대로 가볍게 면도해 주십시오.

▶ **Faça a barba da maneira mais suave possível.**
파싸 아 바르바 다 마네이라　마이스 쑤아비 뽀씨베우

• 제 피부가 매우 민감합니다.

▶ **A minha pele é muito sensível.**
아 밍야　뻴리 에 무이뚜 쎙씨베우

• 짧게 깎아 주세요.

▶ Quero um corte curto, por favor.
께루　웅　꼬르치 꾸르뚜 뽀르 파보르

• 조금만 더 깎아 주실래요?

▶ Poderia cortar um pouco mais?
뽀데리아　꼬르따르 웅 뽀우꾸　마이스

• 너무 짧지 않게 깎아 주세요.

▶ Não deixe o meu cabelo muito curto.
너웅 데이쉬 우 메우 까벨루　무이뚜 꾸르뚜

Não corte demais o meu cabelo.
너웅 꼬르치 지마이스 우 메우 까벨루

• 옆을 짧게 깎아 주실래요?

▶ Poderia deixar a lateral mais curta?
뽀데리아　데이샤르 아 라떼라우 마이스 꾸르따

• 머리를 감겨 주실래요?

▶ Poderia lavar o meu cabelo?
뽀데리아　라바르 우 메우　까벨루

• 머리 감으러 이쪽으로 오세요.

▶ Venha aqui para lavar o cabelo.
벵야　아끼 빠라　라바르 우 까벨루

• 머리를 감고 나서 잘 빗어 주세요.

▶ Penteie bem o cabelo depois de lavá-lo.
뻥떼이이 벵　우 까벨루 데뽀이스 지 라발루

• 가르마를 가운데로 잡아 주세요.

▶ Divida o meu cabelo bem no meio.
지비다　우 메우 까벨루 벵　누 메이우

Quero dividir o meu cabelo no meio.
께루　지비지르 우 메우 까벨루　누 메이우

• 젤을 조금 발라주세요.

▶ Passe um pouco de gel, por favor.
빠씨　웅 뽀우꾸 지 제우 뽀르 파보르

- 이 헤어스타일 어떻습니까?
  - ▶ Que tal este penteado?
    끼　따우 에스치 뻰치아두

미용실에서

- 우선, 머리를 감아 드리겠습니다.
  - ▶ Primeiro vou lavar o seu cabelo.
    쁘리메이루 보우　라바르 우 쎄우 까벨루

- 머리를 말린 후에 펴드리겠습니다.
  - ▶ Vou alisar o seu cabelo depois de secá-lo.
    보우 알리자르 우 쎄우 까벨루 데보이스 지 쎄깔루

- 약하게 파마를 하고 싶습니다.
  - ▶ Gostaria de fazer um permanente suave.
    고스따리아 지 파제르 웅　뻬르마넹치　　쑤아비

- 강하게 파마를 하고 싶습니다.
  - ▶ Gostaria de fazer um permanente forte.
    고스따리아 지 파제르 웅　뻬르마넹치　　포르치

- 머리에 웨이브를 주고 싶습니다.
  - ▶ Gostaria de deixar o meu cabelo ondulado.
    고스따리아 지　데이샤르 우 메우 까벨루　옹둘라두
    Quero ondular o meu cabelo.
    께루　　옹둘라르 우 메우　까벨루

- 머리에 컬을 해주세요.
  - ▶ Gostaria de deixar o meu cabelo cacheado.
    고스따리아 지　데이샤르 우 메우 까벨루　　까쉬아두
    Quero cachear o meu cabelo.
    께루　　까쉬아르 우 메우　까벨루

- 매직을 하고 싶습니다.
  - ▶ Quero fazer um alisamento.
    께루　　파제르 웅　알리자멩뚜

- 파마를 끝낸 후에 얼굴 마사지도 하시겠습니까?

▶ Gostaria de fazer uma massagem facial depois do
고스따리아 지 파제르 우마 마싸젱 파씨아우 데뽀이스 두
permanente?
뻬르마넹치

- 파마가 끝났습니다.

▶ O permanente ficou pronto.
우 뻬르마넹치 피꼬우 쁘롱뚜

- 괜찮은 지 거울을 보세요.

▶ Veja no espelho se está bom.
베쟈 누 이스뻴류 씨 이스따 봉

- 조금 다르게 고치고 싶으시면 말씀해 주세요.

▶ Me avise se quiser consertar alguma coisa.
미 아비지 씨 끼제르 꽁쎄르따르 아우구마 꼬이자
Me avise caso queira mudar alguma coisa.
미 아비지 까주 께이라 무다르 아우구마 꼬이자

- 얼마입니까?

▶ Quanto custa?
꽝뚜 꾸스따
Quanto é?
꽝뚜 에

세탁소

세탁물을 맡길 때

• 언제 옷 찾으러 오면 됩니까?

▶ **Quando posso vir buscar a roupa?**
꽝두 뽀쑤 비르 부스까르 아 호우빠

• 이것을 좀 다려 주시겠어요?

▶ **Poderia passar esta roupa?**
뽀데리아 빠싸르 에스따 호우빠

• 내일까지 세탁을 해야 합니다.

▶ **Preciso que a roupa fique limpa até amanhã.**
쁘레씨주 끼 아 호우빠 피끼 링빠 아떼 아망양

Preciso lavar a roupa até amanhã.
쁘레씨주 라바르 아 호우빠 아떼 아망양

• 내일까지 다 되겠습니까?

▶ **Será que fica pronto até amanhã?**
쎄라 끼 피까 쁘롱뚜 아떼 아망양

• 이 옷은 잘 드라이클리닝 되어야 합니다.

▶ **Esta roupa precisa de uma lavagem a seco de qualidade.**
에스따 호우빠 쁘레시자 지 우마 라바젱 아 쎄꾸 지 꽐리다지

Lave esta roupa a seco com cuidado.
라비 에스따 호우빠 아 쎄꾸 꽁 꾸이다두

• 단추가 떨어졌습니다.

▶ **O botão caiu.**
우 보떠웅 까이우

• 단추를 다시 붙여주실 수 있어요?
▶ **Poderia pregar o botão de novo?**
뽀데리아　쁘레가르 우 보떠웅 지　노부

• 찢어진 옷을 수선해 주실 수 있어요?
▶ **Poderia consertar a roupa rasgada?**
뽀데리아 꽁쎄르따르　아 호우빠 하스가다

• 이 얼룩을 없애 주실 수 있어요?
▶ **Poderia tirar esta mancha da roupa?**
뽀데리아　치라르 에스따 망샤　　다 호우빠

• 옷감이 상하지 않게 얼룩을 빼주실 수 있어요?
▶ **Poderia tirar esta mancha sem estragar a roupa?**
뽀데리아　치라르 에스따 망샤　　쎙　　이스뜨라가르 아 호우빠

• 지퍼 교환하는 것은 얼마입니까?
▶ **Quanto custa para trocar o zíper?**
꽝뚜　　　꾸스따 빠라 뜨로까르 우 지뻬르

세탁물을 찾을 때

• 영수증(물품명세서) 주세요.
▶ **Poderia dar o recibo, por favor?**
뽀데리아　다르 우 헤씨부　뽀르 파보르

• 명세서 없이는 옷을 인계할 수 없습니다.
▶ **Não posso entregar a roupa sem o recibo.**
너웅 뽀쑤　　잉뜨레가르 아 호우빠 쎙　　우 헤씨부

• 제가 맡긴 세탁물이 다 되었습니까?
▶ **As roupas que deixei já estão prontas?**
아스 호우빠스 끼　데이셰이 쟈 이스떠웅 쁘롱따스

• 제가 맡긴 세탁물이 아직 안 나왔습니까?
▶ **Será que as roupas que deixei ainda não estão prontas?**
쎄라　끼　아스 호우빠스 끼 데이셰이 아잉다 너웅 이스떠웅 쁘롱따스

• 고객님의 옷은 이미 다 세탁되었습니다.

▶ A sua roupa já está limpa.
아 쑤아 호우빠 쟈 이스따 링빠

A sua roupa já foi lavada.
아 쑤아 호우빠 쟈 포이 라바다

• 이 얼룩은 없앨 수가 없었습니다.

▶ Não teve como tirar esta mancha.
너웅 떼비 꼬무 치라르 에스따 망샤

Infelizmente, a mancha não saiu.
잉펠리스멩치 아 망샤 너웅 싸이우

• 새 단추가격을 지불하셔야 합니다.

▶ É preciso pagar pelo botão novo.
에 쁘레씨주 빠가르 뻴루 보떠웅 노부

Você precisa pagar pelo botão novo.
보쎄 쁘레씨자 빠가르 뻴루 보떠웅 노부

• 없어진 단추에 대한 것은 저희가 책임을 집니다.

▶ Nós nos responsabilizaremos pelo botão perdido.
노스 노스 헤스뽕싸빌리자레무스 뻴루 보떠웅 뻬르지두

10 부동산과 관공서

부동산 중개소에서

- 전 방 3개짜리 아파트를 원합니다.

  ▶ **Quero um apartamento de três quartos.**
  께루　웅　아빠르따멩뚜　지　뜨레스　꽈르뚜스

- 전 욕실이 두 개인 아파트를 원합니다.

  ▶ **Quero um apartamento com dois banheiros.**
  께루　웅　아빠르따멩뚜　꽁　도이스　방예이루스

- 욕실이 딸린 작은 방을 원합니다.

  ▶ **Quero uma suíte pequena.**
  께루　우마　쑤이치　삐께나

  Quero um quarto simples com banheiro.
  께루　웅　꽈르뚜　씽쁠리스　꽁　방예이루

- 가구가 완비된 룸을 얻고자 합니다.

  ▶ **Quero um quarto mobiliado.**
  께루　웅　꽈르뚜　모빌리아두

- 전 호수가 보이는 집을 원합니다.

  ▶ **Quero uma casa com vista para o lago.**
  께루　우마　까자　꽁　비스따　빠라　우　라구

- 해가 잘 드는 방을 원합니다.

  ▶ **Quero um quarto que bata muito sol.**
  께루　웅　꽈르뚜　끼　바따　무이뚜　쏘우

• 지금 방을 볼 수 있습니까?

▶ **Posso ver o quarto agora?**
뽀쑤　베르 우 꽈르뚜 아고라

Posso dar uma olhada no quarto agora?
뽀쑤　다르 우마 올랴다　누 꽈르뚜　아고라

• 언제 들어가 볼 수 있죠?

▶ **Quando posso fazer uma visita?**
꽝두　뽀쑤　파제르 우마　비지따

• 이 건물에는 안전장치가 있습니까?

▶ **Tem algum sistema de segurança no prédio?**
뗑　아우궁 씨스떼마 지 쎄구랑싸　누 쁘레지우

O prédio possui algum sistema de segurança?
우 쁘레지우 뽀쑤이　아우궁　씨스떼마　지 쎄구랑싸

• 그 아파트는 몇 층입니까?

▶ **Qual é o andar do apartamento?**
꽈우　에 우 앙다르 두　아빠르따멩뚜

• 아파트의 크기는 어떻게 됩니까?

▶ **Qual é o tamanho do apartamento?**
꽈우　에 우 따망유　두　아빠르따멩뚜

• 그 건물은 애완견을 키울 수 있습니까?

▶ **O prédio permite animais domésticos?**
우 쁘레지우 뻬르미치　아니마이스 도메스치꾸스

• 어느 가격을 원하십니까?

▶ **Qual a faixa de preço que procura?**
꽈우　아 파이샤 지 쁘레쑤 끼　쁘로꾸라

• 임대료는 얼마입니까?

▶ **Quanto é o aluguel?**
꽝뚜　에 우 알루게우

• 임대료에 전기, 가스, 수도요금이 포함되어 있습니까?

▶ Será que as despesas de luz, gás e água estão inclusas
쎄라 끼 아스 지스뻬자스 지 루스 가스 이 아과 이스떠웅 잉끌루자스

no valor do aluguel?
누 발로르 두 알루게우

• 언제 임대료를 지불해야 합니까?

▶ Quando devo pagar o aluguel?
꽝두 데부 빠가르 우 알루게우

• 지불해야 하는 관리비는 얼마입니까?

▶ Quanto é o condomínio?
꽝뚜 에 우 꽁도미니우

Qual é o valor do condomínio?
꽈우 에 우 발로르 두 꽁도미니우

• 전기요금은 지불하셔야 합니다.

▶ Você tem que pagar a conta de luz.
보쎄 뗑 끼 빠가르 아 꽁따 지 루스

• 수도요금은 월세에 포함되어 있습니다.

▶ A conta de água está inclusa no valor do aluguel.
아 꽁따 지 아과 이스따 잉끌루자 누 발로르 두 알루게우

• 전기요금은 포함되어 있으나, 가스요금은 안되어 있습니다.

▶ A conta de luz está inclusa, mas a conta de gás não.
아 꽁따 지 루스 이스따 잉끌루자 마즈 아 꽁따 지 가스 너웅

PART VIII
긴급 표현

 **난처한 상황**

난처할 때

• 무슨 일인가요?
▶ **O que aconteceu?**
우 끼 아꽁떼쎄우
O que houve?
우 끼 오우비
O que foi?
우 끼 포이

• 무슨 일이 일어났나요?
▶ **Aconteceu alguma coisa?**
아꽁떼쎄우 아우구마 꼬이자

• 여권을 분실했습니다.
▶ **Perdi o passaporte.**
뻬르지 우 빠싸뽀르치

• 제 신용카드를 분실했습니다.
▶ **Perdi o meu cartão de crédito.**
뻬르지 우 메우 까르떠웅 지 끄레지뚜

• 카메라를 도난당했습니다.
▶ **Roubaram a minha câmera.**
호우바랑 아 밍야 까메라
A minha câmera foi roubada.
아 밍야 까메라 포이 호우바다

• 제 카드를 중지시켜 주시겠어요?

▶ **Poderia bloquear o meu cartão?**
뽀데리아 블로끼아르 우 메우 까르떠웅

Tem como cancelar o meu cartão?
뗑 꼬무 깡쎌라르 우 메우 까르떠웅

• 전 술이 취했습니다.

▶ **Estou bêbado / a.**
이스또우 베바두/ 다

Acho que bebi demais.
아슈 끼 베비 지마이스

• 제 차가 길 한가운데서 고장이 났습니다.

▶ **O meu carro quebrou no meio da estrada.**
우 메우 까후 께브로우 누 메이우 다 이스뜨라다

• 전 엘리베이터 안에서 갇혔습니다.

▶ **Estou preso / a no elevador.**
이스또우 쁘레주/ 자 누 엘레바도르

• 저희 건물에 전기가 나갔습니다.

▶ **O nosso prédio ficou sem energia elétrica.**
우 노쑤 쁘레지우 피꼬우 쎙 에네르쮀아 엘레뜨리까

Acabou a luz do nosso prédio.
아까보우 아 루스 두 노쑤 쁘레지우

말이 통하지 않을 때

• 영어 할 줄 아니?

▶ **Você sabe falar inglês?**
보쎄 싸비 팔라르 잉글레스

• 영어 할 수 있니?

▶ **Você pode falar inglês?**
보쎄 뽀지 팔라르 잉글레스

• 한국어 하는 사람을 불러 주시겠어요?

▶ Poderia chamar alguém que fale coreano?
뽀데리아 샤마르 아우겡 끼 팔리 꼬레아누

• 한국어 할 줄 아는 사람이 있나요?

▶ Tem alguém que saiba falar coreano?
뗑 아우겡 끼 싸이바 팔라르 꼬레아누

• 여기 누군가 영어 하나요?

▶ Alguém aqui fala inglês?
아우겡 아끼 팔라 잉글레스

• 저는 포르투갈어를 잘 못합니다.

▶ Não falo bem português.
너웅 팔루 벵 뽀르뚜게스

• 이것을 포르투갈어로 뭐라고 합니까?

▶ Como se diz isso em português?
꼬무 씨 지즈 이쑤 잉 뽀르뚜게스

• 미안한데, 네 말을 이해 못했어.

▶ Desculpe, mas não entendi o que disse.
지스꾸우삐 마스 너웅 잉뗑지 우 끼 지씨

• 미안한데, 난 포르투갈어를 못해.

▶ Desculpe, mas não falo português.
지스꾸우삐 마스 너웅 팔루 뽀르뚜게스

• 내 포르투갈어는 매우 형편없다.

▶ O meu português é bem precário.
우 메우 뽀르뚜게스 에 벵 쁘레까리우

O meu português é muito pobre.
우 메우 뽀르뚜게스 에 무이뚜 뽀브리

• 난 포르투갈어를 아주 조금한다.

▶ Só falo um pouco de português.
쏘 팔루 웅 뽀우꾸 지 뽀르뚜게스

Só falo português um pouquinho.
쏘 팔루 뽀르뚜게스 웅 뽀우낑유

• 난 네 말을 이해 못한다.
  ▶ **Não entendo o que você diz.**
  너웅 잉뗑두　우 끼 보쎄 지스

  Não entendo o que está dizendo.
  너웅 잉뗑두　우 끼 이스따 지젱두

• 네가 뭐라고 말하는지 나는 모른다.
  ▶ **Não sei do que está falando.**
  너웅 쎄이 두 끼　이스따 팔랑두

• 천천히 말씀해 주실래요?
  ▶ **Poderia falar mais devagar?**
  뽀데리아　팔라르 마이스 지바가르

  Pode falar mais devagar, por favor?
  뽀지　팔라르 마이스 지바가르　뽀르 파보르

• 그것을 다시 말해줄 수 있어요?
  ▶ **Poderia falar de novo?**
  뽀데리아　팔라르 지 노부

  Pode repetir o que disse?
  뽀지　헤뻬치르 우 끼　지씨

• 지금 말한 것을 써주실 수 있습니까?
  ▶ **Poderia escrever o que acabou de dizer?**
  뽀데리아　이스끄레베르 우 끼 아까보우 지　지제르

• 그 정보를 써서 주실 수 있습니까?
  ▶ **Poderia me passar a informação em escrito?**
  뽀데리아　미　빠싸르 아 잉포르마써웅　잉　이스끄리뚜

위급한 상황일 때

• 급해요, 급해!
  ▶ **É urgente!**
  에 우르젱치

  Estou com pressa!
  이스또우 꽁　쁘레싸

• 더 빨리요!

▶ **Mais rápido, por favor!**
마이스 하삐두 뽀르 파보르

• 문 좀 열어 주세요!

▶ **Abra a porta, por favor!**
아브라 아 뽀르따 뽀르 파보르

• 여기서 나가요!

▶ **Saia daqui!**
싸이아 다끼

• 빨리 나가요!

▶ **Saia logo!**
싸이아 로구

• 위험해요!

▶ **É perigoso!**
에 뻬리고주

• 조심해요!

▶ **Tenha cuidado!**
뗑야 꾸이다두

• 부상자들은 어떻습니까?

▶ **Como estão os feridos?**
꼬무 이스떠웅 우스 뻬리두스

• 부상자들은 괜찮니?

▶ **Os feridos estão bem?**
우스 뻬리두즈 이스떠웅 벵

• 의사 좀 불러 주세요!

▶ **Chame um médico!**
샤미 웅 메지꾸

• 경찰 좀 불러 주세요!

▶ **Chame a polícia!**
샤미 아 뽈리씨아

• 구급차 좀 불러 주세요!

▶ **Chame a ambulância!**
샤미　　　아 앙불랑씨아

• 저 사람을 잡아 주세요!

▶ **Pegue aquele homem!**
뻬기　　아껠리　오멩

• 도둑이야! 도둑 잡아요!

▶ **Ladrão! Pegue o ladrão!**
라드러웅 뻬기　　우 라드러웅

도움을 요청할 때

• 도와 주세요!

▶ **Me ajude!**
미　아쥬지

• 살려 주세요!

▶ **Socorro!**
쏘꼬후

• 거들어 주세요!

▶ **Me dê uma mão, por favor!**
미　데 우마 머웅　뽀르 파보르

• 도움이 필요합니다.

▶ **Preciso de ajuda.**
쁘레씨주 지 아쥬다

• 이 근처에 경찰서가 어디에 있습니까?

▶ **Onde fica a delegacia de polícia mais próxima?**
옹지　피까 아 델레가씨아　지 뽈리씨아 마이스 쁘로씨마

Onde fica a polícia por aqui?
옹지　　피까 아 뽈리씨아 뽀르 아끼

난처한 상황

• 분실물센터는 어디에 있습니까?

▶ **Onde é o posto de achados e perdidos?**
옹지　에 우 뽀스뚜 지 아샤두즈　이 뻬르지두스

Onde fica a seção de achados e perdidos?
옹지　피까 아 쎄써웅 지 아샤두즈　이 뻬르지두스

• 안에 열쇠를 두고 차를 잠갔습니다.

▶ **Tranquei o carro com a chave dentro.**
뜨랑께이　우 까후 꽁　아 샤비　뎅뜨루

• 차 안에 열쇠를 놔뒀습니다.

▶ **Deixei a chave dentro do carro.**
데이셰이 아 샤비　뎅뜨루　두 까후

• 차 안에서 열쇠를 꺼내줄 수 있습니까?

▶ **Poderia tirar a chave de dentro do carro, por favor?**
뽀데리아 치라르 아 샤비　지 뎅뜨루 두 까후　뽀르 파보르

• 죄송한데 이 양식 채우는 것을 도와주실 수 있나요?

▶ **Poderia me ajudar a preencher este formulário?**
뽀데리아 미　아쥬다르 아 쁘리엥셰르　에스치 포르물라리우

• 죄송합니다만, 휴대폰을 잠시만 빌릴 수 있을까요?

▶ **Desculpe, mas poderia me emprestar o celular só um**
지스꾸우삐　마스 뽀데리아　미　잉쁘레스따르 우 쎌룰라르 쏘 웅

momento?
모멩뚜

• 제 휴대폰이 여기에서 터지지 않습니다.

▶ **O meu celular não funciona aqui.**
우 메우　쎌룰라르 너웅 풍씨오나　아끼

O meu celular não está pegando sinal.
우 메우　쎌룰라르 너웅 이스따 뻬강두　씨나우

O meu celular está sem sinal.
우 메우　쎌룰라르 이스따 쎙　씨나우

• 실례하지만, 소금을 건네주실 수 있습니까?

▶ **Desculpe, mas poderia me passar o sal?**
지스꾸우삐　마스 뽀데리아 미　빠싸르　우 싸우

• 제게 버터를 건네주세요.

▶ **Me passe a manteiga, por favor?**
미 빠씨 아 망떼이가 뽀르 파보르

• 제게 다른 치즈를 가져다 주시겠습니까?

▶ **Poderia me trazer mais um queijo?**
뽀데리아 미 뜨라제르 마이즈 웅 께이쥬

• 부탁을 들어주시겠습니까?

▶ **Poderia me fazer um favor?**
뽀데리아 미 파제르 웅 파보르

• 도움을 줄 수 있겠습니까?

▶ **Poderia me dar uma mãozinha?**
뽀데리아 미 다르 우마 머웅징야

• 저와 함께 가 주세요!

▶ **Por favor, me acompanhe!**
뽀르 파보르 미 아꽁빵이

• 여기 의사 있나요?

▶ **Tem algum médico por aqui?**
뗑 아우궁 메지꾸 뽀르 아끼

• 지혈 할 줄 아는 사람 있나요?

▶ **Tem alguém que saiba estancar o sangue?**
뗑 아우겡 끼 싸이바 이스땅까르 우 쌍기

Alguém sabe fazer o sangue parar de sair?
아우겡 싸비 파제르 우 쌍기 빠라르 지 싸이르

Alguém sabe como conter o sangramento?
아우겡 싸비 꼬무 꽁떼르 우 쌍그라멩뚜

• 심폐소생술을 할 줄 아는 사람 있나요?

▶ **Tem alguém que saiba fazer respiração boca a boca?**
뗑 아우겡 끼 싸이바 파제르 헤스삐라써웅 보까 아 보까

- 움직이지 마라.

> **Não se mova.**
> 너웅 씨 모바
>
> **Não se mexa.**
> 너웅 씨 메샤

- 팔을 올려보세요.

> **Levante o braço.**
> 레방치 우 브라쑤

- 다리를 올려보세요.

> **Levante a perna.**
> 레방치 아 뻬르나

- 제게 모포를 주세요.

> **Me dê um cobertor.**
> 미 데 웅 꼬베르또르

- 저희는 붕대와 반창고가 필요합니다.

> **Precisamos de bandagem e esparadrapo.**
> 쁘레씨자무스 지 방다젱 이 이스빠라드라뿌

- 지혈을 해라.

> **Contenha o sangue.**
> 꽁뗑야 우 쌍기
>
> **Estanque o sangue.**
> 이스땅끼 우 쌍기

- 구급상자를 가져오세요.

> **Traga a caixa de primeiros socorros.**
> 뜨라가 아 까이샤 지 쁘리메이루스 쏘꼬후스
>
> **Traga o kit de primeiros socorros.**
> 뜨라가 우 끼치 지 쁘리메이루스 쏘꼬후스

분실했을 때

- 제 가방을 잃어 버렸어요.
  - ▶ Perdi a minha mala.
    뻬르지 아 밍야 말라

- 버스에 배낭을 두고 내렸습니다.
  - ▶ Deixei a mochila no ônibus.
    데이셰이 아 모쉴라 누 오니부스

- 누구한테 말해야 합니까?
  - ▶ Com quem preciso falar?
    꽁 껭   쁘레씨주 팔라르

- 분실물센터는 어디입니까?
  - ▶ Onde é o posto de achados e perdidos?
    옹지 에 우 뽀스뚜 지 아샤두즈 이 뻬르지두스
  - Onde fica a seção de achados e perdidos?
    옹지 피까 아 쎄쎠웅 지 아샤두즈 이 뻬르지두스

- 여행자 수표를 잃어 버렸습니다.
  - ▶ Perdi o cheque de viagem.
    뻬르지 우 셰끼   지 비아젱

- 재 발행해 주시겠습니까?
  - ▶ Poderia reemitir?
    뽀데리아 헤에미치르
  - Poderia emitir novamente?
    뽀데리아 에미치르 노바멩치

도난 당했을 때

• 여권을 도난 당했어요.

▶ Roubaram o meu passaporte.
호우바랑　　우 메우　빠싸뽀르치

O meu passaporte foi roubado.
우 메우　빠싸뽀르치　　포이 호우바두

• 지갑을 도난 당했습니다.

▶ Roubaram a minha carteira.
호우바랑　　아 밍야　　까르떼이라

A minha carteira foi roubada.
아 밍야　　까르떼이라 포이 호우바다

• 제 지갑이 없어졌어요.

▶ A minha carteira sumiu.
아 밍야　　까르떼이라 쑤미우

• 도난 당했어요.

▶ Fui roubado / a.
푸이 호우바두/　다

• 강도 당했어요.

▶ Fui assaltado / a.
푸이 아싸우따두/　다

• 아마도 지하철에서 털린 것 같아요.

▶ Provavelmente me furtaram no metrô.
쁘로바베우멩치　　미 푸르따랑　누 메뜨로

Provavelmente fui roubado / a no metrô.
쁘로바베우멩치　　푸이 호우바두/　다 누 메뜨로

도난 신고를 할 때

• 경찰에 신고하고 싶습니다.

▶ Gostaria de informar algo à polícia.
고스따리아 지 잉포르마르　아우구 아 뽈리씨아

Quero fazer uma denúncia à polícia.
께루 파제르 우마 데눙씨아 아 뽈리씨아

• 한 남자가 짐을 훔치고 있습니다.

▶ Um homem está roubando uma bagagem.
웅 오멩 이스따 호우방두 우마 바가젱

Tem um homem roubando uma bagagem.
뗑 웅 오멩 호우방두 우마 바가젱

• 도난 발생 증명서를 만들고 싶습니다.

▶ Queria fazer um B.O.(boletim de ocorrência), por
께리아 파제르 웅 베.오.(볼레칭 지 오꼬헹씨아) 뽀르

favor.
파보르

• 어떻게 그 일이 발생했는지 아세요?

▶ Sabe como isso aconteceu?
싸비 꼬무 이쑤 아꽁떼쎄우

 ## 교통사고

교통사고를 당했을 때

- 사고발생증명서가 필요합니다.
  - ▶ Preciso de um B.O.(boletim de ocorrência).
    쁘레씨주 지 웅 베.오. (볼레칭 지 오꼬헹씨아)

- 저는 교통사고를 당했습니다.
  - ▶ Sofri um acidente de trânsito.
    쏘프리 웅 아씨뎅치 지 뜨랑지뚜

- 트럭이 내 차를 박아서 손상시켰습니다.
  - ▶ O caminhão bateu no meu carro e fez um estrago.
    우 까밍여웅 바떼우 누 메우 까후 이 페즈 웅 이스뜨라구
    O caminhão danificou o meu carro ao bater nele.
    우 까밍여웅 다니피꼬우 우 메우 까후 아우 바떼르 넬리

- 저는 상처를 입어, 움직일 수 없습니다.
  - ▶ Não posso me mexer porque estou ferido / a.
    너웅 뽀쑤 미 메셰르 뽀르끼 이스또우 페리두/ 다

- 그 사고가 내 인생의 방향을 바꿨습니다.
  - ▶ O acidente mudou o rumo da minha vida.
    우 아씨뎅치 무도우 우 후무 다 밍야 비다

교통사고를 냈을 때

- 제가 자동차를 박았습니다.
  - ▶ Eu bati o carro.
    에우 바치 우 까후

• 난 아버지의 차로 사고를 냈다

▶ Tive um acidente com o carro do meu pai.
치비 웅 아씨뎅치 꽁 우 까후 두 메우 빠이

• 그는 앞 차에 추돌했다.

▶ Ele bateu no carro da frente.
엘리 바떼우 누 까후 다 프렝치

• 자동차가 전봇대에 충돌했다.

▶ O carro bateu no poste.
우 까후 바떼우 누 뽀스치

• 버스가 트럭과 충돌했다.

▶ O ônibus bateu num caminhão.
우 오니부스 바떼우 눙 까밍여웅

O ônibus se chocou com um caminhão.
우 오니부스 씨 쇼꼬우 꽁 웅 까밍여웅

• 그는 운전 잘못으로 담에 부딪쳤다.

▶ Ele bateu no muro por mero descuido na hora de dirigir.
엘리 바떼우 누 무루 뽀르 메루 지스꾸이두 나 오라 지 지리쮀르

• 난 운전을 많이 해 피곤했음에 틀림없다.

▶ Devo estar cansado por dirigir por tempo demais.
데부 이스따르 깡싸두 뽀르 지리쮀르 뽀르 뗑뿌 지마이스

교통사고 경위를 묻고 설명할 때

• 언제 사고가 발생했습니까?

▶ Quando aconteceu o acidente?
꽝두 아꽁떼쎄우 우 아씨뎅치

• 몇 명이 부상입니까?

▶ Quantas pessoas se feriram?
꽝따스 뻬쏘아스 씨 페리랑

• 몇 명이 사망했습니까?

▶ **Quantas pessoas morreram?**
꽝따스　뻬쏘아스 모헤랑

Há quantos mortos?
아 꽝뚜스　모르뚜스

• 뻬뜨로폴리스구에서 교통사고가 있었습니다.

▶ **Aconteceu um acidente de trânsito no bairro de**
아꽁떼쎄우　웅 아씨뎅치　지 뜨랑지뚜 누 바이후 지
Petrópolis.
뻬뜨로뽈리스

• 제가 증인입니다.

▶ **Sou testemunha.**
쏘우 떼스떼뭉야

• 저는 증언할 수 있습니다.

▶ **Eu posso testemunhar.**
에우 뽀쑤　떼스떼뭉야르

• 모든 과정을 봤습니다.

▶ **Vi tudo o que aconteceu.**
비 뚜두 우 끼　아꽁떼쎄우

Presenciei todo o acontecimento.
쁘레젱씨에이　또두　우 아꽁떼씨멩뚜

• 자동차가 여자를 쳤고, 그녀의 척추가 상처를 입었습니다.

▶ **Um carro bateu na mulher e sua coluna se machucou.**
웅　까후　바떼우 나 물례르　이 쑤아 꼴루나　씨 마슈꼬우

• 트럭이 우리 차를 쳐서 부서뜨렸다.

▶ **Um caminhão se chocou contra o nosso carro e**
웅　까밍여웅　　씨 쇼꼬우　　꽁뜨라　우 노쑤　　까후 이
destruiu ele.
지스뜨루이우 엘리

O caminhão bateu contra o nosso carro e deixou ele em
우 꺄밍여웅　　바떼우 꽁뜨라 우 노쑤　　까후　이 데이쇼우 엘리 잉
pedaços.
뻬다쑤스

- 그가 차에 깔렸다.

  ▶ Ele ficou preso debaixo do carro.
  엘리 피꼬우 쁘레주 지바이슈 두 까후

  O carro passou em cima dele.
  우 까후 빠쏘우 잉 씨마 델리

- 전 그 차를 묘사할 수 있습니다.

  ▶ Eu posso descrever o carro.
  에우 뽀쑤 지스끄레베르 우 까후

  Posso fazer uma descrição do carro.
  뽀쑤 파제르 우마 데스끄리써웅 두 까후

- 저는 가해자에 대해 묘사할 수 있습니다.

  ▶ Posso descrever o culpado.
  뽀쑤 지스끄레베르 우 꾸우빠두

- 저는 번호판을 기억 못합니다.

  ▶ Eu não memorizei o número da placa.
  에우 너웅 메모리제이 우 누메루 다 쁠라까

  Não me lembro do número da placa.
  너웅 미 렝브루 두 누메루 다 쁠라까

PART Ⅷ

교통사고

자연재해와 화재

자연재해와 화재에 대해서

• 비가 많이 온다.

▶ Está chovendo muito.
이스따 쇼벵두　무이뚜

• 태풍이 분다.

▶ Um tufão está passando.
웅　뚜퍼웅 이스따 빠쌍두

• 폭풍이 친다.

▶ Está caindo uma tempestade.
이스따 까잉두 우마　뗑뻬스따지

• 우리는 폭우로 경황이 없다.

▶ Estamos atordoados com o toró que está caindo.
이스따무스 아또르도아두스 꽁　우 또로 끼　이스따 까잉두

Estamos perplexos com o aguaceiro que cai lá fora.
이스따무스 뻬르쁠렉쑤스 꽁　우 아과쎄이루　끼　까이 라 포라

Não sabemos o que fazer com a enxurrada lá fora.
너웅 싸베무스　우 끼　파제르 꽁　아 잉슈하다　라 포라

• 허리케인은 시속 500킬로미터 이상으로 부는 바람이다.

▶ O furacão é um vento que sopra a mais de 500
우 푸라꺼웅　에 웅　벵뚜　끼　쏘쁘라 아 마이스 지 낑옝뚜스
quilômetros por hora.
낄로메뜨루스　뽀르 오라

- 아이티 국민은 재해로 인해 고통 받고 있다.

  ▶ O povo do Haiti está sofrendo com as catástrofes.
  우 뽀부 두 아이치 이스따 쏘프렝두 꽁 아스 까따스뜨로피스

  Os habitantes do Haiti estão sofrendo com os
  우즈 아비땅치스 두 아이치 이스떠웅 쏘프렝두 꽁 우스

  desastres.
  지자스뜨리스

- 재해 대책 본부는 국경지대에 세워졌다.

  ▶ O centro coordenador de medidas contra desastres foi
  우 쎙뜨루 꼬오르데나도르 지 메지다스 꽁뜨라 지자스뜨리스 포이

  fundado na zona da fronteira.
  풍다두 나 조나 다 프롱떼이라

- 화재 때 비상구가 없는 건물이 많다.

  ▶ Tem muitos prédios que não tem saída de emergência
  뗑 무이뚜스 쁘레지우스 끼 너웅 뗑 싸이다 지 이메르젱씨아

  para casos de incêndio.
  빠라 까주스 지 잉쎙지우.

- 어젯밤 큰 화재가 있었다.

  ▶ Ontem houve um grande incêndio.
  옹뗑 오우비 웅 그랑지 잉쎙지우

- 작은 화재로 모든 것이 끝났다.

  ▶ Tudo acabou num pequeno incêndio.
  뚜두 아까보우 눙 삐께누 잉쎙지우

- 처음 화재가 난 곳은 화장실이었다.

  ▶ O primeiro lugar a pegar fogo foi o banheiro.
  우 쁘리메이루 루가르 아 뻬가르 포구 포이 우 방예이루

병원

예약 또는 병원에 갈 때

- 내일 오후로 의사 선생님과 진료예약을 할 수 있습니까?

  ▶ **Posso marcar uma consulta com o médico para**
  뽀쑤　마르까르　우마　꽁쑤우따　꽁　우 메지꾸　빠라
  amanhã à tarde?
  아망양　아 따르지

- 오늘은 의사 선생님께서 시간이 없으십니다.

  ▶ **Hoje o médico não tem tempo disponível.**
  오쥐 우 메지꾸　너웅 뗑　뗌뿌　지스뽀니베우

- 언제 갈 수 있습니까?

  ▶ **Quando posso ir?**
  꽝두　뽀쑤　이르

  Quando posso dar uma passada?
  꽝두　뽀쑤　다르 우마 빠싸다

- 약속보다 미리 갈 수 있나요?

  ▶ **Posso chegar antes do horário da consulta?**
  뽀쑤　셰가르　앙치스 두 오라리우　다 꽁쑤우따

- 저는 김선생님과 10시 반에 진료예약이 되어 있습니다. 지금 가도 됩니까?

  ▶ **Eu marquei uma consulta com o doutor Kim às 10 e meia.**
  에우 마르께이 우마 꽁쑤우따 꽁 우 도우또르 낑 아스 데즈 이 메이아
  Posso ir aí agora?
  뽀쑤　이르 아이 아고라

• 병원에 데려다 주세요.

▶ **Me leve para o hospital, por favor.**
미 레비 빠라 우 오스삐따우 뽀르 파보르

병원 접수 창구에서

• 무엇을 도와 드릴까요?

▶ **Pois não?**
뽀이즈 너웅

Em que posso ajudá-lo / a?
잉 끼 뽀쑤 아쥬달루/ 라

Posso te ajudar em alguma coisa?
뽀쑤 치 아쥬다르 잉 아우구마 꼬이자

• 누구를 찾아오셨습니까?

▶ **Está procurando alguém?**
이스따 쁘로꾸랑두 아우겡

Veio visitar alguém?
베이우 비지따르 아우겡

• 담당 의사가 누구시죠?

▶ **Quem é o médico responsável?**
껭 에 우 메지꾸 헤스뽕싸베우

• 몇 시에 진료예약을 하셨습니까?

▶ **A que horas marcou a consulta?**
아 끼 오라스 마르꼬우 아 꽁쑤우따

• 처음 오셨나요?

▶ **É a sua primeira vez aqui?**
에 아 쑤아 쁘리메이라 베즈 아끼

• 누가 아프신 거죠?

▶ **Quem é que está doente?**
껭 에 끼 이스따 도엥치

Quem é o paciente?
껭 에 우 빠씨엥치

• 환자의 성함이 어떻게 되시죠?

▶ Qual é o nome do paciente?
꽈우 에 우 노미 두 빠씨엥치

• 건강보험은 들어 있나요?

▶ Tem algum seguro de saúde?
뗑 아우궁 쎄구루 지 싸우지

• 보험카드는 가지고 계신가요?

▶ Você está com o cartão do seguro?
보쎄 이스따 꽁 우 까르떠웅 두 쎄구루

• 저희가 카드를 복사해야 합니다.

▶ Precisamos tirar uma xerox do cartão.
쁘레씨자무스 치라르 우마 셰록스 두 까르떠웅

Temos que tirar uma cópia do cartão.
떼무스 끼 치라르 우마 꼬삐아 두 까르떠웅

• 고객님의 보험회사는 어디입니까?

▶ Qual é o nome da empresa do seu seguro?
꽈우 에 우 노미 다 잉쁘레자 두 쎄우 쎄구루

• 고객님의 증권번호는 어떻게 되시죠?

▶ Qual é o número do cartão do seu seguro?
꽈우 에 우 누메루 두 까르떠웅 두 쎄우 쎄구루

• 인가 양식에 사인이 필요합니다.

▶ É preciso assinar o formulário de autorização.
에 쁘레씨주 아씨나르 우 포르물라리우 지 아우또리자써웅

Você tem que assinar este formulário de autorização.
보쎄 뗑 끼 아씨나르 에스치 포르물라리우 지 아우또리자써웅

• 이 양식을 채워주시고, 되돌려 주세요.

▶ Devolva este formulário depois de preenchê-lo.
데보우바 에스치 포르물라리우 데뽀이쓰 지 쁘리엥셸루

• 입원하지 않으면 안 됩니까?

▶ Não tem como não ser internado?
너웅 뗑 꼬무 너웅 쎄르 잉떼르나두

- 배가 아픕니다.
  - ▶ Estou com dor de barriga.
    이스또우 꽁　도르 지　바히가

- 간호사와 함께 가시죠.
  - ▶ Acompanhe a enfermeira.
    아꽁빵이　　　　아 잉페르메이라
    Vá com a enfermeira.
    바 꽁　　아 잉페르메이라

증상을 물을 때

- 어디가 아픈가요?
  - ▶ O que é que você tem?
    우 끼　에 끼　보쎄　뗑
    O que está sentindo?
    우 끼　이스따 쎙칭두

- 무슨 일이 있었나요?
  - ▶ Aconteceu alguma coisa?
    아꽁떼쎄우　　아우구마　꼬이자

- 무슨 문제가 있나요?
  - ▶ Está com algum problema?
    이스따 꽁　　아우궁　쁘로블레마

- 증상이 어떠시죠?
  - ▶ Quais são os seus sintomas?
    꽈이스　써웅 우스 쎄우스 씽또마스

- 어떤 다른 증상이 있나요?
  - ▶ Quais outros sintomas você tem?
    꽈이즈　오우뜨루스 씽또마스　보쎄　뗑
    Tem algum outro sintoma?
    뗑　　아우궁　오우뜨루 씽또마

• 어디가 아픈지 제게 말씀해 주시겠습니까?

▶ **Pode me descrever o que você tem?**
뽀지 미 지스끄레베르 우 끼 보쎄 뗑

Pode me contar o que está sentindo?
뽀지 미 꽁따르 우 끼 이스따 쎙칭두

• 어지러우세요?

▶ **Sente tonturas?**
쎙치 똥뚜라스

Está sentindo alguma tontura?
이스따 쎙칭두 아우구마 똥뚜라

• 여기를 두드리면 통증이 있나요?

▶ **Dói quando dou uma batida aqui?**
도이 꽝두 도우 우마 바치다 아끼

• 이것이 얼마나 오래 되었나요?

▶ **Quanto tempo durou isso?**
꽝뚜 뗑뿌 두로우 이쑤

• 이런지 얼마나 되었나요?

▶ **Há quanto tempo que está assim?**
아 꽝뚜 뗑뿌 끼 이스따 아씽

• 통증이 언제 시작했죠?

▶ **Desde quando começou a doer?**
데스지 꽝두 꼬메쏘우 아 도에르

Quando começou a dor?
꽝두 꼬메쏘우 아 도르

• 통증이 서서히 오나요? 갑자기 오나요?

▶ **A dor vem aos poucos ou de repente?**
아 도르 벵 아우스 뽀우꾸스 오우 지 헤뻰치

• 통증이 어디서 시작했죠?

▶ **Onde começou a dor?**
옹지 꼬메쏘우 아 도르

• 통증의 위치가 바뀌었나요?

▶ **Será que o local da dor mudou?**
쎄라 끼　우 로까우 다 도르 무도우

• 통증이 여러 부분에 나타납니까?

▶ **Será que você sente dor em várias partes?**
쎄라 끼 보쎄 쎙치 도르 잉 바리아스 빠르치스

• 이런 통증이 나타난 것이 처음입니까?

▶ **É a primeira vez que sente esta dor?**
에 아 쁘리메이라 베스 끼 쎙치 에스따 도르

증상을 말할 때

• 기분이 안 좋습니다.

▶ **Não me sinto bem.**
너웅 미 씽뚜 벵

• 몸 상태가 안 좋습니다.

▶ **Estou me sentindo indisposto / a.**
이스또우 미 쎙칭두 잉지스뽀스뚜/ 따

Estou passando mal.
이스또우 빠쌍두 마우

• 기운이 하나도 없습니다.

▶ **Sinto que estou sem energias.**
씽뚜 끼 이스또우 쎙 에네르쥐아스

Me sinto sem forças.
미 씽뚜 쎙 포르싸스

• 무기력한 듯합니다.

▶ **Sinto uma certa lerdeza.**
씽뚜 우마 쎄르따 레르데자

Me sinto entorpecido / a.
미 씽뚜 잉또르뻬씨두/ 다

- 힘이 없습니다.
  - ▶ Estou sem forças
    이스또우 쎙 포르싸스

- 식욕이 없습니다.
  - ▶ Estou sem apetite.
    이스또우 쎙 아뻬치치

- 설사와 구토 증세가 있습니다.
  - ▶ Estou com diarreia e vômito.
    이스또우 꽁 지아헤이아 이 보미뚜

- 어지럽습니다.
  - ▶ Estou com tontura.
    이스또우 꽁 똥뚜라
    Sinto tonturas.
    씽뚜 똥뚜라스

- 현기증을 느낍니다.
  - ▶ Estou com vertigem.
    이스또우 꽁 베르치젱
    Sinto uma vertigem.
    씽뚜 우마 베르치젱

- 피부에 발진이 있습니다.
  - ▶ Estou com uma erupção na pele.
    이스또우 꽁 우마 에룹써웅 나 뻴리

- 피부에 습진이 있습니다.
  - ▶ Tenho um eczema na pele.
    뗑유 웅 에끼제마 나 뻴리

- 머리가 아픕니다.
  - ▶ Estou com dor de cabeça.
    이스또우 꽁 도르 지 까베싸

- 편두통이 있습니다.
  - ▶ Estou com enxaqueca.
    이스또우 꽁 잉샤께까

• 머리가 욱신거린다.

▶ Sinto a cabeça latejando.
씽뚜 아 까베싸 라떼쟝두

A minha cabeça está latejando.
아 밍야   까베싸   이스따 라떼쟝두

• 배가 아픕니다.

▶ Estou com dor de barriga.
이스또우 꽁   도르 지 바히가

• 설사를 했습니다.

▶ Tive diarreia.
치비   지아헤이아

• 감기기운이 있어요.

▶ Estou com resfriado / a.
이스또우 꽁   헤스프리아두/ 다

• 감기에 걸렸어요.

▶ Estou com gripe.
이스또우 꽁   그리삐

Estou gripado / a.
이스또우 그리빠두/ 다

Peguei uma gripe.
뻬게이   우마 그리삐

• 열과 기침이 납니다.

▶ Estou com febre e tosse.
이스또우 꽁   페브리 이 또씨

• 오한이 납니다.

▶ Sinto calafrios.
씽뚜   깔라프리우스

Estou com calafrios.
이스또우 꽁   깔라프리우스

• 목이 좀 부었습니다.

▶ A garganta está um pouco inflamada.
아 가르강따   이스따 웅 뽀우꾸 잉플라마다

- 편도선이 부었습니다.

  ▶ As glândulas da minha garganta estão inchadas.
  아스 글랑둘라스 다 밍야   가르강따   이스떠웅 잉샤다스

- 피곤해 죽겠어요.

  ▶ Estou morrendo de cansaço.
  이스또우 모헹두   지 깡싸쑤

병력이나 발병 시기를 물을 때

- 알레르기성 체질입니다.

  ▶ Tenho predisposição alérgica.
  뗑유   쁘레지스뽀지써웅 알레르쥐까

- 전에 이런 증상이 있었나요?

  ▶ Você já sentiu esse sintoma antes?
  보쎄 쟈 쎙치우 에씨 씽또마   앙치스

- 당신의 어머니는 살아 계시나요?

  ▶ A sua mãe está viva?
  아 쑤아 망이 이스따 비바

- 당신의 아버지는 아직 살아 계시나요?

  ▶ O seu pai ainda está vivo?
  우 쎄우 빠이 아잉다 이스따 비부

- 당신의 어머니가 어떻게 돌아가셨는지 말해 주시겠어요?

  ▶ Poderia me relatar como a sua mãe faleceu?
  뽀데리아 미   헬라따르 꼬무   아 쑤아 망이 팔레쎄우

  Pode me dizer como faleceu a sua mãe?
  뽀지   미   지제르 꼬무   팔레쎄우 아 쑤아 망이

- 당신의 아버지는 어떤 질병으로 돌아가셨나요?

  ▶ Poderia me dizer que tipo de doença o seu pai teve
  뽀데리아 미 지제르 끼   치뿌 지 도엥싸   우 쎄우 빠이 떼비

  antes de falecer?
  앙치스 지 팔레쎄르

Sabe a doença que levou ao falecimento do seu pai?
싸비 아 도엥싸 끼 레보우 아우 팔레씨멩뚜 우 쎄우 빠이

- 당신의 가족에서 심장 질환이 있던 선조가 있습니까?
  ▶ Tem algum parente que tenha sofrido doença
  뗑 아우궁 빠렝치 끼 뗑야 쏘프리두 도엥싸
  cardíaca?
  까르지아까

  Tem algum histórico de doença cardíaca na família?
  뗑 아우궁 이스또리꾸 지 도엥싸 까르지아까 나 파밀리아

- 당신의 가족 중에 관상동맥 질환을 앓고 있는 사람이 있습니까?
  ▶ Alguém da sua família já teve cardiopatia coronária?
  아우겡 다 쑤아 파밀리아 쟈 떼비 까르지오빠치아 꼬로나리아

- 당신의 가족 중에 간염을 앓던 사람이 있습니까?
  ▶ Alguém da sua família já teve hepatite?
  아우겡 다 쑤아 파밀리아 쟈 떼비 에빠치치

- 어떤 약에 부작용이 있습니까?
  ▶ Tem alergia a algum tipo de medicamento?
  뗑 알레르쥐아 아 아우궁 치뿌 지 메지까멩뚜

- 항생제에 대한 부작용이 있습니까?
  ▶ Tem alergia a penicilina?
  뗑 알레르쥐아 아 뻬니씰리나

- 어떤 항생제에 알레르기 반응이 있나요?
  ▶ Tem reação alérgica a algum tipo de antibiótico?
  뗑 헤아써웅 알레르쥐까 아 아우궁 치뿌 지 앙치비오치꾸

통증을 호소할 때

- 의사를 불러 주세요.
  ▶ Me chame um médico, por favor.
  미 샤미 웅 메지꾸 뽀르 파보르

• 손목을 삐었습니다.

▶ Torci o meu pulso.
또르씨 우 메우 뿌우쑤

• 발목을 삐었습니다.

▶ Torci o meu tornozelo.
또르씨 우 메우 또르노젤루

• 목에 경련이 났습니다.

▶ Estou com câimbra no pescoço.
이스또우 꽁 까잉브라 누 뻬스꼬쑤
Deu câimbra no pescoço.
데우 까잉브라 누 뻬스꼬쑤

• 발목이 부었습니다.

▶ Estou com o pé inchado.
이스또우 꽁 우 뻬 잉샤두
O meu pé ficou inchado.
우 메우 뻬 피꼬우 잉샤두

• 머리를 숙일 수가 없습니다.

▶ Não consigo abaixar a cabeça.
너웅 꽁씨구 아바이샤르 아 까베싸

• 어깨가 뭉쳤어요.

▶ O meu ombro está duro.
우 메우 옹브루 이스따 두루
Estou com o ombro rígido.
이스또우 꽁 우 옹브루 히쥐두
Estou com o ombro congelado.
이스또우 꽁 우 옹브루 꽁젤라두

• 여기가 따끔따끔합니다.

▶ Sinto pontadas aqui.
씽뚜 뽕따다스 아끼
Estou sentindo umas pontadas aqui.
이스또우 쎙칭두 우마스 뽕따다스 아끼

• 숨쉴 때 여기가 아픕니다.

▶ Quando respiro, dói aqui.
꽝두　　헤스삐루　도이 아끼

Sinto dores aqui quando respiro.
씽뚜　도리스 아끼　꽝두　　헤스삐루

• 걸을 때 여기가 아픕니다.

▶ Quando ando, dói aqui.
꽝두　　앙두　도이 아끼

Sinto dores aqui quando ando.
씽뚜　도리스 아끼 꽝두　　앙두

• 일어설 때 왼쪽 다리가 아픕니다.

▶ A minha perna esquerda dói quando me levanto.
아 밍야　　삐르나 이스께르다 도이 꽝두　　미 레방뚜

Sinto uma dor na perna esquerda quando fico de pé.
씽뚜　우마 도르 나 삐르나 이스께르다 꽝두　　피꾸 지 삐

• 뚫어지듯 아픕니다.

▶ Sinto uma dor aguda.
씽뚜　우마 도르 아구다

Dói profundamente.
도이 쁘로풍다멩치

• 계단에서 넘어졌습니다.

▶ Caí na escada.
까이 나 이스까다

• 축구공으로 머리를 맞았습니다.

▶ Levei uma bolada na cabeça.
레베이 우마 볼라다　나 까베싸

Uma bola acertou a minha cabeça.
우마 볼라 아쎄르또우 아 밍야　까베싸

• 병으로 이마를 맞았습니다.

▶ Levei uma garrafada na testa.
레베이 우마 가하파다　나 떼스따

Uma garrafa acertou a minha testa.
우마　가하파　아쎄르또우 아 밍야　떼스따

• 기계에 손가락이 잘렸어요.

▶ Tive o dedo cortado pela máquina.
치비 우 데두　꼬르따두 뻴라　마끼나

• 저를 따라오시죠.

▶ Me acompanhe.
미　아꽁빵이

Vem comigo.
벵　꼬미구

Me siga.
미　씨가

• 이 가운으로 갈아 입으세요.

▶ Troque a sua roupa por este roupão.
뜨로끼　아 쑤아 호우빠 뽀르 에스치 호우뻐웅

• 상의를 탈의하시고, 이 가운을 입으세요.

▶ Tire a roupa da cintura para cima e coloque este roupão.
치리 아 호우빠 다 씽뚜라　빠라　씨마 이 꼴로끼　에스치 호우뻐웅

• 체중계에 올라가시죠.

▶ Suba na balança, por favor.
쑤바　나 발랑싸　뽀르 파보르

Poderia subir na balança?
뽀데리아　쑤비르 나 발랑싸

• 체중을 재도록 하겠습니다.

▶ Vamos medir o seu peso.
바무스　메지르　우 쎄우 뻬주

• 체중은 75kg입니다.

▶ Você está pesando 75 quilos.
보쎄　이스따 뻬장두　쎄뗑따 이 씽꾸 낄루스

Você pesa 75 quilos.
보쎄 뻬자 쎄뗑따 이 씽꾸 낄루스

• 최근에 몸무게가 증가했습니까?

▶ Você ganhou peso recentemente?
보쎄 강요우 뻬주 헤쎙치멩치

O seu peso aumentou recentemente?
우 쎄우 뻬주 아우멩또우 헤쎙치멩치

• 최근에 몸무게가 감소했습니까?

▶ Você perdeu peso recentemente?
보쎄 뻬르데우 뻬주 헤쎙치멩치

O seu peso diminuiu recentemente?
우 쎄우 뻬주 지미누이우 헤쎙치멩치

• 체온을 재도록 하겠습니다.

▶ Vamos medir a sua temperatura.
바무스 메지르 아 쑤아 뗑뻬라뚜라

• 당신의 체온은 37도입니다.

▶ Você está com 37 graus.
보쎄 이스따 꽁 뜨링따 이 쎄치 그라우스

A sua temperatura está chegando a 37 graus.
아 쑤아 뗑뻬라뚜라 이스따 셰강두 아 뜨링따 이 쎄치 그라우스

• 입을 벌려 보세요.

▶ Abra a boca, por favor.
아브라 아 보까 뽀르 파보르

• 혀를 내밀어 보세요.

▶ Mostre a sua língua.
모스뜨리 아 쑤아 링구아

Coloque a língua para fora.
꼴로끼 아 링구아 빠라 포라

• 목 안을 검사해 보고자 합니다.

▶ Quero examinar a sua garganta.
께루 이자미나르 아 쑤아 가르강따

Me deixe examinar a sua garganta.
미　데이쉬　이자미나르　아　쑤아　가르강따

• 숨을 깊게 내쉬세요.
▶ Respire bem fundo.
헤스삐리　벵　　풍두
Respire profundo.
헤스삐리　쁘로풍두

• 가슴이 아픕니까?
▶ Sente alguma dor no peito?
셍치　　아우구마　도르　누　뻬이뚜

• 환자를 청진해 보겠습니다.
▶ Vou examinar o / a paciente com o estetoscópio.
보우　이자미나르　우/　아　빠씨엥치　꽁　　우　이스떼또스꼬삐우

• 소매를 걷어 올리세요.
▶ Arregace as mangas.
아헤가씨　　　아스　망가스

• 혈압을 재도록 하겠습니다.
▶ Vamos medir a sua pressão sanguínea.
바무스　　메지르　아　쑤아　쁘레써웅　쌍귀니아

• 당신의 혈압은 조금 높습니다.
▶ A sua pressão está um pouco alta.
아　쑤아　쁘레써웅　이스따　웅　뽀우꾸　아우따

• 당신의 혈압은 조금 낮습니다.
▶ A sua pressão está um pouco baixa.
아　쑤아　쁘레써웅　이스따　웅　뽀우꾸　바이샤

• 당신의 맥박을 재도록 하겠습니다.
▶ Vamos medir o seu pulso.
바무스　　메지르　우　쎄우　뿌우쑤

• 당신은 주사를 맞아야 합니다.
▶ Você precisa tomar uma injeção.
보쎄　　쁘레씨자　또마르　우마　잉제써웅

- 주사를 놓겠습니다.
  - ▶ Vou aplicar a injeção em você.
    보우 아쁠리까르 아 잉제써웅 잉 보쎄

- 옷을 아래로 내리세요.
  - ▶ Tire a roupa da cintura para baixo.
    치리 아 호우빠 다 씽뚜라 빠라 바이슈

- 얼마 전부터 팔이 아프셨나요?
  - ▶ Desde quando está com dor no braço?
    데스지 꽝두 이스따 꽁 도르 누 브라쑤
  - O seu braço está doendo desde quando?
    우 쎄우 브라쑤 이스따 도엥두 데스지 꽝두

- 엑스레이를 찍으셔야 합니다.
  - ▶ Você precisa tirar uma radiografia.
    보쎄 쁘레씨자 치라르 우마 하지오그라피아
  - É preciso tirar um raio X.
    에 쁘레씨주 치라르 웅 하이우 쉬스

- 심전도 검사를 하시는 것이 더 좋을 듯합니다.
  - ▶ É melhor que também faça um eletrocardiograma.
    에 멜료르 끼 땅벵 파싸 웅 엘레뜨로까르지오그라마

- 혈액 샘플을 뽑겠습니다.
  - ▶ Vou tirar uma amostra do seu sangue.
    보우 치라르 우마 아모스뜨라 두 쎄우 쌍기

- 수술을 한 적이 있습니까?
  - ▶ Já passou por alguma cirurgia antes?
    쟈 빠쏘우 뽀르 아우구마 씨루르쥐아 앙치스
  - Já fez alguma cirurgia antes?
    쟈 페즈 아우구마 씨루르쥐아 앙치스

- 전에 입원 한 적이 있습니까?
  - ▶ Já foi internado / a no hospital antes?
    쟈 포이 잉떼르나두/ 다 누 오스삐따우 앙치스
  - Já foi hospitalizado / a antes?
    쟈 포이 오스삐딸리자두/ 다 앙치스

• 소변을 채취해야겠습니다.

> **Preciso de uma amostra da sua urina.**
> 쁘레씨주 지 우마 아모스뜨라 다 쑤아 우리나

• 대변 샘플을 보내야 합니다.

> **Você deve enviar uma amostra das suas fezes.**
> 보쎄 데비 엥비아르 우마 아모스뜨라 다스 쑤아스 페지스

• 채취통에 소변이 나오는 중간쯤 조금 담으세요.

> **Colete a porção intermediária do jato urinário no**
> 꼴레치   아 뽀르써웅 잉떼르메지아리아 두 쟈뚜 우리나리우 누
> **recipiente.**
> 헤씨삐엥치

• 일주일 후에 결과를 받을 수 있습니다.

> **Os resultados sairão daqui a uma semana.**
> 우스 헤주우따두스 싸이러웅 다끼 아 우마 쎄마나
> **Os resultados vão sair em uma semana.**
> 우스 헤주우따두스 버웅 싸이르 잉 우마 쎄마나

• 여기가 아파요.

> **Dói aqui.**
> 도이 아끼
> **Sinto uma dor aqui.**
> 씽뚜 우마 도르 아끼

• 제 혈액형은 B형입니다.

> **O meu tipo sanguíneo é B.**
> 우 메우 치뿌 쌍귀니우   에 베

• 입원해야 합니까?

> **Será que preciso ser hospitalizado / a?**
> 쎄라 끼   쁘레씨주 쎄르 오스삐딸리자두/   다
> **É necessário que eu seja hospitalizado / a?**
> 에 네쎄싸리우   끼   에우 세쟈 오스삐딸리자두/   다

• 며칠 정도면 완쾌하겠습니까?

> **Em quanto tempo ficarei curado / a?**
> 잉 꽝뚜   뗌뿌   피까레이 꾸라두/다

Quanto tempo vai levar para eu ficar bom / boa?
꽝뚜 뗌뿌 바이 레바르 빠라 에우 피까르 봉/ 보아

• 여행을 계속해도 됩니까?

▶ Posso continuar viajando?
뽀쑤 꽁치누아르 비아쟝두

Há alguma restrição para eu continuar a minha viagem?
아 아우구마 헤스뜨리써웅 빠라 에우 꽁치누아르 아 밍야 비아젱

• 전 열이 있습니다.

▶ Estou com febre.
이스또우 꽁 페브리

Tenho febre.
뗑유 페브리

• 전 열이 조금 있습니다.

▶ Estou com um pouco de febre.
이스또우 꽁 웅 뽀우꾸 지 페브리

Tenho um pouquinho de febre.
뗑유 웅 뽀우낑유 지 페브리

• 전 열이 높습니다.

▶ Estou com febre alta.
이스또우 꽁 페브리 아우따

Tenho febre alta.
뗑유 페브리 아우따

• 온 몸에서 열이 납니다.

▶ Sinto o meu corpo todo fervendo de febre.
씽뚜 우 메우 꼬르뿌 또두 페르벵두 지 페브리

Estou ardendo em febre.
이스또우 아르뎅두 잉 페브리

- 식욕이 없습니다.
  ▶ **Não tenho apetite.**
  너웅 뗑유 아뻬치치
  Estou sem apetite.
  이스또우 쎙 아뻬치치

- 식욕을 잃었습니다.
  ▶ **Perdi o apetite.**
  뻬르지 우 아뻬치치

- 빈혈이 있습니다.
  ▶ **Estou com anemia.**
  이스또우 꽁 아네미아

- 코피가 납니다.
  ▶ **O meu nariz está sangrando.**
  우 메우 나리즈 이스따 쌍그랑두

- 전 고혈압입니다.
  ▶ **Tenho pressão alta.**
  뗑유 쁘레써웅 아우따

- 전 저혈압입니다.
  ▶ **Tenho pressão baixa.**
  뗑유 쁘레써웅 바이샤

- 배(위)가 아픕니다.
  ▶ **Estou com dor de estômago.**
  이스또우 꽁 도르 지 이스또마구

- 최근 이틀 동안 토할 것 같습니다.
  ▶ **Tenho vontade de vomitar há dois dias.**
  뗑유 봉따지 지 보미따르 아 도이스 지아스
  Faz dois dias que sinto ânsia de vômito.
  파스 도이스 지아스 끼 씽뚜 앙씨아 지 보미뚜

- 먹고 싶은 것을 먹어도 됩니까?
  ▶ **Posso comer tudo o que quiser?**
  뽀쑤 꼬메르 뚜두 우 끼 끼제르

Posso comer qualquer coisa?
뽀쑤   꼬메르   꽈우께르   꼬이자

• 상처에 피가 납니다.

▶ O meu ferimento está sangrando.
우 메우 페리멩뚜   이스따 쌍그랑두

• 다리에 피가 흐릅니다.

▶ As minhas pernas estão sangrando.
아스 밍야스   뻬르나스 이스떠웅 쌍그랑두

• 피가 멈추지 않습니다.

▶ O sangue não para de sair.
우 쌍기   너웅 빠라   지 싸이르

Não para de sangrar.
너웅 빠라   지 쌍그라르

• 저는 맹장 수술했습니다.

▶ Fiz uma cirurgia de apendicite.
피즈 우마 씨루르쥐아 지 아뻰지씨치

Fiz uma cirurgia no apêndice.
피즈 우마   씨루르쥐아 누 아뻰지씨

• 팔이 부러졌습니다.

▶ Quebrei o meu braço.
께브레이   우 메우 브라쑤

• 왼쪽 손이 탈골되었습니다.

▶ Desloquei a minha mão esquerda.
지슬로께이   아 밍야   머웅 이스께르다

• 뛸 때 여기가 아픕니다.

▶ Sinto uma dor aqui quando corro.
씽뚜   우마 도르 아끼 꽝두   꼬후

• 자려고 할 때 여기가 아픕니다.

▶ Sinto uma dor aqui quando me deito para dormir.
씽뚜 우마 도르 아끼 꽝두 미 데이뚜 빠라 도르미르

• 상처를 꿰맵시다.

▶ Vamos costurar a sua ferida.
바무스 꼬스뚜라르 아 쑤아 페리다

Precisamos fazer uma sutura.
쁘레씨자무스 파제르 우마 쑤뚜라

• 7일 후에 실을 뽑겠습니다.

▶ Os pontos serão retirados após sete dias.
우스 뽕뚜스 쎄러웅 헤치라두즈 아뽀스 쎄치 지아스

• 환자는 목발을 짚어야 합니다.

▶ O paciente precisa usar muletas.
우 빠씨엥치 쁘레씨자 우자르 물레따스

O paciente tem que andar com muletas.
우 빠씨엥치 뗑 끼 앙다르 꽁 물레따스

• 접골을 해야 합니다.

▶ Preciso colocar o osso no lugar.
쁘레씨주 꼴로까르 우 오쑤 누 루가르

• 이 남자는 복합 골절이 되었습니다.

▶ Este homem tem uma fratura complicada.
에스치 오멩 뗑 우마 프라뚜라 꽁쁠리까다

• 그는 깁스를 해야 합니다.

▶ Ele precisa ser engessado.
엘리 쁘레씨자 쎄르 잉제싸두

• 당신은 몇 주 동안 목발로 걸어야 합니다.

▶ Você precisa usar muletas por algumas semanas.
보쎄 쁘레씨자 우자르 물레따스 뽀르 아우구마스 쎄마나스

Você tem que andar com muletas por algumas semanas.
보쎄 뗑 끼 앙다르 꽁 물레따스 뽀르 아우구마스 쎄마나스

- 그녀는 피부가 안 좋다.

  ▶ A pele dela não está em bom estado.
  아 뻴리 델라 너웅 이스따 잉 봉 이스따두

- 세수하러 갔을 때 데였습니다.

  ▶ Me queimei quando fui lavar o rosto.
  미 께이메이 꽝두 푸이 라바르 우 호스뚜

- 상처가 감염되었습니다.

  ▶ A ferida pegou uma infecção.
  아 페리다 뻬고우 우마 잉펙써웅

  Você tem uma infecção na ferida.
  보쎄 뗑 우마 잉펙써웅 나 페리다

- 상처가 조금 덧났습니다.

  ▶ A ferida está um pouco infectada.
  아 페리다 이스따 웅 뽀우꾸 잉펙따다

치과에서

- 이가 아픕니다.

  ▶ Estou com dor de dente.
  이스또우 꽁 도르 지 뎅치

  Sinto dor nos dentes.
  씽뚜 도르 누스 뎅치스

- 며칠 전부터 이쪽 이가 매우 아픕니다.

  ▶ Este dente está doendo já há alguns dias.
  에스치 뎅치 이스따 도엥두 쟈 아 아우궁스 지아스

  Já faz alguns dias que este dente está doendo.
  쟈 파즈 아우궁스 지아스 끼 에스치 뎅치 이스따 도엥두

- 이가 썩었습니다. (썩은 부분을 도려내고) 씌워야 합니다.

  ▶ O seu dente está estragado.
  우 쎄우 뎅치 이스따 이스뜨라가두

Temos que fazer uma obturação.
떼무스 끼 파제르 우마 옵뚜라써웅

- 어금니가 충치이군요.

▶ O dente molar está com cárie.
우 뎅치 몰라르 이스따 꽁 까리이

Você está com cárie no dente molar.
보쎄 이스따 꽁 까리이 누 뎅치 몰라르

- 이 어금니를 씌워줄 수 있습니까?

▶ É possível fazer uma obturação no molar?
에 뽀씨베우 파제르 우마 옵뚜라써웅 누 몰라르

- 이를 뽑아야 합니다. 그리고 의치를 해 넣어야 합니다.

▶ É preciso arrancar o dente fora e substituí-lo por uma
에 쁘레씨주 아항까르 우 뎅치 포라 이 쑵스치뚜일루 뽀르 우마

prótese dentária.
쁘로떼지 뎅따리아

Você precisa arrancar o dente e fazer um implante
보쎄 쁘레씨자 아항까르 우 뎅치 이 파제르 웅 잉플랑치

dentário.
뎅따리우

- 내 아들의 이가 흔들린다.

▶ O dente do meu filho está mole.
우 뎅치 두 메우 필류 이스따 몰리

- 치주염(齒周炎)이 있습니다.

▶ Você tem periodontite.
보쎄 뗑 뻬리오동치치

- 마취하나요?

▶ Vai aplicar alguma anestesia?
바이 아쁠리까르 아우구마 아네스떼지아

Por acaso serei anestesiado / a?
뽀르 아까주 쎄레이 아네스떼지아두/ 다

• 눈이 아파요.

▶ O meu olho está doendo.
우 메우 올류 이스따 도엥두

Sinto dor nos olhos.
씽뚜 도르 누즈 올류스

• 해가 비출 때 눈이 아픕니다.

▶ Os meus olhos doem quando vejo a luz do sol.
우스 메우즈 올류스 도엥 꽝두 베쥬 아 루스 두 쏘우

Os meus olhos doem com a luz do sol.
우스 메우즈 올류스 도엥 꽁 아 루스 두 쏘우

• 눈이 충혈 되었습니다.

▶ Os meus olhos estão congestionados.
우스 메우즈 올류즈 이스떠웅 꽁제스치오나두스

• 눈이 피곤해요.

▶ Tenho os olhos cansados.
뗑유 우즈 올류스 깡싸두스

Os meus olhos estão cansados.
우스 메우즈 올류즈 이스떠웅 깡싸두스

• 눈물(흘리는 것)은 여러 가지 병의 징후이다.

▶ As lágrimas são sintomas de várias doenças.
아스 라그리마스 써웅 씽또마스 지 바리아스 도엥싸스

• 그녀는 눈병으로 고생했다.

▶ Ela sofreu muito por causa de uma infecção dos olhos.
엘라 쏘프레우 무이뚜 뽀르 까우자 지 우마 잉펙써웅 두즈 올류스

이비인후과에서

• 저는 감기 걸렸습니다.

▶ Estou com gripe.
이스또우 꽁 그리삐

Estou gripado / a.
이스또우 그리빠두/ 다

Peguei uma gripe.
뻬게이 우마 그리삐

- 심하지 않습니다.
  ▶ Não é nada grave.
  너웅 에 나다 그라비

- 저는 기침을 합니다.
  ▶ Peguei uma tosse.
  뻬게이 우마 또씨
  Estou com tosse.
  이스또우 꽁 또씨

- 전 독감에 걸렸습니다.
  ▶ Peguei uma gripe forte.
  뻬게이 우마 그리삐 포르치

- 전 열이 있습니다.
  ▶ Estou com febre.
  이스또우 꽁 페브리

- 저는 감기기운이 있습니다.
  ▶ Estou resfriado / a.
  이스또우 헤스프리아두/다

- 목이 아픕니다.
  ▶ Estou com dor de garganta.
  이스또우 꽁 도르 지 가르강따

- 전 목이 부었습니다.
  ▶ A minha garganta está inflamada.
  아 밍야 가르강따 이스따 잉플라마다
  Estou com a garganta inflamada.
  이스또우 꽁 아 가르강따 잉플라마다

• 편도선이 부었습니다.

▶ A minha amídala está inchada.
아 밍야　아미달라　이스따 잉샤다

Estou com as amídalas inchadas.
이스또우 꽁　아즈 아미달라즈 잉샤다스

• 코가 막혔습니다.

▶ O meu nariz está congestionado.
우 메우　나리즈 이스따 꽁제스치오나두

Estou com o nariz entupido.
이스또우 꽁　우 나리즈 잉뚜삐두

• 콧물과 눈물이 나옵니다.

▶ Estou com o nariz escorrendo e os olhos lacrimejando.
이스또우 꽁　우 나리즈 이스꼬헹두　이 우즈 올류스 라끄리메쟝두

Tenho secreções nasais e oculares.
뗑유　쎄끄레쏭이스 나자이즈 이 오꿀라리스

• 귀에서 윙 소리가 납니다.

▶ Estou com zumbido no ouvido.
이스또우 꽁　중비두　누 오우비두

Escuto zumbidos no meu ouvido.
이스꾸뚜 중비두스　누 메우　오우비두

• 며칠 동안 누워 계셔야 합니다.

▶ Você tem que ficar de repouso por alguns dias.
보쎄 뗑　끼　피까르 지 헤뽀우주　뽀르 아우궁스 지아스

• 어젯밤 미열이 있었습니다. 아직도 몸이 좋지 못합니다.

▶ Tive um pouco de febre ontem à noite.
치비 웅　뽀우꾸 지 페브리 옹뗑　아 노이치

Ainda não estou me sentindo bem.
아잉다　너웅 이스또우 미 쎙칭두　벵

신경외과에서

- 전 불면증으로 고생하고 있습니다.
  ▶ **Eu sofro de insônia.**
  에우 쏘프루 지 잉쏭니아

- 밤새도록 잘 수가 없었습니다.
  ▶ **Não consegui dormir a noite toda.**
  너웅 꽁쎄기　도르미르　아 노이치 또다

- 일어설 수가 없습니다.
  ▶ **Não consigo me levantar.**
  너웅 꽁씨구　미　레방따르
  Não consigo ficar de pé.
  너웅 꽁씨구　피까르 지 뻬

- 어깨가 마비되었습니다.
  ▶ **Estou com o ombro congelado.**
  이스또우 꽁　우 옹브루　꽁젤라두

- 손이 마비가 되었습니다.
  ▶ **A minha mão ficou paralisada.**
  아 밍야　머웅 피꼬우 빠랄리자다

- 술을 마신 적이 있나요? 얼마나 자주?
  ▶ **Já bebeu alguma vez? Com que frequência?**
  쟈 베베우　아우구마 베스 꽁　끼　프레꿹씨아

- 자해를 하거나 죽고 싶었던 적이 있습니까?
  ▶ **Já tentou se machucar ou suicidar?**
  쟈 뗑또우　씨 마슈까르　오우 쑤이씨다르

산부인과에서

- 당신의 생리 주기에 문제가 있습니까?
  ▶ **Teve algum problema no seu ciclo menstrual?**
  떼비　아우궁　쁘로블레마　누　쎄우 씨끌루 멩스뜨루아우

Sentiu algo diferente no seu ciclo menstrual?
쎙치우 아우구 지페렝치 누 쎄우 씨끌루 멩스뜨루아우

• 당신의 최근 생리는 언제였습니까?

▶ Quando foi a última vez que você menstruou?
꽝두   포이 아 우우치마 베스 끼 보쎄 멩스뜨루오우

• 밥을 먹으려 할 때 토할것 같습니다.

▶ Sinto ânsia de vômito ao comer.
씽뚜   앙씨아 지 보미뚜   아우 꼬메르

Sinto vontade de vomitar toda vez que vou comer.
씽뚜 봉따지   지 보미따르 또다 베스 끼 보우 꼬메르

• 임신한 적이 있습니까?

▶ Já engravidou alguma vez?
쟈 잉그라비도우   아우구마 베스

Já ficou grávida alguma vez?
쟈 피꼬우 그라비다 아우구마   베스

• 마지막으로 파상풍 예방주사를 맞은 것은 언제입니까?

▶ Quando foi a última vez que tomou a vacina contra o
꽝두   포이 아 우우치마 베스 끼 또모우 아 바씨나 꽁뜨라 우

tétano?
떼따누

• 최근에 약을 복용한 적 있습니까?

▶ Tomou algum medicamento recentemente?
또모우   아우궁 메지까멩뚜   헤쎙치멩치

• 내진이 필요합니다.

▶ Preciso de um exame vaginal.
쁘레씨주 지 웅 이자미 바쥐나우

Preciso fazer um exame vaginal.
쁘레씨주 파제르 웅 이자미 바쥐나우

• 제 아내가 임신 중입니다.

▶ A minha esposa está grávida.
아 밍야   이스뽀자 이스따 그라비다

• 그녀는 분만실에 있습니다.

▶ Ela está na sala de parto.
엘라 이스따 나 쌀라 지 빠르뚜

• 그녀는 분만 중입니다.

▶ Ela está em trabalho de parto.
엘라 이스따 잉 뜨라발류 지 빠르뚜

Ela entrou em trabalho de parto.
엘라 엥뜨로우 잉 뜨라발류 지 빠르뚜

• 그녀가 10시간 동안 진통을 겪고 있습니다.

▶ Ela está com dores de parto há 10 horas.
엘라 이스따 꽁 도리스 지 빠르뚜 아 데즈 오라스

Faz 10 horas que ela sente dores de parto.
파스 데즈 오라스 끼 엘라 쎙치 도리스 지 빠르뚜

• 아내가 아들을 낳았습니다.

▶ A minha esposa deu à luz um menino.
아 밍야 이스뽀자 데우 아 루스 웅 메니누

A minha mulher deu à luz um filho.
아 밍야 물례르 데우 아 루스 웅 필류

응급실에서

• 구급차가 도착하고 있다.

▶ Uma ambulância está chegando.
우마 앙불랑씨아 이스따 셰강두

• 환자가 침상(들것)에 있다.

▶ O / A paciente está em uma maca.
우/아 빠씨엥치 이스따 잉 우마 마까

• 환자는 휠체어에 있다.

▶ O / A paciente está em uma cadeira de rodas.
우/아 빠씨엥치 이스따 잉 우마 까데이라 지 호다스

- 그는 응급실로 옮겨집니다.

  ▶ Ele está sendo levado para a UTI(Unidade de Terapia
  엘리 이스따 쎙두   레바두   빠라 아 우떼이(우니다지   지 떼라삐아
  Intensiva).
  잉뗑씨바)
  Ele está sendo levado para a sala de emergência.
  엘리 이스따 쎙두   레바두   빠라 아 쌀라 지 에메르젱씨아

- 의사들이 그를 진찰합니다.

  ▶ Ele está sendo examinado.
  엘리 이스따 쎙두   이자미나두
  Os médicos estão examinando ele.
  우스 메지꾸즈   이스떠웅 이자미낭두   엘리

- 이어서 간호사가 환자의 맥박을 잴 것입니다.

  ▶ Logo em seguida, a enfermeira tomará o pulso do
  로구   잉 쎄기다   아 잉페르메이라 또마라   우 뿌우쑤 두
  paciente.
  빠씨엥치
  Logo a seguir, a enfermeira medirá o pulso do paciente.
  로구   아 쎄기르 아 잉페르메이라 메지라   우 뿌우쑤 두 빠씨엥치

- 간호사는 환자의 혈압을 재야한다.

  ▶ A enfermeira precisa medir a pressão sanguínea do
  아 잉페르메이라   쁘레씨자 메지르   아 쁘레써웅   쌍귀니아   두
  paciente.
  빠씨엥치

- 인턴 의사가 응급실에서 그를 진찰한다.

  ▶ O médico interno está examinando ele na UTI.
  우 메지꾸   잉떼르누 이스따 이자미낭두   엘리 나 우떼이
  Ele está sendo examinado na UTI pelo médico
  엘리 이스따 쎙두   이자미나두   나 우떼이 뻴루   메지꾸
  interno .
  잉떼르누

• 환자는 복통를 앓고 있다.
▶ O paciente sofre de dores abdominais.
우 빠씨엥치 쏘프리 지 도리스 아비도미나이스

• 환자를 엑스레이실로 데리고 갈 것이다.
▶ O paciente será levado para o departamento de
우 빠씨엥치 쎄라 레바두 빠라 우 데빠르따멩뚜 지
radiografia.
하지오그라피아

Levarei o paciente para a seção de radiografia.
레바레이 우 빠씨엥치 빠라 아 쎄써웅 지 하지오그라피아

환자의 상태를 물을 때

• 제가 얼마나 안정을 취해야 합니까?
▶ Quanto tempo tenho que ficar de repouso?
꽝뚜 뗑뿌 뗑유 끼 피까르 지 헤뽀우주
Até quando tenho que ficar de repouso?
아떼 꽝두 뗑유 끼 피까르 지 헤뽀우주

• 조금 좋아졌습니다.
▶ Me sinto um pouco melhor.
미 씽뚜 웅 뽀우꾸 멜료르

• 얼굴이 창백합니다. 아팠습니까?
▶ Seu rosto está pálido. Tem sentido dores?
쎄우 호스뚜 이스따 빨리두 뗑 쎙치두 도리스
Você está pálido / a. Tem passado mal?
보쎄 이스따 빨리두/ 다 뗑 빠싸두 마우

• 빨리 회복했습니다.
▶ Me recuperei rapidamente.
미 헤꾸뻬레이 하삐다멩치

• 상당히 좋아졌습니다.
▶ Me sinto bem melhor.
미 씽뚜 벵 멜료르

• 여전히 좋지 않습니다.

▶ Ainda não me sinto bem.
아잉다 너웅 미 씽뚜 벵

Ainda não estou recuperado / a.
아잉다 너웅 이스또우 헤꾸뻬라두/ 다

• 회복이 되려면 얼마나 걸릴까요?

▶ Quanto tempo vai levar para a recuperação completa?
꽝뚜 뗑뿌 바이 레바르 빠라 아 헤꾸뻬라써웅 꽁쁠레따

Quanto tempo vai demorar para eu me recuperar?
꽝뚜 뗑뿌 바이 데모라르 빠라 에우 미 헤꾸뻬라르

의사 처방

• 제가 처방전을 드리겠습니다.

▶ Vou te dar uma receita.
보우 치 다르 우마 헤쎄이따

• 제가 두 대의 주사와 하나의 약을 처방하겠습니다.

▶ Vou te receitar duas injeções e um remédio.
보우 치 헤쎄이따르 두아즈 잉제쏭이스 이 웅 헤메지우

Receitarei duas injeções e um medicamento a você.
헤쎄이따레이 두아즈 잉제쏭이스 이 웅 메지까멩뚜 아 보쎄

• 이 약을 드시죠.

▶ Tome este remédio.
또미 에스치 헤메지우

• 약을 식전에 먹어야 합니까? 식후에 먹어야 합니까?

▶ Devo tomar o remédio antes ou depois das refeições?
데부 또마르 우 헤메지우 앙치스 오우 데뽀이스 다스 헤페이쏭이스

• 항생제를 복용해야 합니다.

▶ Você precisa tomar um antibiótico.
보쎄 쁘레씨자 또마르 웅 앙치비오치꾸

- 오늘 아무것도 먹어서는 안 됩니다.

  ▶ Hoje não deve comer nada.
  오쥐 너웅 데비 꼬메르 나다

- 물을 충분히 드세요.

  ▶ Tome bastante água.
  또미 바스땅치 아과

- 충분히 쉬세요.

  ▶ Repouse bem.
  헤뽀우지 벵

  Descanse bastante.
  지스깡씨 바스땅치

- 다시 와야 합니까?

  ▶ Preciso vir de novo?
  쁘레씨주 비르 지 노부

  Tenho que vir outra vez?
  뗑유 끼 비르 오우뜨라 베스

- 일주일 내로 한 번 더 오셔야 합니다.

  ▶ Você precisa vir mais uma vez dentro de uma semana.
  보쎄 쁘레씨자 비르 마이즈 우마 베스 뎅뜨루 지 우마 쎄마나.

  Será preciso que venha mais uma vez dentro de uma
  쎄라 쁘레씨주 끼 벵야 마이즈 우마 베스 뎅뜨루 지 우마
  semana.
  쎄마나.

- 처방전을 약국으로 가져가세요.

  ▶ Leve a receita (médica) para a farmácia.
  레비 아 헤쎄이따 (메지까) 빠라 아 파르마씨아

  Mostre a prescrição (médica) na drogaria.
  모스뜨리 아 쁘레스끄리써웅 (메지까) 나 드로가리아

약국

약국을 찾을 때

• 가장 가까운 약국이 어디에 있습니까?
▶ **Onde fica a farmácia mais próxima?**
옹지　피까　아 파르마씨아 마이스 쁘로씨마

• 이 근처에 약국이 있나요?
▶ **Tem alguma drogaria por aqui?**
뗑　아우구마　드로가리아 뽀르 아끼

처방전을 보이며 약을 달라고 할 때

• 이 처방전대로 약을 주십시오.
▶ **Me dê o remédio prescrito nesta receita, por favor.**
미　데 우 헤메지우　쁘레스끄리뚜 네스따 헤쎄이따 뽀르 파보르
Preciso do remédio indicado nesta receita.
쁘레씨주 두 헤메지우　잉지까두　네스따 헤쎄이따

• 의사 처방전 없이 이 약을 팔 수 없습니다.
▶ **Não podemos vender o remédio sem receita.**
너웅 뽀데무스　벵데르　우 헤메지우 쎙　헤쎄이따

증상을 말하며 약을 달라고 할 때

• 처방전은 없습니다만, 감기약을 살 수 있나요?
▶ **Posso comprar um remédio para gripe sem receita?**
뽀쑤　꽁쁘라르 웅　헤메지우　빠라 그리삐 쎙　헤쎄이따

• 식욕이 없습니다. 저는 식욕을 돋우기 위한 약을 사고 싶습니다.

▶ Estou sem apetite. Queria tomar um remédio para
이스또우 쎙　아뻬치치　께리아　또마르　웅　헤메지우　빠라
estimular o meu apetite.
이스치물라르 우 메우 아뻬치치

Não sinto vontade de comer. Preciso de um remédio
너웅　씽뚜　봉따지　지 꼬메르　쁘레씨주 지 웅　헤메지우
para abrir o meu apetite.
빠라 아브리르 우 메우 아뻬치치

• 기침에 좋은 약 있나요?

▶ Tem algum remédio que seja bom para tosse?
뗑　아우궁　헤메지우　끼　세쟈 봉　빠라 또씨

• 치통을 가라앉히는 약을 제게 주실 수 있나요?

▶ Tem algum remédio que alivie dor de dente?
뗑　아우궁　헤메지우　끼　알리비이 도르 지 뎅치
Poderia me dar um medicamento para dor de dente?
뽀데리아 미 다르 웅 메지까멩뚜　　빠라 도르 지 뎅치

• 불면증입니다. 수면제를 사고 싶습니다.

▶ Tenho insônia. Queria comprar um sonífero.
뗑유　잉쏘니아　께리아　꽁쁘라르　웅　쏘니페루
Sofro de insônia.
쏘프루 지 잉쏘니아

Gostaria de comprar um remédio para insônia.
고스따리아 지 꽁쁘라르　웅　헤메지우　빠라　잉쏘니아

• 이 약은 효능이 있습니까?

▶ Este medicamento tem efeito?
에스치 메지까멩뚜　　뗑　에페이뚜
Este remédio é eficaz?
에스치 헤메지우　에 에피까스

- 약은 하루에 몇 번 복용합니까?

  ▶ Quantas vezes ao dia devo tomar o remédio?
  꽝따스　　베지스 아우 지아 데부 또마르　우 헤메지우

- 하루에 3번 복용하세요.

  ▶ Tome 3 vezes ao dia.
  또미　뜨레스 베지스 아우 지아

  Tome 3 vezes por dia.
  또미　뜨레스 베지스 뽀르 지아

- 한 번에 몇 알을 먹어야 합니까?

  ▶ Quantos comprimidos devo tomar por vez?
  꽝뚜스　　꽁쁘리미두스　　데부　또마르 뽀르 베스

  Devo tomar quantas pílulas por dose?
  데부　또마르　꽝따스　삘룰라스 뽀르 도지

- 한 번에 두 알을 먹어야 합니다.

  ▶ Tome dois comprimidos por vez.
  또미　도이스 꽁쁘리미두스　　뽀르 베스

  Tome duas pílulas a cada dose.
  또미　두아스 삘룰라스 아 까다　도지

- 식전에 드셔야 합니다.

  ▶ Tome antes das refeições.
  또미　앙치스 다스 헤페이쏭이스

- 식전 30분에 드셔야 합니다.

  ▶ Tome 30 minutos antes das refeições.
  또미　뜨링따 미누뚜스 앙치스 다스 헤페이쏭이스

- 식후에 드셔야 합니다.

  ▶ Tome após as refeições
  또미　아뽀즈 아스 헤페이쏭이스

- 식후 30분에 드셔야 합니다.

  ▶ Tome 30 minutos depois das refeições.
  또미　뜨링따 미누뚜스 데뽀이스 다스 헤페이쏭이스

• 하루 세 번 두 알의 약을 식사 전에 드셔야 합니다.

▶ Tome o remédio antes das refeições, dois
또미　　우　헤메지우　　앙치스　다스　헤페이쏭이스,　도이스

comprimidos por dose, 3 vezes ao dia.
꽁쁘리미두스　　뽀르 도지,　뜨레스 베지스 아우 지아

• 매 식후 두 알을 드셔야 합니다.

▶ Tome dois comprimidos depois de cada refeição.
또미　도이스 꽁쁘리미두스　　데뽀이스 지 까다 헤페이써웅

• 아침식사 후 한 알을 드세요.

▶ Tome um comprimido após tomar o café da manhã.
또미　웅 꽁쁘리미두　　아뽀스 또마르 우 까페 다 망양

• 여기 감기약이 있습니다. 식후 30분에 드세요.

▶ Aqui está o remédio para gripe.
아끼　이스따 우 헤메지우 빠라　그리삐

Tome meia hora após as refeições.
또미　메이아 오라　아뽀즈 아스 헤페이쏭이스

• 식사 전에 이 시럽 두 스푼을 드십시오.

▶ Tome duas colheres do xarope antes das refeições.
또미　두아스 꼴레리스　두 샤로삐　　앙치스 다스 헤페이쏭이스

• 손가락에 약을 바르기만 하면 합니다.

▶ Basta passar o remédio no dedo.
바스따 빠싸르　우 헤메지우　누 데두

Apenas aplique o unguento no dedo.
아뻬나스　아쁠리끼 우 웅궹뚜　　누 데두

PART IX
여행 표현

항공권을 구할 때

- 저는 다음 주 일요일로 상파울루행 항공편을 예약하고 싶습니다.
  - ▶ Gostaria de reservar um voo para São Paulo para o
    고스따리아 지 헤제르바르 웅 보우 빠라 써웅 빠울루 빠라 우
    próximo domingo.
    쁘로씨무 도밍구

    Queria fazer uma reserva para o próximo domingo com
    께리아 파제르 우마 헤제르바 빠라 우 쁘로씨무 도밍구 꽁
    destino a São Paulo.
    데스치누 아 써웅 빠울루

- 저는 리우데자네이루행 왕복표를 예약하고 싶습니다.
  - ▶ Gostaria de reservar um voo de ida e volta para o Rio
    고스따리아 지 헤제르바르 웅 보우 지 이다 이 보우따 빠라 우 히우
    de Janeiro.
    지 쟈네이루

    Queria fazer uma reserva de ida e volta com destino
    께리아 파제르 우마 헤제르바 지 이다 이 보우따 꽁 데스치누
    ao Rio de Janeiro.
    아우 히우 지 쟈네이루

- 뽀르뚜알레그리로 가는 다음 비행기는 언제 떠납니까?
  - ▶ Quando parte o próximo voo que vai para Porto Alegre?
    꽝두 빠르치 우 쁘로씨무 보우 끼 바이 빠라 뽀르뚜 알레그리
    Quando sai o próximo voo para Porto Alegre?
    꽝두 싸이 우 쁘로씨무 보우 빠라 뽀르뚜 알레그리

Quando decola o próximo voo com destino a Porto
꽝두　　데꼴라　우 쁘로씨무　　보우 꽁　　데스치누　아 뽀르뚜
Alegre?
알레그리

- 3월 29일에 포스두이과수로 가서 4월 1일에 돌아오는 항공편이 있습니까?

  ▶ Tem algum voo de ida para Foz do Iguaçu no dia 29
  　뗑　아우궁　보우 지 이다 빠라 포스 두 이과수 누 지아 빙치 이 노비
  de março e um de volta no dia primeiro de abril?
  지 마르쑤　이 웅　지 보우따 누 지아 쁘리메이루 지 아브리우
  Tem algum voo de ida e volta para Foz do Iguaçu que
  뗑　아우궁　보우 지 이다 이 보우따 빠라 포스 두 이과수　　끼
  parta no dia 29 de março e volte no dia primeiro de abril?
  빠르따 누 지아 빙치 이 노비 지 마르쑤 이 보우치 누 지아 쁘리메이루
  지 아브리우

- 아직 좌석이 남아 있습니까?

  ▶ Ainda tem vaga?
  아잉다 뗑　바가
  Ainda tem lugar sobrando?
  아잉다 뗑　.　루가르 쏘브랑두

- 표를 예약해 드렸습니다.

  ▶ Fiz a reserva para você.
  피즈 아 헤제르바 빠라　보쎄
  A sua reserva foi feita.
  아 쑤아 헤제르바 포이 페이따
  A passagem foi reservada.
  아 빠싸젱　　포이 헤제르바다

- 제가 얼마나 일찍 표를 예매할 수 있습니까?

  ▶ Com quanto tempo de antecedência posso comprar
  꽁　꽝뚜　　뗑뿌　　지 앙떼쎄뎅씨아　　뽀쑤　　꽁쁘라르
  uma passagem?
  우마　빠싸젱

A partir de quando posso fazer a reserva?
아 빠르치르 지 꽝두   뽀쑤   파제르 아 헤제르바

- 마나우스행 다른 항공편을 알아봐 주시겠어요?

▶ Poderia verificar os voos de outra companhia aérea
뽀데리아 베리피까르 우스 보우스 지 오우뜨라 꽁빵이아   아에리아

com destino a Manaus?
꽁 데스치누 아 마나우스

Tem algum voo em outra companhia aérea que vá
뗑 아우궁 보우 잉 오우뜨라 꽁빵이아   아에리아 끼 바

para Manaus?
빠라 마나우스

- 브라질리아 갈 수 있는 가장 이른 비행기 표를 원해요.

▶ Quero uma passagem do voo mais próximo com
께루   우마 빠싸젱   두 보우 마이스 쁘로씨무   꽁

destino a Brasília.
데스치누 아 브라질리아

- 당신은 어떤 항공사를 선호하십니까?

▶ Tem preferência por alguma companhia aérea?
뗑 쁘레페렝씨아 뽀르 아우구마 꽁빵이아   아에리아

Qual a companhia aérea de sua preferência?
꽈우 아 꽁빵이아   아에리아 지 쑤아 쁘레페렝씨아

- 특정 항공사 원하십니까?

▶ Está procurando o voo de alguma companhia aérea
이스따 쁘로꾸랑두   우 보우 지 아우구마 꽁빵이아   아에리아

em específico?
잉 이스뻬씨피꾸

Tem alguma linha aérea que queira em especial?
뗑 아우구마 링야 아에리아 끼 께이라 잉 이스뻬씨아우

- 편도입니까? 아니면 왕복입니까?

▶ Só de ida ou de ida e volta?
쏘 지 이다 오우 지 이다 이 보우따

- 언제 출발합니까?

  ▶ **Quando o avião vai partir?**
  꽝두　　　우 아비어웅 바이 빠르치르

  Quando o avião decola?
  꽝두　　　우 아비어웅 데꼴라

  Quando será a decolagem?
  꽝두　　　쎄라 아 데꼴라젱

- 어떤 등급의 좌석을 원하십니까?

  ▶ **Em que classe quer fazer a reserva?**
  잉 끼 끌라씨 께르 파제르 아 헤제르바

  Quer uma reserva para que classe?
  께르 우마 헤제르바 빠라 끼 끌라씨

- 흡연석을 원하십니까? 금연석을 원하십니까?

  ▶ **Gostaria de fazer uma reserva na área de fumantes ou**
  고스따리아 지 파제르 우마 헤제르바 나 아레아 지 푸망치스 오우

  não fumantes?
  너웅 푸망치스

  Quer um assento para fumantes ou não fumantes?
  께르 웅 아쎙뚜 빠라 푸망치스 오우 너웅 푸망치스

- 꾸리치바행 표 한 장을 구매하고 싶습니다.

  ▶ **Gostaria de comprar uma passagem com destino a**
  고스따리아 지 꽁쁘라르 우마 빠싸젱 꽁 데스치누 아

  Curitiba.
  꾸리치바

  Quero uma passagem para Curitiba.
  께루 우마 빠싸젱 빠라 꾸리치바

- 죄송합니다만 오늘의 모든 항공권이 만석입니다.

  ▶ **Sinto muito, mas todos os voos de hoje já estão lotados.**
  씽뚜 무이뚜, 마스 또두즈 우스 보우스 지 오쥐 쟈 이스떠웅 로따두스

  Desculpe, mas hoje não temos mais nenhum voo com
  지스꾸우삐 마즈 오쥐 너웅 떼무스 마이스 넹융 보우 꽁

  assento disponível.
  아쎙뚜 지스뽀니베우

- 리우데자네이루행 왕복 한 장이 필요합니다.
  - ▶ **Preciso de uma passagem de ida e volta para o Rio de**
    쁘레씨주 지 우마 빠싸젱 지 이다 이 보우따 빠라 우 히우 지
    Janeiro.
    쟈네이루

- 상파울루행 편도로만 한 장을 구매하고자 합니다.
  - ▶ **Gostaria de comprar uma passagem só de ida para**
    고스따리아 지 꼼쁘라르 우마 빠싸젱 쏘 지 이다 빠라
    São Paulo.
    써웅 빠울루

- 저는 브라질리아로 가는 2장의 왕복표를 구매하고 싶습니다.
  - ▶ **Quero comprar duas passagens de ida e volta para**
    께루 꼼쁘라르 두아스 빠싸젱스 지 이다 이 보우따 빠라
    Brasília.
    브라질리아
    Gostaria de comprar dois bilhetes de ida e volta com
    고스따리아 지 꼼쁘라르 도이스 빌례치스 지 이다 이 보우따 꽁
    destino a Brasília.
    데스치누 아 브라질리아

- 지금 발권을 할 수 있습니까?
  - ▶ **Posso comprar uma passagem agora?**
    뽀쑤 꼼쁘라르 우마 빠싸젱 아고라

- 죄송합니다. 대기번호 7번으로 넣어 드릴까요?
  - ▶ **Sinto muito. Gostaria de ficar no sétimo lugar da lista**
    씽뚜 무이뚜 고스따리아 지 피까르 누 쎄치무 루가르 다 리스따
    de espera?
    지 이스뻬라

- 취소가 있다면 연락드리겠습니다.
  - ▶ **Entraremos em contato caso haja algum cancelamento.**
    엥뜨라레무스 잉 꽁따뚜 까주 아쟈 아우궁 깡쎌라멩뚜

- 환승을 해야 합니까?
  - ▶ **Preciso fazer uma conexão?**
    쁘레씨주 파제르 우마 꼬넥써웅

Será que tenho que fazer uma transferência?
쎄라 끼 뗑유 끼 파제르 우마 뜨랑스페렝씨아

• 어디에서 공항세를 지불해야 합니까?
▶ Onde devo pagar a tarifa do aeroporto?
옹지 데부 빠가르 아 따리파 두 아에로뽀르뚜

• 어디에 대기실이 있습니까?
▶ Onde fica a sala de espera?
옹지 피까 아 쌀라 지 이스뻬라

• 인천 공항에서 체크인을 해야만 합니다.
▶ Você precisa fazer o check-in no aeroporto de Incheon.
보쎄 쁘레씨자 파제르 우 셰끼 잉 누 아에로뽀르뚜 지 인천

• 비지니스 클래스의 가격은 얼마입니까?
▶ Qual é o preço da passagem na classe executiva?
꽈우 에 우 쁘레쑤 다 빠싸젱 나 끌라씨 에제꾸치바
Quanto é a passagem na classe executiva?
꽝뚜 에 아 빠싸젱 나 끌라씨 에제꾸치바

• 퍼스트 클래스(1등석)의 가격은 얼마입니까?
▶ Qual é o preço da passagem na primeira classe?
꽈우 에 우 쁘레쑤 다 빠싸젱 나 쁘리메이라 끌라씨
Quanto custa uma passagem da primeira classe?
꽝뚜 꾸스따 우마 빠싸젱 다 쁘리메이라 끌라씨

• 창가 쪽으로 앉고 싶습니다.
▶ Quero um assento na janela, por favor.
께루 웅 아쎙뚜 나 쟈넬라 뽀르 파보르
Gostaria de pegar um assento ao lado da janela.
고스따리아 지 뻬가르 웅 아쎙뚜 아우 라두 다 쟈넬라

• 복도 쪽으로 앉고 싶습니다.
▶ Quero um assento no corredor, por favor.
께루 웅 아쎙뚜 누 꼬헤도르 뽀르 파보르
Gostaria de pegar um assento ao lado do corredor.
고스따리아 지 뻬가르 웅 아쎙뚜 아우 라두 두 꼬헤도르

- 금연석으로 부탁합니다.

  ▶ Quero um assento para não fumantes.
  께루 웅 아쎙뚜 빠라 너웅 푸망치스

- 예약을 취소하고 싶습니다.

  ▶ Gostaria de cancelar a reserva do meu voo.
  고스따리아 지 깡쎌라르 아 헤제르바 두 메우 보우

  Queria cancelar a minha reserva.
  께리아 깡쎌라르 아 밍야 헤제르바

- 이 표를 취소하고 싶습니다.

  ▶ Gostaria de cancelar a minha passagem.
  고스따리아 지 깡쎌라르 아 밍야 빠싸젱

- 이 항공권들은 환불이 되지 않습니다.

  ▶ Estas passagens não são reembolsáveis.
  에스따스 빠싸젱스 너웅 써웅 헤잉보우싸베이스

  Não será aceita a devolução das passagens.
  너웅 쎄라 아쎄이따 아 데볼루써웅 다스 빠싸젱스

- 제 항공편을 확인하고 싶습니다.

  ▶ Gostaria de confirmar o meu voo.
  고스따리아 지 꽁피르마르 우 메우 보우

- 고객님의 항공편을 확인했습니다.

  ▶ O seu voo está confirmado.
  우 쎄우 보우 이스따 꽁피르마두

  Já confirmei o seu voo.
  쟈 꽁피르메이 우 쎄우 보우

- 고객님께서는 항공권을 어느 여행사에서든 3일 내로 구입하실 수 있습니다.

  ▶ O senhor pode comprar a passagem em qualquer
  우 씽요르 뽀지 꽁쁘라르 아 빠싸젱 잉 꽈우께르

  agência dentro de 3 dias.
  아젱씨아 뎅뜨루 지 뜨레스 지아스

- 제가 항공권을 예약했는데, 단지 좌석을 확인하고 싶습니다.

▶ **Reservei uma passagem aérea e queria apenas**
헤제르베이　우마　빠싸젱　　아에리아 이 께리아　아뻬나스
confirmar o meu assento.
꽁피르마르　우 메우 아쎙뚜

Fiz uma reserva de passagem aérea e queria apenas
피즈 우마　헤제르바 지 빠싸젱　　아에리아 이 께리아 아뻬나스
confirmar o meu lugar.
꽁피르마르　우 메우 루가르

- 고객님의 좌석을 확인했습니다.

▶ **O seu assento está confirmado.**
우 쎄우 아쎙뚜　　이스따 꽁피르마두

- 항공권을 바꿀 수 있나요?

▶ **Poderia trocar a minha passagem?**
뽀데리아　뜨로까르 아 밍야　　빠싸젱

- 항공권을 변경하고 싶습니다.

▶ **Gostaria de alterar a minha passagem.**
고스따리아 지　아우떼라르 아 밍야　빠싸젱
Queria mudar a minha passagem.
께리아　무다르　아 밍야　　빠싸젱
Poderia modificar a minha passagem?
뽀데리아　모지피까르　　아 밍야　　빠싸젱

- 이 표는 취소하고, 아시아나항공 OZ757편으로 바꿔 주세요.

▶ **Poderia cancelar esta passagem e me transferir para o**
뽀데리아　깡쎌라르　　에스따 빠싸젱　　이 미 뜨랑스페리르 빠라 우
voo OZ757 da Asiana Airlines?
보우　오 제 쎄치 씽꾸 쎄치 다 아지아나 에어라잉스

- 가능하다면, 여행일자를 1월 23일 일요일로 바꾸고 싶습니다.

▶ **Se possível, queria modificar a data da minha viagem**
씨 뽀씨베우　께리아　모지피까르　아 다따 다 밍야　　비아젱
para o domingo do dia 23 de janeiro.
빠라 우 도밍구　　두　지아 빙치 이 뜨레스 지 쟈네이루

• 터키항공사는 값이 싸지만 이스탄불에서 하룻밤을 보내야 한다.

▶ A Turkish Airlines é mais barata, mas preciso passar
아 뚜르끼쉬 에어라잉스 에 마이스 바라따 마스 쁘레씨주 빠싸르
uma noite em Istambul.
우마 노이치 잉 이스땅부우

• 항공사는 숙박과 아침식사를 무료로 제공합니다.

▶ A companhia aérea fornece o alojamento e o café da
아 꽁빵이아 아에리아 포르네씨 우 알로쟈멩뚜 이 우 까페 다
manhã gratuitamente.
망양 그라뚜이따멩치

A estadia num hotel e o café da manhã são fornecidos
아 이스따지아 눙 오떼우 이 우 까페 다 망양 써웅 포르네씨두스
pela companhia aérea.
뻴라 꽁빵이아 아에리아

• 비즈니스 좌석은 남아 있지 않습니다.

▶ Todos os assentos da classe executiva já estão lotados.
또두즈 우즈 아쎙뚜스 다 끌라씨 에제꾸치바 쟈 이스떠웅 로따두스
Não há mais nenhum assento disponível na classe
너웅 아 마이스 넹융 아쎙뚜 지스뽀니베우 나 끌라씨
executiva.
에제꾸치바

• 죄송합니다. 저희에게 퍼스트클래스 좌석만 남아 있습니다.

▶ Sinto muito, mas só há assentos disponíveis na
씽뚜 무이뚜 마스 쏘 아 아쎙뚜스 지스뽀니베이스 나
primeira classe.
쁘리메이라 끌라씨

Desculpe, mas só temos assentos sobrando na primeira
지스꾸우뻬 마스 쏘 떼무즈 아쎙뚜스 쏘브랑두 나 쁘리메이라
classe.
끌라씨

• 이번 주 일요일의 티켓은 모두 매진되었습니다.

▶ As passagens para este domingo já se esgotaram.
아스 빠싸젱스 빠라 에스치 도밍구 쟈 씨 이스고따랑

As passagens para o domingo já estão esgotadas.
아스 빠싸젱스 빠라 우 도밍구 쟈 이스떠웅 이스고따다스

- 당신에게 가장 빨리 예매해드릴 수 있는 것은 다음 주 수요일입니다.

  ▶ O voo mais próximo que podemos reservar é o da
  우 보우 마이스 쁘로씨무 끼 뽀데무스 헤제르바르 에 우 다
  quarta-feira que vem.
  꽈르따 페이라 끼 벵

- 고객카드 번호를 알고 계십니까?

  ▶ Sabe qual é o número do seu cartão de fidelidade?
  싸비 꽈우 에 우 누메루 두 쎄우 까르떠웅 지 피델리다지

- 고객님의 마일리지를 사용하시겠습니까?

  ▶ Vai usar as suas milhas?
  바이 우자르 아스 쑤아스 밀랴스

- 지금은 저희 여행객을 위한 특별 프로그램을 시행 중입니다.

  ▶ Estamos promovendo um programa especial para os
  이스따무스 쁘로모벵두 웅 쁘로그라마 이스뻬씨아우 빠라 우스
  nossos passageiros.
  노쑤스 빠싸제이루스

- 고객카드를 만드시겠습니까?

  ▶ Gostaria de fazer um cartão de fidelidade?
  고스따리아 지 파제르 웅 까르떠웅 지 피델리다지

- 우수고객을 위한 저희의 프로그램이 어떤지 알고 싶으십니까?

  ▶ Gostaria de saber como funciona o programa especial
  고스따리아 지 싸베르 꼬무 풍씨오나 우 쁘로그라마 이스뻬씨아우
  para passageiros frequentes?
  빠라 빠싸제이루스 프레꿸치스

- 우수고객을 위한 저희 프로그램에 참여 하시겠습니까?

  ▶ Gostaria de participar do nosso programa especial para
  고스따리아 지 빠르치씨빠르 두 노쑤 쁘로그라마 이스뻬씨아우 빠라
  passageiros frequentes?
  빠싸제이루스 프레꿸치스

• 아마도 이 비행기를 원하지 않으실 듯합니다. 왜냐하면 새벽 2시에
도착하기 때문입니다.

▶ Talvez você não queira este voo, pois ele chega às 2
따우베스 보쎄   너웅 께이라 에스치 보우 뽀이즈 엘리 셰가 아스 두아스
da madrugada.
다 마드루가다

• 비행기는 몇 시에 출발합니까?

▶ A que horas o avião parte?
아 끼   오라즈 우 아비어웅 빠르치
A que horas o avião decola?
아 끼   오라즈 우 아비어웅 데꼴라

• 여행은 얼마나 걸립니까?

▶ Quanto tempo vai durar a viagem?
꽝뚜   뗑뿌   바이 두라르 아 비아젱

• 비행기는 몇 시에 도착합니까?

▶ A que horas o avião chega?
아 끼   오라즈 우 아비어웅 셰가
A que horas o avião vai pousar?
아 끼   오라즈 우 아비어웅 바이 뽀우자르

• 도착 예정시간은 어떻게 되죠?

▶ Qual é o horário previsto para a chegada?
꽈우   에 우 오라리우 쁘레비스뚜 빠라 아 셰가다

• 비행기가 제시간에 도착할까요?

▶ Será que o avião vai chegar a tempo?
쎄라   끼   우 아비어웅 바이 셰가르 아 뗑뿌

• 직항입니까?

▶ Será que esse voo é direto (sem escalas)?
쎄라   끼   에씨 보우 에 지레뚜 (쎙   이스깔라스)
Esse voo vai direto para o destino?
에씨   보우 바이 지레뚜 빠라 우 데스치누

▶ É um voo direto.
에 웅　보우 지레뚜

É um voo que vai direto para o destino.
에 웅 보우 끼　바이 지레뚜 빠라 우 데스치누

• 목적지에 도착할 때까지 경유하지 않나요?

▶ Este voo não vai fazer escala até chegar no local de
에스치 보우 너웅 바이 파제르 이스깔라 아떼 셰가르　누 로까우 지

destino?
데스치누

• 경유하는 데 얼마나 걸리나요?

▶ Quanto tempo vai levar a escala?
꽝뚜　　　뗌뿌　　바이 레바르 아 이스깔라

• 중간에 경유를 합니까?

▶ O voo faz alguma escala no meio da viagem?
우 보우 파즈 아우구마　이스깔라 누 메이우 다 비아젱

• 파리에서 경유합니다.

▶ Você vai fazer escala em Paris.
보쎄　바이 파제르 이스깔라 잉 빠리스

• 로스앤젤레스에서 경유하는데 1시간이 걸릴 것입니다.

▶ Levará uma hora para fazer a escala em Los Ângeles.
레바라　우마 오라 빠라 파제르 아 이스깔라 잉 로즈 앙젤리스

• 공항에 몇 시에 도착해야 합니까?

▶ A que horas devo chegar no aeroporto?
아 끼　오라스 데부　셰가르　누 아에로뽀르뚜

• 얼마만큼의 짐을 기내로 가져갈 수 있습니까?

▶ Qual é o limite de bagagem que posso levar a bordo?
꽈우　에 우 리미치 지 바가젱　　끼 뽀쑤　레바르 아 보르두

• 얼마만큼의 짐을 제가 부칠 수 있죠?

▶ Qual é o limite de bagagem que posso despachar?
꽈우　에 우 리미치 지 바가젱　　끼 뽀쑤　지스빠샤르

• 얼마만큼의 짐이 허용됩니까?

▶ Qual é o limite de bagagem permitido?
꽈우 에 우 리미치 지 바가젱 뻬르미치두

• 비행기를 도쿄에서 갈아 타셔야 합니다.

▶ É preciso transferir de voo chegando em Tóquio.
에 쁘레씨주 뜨랑스페리르 지 보우 셰강두 잉 또끼우

Você precisa fazer uma conexão em Tóquio.
보쎄 쁘레씨자 파제르 우마 꼬넥써웅 잉 또끼우

• 식사가 제공되나요?

▶ A refeição será fornecida?
아 헤페이써웅 쎄라 포르네씨다

• 비행 중 간식이 제공됩니다.

▶ Um lanche será fornecido durante o voo.
웅 랑쉬 쎄라 포르네씨두 두랑치 우 보우

• 식사가 포함되어 있습니까?

▶ A refeição está inclusa?
아 헤페이써웅 이스따 잉끌루자

• 이 항공편은 식사를 포함하고 있지 않습니다.

▶ Este voo não inclui nenhuma refeição.
에스치 보우 너웅 잉끌루이 넹유마 헤페이써웅

• 특별식을 주문할 수 있습니까?

▶ Posso pedir uma refeição diferente?
뽀쑤 뻬지르 우마 헤페이써웅 지페렝치

Posso pedir um tipo de refeição em específico?
뽀쑤 뻬지르 웅 치뿌 지 헤페이써웅 잉 이스뻬씨피꾸

- 목적지가 어디십니까?

  ▶ Qual é o seu destino?
  꽈우 에 우 쎄우 데스치누

- 부칠 짐이 있습니까?

  ▶ Tem alguma bagagem para despachar?
  뗑 아우구마 바가젱 빠라 지스빠샤르

- 고객님의 이름은 탑승자 명단에 있지 않습니다.

  ▶ Não tem nenhuma reserva com o seu nome neste voo.
  너웅 뗑 넹유마 헤제르바 꽁 우 쎄우 노미 네스치 보우

- 대기자 명단에 이름을 올릴 수 있습니까?

  ▶ Posso colocar o meu nome na lista de espera?
  뽀쑤 꼴로까르 우 메우 노미 나 리스따 지 이스뻬라

- 부칠 짐에 이 테이프를 붙여 놓으세요.

  ▶ Coloque este adesivo na bagagem que vai despachar.
  꼴로끼 에스치 아데지부 나 바가젱 끼 바이 지스빠샤르

- 기내 반입 짐은 무게를 잴 필요가 없습니다.

  ▶ Não é preciso pesar a bagagem que vai levar na cabine.
  너웅 에 쁘레씨주 뻬자르 아 바가젱 끼 바이 레바르 나 까비니

- 안타깝게도 무게 초과입니다.

  ▶ Infelizmente, a bagagem está ultrapassando o limite
  잉펠리스멩치 아 바가젱 이스따 우우뜨라빠쌍두 우 리미치

  de peso.
  지 뻬주

- 10킬로 무게 초과입니다.

  ▶ A bagagem está pesando 10 quilos a mais do limite
  아 바가젱 이스따 뻬장두 데스 낄루스 아 마이스 두 리미치

  de peso.
  지 뻬주

• 고객님의 짐은 붙이셔야 합니다. 나머지 것은 기내로 가져가실 수 있습니다.

▶ Você precisa despachar a sua bagagem.
보쎄 쁘레씨자 지스빠샤르 아 쑤아 바가젱

O resto poderá levar para a cabine.
우 헤스뚜 뽀데라 레바르 빠라 아 까비니

• 짐에 라벨을 붙이셔야 합니다.

▶ É preciso colocar esta etiqueta na bagagem.
에 쁘레씨주 꼴로까르 에스따 에치께따 나 바가젱

• 고객님 짐의 무게를 재볼까요?

▶ Poderia pesar a sua bagagem?
뽀데리아 뻬자르 아 쑤아 바가젱

• 제 짐 모두를 재봐야 합니까?

▶ Será que preciso pesar todas as minhas malas?
쎄라 끼 쁘레씨주 뻬자르 또다즈 아스 밍야스 말라스

Preciso pesar todas as minhas bagagens?
쁘레씨주 뻬자르 또다즈 아스 밍야스 바가젱스

• 손에 드신 짐을 제외하고 그렇습니다.

▶ Sim, tirando apenas a bagagem de mão.
씽 치랑두 아뻬나스 아 바가젱 지 머웅

Sim, exceto a bagagem que vai carregar na mão.
씽 에쎄뚜 아 바가젱 끼 바이 까헤가르 나 머웅

• 가방들을 저울 위에 올려 놔주십시오.

▶ Coloque as bagagens em cima da balança, por favor.
꼴로끼 아스 바가젱즈 잉 씨마 다 발랑싸 뽀르 파보르

Ponha as malas na balança, por favor.
뽕야 아스 말라스 나 발랑싸 뽀르 파보르

• 체크인을 하시고, A 탑승터미널에서 기다리세요.

▶ Faça o check-in e espere no terminal de embarque A.
파싸 우 셰끼 잉 이 이스뻬리 누 떼르미나우 지 잉바르끼 아

• 보안검색을 위해 줄을 서세요.

▶ Faça a fila para passar pela inspeção de segurança.
파싸 아 필라 빠라 빠싸르 뻴라 잉스뻬써웅 지 쎄구랑싸

• 탑승권을 보여주시겠습니까?

▶ Poderia mostrar o cartão de embarque?
뽀데리아 모스뜨라르 우 까르떠웅 지 잉바르끼

O cartão de embarque, por favor.
우 까르떠웅 지 잉바르끼 뽀르 파보르

• 항공권을 보여주시겠습니까?

▶ Poderia mostrar a passagem?
뽀데리아 모스뜨라르 아 빠싸젱

• 당신의 열쇠, 동전, 휴대폰을 쟁반에 올려 놓으시고 검색대를 통과
시키세요.

▶ Coloque chaves, moedas e celulares na bandeja e
꼴로끼 샤비스 모에다스 이 쎌룰라리스 나 방데쟈 이
passe pelo detector de metais.
빠씨 뻴루 데떽또르 지 메따이스

탑승할 때

• 빨리 비행기에 타자.

▶ Vamos embarcar logo.
바무즈 잉바르까르 로구

• 우선 아이와 동승하시는 승객분과 특별한 도움을 필요로 하는 승객
분께서 먼저 탑승하십시오.

▶ Chamada de embarque preferencial para passageiros
샤마다 지 잉바르끼 쁘레페렝씨아우 빠라 빠싸제이루스
com crianças ou passageiros que necessitam assistência
꽁 끄리앙싸스 오우 빠싸제이루스 끼 네쎄씨땀 아씨스뗑씨아
especial.
이스뻬씨아우

Primeiro chamamos para embarcar os passageiros
쁘리메이루 샤마무스 빠라 잉바르까르 우스 빠싸졔이루스
acompanhados de crianças e os passageiros que
아꽁빵야두스 지 끄리앙싸스 이 우스 빠싸졔이루스 끼
precisam de assistência especial.
쁘레씨장 지 아씨스뗑씨아 이스뻬씨아우

• 이제 탑승 수속을 시작합니다.

▶ Neste momento, iniciaremos o processo de embarque.
네스치 모멩뚜 이니씨아레무스 우 쁘로쎄쑤 지 잉바르끼

• 뽀르뚜알레그리행 JJ3849편 탑승을 하고 있습니다.

▶ O embarque do voo JJ3849 com destino a Porto
우 잉바르끼 두 보우 죠따 죠따 뜨레스 오이뚜 꽈뜨루 노비 꽁 데스치누
아 뽀르뚜

Alegre está em andamento.
알레그리 이스따 잉 앙다멩뚜

Estamos realizando o embarque do voo JJ3849 com
이스따무스 헤알리장두 우 잉바르끼 두 보우 죠따 죠따 뜨레스 오이뚜
꽈뜨루 노비 꽁

destino a Porto Alegre.
데스치누 아 뽀르뚜 알레그리

• 탑승권과 여권 부탁합니다.

▶ O passaporte e o cartão de embarque, por favor.
우 빠싸뽀르치 이 우 까르떠웅 지 잉바르끼 뽀르 파보르

• 두 개의 가방과 탑승이 허용됩니다.

▶ É permitido embarcar com duas bagagens.
에 뻬르미치두 잉바르까르 꽁 두아스 바가졩스

• 이 짐을 검색해야 합니다.

▶ Precisamos inspecionar esta bagagem.
쁘레씨자무스 잉스뻬씨오나르 에스따 바가졩

É preciso checar esta bagagem.
에 쁘레씨주 셰까르 에스따 바가졩

- 다른 짐을 검색해야 합니다.

  ▶ **Precisamos inspecionar as outras bagagens.**
  쁘레씨자무즈   잉스뻬씨오나르 아즈 오우뜨라스 바가젱스

  É preciso checar as outras bagagens.
  에 쁘레씨주 셰까르   아즈 오우뜨라스 바가젱스

- 이번 항공편은 연착되었습니다.

  ▶ **Houve um atraso neste voo.**
  오우비   웅   아뜨라주 네스치 보우

  Ocorreu um atraso no voo.
  오꼬헤우   웅   아뜨라주 누 보우

- 이번 항공편은 악천후로 인해 연착되었습니다.

  ▶ **O voo foi atrasado devido às más condições climáticas.**
  우 보우 포이 아뜨라자두 데비두   아스 마스 꽁지쏑이스 끌리마치까스

  Ocorreu um atraso no voo devido a condições climáticas
  오꼬헤우 웅   아뜨라주 누 보우 데비두   아 꽁지쏑이스 끌리마치까스
  desfavoráveis.
  지스파보라베이스

  O voo se atrasou por causa do tempo ruim.
  우 보우 씨 아뜨라조우 뽀르 까우자 두 뗌뿌   후잉

- 이 편은 연착되어 출발하지만, 모든 다른 환승에선 상황이 좋습니다.

  ▶ **Embora a decolagem do voo tenha sido atrasada, não**
  잉보라   아 데꼴라젱   두 보우 뗑야   씨두 아뜨라자다 너웅
  haverá problemas nas demais conexões.
  아베라   쁘로블레마스 나스 지마이스 꼬넥쏑이스

- 이 편은 취소되었습니다.

  ▶ **Este voo foi cancelado.**
  에스치 보우 포이 깡쎌라두

- 이 항공편은 A1 게이트와 연결됩니다.

  ▶ **Este voo faz conexão com o portão A1.**
  에스치 보우 파스 꼬넥써웅 꽁   우 뽀르떠웅 아 웅

• 이 좌석번호는 어디쯤 됩니까?

▶ Onde fica este assento?
옹지 피까 에스치 아쎙뚜

Onde está localizado o assento indicado?
옹지 이스따 로깔리자두 우 아쎙뚜 잉지까두

• 따라 오십시오.

▶ Me acompanhe, por favor.
미 아꽁빵이 뽀르 파보르

Venha comigo.
벵야 꼬미구

• 이쪽입니다.

▶ Por aqui, por favor.
뽀르 아끼 뽀르 파보르

• 제 좌석 위치를 알려 주시겠어요?

▶ Poderia me informar onde fica o meu assento?
뽀데리아 미 잉포르마르 옹지 피까 우 메우 아쎙뚜

• 좌석을 옮길 수 있습니까?

▶ Será que posso mudar de assento?
쎄라 끼 뽀쑤 무다르 지 아쎙뚜

Tem como mudar de lugar?
뗑 꼬무 무다르 지 루가르

• 고객님 좌석은 27F 입니다.

▶ O seu assento é o de número 27F.
우 쎄우 아쎙뚜 에 우 지 누메루 빙치 이 쎄치 애피

O seu assento fica na poltrona 27F.
우 쎄우 아쎙뚜 피까 나 뽀우뜨로나 빙치 이 쎄치 애피

• 짐을 위에 올리도록 도와 주시겠어요?

▶ Poderia me ajudar a colocar a bagagem aqui em cima?
뽀데리아 미 아쥬다르 아 꼴로까르 아 바가젱 아끼 잉 씨마

Por favor, pode me ajudar a guardar a bagagem aqui
뽀르 파보르 뽀지 미 아쥬다르 아 과르다르 아 바가젱 아끼
em cima?
잉 씨마

• 고객님의 쟈켓을 걸어 놓으시고, 위쪽의 짐칸에 작은 것들은 넣으십시오.

▶ Pendure a sua jaqueta e coloque as bagagens menores
뻰두리 아 쑤아 쟈께따 이 꼴로끼 아스 바가젱스 메노리스

no compartimento de cima.
누 꽁빠르치멩뚜 지 씨마

• 이 무거운 가방은 좌석 아래쪽에 놓으실 수 있습니다.

▶ Pode colocar a bagagem pesada embaixo dos assentos.
뽀지 꼴로까르 아 바가젱 뻬자다 잉바이슈 두즈 아쎙뚜스

• 이것은 호출 버튼입니다.

▶ Este é o botão de atendimento.
에스치 에 우 보떠웅 지 아뗑지멩뚜

• 이 버튼을 누르시면 승무원을 호출하실 수 있습니다.

▶ Você pode chamar um dos comissários de bordo
보쎄 뽀지 샤마르 웅 두스 꼬미싸리우스 지 보르두

pressionando este botão.
쁘레씨오낭두 에스치 보떠웅

• 안전벨트를 착용하십시오.

▶ Por favor, aperte o cinto.
뽀르 파보르 아뻬르치 우 씽뚜

Coloque o cinto de segurança.
꼴로끼 우 씽뚜 지 쎄구랑싸

• 이것이 의자 각도 조절 버튼입니다.

▶ Este é o botão de ajuste para inclinar o encosto da
에스치 에 우 보떠웅 지 아쥬스치 빠라 잉끌리나르 우 잉꼬스뚜 다

poltrona.
뽀우뜨로나

• 버튼을 누르십시오.
▶ Pressione o botão.
쁘레씨오니 우 보떠웅

• 화장실은 비행기의 중간과 뒤편에 있습니다.
▶ Os sanitários ficam localizados na parte do meio e na
우스 싸니따리우스 피깡 로깔리자두스 나 빠르치 두 메이우 이 나
parte traseira do avião.
빠르치 뜨라제이라 두 아비어웅

• 비상 출구는 비행기의 양 날개 쪽에 있습니다.
▶ As saídas de emergência ficam localizadas em ambos
아스 싸이다스 지 에메르젱씨아 피깡 로깔리자다스 잉 앙부즈
os lados das asas.
우스 라두스 다즈 아자스

• 승무원이 안전 수칙을 설명하는 동안 중앙 통로에 있는 승무원들에
게 주의를 기울여 주십시오.
▶ Pedimos que prestem atenção nos comissários de
뻬지무스 끼 쁘레스뗑 아뗑써웅 누스 꼬미싸리우스 지
bordo que estão nos corredores enquanto informamos
보르두 끼 이스떠웅 누스 꼬헤도리스 잉꽝뚜 잉포르마무스
as instruções de segurança.
아즈 잉스뜨루쏭이스 지 쎄구랑싸

• 안전벨트를 착용하려면, 안전벨트의 양끝을 연결하십시오.
▶ Para apertar os cintos de segurança, encaixe ambas as
빠라 아뻬르따르 우스 씽뚜스 지 쎄구랑싸 잉까이쉬 앙바즈 아스
pontas do cinto.
뽕따스 두 씽뚜

• 안전벨트를 풀려면, 벨트 위쪽을 당기세요.
▶ Para desatar os cintos de segurança, puxe a parte superior
빠라 데자따르 우스 씽뚜스 지 쎄구랑싸 뿌쉬 아 빠르치 쑤뻬리오르
do cinto.
두 씽뚜

- 좌석 가까이에 출구가 위치해 있습니다.

  ▶ As saídas ficam localizadas perto dos assentos.
  아스 싸이다스 피깡 로깔리자다스   뻬르뚜 두스 아쎙뚜스

- 불(비상등)이 꺼질 때까지 안전벨트를 착용한 채로 계속 계십시오.

  ▶ Permaneçam com os cintos de segurança atados até a
  뻬르마네쌍   꽁   우스 씽뚜스 지 쎄구랑싸   아따두스 아떼 아
  luz se apagar.
  루스 씨 아빠가르

기내 방송을 할 때

- 저희 TAM 항공을 이용해 주심에 감사드립니다.

  ▶ Agradecemos pela preferência pela TAM.
  아그라데쎄무스   뻴라 쁘레페렝씨아 뻴라 땅
  Agradecemos por viajar com a TAM.
  아그라데쎄무스   뽀르 비아쟈르 꽁   아 땅

- 모든 짐은 고객님의 앞쪽 좌석 밑 또는 가까운 위쪽 짐칸에 넣어 주십시오.

  ▶ Acomode as bagagens de mão na parte debaixo das
  아꼬모지   아스 바가젱스   지 머웅 나 빠르치 지바이슈 다스
  poltronas a sua frente ou nos compartimentos superiores
  뽀우뜨로나스 아 쑤아 프렝치 오우 누스 꽁빠르치멩뚜스   쑤뻬리오리스
  próximos de seu assento.
  쁘로씨무스 지 쎄우 아쎙뚜

- 잠시 후 비행기가 이륙할 예정입니다.

  ▶ Daqui a pouco, o avião irá decolar.
  다끼   아 뽀우꾸 우 아비어웅 이라 데꼴라르

- 비행기가 이륙합니다. 안전벨트를 착용하십시오.

  ▶ O avião vai decolar. Por favor, apertem os cintos de
  우 아비어웅 바이 데꼴라르 뽀르 파보르 아뻬르뗑 우스 씽뚜스 지
  segurança.
  쎄구랑싸

• 저희는 12,000미터 상공을 비행하고 있습니다.

▶ **Estamos voando a uma altura de 12 mil metros.**
이스따무스 보앙두　　아 우마 아우뚜라 지 도지 미우 메뜨루스

• 우리의 비행시간은 약 10시간이 될 것입니다.

▶ **O tempo de voo será de 10 horas.**
우 뗌뿌　　지 보우 쎄라 지 데즈 오라스

O voo durará cerca de 10 horas.
우 보우 두라라　쎄르까 지 데즈 오라스

• 우리는 시속 1,200 킬로미터로 비행하고 있습니다.

▶ **Estamos sobrevoando a 1.200 km por hora.**
이스따무스 쏘브리보앙두　아 미우 이 두젱뚜스 낄로메뜨루스 뽀르 오라

• 필요한 것이 있다면, 의자 팔걸이의 버튼을 눌러 주십시오.

▶ **Caso precise de alguma coisa, pressione o botão**
까주　　쁘레씨지　지 아우구마　꼬이자　쁘레씨오니　　우 보떠웅

localizado no braço das poltronas.
로깔리자두　　누 브라쑤 다스 뽀우뜨로나스

Para solicitar qualquer atendimento, pressione o botão
빠라 쏠리씨따르 꽈우께르　아뗑지멩뚜　　　쁘레씨오니 우 보떠웅

que fica na lateral dos assentos.
끼　피까 나 라떼라우 두즈 아쎙뚜스

• 비행기가 속도를 줄이고 있습니다. 저희는 곧 착륙할 예정입니다.

▶ **Estamos diminuindo a velocidade do avião, pois**
이스따무스 지미누잉두　　아 벨로씨다지　　두 아비어웅 뽀이스

pousaremos em breve.
뽀우자레무스　잉 브레비

• 고객님의 안전벨트가 잘 채워져 있는지 확인하시고, 좌석이 원위치
가 되도록 하십시오.

▶ **Verifique se os seus cintos de segurança estão bem**
베리피끼　　씨 우스 쎄우스 씽뚜스 지 쎄구랑싸　　이스떠웅 벵

apertados e coloque as suas poltronas na posição
아뻬르따두스 이 꼴로끼　　아스 쑤아스 뽀우뜨로나스 나 뽀지써웅

vertical.
베르치까우

• 비행기가 완전히 멈출 때까지 자리에 계속 앉아 계십시오.

▶ Permaneçam sentados nos seus assentos até a parada
  빼르마네쌍　쎙따두스　누스 쎄우즈 아쎙뚜스　아떼 아 빠라다
total da aeronave.
또따우 다 아에로나비

• 긴급 상황 시에는 고객님의 좌석 아래에 구명조끼가 있습니다.

▶ Em caso de emergência, o colete de salva-vidas pode
  잉　까주 지 에메르젱씨아　우 꼴레치 지 싸우바 비다스 뽀지
ser encontrado embaixo dos assentos.
쎄르 잉꽁뜨라두　잉바이슈　두즈 아쎙뚜스

• 물 위에 불시착하는 상황에서는 고객님의 쿠션이 튜브처럼 사용될 것입니다.

▶ Em caso de pouso de emergência em água, a sua almofada
  잉 까주 지 뽀우주 지 에메르젱씨아 잉 아과 아 쑤아 아우모파다
pode ser usada como boia.
뽀지　쎄르 우자다 꼬무　보이아

• 긴급 상황에서 산소마스크가 천장에서 떨어질 것입니다.

▶ Em caso de emergência, as máscaras de oxigênio serão
  잉　까주 지 에메르젱씨아　아스 마스까라스 지 옥씨제니우 쎄러웅
liberadas a partir do teto.
리베라다스 아 빠르치르 두 떼뚜

• 이 비행기는 불안정한 대기 상황 때문에 천천히 운항되고 있습니다.

▶ A aeronave está sobrevoando em velocidade baixa
  아 아에로나비　이스따 쏘브리보앙두　잉　벨로씨다지　바이샤
devido às condições atmosféricas instáveis.
데비두　아스 꽁지쑝이스 아치모스페리까스 잉스따베이스

• 비행하는 동안 저녁식사가 제공될 것입니다.

▶ A refeição será servida durante o voo.
  아 헤페이써웅 쎄라　쎄르비다 두랑치　우 보우

• 저는 멀미가 납니다.

▶ **Estou com enjoo.**
이스또우 꽁　잉죠우

Estou enjoado / a.
이스또우 잉죠아두/　다

• 멀미약이 있습니까?

▶ **Será que tem remédio para enjoo?**
쎄라　끼　뗑　헤메지우　빠라　잉죠우

• 물 한잔 주세요.

▶ **Poderia me dar um copo de água, por favor?**
뽀데리아　미　다르 웅　꼬뿌　지 아과　뽀르 파보르

• 브라질과 한국의 시차는 어떻습니까?

▶ **Qual a diferença de fuso horário entre o Brasil e a Coreia?**
꽈우　아 지페렝싸 지 푸주 오라리우 엥뜨리 우 브라지우 이 아 꼬레이아

• 지금 상파울루의 시간은 어떻게 됩니까?

▶ **Que horas são agora em São Paulo?**
끼　오라스 써웅 아고라 잉　써웅 빠울루

• 한국 잡지나 신문이 있습니까?

▶ **Será que tem algum jornal ou revista coreana?**
쎄라　끼　뗑　아우궁　죠르나우 오우 헤비스따 꼬레아나

• 종이와 펜을 좀 빌려 주시겠습니까?

▶ **Poderia me emprestar uma caneta e um papel, por favor?**
뽀데리아 미　잉쁘레스따르 우마 까네따 이 웅 빠뻬우 뽀르 파보르

Tem como me emprestar uma caneta e um papel?
뗑　꼬무　미　잉쁘레스따르 우마 까네따　이 웅　빠뻬우

Será que você tem uma caneta e um papel para me
쎄라　끼　보쎄　뗑　우마　까네따 이 웅　빠뻬우 빠라　미
emprestar?
잉쁘레스따르

• 지금 안전벨트를 풀어도 됩니까?

▶ **Posso tirar o cinto agora?**
뽀쑤　치라르 우 씽뚜 아고라

Será que posso retirar o cinto agora?
쎄라 끼 뽀쑤 헤치라르 우 씽뚜 아고라

- 비행기에 아이들을 위한 장난감이 있나요?

▶ Será que tem algum brinquedo para crianças aqui no
쎄라 끼 뗑 아우궁 브링께두 빠라 끄리앙싸스 아끼 누
avião?
아비어웅

- 식사가 나오면 깨워주세요.

▶ Poderia me acordar na hora da refeição, por favor?
뽀데리아 미 아꼬르다르 나 오라 다 헤페이써웅 뽀르 파보르
Por favor, me acorde na hora da refeição.
뽀르 파보르 미 아꼬르지 나 오라 다 헤페이써웅

기내식을 먹을 때

- 기내에서는 식사가 제공됩니까?

▶ Vai ser servida alguma refeição na cabine?
바이 쎄르 쎄르비다 아우구마 헤페이써웅 나 까비니
Será que vão servir alguma refeição na cabine?
쎄라 끼 버웅 쎄르비르 아우구마 헤페이써웅 나 까비니

- 점심식사 시간입니다.

▶ É hora do almoço. / É hora de servir o almoço.
에 오라 두 아우모쑤 / 에 오라 지 쎄르비르 우 아우모쑤

- 앞 테이블을 내려 주십시오.

▶ Baixe a mesa, por favor.
바이쉬 아 메자 뽀르 파보르
Poderia baixar a mesa?
뽀데리아 바이샤르 아 메자

- 무슨 음료를 드시겠습니까?

▶ O que deseja beber?
우 끼 데제쟈 베베르

Gostaria de beber alguma coisa?
고스따리아 지 베베르 아우구마 꼬이자

Aceita alguma coisa para beber?
아쎄이따 아우구마 꼬이자 빠라 베베르

- 식사와 함께 할 무슨 음료를 드릴까요?

▶ Alguma bebida para acompanhar a refeição?
아우구마 베비다 빠라 아꽁빵야르 아 헤페이써웅

- 위스키, 와인, 맥주, 주스 또는 음료수가 있습니다.

▶ Temos uísque, vinho, cerveja, suco ou refrigerante.
떼무스 위스끼 빙유 쎄르베쟈 쑤꾸 오우 헤프리제랑치

- 안주로 아몬드 드시겠습니까?

▶ Aceita algumas amêndoas para petisco?
아쎄이따 아우구마스 아멩도아스 빠라 뻬치스꾸

- 커피와 차 중에 어떤 것을 드시겠습니까?

▶ Gostaria de tomar café ou chá?
고스따리아 지 또마르 까페 오우 샤

Você prefere café ou chá?
보쎄 쁘레페리 까페 오우 샤

- 애피타이저를 드릴까요?

▶ Gostaria de um aperitivo?
고스따리아 지 웅 아뻬리치부

- 어떤 걸 원하십니까? 닭고기 아니면 소고기?

▶ O que gostaria de comer? Frango ou carne bovina?
우 끼 고스따리아 지 꼬메르 프랑구 오우 까르니 보비나

Qual a sua preferência? Frango ou carne?
꽈우 아 쑤아 쁘레페렝씨아 프랑구 오우 까르니

비행기 내에서 대화할 때

- 비행기타고 상파울루에 여행 가보셨어요?

▶ Já foi a São Paulo de avião?
쟈 포이 아 써웅 빠울루 지 아비어웅

Já viajou para São Paulo de avião?
쟈 비아죠우 빠라 써웅 빠울루 지 아비어웅

- 비행기에서 잠을 편히 잘 수 있나요?

▶ Dá para dormir confortavelmente no avião?
다 빠라 도르미르 꽁포르따베우멩치 누 아비어웅

Tem como dormir confortavelmente no avião?
뗑 꼬무 도르미르 꽁포르따베우멩치 누 아비어웅

- 비행기로 여행하는 것에 익숙해지셨어요?

▶ Você já se acostumou a viajar de avião?
보쎄 쟈 씨 아꼬스뚜모우 아 비아쟈르 지 아비어웅

Ja está acostumado / a a viajar de avião?
쟈 이스따 아꼬스뚜마두/ 다 아 비아쟈르 지 아비어웅

- 복도 쪽 자리가 제게 맞는 것 같습니다.

▶ Acho que o lado do corredor é perfeito para mim.
아슈 끼 우 라두 두 꼬헤도르 에 뻬르페이뚜 빠라 밍

- 저와 자리를 바꿔 주실 수 있습니까?

▶ Poderia trocar de lugar comigo?
뽀데리아 뜨로까르 지 루가르 꼬미구

- 비행기가 활주로 위에 미끄러져 들어가고 있다.

▶ O avião está deslizando sobre a pista.
우 아비어웅 이스따 데슬리장두 쏘브리 아 삐스따

- 우리는 편안한 비행을 했다.

▶ Tivemos uma viagem agradável.
치베무스 우마 비아젱 아그라다베우

Tivemos uma viagem tranquila.
치베무스 우마 비아젱 뜨랑뀔라

기내 면세품을 구입할 때

- 기내에서 면세 제품을 파나요?

▶ Na cabine vendem produtos Duty Free?
나 까비니 벵뎅 쁘로두뚜스 두치 프리

Será que tem Duty Free na cabine?
쎄라 끼 뗑 두치 프리 나 까비니

• 면세 위스키를 조금 구매하고 싶습니다.

▶ Gostaria de comprar uísque no Duty Free shop.
고스따리아 지 꽁쁘라르 위스끼 누 두치 프리 쇼삐

Quero comprar um uísque do Duty Free.
께루 꽁쁘라르 웅 위스끼 두 두치 프리

• 저는 나폴레옹을 살지 발렌타인을 살지 모르겠습니다.

▶ Não sei se compro um Napoleon ou um Ballantine's.
너웅 쎄이 씨 꽁쁘루 웅 나뽈레옹 오우 웅 발렝따잉스

• 200개피 이상의 담배를 구입할 경우 추가요금을 내야 합니다.

▶ Caso compre mais de 200 cigarros, um valor extra
까주 꽁쁘리 마이스 지 두젱뚜스 씨가후스 웅 발로르 에스뜨라

será cobrado.
쎄라 꼬브라두

Você deverá pagar uma taxa extra caso compre mais
보쎄 데베라 빠가르 우마 따샤 에스뜨라 까주 꽁쁘리 마이스

de 200 cigarros.
지 두젱뚜스 씨가후스

Será cobrada uma taxa na compra de mais de 200
쎄라 꼬브라다 우마 따샤 나 꽁쁘라 지 마이스 지 두젱뚜스

cigarros.
씨가후스

입국카드를 작성할 때

• 이 양식을 기재하는 방법을 가르쳐 주세요.

▶ Poderia me explicar como preencher este formulário?
뽀데리아 미 이스쁠리까르 꼬무 쁘리엥셰르 에스치 포르물라리우

• 이 카드를 기입해 주세요.

▶ Preencha este formulário.
쁘리엥샤 에스치 포르물라리우

PART Ⅸ 비행기

- 안내센터가 어디에 있습니까?

  ▶ Onde fica o balcão de informações?
  옹지　피까　우 바우꺼웅 지 잉포르마쏭이스

  Onde fica o centro de informações?
  옹지　피까　우 쎙뜨루　지 잉포르마쏭이스

- 공중전화는 어디에 있죠?

  ▶ Por favor, onde fica o orelhão?
  뽀르 파보르　옹지　피까　우 오렐려웅

  Onde posso encontrar um telefone público?
  옹지　뽀쑤　잉꽁뜨라르　웅 뗄레포니　뿌블리꾸

- 화장실이 어디에 있습니까?

  ▶ Por favor, onde fica o banheiro?
  뽀르 파보르　옹지　피까　우 방예이루

  Onde posso encontrar o banheiro?
  옹지　뽀쑤　잉꽁뜨라르　우 방예이루

- 복도 끝 왼쪽에 화장실이 있습니다.

  ▶ Tem um banheiro no fim do corredor à esquerda.
  뗑　웅 방예이루　누 핑　두 꼬헤도르　아 이스께르다

- 저는 브라질리아로 가는 편으로 갈아타야 합니다.

  ▶ Preciso me transferir para um voo que vai para a
  쁘레씨주 미　뜨랑스페리르 빠라 웅 보우 끼　바이 빠라 아
  Brasília.
  브라질리아

- KAL 747편을 타려고 합니다.

  ▶ Preciso embarcar no voo 747 da KAL.
  쁘레씨주 잉바르까르　누 보우 쎄치 꽈뜨루 쎄치 다 까우

- 예약은 리우데쟈네이루에서 확인했습니다.

  ▶ A sua reserva foi confirmada no Rio de Janeiro.
  아 쑤아 헤제르바 포이 꽁피르마다　누　히우 지 쟈네이루

• 수하물 보관소는 어디입니까?

▶ **Tem algum guarda-volumes aqui no aeroporto?**
떵 아우궁 과르다 볼루미스 아끼 누 아에로뽀르뚜

Onde posso encontrar o serviço de guarda-volumes
옹지 뽀쑤 잉꽁뜨라르 우 쎄르비쑤 지 과르다 볼루미스

do aeroporto?
두 아에로뽀르뚜

• 탑승수속 하는 곳은 어디입니까?

▶ **Onde fica o balcão do check-in?**
옹지 피까 우 바우꺼웅 두 셰끼 잉

Onde posso fazer o check-in?
옹지 뽀쑤 파제르 우 셰끼 잉

• 마나우스행 환승을 위해 어디로 가야만 합니까?

▶ **Para que direção devo ir para pegar o voo que vai para**
빠라 끼 지레써웅 데부 이르 빠라 뻬가르 우 보우 끼 바이 빠라

Manaus?
마나우스

Onde devo ir para me transferir para o voo com destino
옹지 데부 이르 빠라 미 뜨랑스페리르 빠라 우 보우 꽁 데스치누

a Manaus?
아 마나우스

• 이 비행기는 사우바도르로 가는 직항입니까?

▶ **Esse voo vai direto para Salvador?**
에씨 보우 바이 지레뚜 빠라 사우바도르

• 전 AZ407편의 환승객입니다. 어디서 환승하죠?

▶ **Tenho uma conexão para o voo AZ407.**
떵유 우마 꼬넥써웅 빠라 우 보우 아 제 꽈뜨루 제루 쎄치

Onde posso fazer a transferência?
옹지 뽀쑤 파제르 아 뜨랑스페렝씨아

• 저는 두바이를 경유하여 인천에서 상파울루로 갑니다.

▶ **Vou de Incheon a São Paulo via Dubai.**
보우 지 인천 아 써웅 빠울루 비아 두바이

- 마나우스로 가는 연결 편은 언제 이륙합니까?

  ▶ A que horas decola a conexão para Manaus?
  아 끼 오라스 데꼴라 아 꼬넥써웅 빠라 마나우스

- 악천후로 인해 브라질리아 가는 연결 편 비행기를 놓쳤습니다.

  ▶ Perdi o voo de conexão para Brasília por causa do tempo
  삐르지 우 보우 지 꼬넥써웅 빠라 브라질리아 뽀르 까우자 두 뗌뿌

  ruim.
  후잉

  Perdi a conexão para Brasília devido às más condições
  삐르지 아 꼬넥써웅 빠라 브라질리아 데비두 아스 마스 꽁지쏭이스

  climáticas.
  끌리마치까스

- 환승 고객님들께서는 탑승 장소로 들어가실 수 있습니다.

  ▶ Os passageiros com conexão podem entrar na ala de
  우스 빠싸제이루스 꽁 꼬넥써웅 뽀뎅 엥뜨라르 나 알라 지

  embarque.
  잉바르끼

  Os passageiros de escala podem entrar no terminal de
  우스 빠싸제이루스 지 이스깔라 뽀뎅 엥뜨라르 누 떼르미나우 지

  embarque.
  잉바르끼

- 환승 고객님들께서는 이민국과 세관을 통과하셔서는 안 됩니다.

  ▶ Os passageiros com conexão não devem passar pelo
  우스 빠싸제이루스 꽁 꼬넥써웅 너웅 데벵 빠싸르 뻴루

  departamento de imigração e alfândega.
  데빠르따멩뚜 지 이미그라써웅 이 아우팡데가

  Os passageiros que vão fazer transferência não devem
  우스 빠싸제이루스 끼 버웅 파제르 뜨랑스페렝씨아 너웅 데벵

  passar pelo departamento de imigração e alfândega.
  빠싸르 뻴루 데빠르따멩뚜 지 이미그라써웅 이 아우팡데가

탑승 장소	terminal de embarque, ala de embarque 떼르미나우 지 잉바르끼,　알라 지 잉바르끼
비행기	avião 아비어웅
항공편	voo 보우
항공회사	companhia aérea 꽁빵이아　아에리아
시내 항공터미널	terminal da cidade 떼르미나우 다 씨다지
국내선	linha doméstica 링야　도메스치까
국제선	linha internacional 링야　잉떼르나씨오나우
대합실	sala de espera 쌀라 지 이스뻬라
정기편	voo regular 보우 헤굴라르
특별기편	voo especial 보우 이스뻬씨아우
운임	tarifa 따리파
들고 타는 짐	bagagem de mão 바가젱　지 머웅
탑승권	cartão de embarque 까르떠웅 지 잉바르끼
공항 이용료	taxa de embarque / tarifa de aeroporto 따샤 지 잉바르끼 /　따리파 지 아에로뽀르뚜
면세품점	loja Duty Free / Duty Free shop 로쟈 두치　프리 /　두치　프리　쇼삐

공항

입국심사를 받을 때

• 전 관광객입니다.
▶ Sou turista.
쏘우 뚜리스따

• 전 비즈니스로 온 관광객입니다.
▶ Sou um turista executivo.
쏘우 웅 뚜리스따 에제꾸치부

• 저는 5일 동안 머무를 예정입니다.
▶ Pretendo ficar aqui por 5 dias.
쁘레뗑두 피까르 아끼 뽀르 씽꾸 지아스

• 전 그랜드 호텔에 투숙을 할 것입니다.
▶ Vou ficar no hotel Grand.
보우 삐까르 누 오떼우 그랑지
Vou me hospedar no hotel Grand.
보우 미 오스뻬다르 누 오떼우 그랑지

• 이번이 두 번째 방문입니다.
▶ Esta é a minha segunda visita.
에스따 에 아 밍야 쎄궁다 비지따
É a segunda vez que venho aqui.
에 아 쎄궁다 베스 끼 벵유 아끼

• 국적은 어디십니까?
▶ Qual é a sua nacionalidade?
꽈우 에 아 쑤아 나씨오날리다지

• 브라질에 오신 동기눈 무엇입니까?

▶ Qual é o motivo de sua vinda ao Brasil?
꽈우 에 우 모치부 지 쑤아 빙다   아우 브라지우

• 저는 여행자로 일주일 동안 여기 브라질에 머물 것입니다.

▶ Vou ficar aqui no Brasil por uma semana como turista.
보우 피까르 아끼 누 브라지우 뽀르 우마 쎄마나   꼬무   뚜리스따

• 얼마나 체류하실 것입니까?

▶ Por quanto tempo vai permanecer no país?
뽀르 꽝뚜   뗌뿌   바이 뻬르마네쎄르 누 빠이스

Por quanto tempo ficará aqui?
뽀르 꽝뚜   뗌뿌   피까라 아끼

Qual é o tempo de estadia que ficará no país?
꽈우 에 우 뗌뿌   지 이스따지아 끼 피까라 누 빠이스

• 저는 한 달 동안 여기에서 체류할 것입니다.

▶ Vou ficar aqui por um mês.
보우 피까르 아끼 뽀르 웅   메스

Vou permanecer no país por um mês.
보우 뻬르마네쎄르   누 빠이스 뽀르 웅 메스

• 어떤 타입의 여행을 하고 계십니까?

▶ Que tipo de viagem está fazendo?
끼   치뿌 지 비아젱   이스따 파젱두

• 저는 상파울루 대학교에서 한국어를 가르치기 위해 초청된 교수입
니다.

▶ Sou professor convidado para ensinar coreano na
쏘우 쁘로페쏘르   꽁비다두   빠라 엥씨나르 꼬레아누   나
USP(Universidade de São Paulo).
우스삐(우니베르씨다지   지 써웅 빠울루)

• 당신의 여행 목적이 무엇입니까?

▶ Qual é o propósito da sua viagem?
꽈우   에 우 쁘로뽀지뚜 다 쑤아 비아젱

- 사업차 여기 왔습니다.
  - ▶ Eu vim aqui a negócios.
    에우 빙　아끼　아 네고씨우스

- 저는 …편으로 환승해야 합니다.
  - ▶ Preciso fazer uma transferência para o voo...
    쁘레씨주 파제르 우마　뜨랑스페렝씨아　빠라 우 보우

- 저는 단지 여기서 경유하는 겁니다.
  - ▶ Estou aqui só para fazer uma escala.
    이스또우 아끼 쏘　빠라　파제르 우마　이스깔라

- 저는 학생 비자를 가지고 여기 왔습니다.
  - ▶ Vim aqui com um visto de estudante.
    빙　아끼 꽁　웅　비스뚜 지 이스뚜당치

    Tenho um visto (temporário) de estudante.
    뗑유　웅　비스뚜 (뗌뽀라리우)　지 이스뚜당치

- 당신의 여권을 볼 수 있을까요?
  - ▶ Posso ver o seu passaporte?
    뽀쑤　베르 우 쎄우 빠싸뽀르치

    O seu passaporte, por favor?
    우 쎄우 빠싸뽀르치　뽀르 파보르

- 죄송합니다만, 당신의 여권 기한이 끝났습니다.
  - ▶ Sinto muito, mas a validade do seu passaporte já está
    씽뚜　무이뚜　마즈 아 발리다지　두　쎄우 빠싸뽀르치　쟈 이스따
    vencida.
    벵씨다

    Desculpe, mas a validade do seu passaporte já está
    지스꾸우삐　마즈 아 발리다지　두　쎄우 빠싸뽀르치　쟈 이스따
    expirada.
    이스삐라다

    Desculpe, infelizmente já passou a validade do seu
    지스꾸우삐　잉펠리스멩치　쟈 빠쏘우　아 발리다지　두 쎄우
    passaporte.
    빠싸뽀르치

• 어떤 경우라도, 당신의 여권에 있는 비자가 유효해야 합니다.

▶ Independente de qual seja a situação, a validade do
잉데뻰뎅치　　　지 꽈우　쎄쟈　아 씨뚜아써웅　아 발리다지　두

visto no seu passaporte tem que estar válido.
비스뚜 누　쎄우 빠싸뽀르치　뗑　끼　이스따르 발리두

• 당신과 동행하는 누군가가 있습니까?

▶ Tem alguém te acompanhando?
뗑　아우겡　치 아꼼빵양두

Está acompanhado / a por alguém?
이스따 아꼼빵야두/　　다 뽀르 아우겡

• 어느 다른 나라로 여행하고자 합니까?

▶ Pretende viajar para algum outro país?
쁘레뗑지　비아쟈르 빠라 아우궁　오우뜨루 빠이스

• 우리는 당신에게 48시간의 환승 허가를 제공합니다.

▶ Permitiremos que permaneça no país por até 48
뻬르미치레무스　끼 뻬르마네싸 누 빠이스 뽀르 아떼 꽈렝따 이 오이뚜

horas para fazer a transferência.
오라스 빠라　파제르 아 뜨랑스페렝씨아

짐을 찾을 때

• 짐을 어디서 찾아야 하나요?

▶ Onde posso pegar a minha bagagem?
옹지　뽀쑤　뻬가르 아 밍야　바가젱

• 대한민국에서 온 짐은 어느 수하물 수취대에 있습니까?

▶ Em qual esteira de bagagem estão as malas vindas da
잉　꽈우 이스떼이라 지 바가젱　　이스떠웅 아스 말라스 빙다스 다
Coreia?
꼬레이아

• 짐 나르는 카트는 돈을 지불해야 합니까?

▶ Preciso pagar pelo carrinho de bagagem?
쁘레씨주 빠가르 뻴루 까힝유　지 바가젱

• 제 짐을 찾지 못하겠습니다.

▶ **Não consigo encontrar a minha bagagem.**
너웅 꽁씨구   잉꽁뜨라르 아 밍야   바가젱

• 제 짐이 없어졌습니다.

▶ **A minha bagagem sumiu.**
아 밍야   바가젱   쑤미우

• 제 가방 한 개가 없어진 것 같습니다.

▶ **Sumiu uma mala minha.**
쑤미우 우마 말라 밍야

Está faltando uma bagagem minha.
이스따 파우땅두 우마 바가젱   밍야

• 제 짐이 어디에 있는지 확인해 줄 수 있습니까?

▶ **Poderia verificar onde está a minha bagagem?**
뽀데리아 베리피까르 옹지 이스따 아 밍야   바가젱

Tem como confirmar onde está a minha bagagem?
뗌   꼬무   꽁피르마르   옹지 이스따 아 밍야   바가젱

• 공항에서 실수를 범했군요. 그래서 단지 제 가방 중에 하나만 비행기에 있었어요.

▶ **O aeroporto cometeu um engano e por causa disso**
우 아에로뽀르뚜 꼬메떼우   웅 잉가누   이 뽀르 까우자 지쑤

apenas uma das minhas malas foi despachada.
아뻬나스 우마 다스 밍야스   말라스 포이 지스빠샤다

• 아마도 제 가방은 도쿄로 가 있겠군요.

▶ **Provavelmente, a minha mala deve estar em Tóquio.**
쁘로바베우멩치   아 밍야   말라 데비   이스따르 잉 또끼우

• 제 생각에는 제 짐이 제 비행기로 온 것 같지 않습니다.

▶ **Na minha opinião, acho que a minha bagagem não foi**
나 밍야   오삐니어웅 아슈 끼   아 밍야   바가젱   너웅 포이

despachada no meu avião.
지스빠샤다   누 메우 아비어웅

Acho que a minha bagagem não foi despachada no
아슈 끼 아 밍야 바가젱 너웅 포이 지스빠샤다 누
mesmo avião que embarquei.
메즈무 아비어웅 끼 잉바르께이

▶ A minha mala não está entre as bagagens colocadas
아 밍야 말라 너웅 이스따 엥뜨리 아스 바가젱스 꼴로까다스
na esteira.
나 이스떼이라
Não consigo encontrar a minha mala na esteira.
너웅 꽁씨구 잉꽁뜨라르 아 밍야 말라 나 이스떼이라
A minha bagagem não aparece na esteira.
아 밍야 바가젱 너웅 아빠레씨 나 이스떼이라

• 언제 제 짐이 도착할지요?

▶ Quando será que a minha mala vai chegar?
꽝두 쎄라 끼 아 밍야 말라 바이 셰가르

• 제 짐이 다음 비행기로 도착할까요?

▶ Será que a minha bagagem vai chegar no próximo avião?
쎄라 끼 아 밍야 바가젱 바이 셰가르 누 쁘로씨무 아비어웅

• 여기 수하물 표가 있습니다.

▶ Aqui está a etiqueta de bagagem.
아끼 이스따 아 에치께따 지 바가젱

• 저는 TAM 513 편으로 도착했습니다.

▶ Eu desembarquei do voo 513 da TAM.
에우 지젱바르께이 두 보우 씽꾸 웅 뜨레스 다 땅
Cheguei pelo voo 513 da TAM.
셰게이 뻴루 보우 씽꾸 웅 뜨레스 다 땅

• 깨지기 쉽습니다. 조심해 주세요.

▶ O conteúdo deste pacote é frágil.
우 꽁떼우두 데스치 빠꼬치 에 프라쥐우
Por favor, tome muito cuidado.
뽀르 파보르 또미 무이뚜 꾸이다두

Por favor, tome muito cuidado pois tem objetos frágeis
뽀르 파보르 또미 무이뚜 꾸이다두 뽀이스 뗑 오비제뚜스 프라제이스
na mala.
나 말라

- 저는 약 이틀간 짐을 여기에 맡기고 싶습니다.
  ▶ Gostaria de guardar a minha bagagem aqui por uns dois
  고스따리아 지 과르다르 아 밍야 바가젱 아끼 뽀르 웅스 도이스
  dias.
  지아스

- 제 짐이 손상되었습니다. 어디에서 항의를 해야 하죠?
  ▶ A minha bagagem foi danificada.
  아 밍야 바가젱 포이 다니피까다
  Onde posso reclamar?
  옹지 뽀쑤 헤끌라마르

세관을 통과할 때

- 신고할 것이 있습니다.
  ▶ Tenho algo a declarar.
  뗑유 아우구 아 데끌라라르

- 신고할 것이 하나도 없습니다.
  ▶ Não tenho nada a declarar.
  너웅 뗑유 나다 아 데끌라라르

- 이 신고서를 기입하세요.
  ▶ Preencha este formulário de declaração de bens, por
  쁘리엥샤 에스치 포르물라리우 지 데끌라라써웅 지 벵스 뽀르
  favor.
  파보르

- 신고서를 주의하여 잘 기입하세요.
  ▶ Preencha o formulário de declaração de bens com
  쁘리엥샤 우 포르물라리우 지 데끌라라써웅 지 벵스 꽁
  cuidado.
  꾸이다두

• 신고서 여기에 있습니다.

▶ Aqui está o formulário de declaração de bens.
아끼 이스따 우 포르물라리우 지 데끌라라써웅 지 벵스

• 신고할 무엇을 가지고 계시나요?

▶ Você tem algo a declarar?
보쎄 뗑 아우구 아 데끌라라르

Está carregando alguma coisa que precise ser declarada?
이스따 까헤강두 아우구마 꼬이자 끼 쁘레씨지 쎄르 데끌라라다

• 금지된 무엇을 가지고 계신가요?

▶ Está levando alguma coisa proibida?
이스따 레방두 아우구마 꼬이자 쁘로이비다

• 당신이 소지한 외국돈을 등록하셔야 합니다.

▶ Você precisa declarar o dinheiro estrangeiro que está
보쎄 쁘레씨자 데끌라라르 우 징예이루 이스뜨랑제이루 끼 이스따
levando.
레방두

• 이것들은 모두 개인 소지품입니다.

▶ Todas essas coisas são meus objetos pessoais.
또다즈 에싸스 꼬이자스 써웅 메우즈 오비제뚜스 뻬쏘아이스

• 이것은 제 여자 친구를 위한 선물입니다.

▶ Isso é um presente para a minha amiga.
이쑤 에 웅 쁘레젱치 빠라 아 밍야 아미가

• 이것은 한국에 가져갈 기념품입니다.

▶ Isso é uma lembrancinha para levar para a Coreia.
이쑤 에 우마 렝브랑씽야 빠라 레바르 빠라 아 꼬레이아

• 전 위스키 한 병을 가지고 갑니다.

▶ Estou levando uma garrafa de uísque.
이스또우 레방두 우마 가하파 지 위스끼

• 이 짐들을 수하물 보관소에 맡겨 주세요.

▶ Poderia guardar estas malas no guarda-volumes?
뽀데리아 과르다르 에스따스 말라스 누 과르다 볼루미스

- 수하물 보관증을 받을 수 있죠?

  ▶ Tem algum recibo de garantia do guarda-volumes?
    뗑 아우궁 헤씨부 지 가랑치아 두 과르다 볼루미스

  Posso receber um comprovante de entrega das bagagens?
    뽀쑤 헤쎄베르 웅 꽁쁘로방치   지 엥뜨레가 다스 바가젱스

- 이 디지털 카메라는 제 것입니다.

  ▶ Esta câmera digital é minha.
    에스따 까메라 지쥐따우 에 밍야

- 이 노트북은 제가 사용하는 것입니다.

  ▶ Este notebook é de uso pessoal.
    에스치 노치부끼   에 지 우주 뻬쏘아우

- 이 가방 속에 반입금지품이 있나요?

  ▶ Tem algum produto ou objeto proibido aqui nesta mala?
    뗑   아우궁 쁘로두뚜 오우 오비제뚜 쁘로이비두 아끼 네스따 말라

- 액체는 기내로 반입이 되지 않습니다.

  ▶ Você não pode levar líquidos na cabine.
    보쎄 너웅 뽀지 레바르 리뀌두스 나 까비니

  Líquidos não são permitidos na cabine.
    리뀌두스   너웅 써웅 뻬르미치두스 나 까비니

- 대한민국으로 얼마만큼의 향수를 들여올 수 있습니까?

  ▶ Qual é o limite de perfume que posso levar para a Coreia?
    꽈우 에 우 리미치 지 뻬르푸미 끼 뽀쑤   레바르 빠라 아 꼬레이아

  Quanto de perfume posso carregar para a Coreia?
    꽝뚜   지 뻬르푸미 뽀쑤   까헤가르 빠라 아 꼬레이아

- 영수증을 제게 주시겠습니까?

  ▶ Poderia me dar o recibo?
    뽀데리아 미   다르 우 헤씨부

- 여기 고객님의 물품인도 확인서가 있습니다.

  ▶ Aqui está o seu comprovante de entrega dos produtos.
    아끼   이스따 우 쎄우 꽁쁘로방치   지 엥뜨레가 두스 쁘로두뚜스

• 이제 세관의 수속은 마치셨습니다.

▶ A checagem da alfândega já terminou.
아 셰까젱   다 아우팡데가   쟈 떼르미노우

• 고객님의 예방접종 확인서를 가져왔나요?

▶ Você trouxe o seu comprovante de vacinação?
보쎄   뜨로쉬 우 쎄우 꽁쁘로방치   지 바씨나써웅

• 관광 안내소는 어디에 있습니까?

▶ Onde fica o posto de informação turística?
옹지   피까 우 뽀스뚜 지 잉포르마써웅   뚜리스치까

• 게이트 번호를 가르쳐 주시겠어요?

▶ Poderia me dizer qual é o número do portão de
뽀데리아   미   지제르 꽈우 에 우 누메루   두 뽀르떠웅 지
embarque?
잉바르끼

Em que portão devo embarcar?
잉 끼   뽀르떠웅 데부   잉바르까르

• 47번 게이트로 가세요.

▶ Vá ao portão 47.
바   아우 뽀르떠웅 꽈렝따 이 쎄치

• 탑승 수속은 어디서 합니까?

▶ Onde posso fazer o check-in?
옹지   뽀쑤   파제르 우 셰끼   잉
Onde fica o balcão do check-in?
옹지   피까 우 바우꺼웅 두 셰끼   잉

• 이 항공 카운터는 어디입니까?

▶ Onde fica o guichê desta companhia aérea?
옹지   피까 우 기셰   데스따 꽁빵이아   아에리아

• KAL 항공의 카운터는 코너에 있습니다.
▶ O guichê da Korean Air fica na esquina.
우 기셰　　다 꼬레앙　에어 피까 나 이스끼나

• 어디서 환전을 할 수 있습니까?
▶ Onde posso fazer câmbio?
옹지　뽀쑤　파제르 깡비우

Onde posso trocar dinheiro?
옹지　뽀쑤　뜨로까르 징예이루

• 어떻게 나갈 수 있는지 제게 말씀해 주실 수 있습니까?
▶ Poderia me dizer como posso sair?
뽀데리아 미　지제르 꼬무　뽀쑤　싸이르

마중 나올 때

• 짐꾼을 불러 주세요.
▶ Poderia chamar um carregador de malas?
뽀데리아 샤마르　웅　까헤가도르　지 말라스

• 어디에서 짐꾼을 찾을 수 있습니까?
▶ Onde posso encontrar um carregador de malas?
옹지　뽀쑤　잉꽁뜨라르　웅　까헤가도르　지 말라스

• 이 짐을 택시 정류장까지 운반해 주세요.
▶ Carregue estas malas até o ponto de táxi, por favor.
까헤기　　에스따스 말라스 아떼 우 뽕뚜 지 딱씨 뽀르 파보르

• 인천에서 온 KAL 062편이 도착했습니까?
▶ Será que o voo 062 da KAL vindo de Incheon já
쎄라　끼　우 보우 제루 메이아 도이스 다 까우 빙두 지 인천　쟈
chegou?
셰고우

03 숙박

숙박처를 찾을 때

- 플라자 호텔이 어디에 있습니까?
  ▶ **Onde fica o hotel Plaza?**
  옹지　피까 우 오떼우 쁠라자

- 가격이 더 저렴한 호텔이 근처에 있습니까?
  ▶ **Será que tem um hotel mais barato por aqui?**
  쎄라　끼　뗌　웅　오떼우 마이스 바라뚜 뽀르 아끼

- 여기서 호텔 예약이 가능합니까?
  ▶ **Posso fazer uma reserva de hotel aqui?**
  뽀쑤　파제르 우마　헤제르바 지 오떼우 아끼
  Gostaria de reservar um quarto no hotel.
  고스따리아 지 헤제르바르 웅　꽈르뚜　누 오떼우

숙박을 예약할 때

- 객실 비용은 얼마입니까?
  ▶ **Quanto é a diária do quarto?**
  꽝뚜　　에 아 지아리아 두 꽈르뚜
  Quanto custa a diária?
  꽝뚜　　꾸스따 아 지아리아

- 며칠을 계실 것입니까?
  ▶ **Quantos dias pretende ficar?**
  꽝뚜스　　지아스 쁘레뗑지　피까르

Você vai ficar quantos dias?
보쎄　바이 피까르 꽝뚜스　지아스

• 몇 분이시죠?

▶ **Quantas pessoas?**
꽝따스　　뻬쏘아스

• 1인실을 원하십니까? 2인실을 원하십니까?

▶ **Deseja um apartamento simples ou duplo?**
데제쟈　웅　아빠르따멩뚜　씽쁠리스　오우 두쁠루

• 1인실을 원합니다.

▶ **Gostaria de um apartamento simples.**
고스따리아 지 웅　아빠르따멩뚜　씽쁠리스

Quero um quarto de solteiro, por favor.
께루　　웅　꽈르뚜　지 쏘우떼이루 뽀르 파보르

• 2인실을 원합니다.

▶ **Gostaria de um apartamento duplo.**
고스따리아 지 웅　아빠르따멩뚜　두쁠루

Quero um quarto de casal, por favor.
께루　　웅　꽈르뚜　지 까자우 뽀르 파보르

• 세금과 봉사료가 포함된 요금인가요?

▶ **Será que a taxa de serviço e o imposto já estão**
쎄라　끼　아 따샤 지 쎄르비쑤　이 우 잉뽀스뚜　쟈 이스떠웅
inclusos?
잉끌루주스

• 아침식사도 포함되어 있습니까?

▶ **Será que o café da manhã está incluso?**
쎄라　끼 우 까페 다 망양　　　이스따 잉끌루주

O café da manhã está incluído?
우 까페 다 망양　　　이스따 잉끌루이두

• 예약을 하려면 선금(예약금)이 필요합니까?

▶ **Preciso pagar alguma entrada para reservar o quarto?**
쁘레씨주 빠가르 아우구마 엥뜨라다 빠라 헤제르바르 우 꽈르뚜

Para reservar um quarto é preciso pagar algum valor
빠라 헤제르바르 웅 꽈르뚜 에 쁘레씨주 빠가르 아우궁 발로르
antecipadamente?
앙떼씨빠다멩치

• 예약하셨습니까?

▶ Fez alguma reserva?
페즈 아우구마 헤제르바

Você tem uma reserva?
보쎄 뗑 우마 헤제르바

• 어떤 분의 이름으로 예약하셨죠?

▶ A reserva está em nome de quem?
아 헤제르바 이스따 잉 노미 지 껭

• 주까의 이름으로 예약했습니다.

▶ Fiz uma reserva em nome de Juca.
피즈 우마 헤제르바 잉 노미 지 쥬까

Tenho uma reserva em nome de Juca.
뗑유 우마 헤제르바 잉 노미 지 쥬까

• 예약은 서울에서 했습니다. 여기 확인증이 있습니다.

▶ Fiz uma reserva em Seul. Aqui está o comprovante.
피즈 우마 헤제르바 잉 쎄우우 아끼 이스따 우 꽁쁘로방치

• 신분증 같은 거 갖고 계시죠?

▶ Você tem algum documento de identidade?
보쎄 뗑 아우궁 도꾸멩뚜 지 이뎅치다지

• 신분증 없으신가요?

▶ Você não tem carteira de identidade?
보쎄 너웅 뗑 까르떼이라 지 이뎅치다지

- 외국인 등록증을 보여 주시겠습니까?

  ▶ Poderia me mostrar o seu RNE(Registro Nacional de
  뽀데리아 미 모스뜨라르 우 쎄우 애히 에니 에(헤쥐스뜨루 나씨오나우 지

  Estrangeiros)?
  이스뜨랑제이루스)

- 개인 신상을 이 양식에 채워주실 수 있습니까?

  ▶ Poderia preencher este formulário com os seus dados
  뽀데리아 쁘리엥셰르 에스치 포르물라리우 꽁 우스 쎄우스 다두스

  pessoais?
  뻬쏘아이스

- 여기에 서명을 해 주십시오.

  ▶ Assine aqui, por favor.
  아씨니 아끼 뽀르 파보르

- 오늘부터 3일간 머물겠습니다.

  ▶ Vou ficar aqui por 3 dias a partir de hoje.
  보우 피까르 아끼 뽀르 뜨레스 지아스 아 빠르치르 지 오쥐

- 오늘밤 빈방이 있습니까?

  ▶ Tem um quarto vago para hoje à noite?
  뗑 웅 꽈르뚜 바구 빠라 오쥐 아 노이치

- 하루에 200헤알입니다.

  ▶ São 200 reais por dia.
  써웅 두젱뚜스 헤아이스 뽀르 지아

- 요금은 아침식사 포함입니까?

  ▶ O café da manhã está incluso neste valor?
  우 까페 다 망양 이스따 잉끌루주 네스치 발로르

  A diária inclui café da manhã?
  아 지아리아 잉끌루이 까페 다 망양

- 아침 식사는 포함되어 있습니다.

  ▶ O café da manhã está incluso.
  우 까페 다 망양 이스따 잉끌루주

• 좀 더 싼 방은 없습니까?

▶ **Não tem um quarto mais barato?**
너웅 뗑 웅 꽈르뚜 마이스 바라뚜

• 욕실이 있는 방을 원합니다.

▶ **Gostaria de um quarto com chuveiro.**
고스따리아 지 웅 꽈르뚜 꽁 슈베이루

• 지금 바로 방에 들어갈 수 있습니까?

▶ **Posso entrar logo no quarto?**
뽀쑤 엥뜨라르 로구 누 꽈르뚜

Será que já posso entrar no quarto direto?
쎄라 끼 쟈 뽀쑤 엥뜨라르 누 꽈르뚜 지레뚜

• 방을 지금 사용할 수 있습니까?

▶ **Posso usar direto o quarto agora?**
뽀쑤 우자르 지레뚜 우 꽈르뚜 아고라

Será que o quarto já está pronto?
쎄라 끼 우 꽈르뚜 쟈 이스따 쁘롱뚜

• 방을 비워야 되는 시간은 언제입니까?

▶ **Qual é o horário do check-out?**
꽈우 에 우 오라리우 두 셰끼 아우치

Até que horas tenho que sair do quarto?
아떼 끼 오라스 뗑유 끼 싸이르 두 꽈르뚜

Até quando devo desocupar o quarto?
아떼 꽝두 데부 지조꾸빠르 우 꽈르뚜

• 하루 더 묵고 싶습니다.

▶ **Gostaria de ficar mais um dia.**
고스따리아 지 피까르 마이즈 웅 지아

Vou ficar mais um dia aqui.
보우 피까르 마이즈 웅 지아 아끼

• 하루를 앞당겨서 떠나고 싶습니다.

▶ **Gostaria de sair daqui um dia antes da data prevista.**
고스따리아 지 싸이르 다끼 웅 지아 앙치스 다 다따 쁘레비스따

Quero fazer o check-out um dia antes da data prevista.
께루   파제르 우 셰끼   아우치 웅 지아 앙치스 다 다따 쁘레비스따

• 정오까지 체크아웃입니다.

▶ O horário do check-out é ao meio-dia.
우 오라리우 두 셰끼   아우치 에 아우 메이우 지아

Você deve fazer o check-out até o meio-dia.
보쎄 데비 파제르 우 셰끼   아우치 아떼 우 메이우 지아

• 이것이 방 열쇠입니다.

▶ Esta é a chave do seu quarto.
에스따 에 아 샤비 두 쎄우 꽈르뚜

• 내 짐을 방에 가져가 주세요.

▶ Leve as minhas malas para o meu quarto, por favor.
레비   아스 밍야스 말라스 빠라 우 메우 꽈르뚜   뽀르 파보르

• 저희는 빈방이 없습니다.

▶ Não temos nenhum quarto vago.
너웅 떼무스 넹융   꽈르뚜   바구

Não temos vagas.
너웅 떼무스 바가스

Todos os nossos quartos estão lotados.
또두즈 우스 노쑤스 꽈르뚜스 이스떠웅 로따두스

• 더 조용한 방이면 좋겠어요.

▶ Prefiro um quarto mais silencioso, por favor.
쁘레피루 웅   꽈르뚜   마이스 씰렝씨오주   뽀르 파보르

• 다른 호텔을 소개해 주실 수 없겠습니까?

▶ Não poderia me recomendar algum outro hotel?
너웅 뽀데리아 미   헤꼬멩다르   아우궁   오우뜨루 오떼우

• 고객님의 여권을 보여 주시겠습니까?

▶ Poderia me mostrar o seu passaporte?
뽀데리아 미   모스뜨라르 우 쎄우 빠싸뽀르치

• 제게 당신의 신분증을 제시해 주시겠습니까?

▶ **Poderia me mostrar o seu documento de identidade?**
뽀데리아 미 모스뜨라르 우 쎄우 도꾸멩뚜 지 이뎅치다지

Posso ver a sua carteira de identidade?
뽀쑤 베르 아 쑤아 까르떼이라 지 이뎅치다지

방을 확인할 때

• 엘리베이터를 나가실 때 오른쪽으로 돌아가세요.

▶ **Saindo do elevador, vire à direita.**
싸잉두 두 엘레바도르 비리 아 지레이따

• 비누가 없습니다.

▶ **Não tem sabonete.**
너웅 뗑 싸보네치

• 수건이 하나도 없습니다.

▶ **Não tem nenhuma toalha.**
너웅 뗑 넹유마 또알랴

• 변기가 고장입니다.

▶ **O vaso sanitário não está funcionando.**
우 바주 싸니따리우 너웅 이스따 풍씨오낭두

O vaso sanitário está quebrado.
우 바주 싸니따리우 이스따 께브라두

• 화장실의 물이 내려지지 않습니다.

▶ **A água do vaso sanitário não desce.**
아 아과 두 바주 싸니따리우 너웅 데씨

O vaso sanitário está entupido.
우 바주 싸니따리우 이스따 잉뚜삐두

• 온수가 나오지 않습니다.

▶ **Não sai água quente.**
너웅 싸이 아과 껭치

A água quente não está saindo.
아 아과 껭치 너웅 이스따 싸잉두

• 욕조의 물마개가 닫혀 지지 않습니다.

▶ A tampa da banheira não entra no ralo.
아 땅빠 다 방예이라 너웅 엥뜨라 누 할루

Não consigo tapar o ralo da banheira com a tampa.
너웅 꽁씨구 따빠르 우 할루 다 방예이라 꽁 아 땅빠

• 텔레비전이 켜지지 않습니다.

▶ Não consigo ligar a TV.
너웅 꽁씨구 리가르 아 떼베

A TV não está funcionando.
아 떼베 너웅 이스따 풍씨오낭두

룸서비스를 이용할 때

• 내일 아침 6시에 깨워주세요.

▶ Por favor, me acorde às 6 da manhã.
뽀르 파보르 미 아꼬르지 아스 쎄이스 다 망양

Poderia me acordar às 6 da manhã?
뽀데리아 미 아꼬르다르 아스 쎄이스 다 망양

• 방에서 아침식사를 하고 싶습니다.

▶ Quero tomar o café da manhã no meu quarto.
께루 또마르 우 까페 다 망양 누 메우 꽈르뚜

Poderia levar o café da manhã até o meu quarto?
뽀데리아 레바르 우 까페 다 망양 아떼 우 메우 꽈르뚜

• 따뜻한 마실 물 좀 가져다 주세요.

▶ Poderia me trazer um copo de água quente?
뽀데리아 미 뜨라제르 웅 꼬뿌 지 아과 껭치

• 얼음과 물을 좀 가져다 주세요.

▶ Poderia me trazer um copo de água com gelo?
뽀데리아 미 뜨라제르 웅 꼬뿌 지 아과 꽁 젤루

• 이 옷을 세탁 좀 부탁합니다.

▶ Poderia colocar esta roupa para lavar?
뽀데리아 꼴로까르 에스따 호우빠 빠라 라바르

Será que você pode lavar esta roupa?
쎄라 끼 보쎄 뽀지 라바르 에스따 호우빠

• 귀중품을 맡길 수 있습니까?
▶ Posso deixar os meus bens preciosos?
뽀쑤 데이샤르 우스 메우스 벵스 쁘레씨오주스

Posso guardar os meus objetos valiosos?
뽀쑤 과르다르 우스 메우스 오비제뚜스 발리오주스

• 금고를 사용하고 싶습니다.
▶ Gostaria de usar um cofre.
고스따리아 지 우자르 웅 꼬프리

• 방 청소를 하기 위해 청소부를 불러주세요.
▶ Chame a camareira para limpar o quarto.
샤미 아 까마레이라 빠라 링빠르 우 꽈르뚜

• 식당은 어디에 있습니까?
▶ Onde fica o restaurante?
옹지 피까 우 헤스따우랑치

• 스낵바는 없나요?
▶ Será que não tem uma lanchonete por aqui?
쎄라 끼 너웅 뗑 우마 랑쇼네치 뽀르 아끼

• 식당은 몇 시부터입니까?
▶ O restaurante funciona a partir de que horas?
우 헤스따우랑치 풍씨오나 아 빠르치르 지 끼 오라스

A que horas abre o restaurante?
아 끼 오라스 아브리 우 헤스따우랑치

• 비상구는 어디에 있습니까?
▶ Onde fica a saída de emergência?
옹지 피까 아 싸이다 지 에메르젱씨아

• 영어를 할 줄 아는 사람은 없습니까?

▶ Será que não tem alguém que fale inglês por aqui?
쎄라 끼 너웅 뗑 아우겡 끼 팔리 잉글레스 뽀르 아끼

• 여기 미용실이 있나요?

▶ Será que tem um salão de beleza aqui?
쎄라 끼 뗑 웅 쌀러웅 지 벨레자 아끼

Tem algum cabeleireiro por aqui?
뗑 아우궁 까벨레이레이루 뽀르 아끼

• 상점은 지하에 있으며, 엘리베이터 왼쪽입니다.

▶ A loja fica no piso subterrâneo e na esquerda saindo
아 로쟈 피까 누 삐주 쑤비떼하니우 이 나 이스께르다 싸잉두

do elevador.
두 엘리바도르

• 아침식사는 오전 7시부터 9시 반까지 제공됩니다.

▶ O café da manhã é fornecido das 7 às 9 e meia.
우 까페 다 망양 에 포르네씨두 다스 쎄치 아스 노비 이 메이아

외출할 때 및 카운터에서

• 이 짐을 맡아 주실 수 있습니까?

▶ Poderia guardar esta mala, por favor?
뽀데리아 과르다르 에스따 말라 뽀르 파보르

Posso guardar a minha mala aqui, por favor?
뽀쑤 과르다르 아 밍야 말라 아끼 뽀르 파보르

• 맡긴 짐을 찾고 싶습니다.

▶ Gostaria de pegar a minha mala.
고스따리아 지 뻬가르 아 밍야 말라

Quero retirar a minha mala.
께루 헤치라르 아 밍야 말라

Vim buscar a mala que deixei aqui.
빙 부스까르 아 말라 끼 데이셰이 아끼

▶ Será que não tem algum recado para mim?
쎄라 끼 너웅 뗑 아우궁 헤까두 빠라 밍

• 제게 온 편지는 없나요?

▶ Será que não chegou nenhuma carta para mim?
쎄라 끼 너웅 셰고우 넹유마 까르따 빠라 밍

• 이 호텔의 주소가 적힌 카드 한 장 주세요.

▶ Poderia me dar um cartão com o endereço do hotel?
뽀데리아 미 다르 웅 까르떠웅 꽁 우 잉데레쑤 두 오떼우

• 여기서 가장 가까운 지하철역이 어딥니까?

▶ Onde fica a estação de metrô mais próxima daqui?
옹지 피까 아 이스따써웅 지 메뜨로 마이스 쁘로씨마 다끼

• 어디서 관광버스 티켓을 구입할 수 있습니까?

▶ Onde posso comprar a passagem de ônibus turístico?
옹지 뽀쑤 꽁쁘라르 아 빠싸젱 지 오니부스 뚜리스치꾸

숙박 이용에 문제가 있을 때

• 방을 옮기고 싶습니다.

▶ Gostaria de mudar de quarto.
고스따리아 지 무다르 지 꽈르뚜

• 방을 바꿨으면 좋겠습니다.

▶ Gostaria de trocar o quarto.
고스따리아 지 뜨로까르 우 꽈르뚜

• 화장실에 물이 안 나옵니다.

▶ Não sai água no banheiro.
너웅 싸이 아과 누 방예이루

• 자물쇠가 고장입니다.

▶ O cadeado está quebrado.
우 까지아두 이스따 께브라두

• 직원 한 명 올려 보내 주세요.

▶ **Poderia mandar algum funcionário aqui em cima?**
뽀데리아 망다르 아우궁 풍씨오나리우 아끼 잉 씨마

Tem como mandar alguém aqui em cima?
뗑 꼬무 망다르 아우겡 아끼 잉 씨마

• 이 방은 너무 시끄럽습니다.

▶ **Este quarto é muito barulhento.**
에스치 꽈르뚜 에 무이뚜 바룰렝뚜

• 열쇠를 깜빡하고 방 안에 두고 나왔습니다.

▶ **Deixei as chaves dentro do quarto sem querer.**
데이셰이 아스 샤비스 뎅뜨루 두 꽈르뚜 쎙 께레르

• 주문한 아침식사가 아직도 도착하지 않았습니다.

▶ **O café da manhã que pedi ainda não chegou.**
우 까페 다 망양 끼 뻬지 아잉다 너웅 셰고우

체크아웃을 준비할 때

• 체크아웃 시간은 몇 시입니까?

▶ **Qual é o horário do check-out?**
꽈우 에 우 오라리우 두 셰끼 아우치

A que horas devo fazer o check-out?
아 끼 오라스 데부 파제르 우 셰끼 아우치

• 가장 늦게 방을 비울 수 있는 시간은 언제입니까?

▶ **Até que horas no máximo devo desocupar o quarto?**
아떼 끼 오라스 누 마씨무 데부 지조꾸빠르 우 꽈르뚜

• 방에서 나갈 시간을 몇 시간 더 늘릴 수 있습니까?

▶ **Não tem como extender um pouco a hora do check-out?**
너웅 뗑 꼬무 이스뗑데르 웅 뽀우꾸 아 오라 두 셰끼 아우치

Será que não posso desocupar o quarto um pouco mais tarde?
쎄라 끼 너웅 뽀쑤 지조꾸빠르 우 꽈르뚜 웅 뽀우꾸 마이스 따르지

- 내일 오전 9시에 떠나겠습니다.
  ▶ Vou partir amanhã às 9 da manhã.
  보우 빠르치르 아망양 아스 노비 다 망양

  Vou sair daqui amanhã às 9 da manhã.
  보우 싸이르 다끼 아망양 아스 노비 다 망양

- 방을 비울 준비가 됐습니다.
  ▶ Estou pronto / a para sair do quarto.
  이스또우 쁘롱뚜/ 따 빠라 싸이르 두 꽈르뚜

  Estou pronto / a para fazer o check-out.
  이스또우 쁘롱뚜/ 따 빠라 파제르 우 셰끼 아우치

- 지금 방을 비우겠습니다.
  ▶ Vou desocupar o quarto agora.
  보우 지조꾸빠르 우 꽈르뚜 아고라

  Vou sair do quarto agora.
  보우 싸이르 두 꽈르뚜 아고라

- 짐을 가지고 내려갈 사람을 보내 주세요.
  ▶ Poderia mandar alguém para me ajudar a descer com
  뽀데리아 망다르 아우겡 빠라 미 아쥬다르 아 데쎄르 꽁
  as malas?
  아스 말라스

체크아웃을 할 때

- 지금 체크아웃 하겠습니다.
  ▶ Quero fazer o check-out agora.
  께루 파제르 우 셰끼 아우치 아고라

  Vou fazer o check-out agora.
  보우 파제르 우 셰끼 아우치 아고라

- 국제공항까지 택시로 얼마나 걸립니까?
  ▶ Quanto tempo leva até o aeroporto internacional de táxi?
  꽝뚜 뗑뿌 레바 아떼 우 아에로뽀르뚜 잉떼르나씨오나우 지 딱씨

Quanto tempo demora para ir ao aeroporto internacional
꽝뚜   뗑뿌   데모라 빠라 이르 아우 아에로뽀르뚜 잉떼르나씨오나우
de táxi?
지 딱씨

- 택시를 좀 불러 주세요.
  ▶ Poderia chamar um táxi para mim?
    뽀데리아 샤마르   웅 딱씨 빠라 밍

- 금고에 맡겨둔 귀중품을 다시 찾고 싶습니다.
  ▶ Gostaria de retirar os meus bens preciosos do cofre.
    고스따리아 지 헤치라르 우스 메우스 벵스 쁘레씨오주스 두 꼬프리
    Quero pegar os meus objetos valiosos de volta.
    께루   뻬가르 우스 메우즈 오비제뚜스 발리오주스 지 보우따

- 이 짐을 5시까지만 좀 보관해 주세요.
  ▶ Poderia guardar esta mala até às 5h, por favor?
    뽀데리아 과르다르 에스따 말라 아떼 아스 씽꾸 뽀르 파보르
    Tem como guardar esta mala para mim até às 5h?
    뗑   꼬무   과르다르   에스따 말라 빠라 밍 아떼 아스 씽꾸

숙박비를 계산할 때

- 계산서 부탁합니다.
  ▶ Quero pedir a minha conta, por favor.
    께루   뻬지르 아 밍야   꽁따   뽀르 파보르
    A conta, por favor.
    아 꽁따   뽀르 파보르

- 서비스료는 계산서에 포함되어 있습니다.
  ▶ A taxa de serviço está incluída na conta.
    아 따샤 지 쎄르비쑤 이스따 잉끌루이다 나 꽁따

- 이것은 사용하신 룸서비스 때문입니다.
  ▶ Isto é pelo serviço de quarto que usou.
    이스뚜 에 뻴루 쎄르비쑤 지 꽈르뚜   끼   우조우

Este é o valor cobrado pelo serviço de quarto que pediu.
에스치 에 우 발로르 꼬브라두 뻴루 쎄르비쑤 지 꽈르뚜 끼 뻬지우

• 신용카드를 받습니까?
▶ Vocês aceitam cartão de crédito?
보쎄스 아쎄이땅 까르떠웅 지 끄레지뚜

• 여행자 수표를 받습니까?
▶ Vocês aceitam cheque de viagem?
보쎄스 아쎄이땅 셰끼 지 비아젱

• 호텔 서비스가 아주 좋았습니다.
▶ Tive uma ótima estadia.
치비 우마 오치마 이스따지아

O atendimento deste hotel foi excelente.
우 아뗑지멩뚜 데스치 오떼우 포이 에쎌렝치

04 길안내

길을 물을 때

• 실례하지만, 여기가 어디입니까?

▶ Desculpe, mas onde é aqui?
지스꾸우삐 마즈 옹지 에 아끼

Desculpe, mas que lugar é este?
지스꾸우삐 마스 끼 루가르 에 에스치

• 호텔가는 길 찾는 걸 좀 도와줄 수 있습니까?

▶ Poderia me ajudar a achar o caminho para o hotel?
뽀데리아 미 아쥬다르 아 아샤르 우 까밍유 빠라 우 오떼우

• 중앙 광장으로 가는 길을 가르쳐 주시겠습니까?

▶ Poderia me ensinar o caminho para a Praça Central?
뽀데리아 미 엥씨나르 우 까밍유 빠라 아 쁘라싸 쎙뜨라우

• 저에게 약도를 그려주시겠습니까?

▶ Poderia desenhar um mapa do caminho para mim?
뽀데리아 데젱야르 웅 마빠 두 까밍유 빠라 밍

• 이 지도에서 제가 있는 곳을 알려주시겠습니까?

▶ Poderia me mostrar onde estou aqui no mapa?
뽀데리아 미 모스뜨라르 옹지 이스또우 아끼 누 마빠

Tem como me mostrar a minha posição aqui no mapa?
뗑 꼬무 미 모스뜨라르 아 밍야 뽀지써웅 아끼 누 마빠

• 유스호스텔은 여기서 멉니까?

▶ Será que o albergue fica longe daqui?
쎄라 끼 우 아우베르기 피까 롱지 다끼

- 가는 도중에 있는 이정표들을 말씀해 주시겠어요?

  ▶ **Poderia me dizer as placas que vou encontrar no caminho?**
  뽀데리아 미 지제르 아스 쁠라까스 끼 보우 잉꽁뜨라르 누 까밍유

- 이 길을 따라 곧장 가야합니까?

  ▶ **Preciso seguir em frente por essa rua?**
  쁘레씨주 쎄기르 잉 프렝치 뽀르 에싸 후아

- 직진하다.
  seguir em frente
  쎄기르 잉 프렝치

- 우회전하다.
  virar à direita
  비라르 아 지레이따

- 좌회전하다.
  virar à esquerda
  비라르 아 이스께르다

- 5분 거리에 있다.
  ficar a 5 minutos
  피까르 아 씽꾸 미누뚜스

- 10km의 거리에 있다.
  ficar a 10 km
  피까르 아 데스 낄로메뜨루스

- 걸어서
  a pé
  아 뻬

- 버스를 타고
  de ônibus
  지 오니부스

장소를 물을 때

- 이 거리의 이름이 무엇입니까?

  ▶ **Qual é o nome dessa rua?**
  꽈우 에 우 노미 데싸 후아

• 저 건물은 무엇입니까?
  ▶ O que é aquele prédio?
    우 끼   에 아껠리 쁘레지우

• 이 근처에 우체국이 있습니까?
  ▶ Será que tem um correio aqui perto?
    쎄라 끼 뗑 웅 꼬헤이우 아끼 뻬르뚜

• 이 근처에 공중 화장실이 있습니까?
  ▶ Será que tem algum banheiro público aqui perto?
    쎄라 끼 뗑 아우궁 방예이루 뿌블리꾸 아끼 뻬르뚜

• 이곳에서 얼마나 멉니까?
  ▶ Fica a que distância daqui?
    피까 아 끼 지스땅씨아 다끼

• 화장실은 어디입니까?
  ▶ Onde fica o banheiro?
    옹지   피까 우 방예이루

• 루스 호텔은 여기서 멉니까?
  ▶ O hotel Luz fica longe daqui?
    우 오떼우 루스 피까 롱지   다끼

시간과 거리를 물을 때

• 여기서 얼마나 먼가요?
  ▶ Fica a que distância daqui?
    피까 아 끼 지스땅씨아 다끼

• 얼마나 걸립니까?
  ▶ Quanto tempo leva?
    꽝뚜   뗑뿌   레바
  Quanto tempo demora?
    꽝뚜   뗑뿌   데모라

• 지하철역에 도착하는데 얼마나 걸립니까?

▶ Quanto tempo leva para chegar no metrô?
꽝뚜　　 뗑뿌　 레바　빠라　셰가르　누　메뜨로

• 똑바로 가면 됩니까?

▶ É só eu ir em frente?
에 쏘 에우 이르 잉 프렝치

Basta eu andar reto?
바스따 에우 앙다르 헤뚜

• 지하철역이 여기서 얼마나 먼가요?

▶ A estação de metrô fica a que distância daqui?
아 이스따써웅 지 메뜨로 피까 아 끼　지스땅씨아 다끼

• 이 길이 봉헤치루로 가는 길 맞나요?

▶ Será que este é o caminho certo para o Bom Retiro?
쎄라 끼　에스치 에 우 까밍유　쎄르뚜 빠라　우 봉 헤치루

Será que essa é a rua que vai para o Bom Retiro?
쎄라 끼　에싸 에 아 후아 끼 바이 빠라 우 봉　헤치루

길을 가르쳐 줄 때

• 그 곳은 아우구스타 거리에 있는 것으로 압니다.

▶ Pelo que saiba fica na Augusta.
뻴루　끼　싸이바 피까 나 아우구스따

Acho que fica na Augusta.
아슈　끼　피까 나 아우구스따

• 곧장 가세요.

▶ Siga em frente.
씨가 잉 프렝치

Vá reto.
바 헤뚜

• 좌회전하세요.

▶ Vire à esquerda.
비리 아 이스께르다

Dobre à esquerda.
도브리 아 이스께르다

• 우회전하세요.

▶ Vire à direita.
비리 아 지레이따

Dobre à direita.
도브리 아 지레이따

• 거기까지 걸어서 갈 수 있습니다.

▶ Dá para ir lá a pé.
다 빠라 이르 라 아 뻬

Você pode ir até lá a pé.
보쎄 뽀지 이르 아떼 라 아 뻬

• 걸어서 10분 걸립니다.

▶ Leva 10 minutos a pé.
레바 데스 미누뚜스 아 뻬

Fica a 10 minutos a pé.
피까 아 데스 미누뚜스 아 뻬

• 버스로 갈 수 있습니다.

▶ Dá para ir de ônibus.
다 빠라 이르 지 오니부스

• 우체국 앞에 있습니다.

▶ Fica na frente do correio.
피까 나 프렝치 두 꼬헤이우

Fica em frente ao correio.
피까 잉 프렝치 아우 꼬헤이우

• 시청 뒤에 있습니다.

▶ Fica atrás da prefeitura.
피까 아뜨라스 다 쁘레페이뚜라

• 은행 옆에 있습니다.

▶ Fica ao lado do banco.
피까 아우 라두 두 방꾸

자신도 길을 모를 때

• 죄송합니다. 잘 모릅니다.

▶ Desculpa, mas eu também não sei onde é.
지스꾸우빠　마즈　에우 땅벵　　너웅 쎄이 옹지 에

Desculpa, não faço ideia de onde fica.
지스꾸우빠　너웅 파쑤　이데이아 지 옹지 피까

• 죄송합니다. 저도 초행길 이라서요.

▶ Desculpa, mas é que também sou novo por aqui.
지스꾸우빠　마즈 에 끼　땅벵　　쏘우 노부　뽀르 아끼

Desculpa, mas é que é a minha primeira vez aqui também.
지스꾸우빠 마즈 에 끼　에 아 밍야　쁘리메이라 베스 아끼 땅벵

Desculpa, mas é que não conheço bem esta rua.
지스꾸우빠　마즈 에 끼　너웅 꽁예쑤　　벵　에스따 후아

• 경찰관에게 물으세요.

▶ Tente perguntar na polícia.
뗑치　　뻬르궁따르　나 뽈리씨아

Tente perguntar a um policial.
뗑치　　뻬르궁따르　아 웅　뽈리씨아우

• 택시를 타고 가시는 편이 낫겠습니다.

▶ Acho que é melhor pegar um táxi.
아슈　끼　에 멜료르　뻬가르 웅　딱씨

Recomendo que pegue um táxi.
헤꼬멩두　　끼　뻬기　웅　딱씨

길을 잃었을 때

• 길을 잃었습니다.

▶ Perdi o caminho.
뻬르지 우 까밍유

Estou perdido / a.
이스또우 뻬르지두/ 다

• 여기는 어디입니까?

▶ **Onde é aqui?**
옹지　에 아끼

Onde estou?
옹지　이스또우

• 북쪽은 어느 쪽입니까?

▶ **Para que lado fica o norte?**
빠라 끼 라두 피까 우 노르치

• 이 거리를 뭐라고 부르죠?

▶ **Como se chama esta rua?**
꼬무　씨 샤마　에스따 후아

Qual é o nome desta rua?
꽈우　에 우 노미　데스따 후아

• 현재 위치를 가르쳐 주시겠어요?

▶ **Poderia me dizer qual é o endereço daqui?**
뽀데리아 미　지제르 꽈우 에 우 잉데레쑤　다끼

• 여기에 약도를 그려 주시겠어요?

▶ **Poderia desenhar um esboço do caminho aqui, por favor?**
뽀데리아 데젱야르　웅 이스보쑤 두 까밍유　아끼 뽀르 파보르

Tem como desenhar o caminho aqui para mim, por favor?
뗑 꼬무　데젱야르 우 까밍유　아끼 빠라 밍　뽀르 파보르

• 관광안내센터는 어디에 있습니까?

▶ **Onde fica o centro de informações turísticas?**
옹지　피까 우 쎙뜨루 지 잉포르마쏭이스 뚜리스치까스

• 가장 가까운 공중전화는 어디에 있습니까?

▶ **Onde fica o telefone público mais próximo?**
옹지　피까 우 뗄레포니 뿌블리꾸 마이스 쁘로씨무

Será que tem um telefone público por aqui perto?
쎄라 끼 뗑 웅 뗄레포니 뿌블리꾸 뽀르 아끼 뻬르뚜

• 은행가는 길을 알려 주시겠습니까?

▶ **Poderia me dizer como chegar no banco?**
뽀데리아 미 지제르 꼬무 셰가르 누 방꾸

Por favor, você pode me ensinar o caminho para o
뽀르 파보르 보쎄 뽀지 미 엥씨나르 우 까밍유 빠라 우

banco?
방꾸

관광안내소에서

- 이 도시의 지도를 얻을 수 있을까요?
  - ▶ **Poderia conseguir um mapa da cidade?**
    뽀데리아 꽁쎄기르 웅 마빠 다 씨다지

- 시내관광을 위한 책자를 얻고 싶습니다.
  - ▶ **Queria um guia turístico da cidade.**
    께리아 웅 기아 뚜리스치꾸 다 씨다지

- 이 도시의 무료지도는 없습니까?
  - ▶ **Será que não tem um mapa gratuito da cidade?**
    쎄라 끼 너웅 뗑 웅 마빠   그라뚜이뚜 다 씨다지

- 저는 상파울루미술관(MASP)에 가보고 싶습니다.
  - ▶ **Gostaria de visitar o Masp.**
    고스따리아 지 비지따르 우 마스삐
  - **Queria ir ao Masp.**
    께리아   이르 아우 마스삐

- 시내로 들어가는 버스는 있습니까?
  - ▶ **Tem algum ônibus que vá para o centro?**
    뗑   아우궁 오니부스 끼   바 빠라 우 쎙뜨루

- 호텔로 저를 데려다 줄 택시가 있을까요?
  - ▶ **Será que tem algum táxi que possa me levar para o hotel?**
    쎄라 끼 뗑 아우궁 딱씨 끼 뽀싸 미 레바르 빠라 우 오떼우

- 버스 정류장은 어디에 있습니까?
  - ▶ **Onde fica a parada de ônibus?**
    옹지   피까 아 빠라다 지 오니부스

Sabe onde tem um ponto de ônibus?
싸비 옹지 뗑 웅 뽕뚜 지 오니부스

- 택시 승차장은 어디에 있습니까?
  ▶ Onde fica o ponto de táxi?
  옹지 피까 우 뽕뚜 지 딱씨

- 여기서 렌트카 예약이 가능합니까?
  ▶ Tem como alugar um carro aqui?
  뗑 꼬무 알루가르 웅 까후 아끼
  Será que posso alugar um carro aqui?
  쎄라 끼 뽀쑤 알루가르 웅 까후 아끼

- 시내의 한 호텔을 예약해 주실 수 있습니까?
  ▶ Poderia fazer uma reserva de um hotel no centro?
  뽀데리아 파제르 우마 헤제르바 지 웅 오떼우 누 쎙뜨루

- 영어를 잘 하는 가이드가 필요합니다.
  ▶ Preciso de um guia que fale bem inglês.
  쁘레씨주 지 웅 기아 끼 팔리 벵 잉글레스

- 가이드비용이 하루에 얼마입니까?
  ▶ Quanto o guia cobra por dia?
  꽝뚜 우 기아 꼬브라 뽀르 지아
  Quanto é cobrado ao dia?
  꽝뚜 에 꼬브라두 아우 지아

- 제게 인기 있는 관광지를 알려주실 수 있습니까?
  ▶ Poderia me informar quais são os pontos turísticos
  뽀데리아 미 잉포르마르 꽈이스 써웅 우스 뽕뚜스 뚜리스치꾸스
  mais famosos daqui?
  마이스 파모주스 다끼

- 상투스를 당일치기로 갔다 올 수 있습니까?
  ▶ Tem como fazer uma viagem de ida e volta em Santos
  뗑 꼬무 파제르 우마 비아젱 지 이다 이 보우따 잉 쌍뚜스
  em um dia?
  잉 웅 지아

Será que tem como fazer um bate e volta em Santos
쎄라 끼 뗑 꼬무 파제르 웅 바치 이 보우따 잉 쌍뚜스
em um dia?
잉 웅 지아

• 리우데자네이루를 갈 수 있는 가장 편안한 형태를 알려줄 수 있나요?

▶ Qual é o meio de transporte mais confortável para ir
꽈우 에 우 메이우 지 뜨랑스뽀르치 마이스 꽁포르따베우 빠라 이르
ao Rio de Janeiro?
아우 히우 지 쟈네이루

투어를 이용할 때

• 투어버스가 있습니까?

▶ Será que tem algum ônibus turístico por aqui?
쎄라 끼 뗑 아우궁 오니부스 뚜리스치꾸 뽀르 아끼

• 어떤 공연이나 연극을 볼 수 있는 패키지가 있습니까?

▶ Tem algum pacote com algum show ou peça de teatro
뗑 아우궁 빠꼬치 꽁 아우궁 쑈우 오우 뻬싸 지 떼아뜨루
inclusa?
잉끌루자

Será que tem alguma excursão com algum espetáculo
쎄라 끼 뗑 아우구마 이스꾸르써웅 꽁 아우궁 이스뻬따꿀루
ou peça de teatro incluída?
오우 뻬싸 지 떼아뜨루 잉끌루이다

• 입장료가 관광코스에 포함되어 있나요?

▶ Será que a entrada está inclusa no preço do pacote?
쎄라 끼 아 엥뜨라다 이스따 잉끌루자 누 쁘레쑤 두 빠꼬치

Por acaso o ingresso fica incluso no valor da excursão?
뽀르 아까주 우 잉그레쑤 피까 잉끌루주 누 발로르 다 이스꾸르써웅

• 표는 어디서 구입하죠?

▶ **Onde posso comprar o bilhete?**
옹지 뽀쑤 꽁쁘라르 우 빌례치

Onde fica a bilheteria?
옹지 피까 아 빌례떼리아

• 몇 시에 공연 시작하죠?

▶ **A que horas começa o show?**
아 끼 오라스 꼬메싸 우 쑈우

• 몇 시에 공연 종료하죠?

▶ **A que horas acaba o show?**
아 끼 오라스 아까바 우 쑈우

• 언제까지 공연이 계속되죠?

▶ **O show vai até que horas?**
우 쑈우 바이 아떼 끼 오라스

• 좌석을 예약하고 싶습니다.

▶ **Gostaria de reservar um assento.**
고스따리아 지 헤제르바르 웅 아쎙뚜

Quero reservar um lugar.
께루 헤제르바르 웅 루가르

• 입장료는 얼마입니까?

▶ **Quanto é a entrada?**
꽝뚜 에 아 엥뜨라다

Quanto custa o ingresso?
꽝뚜 꾸스따 우 잉그레쑤

Qual é o preço do bilhete?
꽈우 에 우 쁘레쑤 두 빌례치

• 학생할인이 됩니까?

▶ **Será que tem desconto para estudante?**
쎄라 끼 뗑 지스꽁뚜 빠라 이스뚜당치

- 박물관 입장이 일요일엔 무료입니까?

▶ Será que a entrada do museu é gratuita aos domingos?
쎄라 끼　아 엥뜨라다 두　무제우　에 그라뚜이따 아우스 도밍구스

- 박물관 개관 시간은 어떻게 되죠?

▶ A que horas abre o museu?
아 끼　오라즈 아브리 우 무제우

O museu funciona a partir de que horas?
우 무제우　풍씨오나　아 빠르치르 지 끼　오라스

- 여기 민속음악이 뭐죠?

▶ Qual é a música folclórica daqui?
꽈우　에 아 무지까　포우끌로리까 다끼

- 이 지역의 전통춤이 뭐죠?

▶ Qual é a dança típica da região?
꽈우　에 아 당싸　치삐까 다 헤쥐어웅

- 이 지역은 상업지역이다.

▶ Esta é uma região comercial.
에스따 에 우마 헤쥐어웅 꼬메르씨아우

- 와! 사람들 엄청 많다.

▶ Nossa! Quanta gente!
노싸　꽝따　젱치

- 오늘은 일요일이고, 방금 전에 미사가 끝났다.

▶ Hoje é domingo, a missa acabou de terminar.
오쥐　에 도밍구　아 미싸　아까보우 지 떼르미나르

- 저것은 무슨 성당입니까?

▶ Que igreja católica é aquela?
끼　이그레쟈 까똘리까 에 아껠라

- 커피전문점에 사람 많은 것 보입니까?

▶ Está vendo quanta gente tem na cafeteria?
이스따 벵두　꽝따　젱치 뗑　나 까페떼리아

Olha como a cafeteria está lotada!
올랴　꼬무　　아 까페떼리아 이스따 로따다

• 저기 길들이 조금 좁네.

▶ **As ruas ali são meio estreitas.**
아스 후아즈 알리 써웅 메이우 이스뜨레이따스

• 여기 길들은 아주 넓구나.

▶ **As ruas daqui são bem espaçosas.**
아스 후아스 다끼　써웅 벵　　이스빠쏘자스

• 여기서 사진을 찍을 수 있습니까?

▶ **Posso tirar uma foto aqui?**
뽀쑤　　치라르 우마 포뚜 아끼

• 여긴 뭐가 인기 있습니까?

▶ **O que é famoso por aqui?**
우 끼　에 파모주　뽀르 아끼

Qual é a principal atração daqui?
꽈우　　에 아 쁘링씨빠우 아뜨라써웅 다끼

• 요즘 여기서 가장 인기 있는 프로그램은 뭐죠?

▶ **Atualmente, qual é o programa mais popular daqui?**
아뚜아우멩치　　꽈우 에 우 쁘로그라마 마이스 뽀뿔라르　다끼

• 이 쇼는 어디서 볼 수 있습니까?

▶ **Onde posso ver esse show?**
옹지　　뽀쑤　　베르 에씨 쑈우

• 누가 출연하고 있습니까?

▶ **Quem está apresentando?**
껭　　　이스따 아쁘레젱땅두

• 제 좌석으로 안내해 주세요.

▶ **Poderia me levar até o meu assento?**
뽀데리아 미　레바르 아떼 우 메우 아쎙뚜

- 개막은 몇 시입니까?
  - ▶ A que horas abrirão as cortinas?
    아 끼　오라즈 아브리러웅 아스 꼬르치나스

- 폐막은 몇 시입니까?
  - ▶ A que horas fecharão as cortinas?
    아 끼　오라스 페샤러웅　아스 꼬르치나스

- 지금 뭘 하고 있습니까?
  - ▶ O que está fazendo agora?
    우 끼　이스따 파젱두　아고라

- 지금은 무엇을 공연하고 있습니까?
  - ▶ O que está apresentando agora?
    우 끼　이스따 아쁘레젱땅두　아고라

- 여기 기념품 상점이 있습니까?
  - ▶ Tem alguma loja de lembrancinhas por aqui?
    뗑　아우구마 로쟈 지 렝브랑씽야스　뽀르 아끼

기념 촬영할 때

- 우리 사진 한 장 찍어요.
  - ▶ Vamos tirar uma foto.
    바무스　치라르 우마 포뚜

    Que tal tirar uma foto?
    끼　따우 치라르 우마 포뚜

- 제가 사진을 찍어드릴까요?
  - ▶ Quer que eu tire uma foto de vocês?
    께르　끼　에우 치리 우마 포뚜 지 보쎄스

- 여기서 사진을 찍어도 됩니까?
  - ▶ Posso tirar fotos aqui?
    뽀쑤　치라르 포뚜즈 아끼

• 사진 좀 찍어 주시겠어요?
▶ Poderia tirar uma foto para mim?
뽀데리아   치라르 우마 포뚜 빠라 밍

• 여기 셔터 좀 눌러 주시겠어요?
▶ Poderia apertar o botão aqui?
뽀데리아   아뻬르따르 우 보떠웅 아끼

• 저와 함께 사진을 찍어 주시겠습니까?
▶ Poderia tirar uma foto comigo?
뽀데리아   치라르 우마 포뚜   꼬미구

• 여기서 플래시를 사용해도 됩니까?
▶ Posso usar o flash aqui?
뽀쑤   우자르 우 플래쉬 아끼

• 거기 잠깐만 서 계세요.
▶ Fique aí parado / a um momento.
피끼   아이 빠라두/ 다 웅   모멩뚜

• 움직이지 마세요.
▶ Não se mova.
너웅   씨 모바

• 좀 웃으세요.
▶ Sorria, por favor.
쏘히아   뽀르 파보르

• 치즈~
▶ Xis~
쉬스

• 하나, 둘, 셋, 찰칵!
▶ Um, dois, três e já!
웅   도이스 뜨레즈 이 쟈

• 제 카메라로도 사진 좀 찍어주실 수 있나요?
▶ Poderia tirar outra foto com a minha câmera, por favor?
뽀데리아 치라르 오우뜨라 포뚜 꽁 아 밍야   까메라   뽀르 파보르

- 당신 사진을 찍어도 됩니까?

  ▶ Posso tirar uma foto sua?
  뽀쑤   치라르 우마 포뚜 쑤아

- 원하시면 당신께도 사진을 보내 드리겠습니다.

  ▶ Se quiser, vou mandar a foto para você também.
  씨 끼제르 보우 망다르   아 포뚜 빠라 보쎄 땅벵

- 집 주소를 여기에 써주실래요?

  ▶ Você pode anotar o seu endereço aqui?
  보쎄 뽀지 아노따르 우 쎄우 잉데레쑤 아끼

- 이메일 주소를 여기에 써주실래요?

  ▶ Você pode anotar o seu e-mail aqui?
  보쎄 뽀지 아노따르 우 쎄우 이메이우 아끼

카메라 상점에서

- 35mm 칼라 필름을 주세요.

  ▶ Poderia me dar um filme colorido de 35 milímetros?
  뽀데리아   미 다르 웅 피우미 꼴로리두 지 뜨링따 이 씽꾸 밀리메뜨루스
  Pode me dar um rolo de filme colorido de 35 milímetros?
  뽀지 미 다르 웅 홀루 지 피우미 꼴로리두 지 뜨링따 이 씽꾸 밀리메뜨루스

- 흑백 필름 한 통 주세요.

  ▶ Poderia me dar um rolo de filme preto e branco?
  뽀데리아 미 다르 웅 홀루 미 피우미 쁘레뚜 이 브랑꾸

- 디지털 카메라 5G(기가) 메모리카드 주세요.

  ▶ Poderia me dar um cartão de memória para câmera
  뽀데리아 미 다르 웅   까르떠웅 지 메모리아   빠라   까메라
  digital de 5G(giga)?
  지쥐따우 지 씽꾸 쥐가

  Me vê um cartão de memória de 5G(giga) para câmera
  미 베 웅 까르떠웅 지 메모리아   지 씽꾸 쥐가 빠라 까메라
  digital.
  지쥐따우

• 셔터가 제대로 움직이지 않습니다.
▶ O botão não funciona direito.
우 보떠웅 너웅 풍씨오나 지레이뚜
O botão não está funcionando bem.
우 보떠웅 너웅 이스따 풍시오낭두 벵

• 제 카메라 좀 점검해 주시겠어요?
▶ Poderia dar uma olhada na minha câmera?
뽀데리아 다르 우마 올랴다 나 밍야 까메라
Você pode dar uma verificada na minha câmera?
보쎄 뽀지 다르 우마 베리피까다 나 밍야 까메라

• 이 카메라에 맞는 건전지 2개 주세요.
▶ Me dê duas baterias próprias para esta câmera.
미 데 두아스 바떼리아스 쁘로쁘리아스 빠라 에스따 까메라
Gostaria de duas pilhas para esta câmera.
고스따리아 지 두아스 삘랴스 빠라 에스따 까메라

• 카메라를 좀 보고 싶습니다.
▶ Gostaria de ver algumas câmeras.
고스따리아 지 베르 아우구마스 까메라스

• 어떤 종류의 카메라를 찾으십니까?
▶ Que tipo de câmera gostaria de ver?
끼 치뿌 지 까메라 고스따리아 지 베르
Que estilo de câmera está procurando?
끼 이스칠루 지 까메라 이스따 쁘로꾸랑두

• 작동하기 쉬운 것을 원합니다.
▶ Quero uma câmera que seja fácil de mexer.
께루 우마 까메라 끼 쎄쟈 파씨우 지 메셰르
Procuro uma câmera que seja fácil de operar.
쁘로꾸루 우마 까메라 끼 쎄쟈 파씨우 지 오뻬라르

• 이것은 초급자에게 알맞은 것입니다.
▶ Essa aqui é própria para principiantes.
에싸 아끼 에 쁘로쁘리아 빠라 쁘링씨삐앙치스

Essa aqui é ideal para principiantes.
에싸 아끼 에 이데아우 빠라 쁘링씨삐앙치스

Esta daqui é a mais recomendável para principiantes.
에스따 다끼 에 아 마이스 헤꼬멩다베우 빠라 쁘링씨삐앙치스

• 이 디지털 카메라는 보증이 1년입니다.

▶ Esta câmera digital tem garantia de um ano.
에스따 까메라 지쥐따우 뗑 가랑치아 지 웅 아누

• 사용 설명서가 있습니까?

▶ Será que tem um manual?
쎄라 끼 뗑 웅 마누아우

Será que vem com um guia de instruções?
쎄라 끼 벵 꽁 웅 기아 지 잉스뜨루쏭이스

쇼핑

쇼핑센터를 찾을 때

• 쇼핑센터가 이 근처에 있습니까?

▶ Será que o shopping fica aqui perto?
쎄라 끼 우 쑈삥 피까 아끼 뻬르뚜

Tem um shopping por aqui perto?
뗑 웅 쑈삥 뽀르 아끼 뻬르뚜

• 상가가 이 근처에 있습니까?

▶ Tem alguma galeria de lojas por aqui perto?
뗑 아우구마 갈레리아 지 로쟈스 뽀르 아끼 뻬르뚜

• 면세점이 이 근처에 있습니까?

▶ Tem alguma loja Duty Free por aqui perto?
뗑 아우구마 로쟈 두치 프리 뽀르 아끼 뻬르뚜

• 이 지역은 상업지구이다.

▶ Esta é uma área comercial.
에스따 에 우마 아레아 꼬메르씨아우

• 여기에 이 도시에서 가장 좋은 상점들이 있다.

▶ Aqui estão as melhores lojas da cidade.
아끼 이스떠웅 아스 멜료리스 로쟈스 다 씨다지

Aqui ficam as lojas mais famosas da cidade.
아끼 피깡 아스 로쟈스 마이스 파모자스 다 씨다지

• 이 동네의 꽃집은 어디입니까?

▶ **Onde fica a floricultura deste bairro?**
옹지　피까 아 플로리꾸우뚜라 데스치 바이후

• 그것을 어디서 살 수 있습니까?

▶ **Onde posso comprar isso?**
옹지　뽀쑤　꽁쁘라르　이쑤

• ~파는 곳은 어디입니까?

▶ **Onde posso comprar....?**
옹지　뽀쑤　꽁쁘라르

Onde vendem....?
옹지　벵뎅

• 장난감 파는 곳을 찾고 있습니다.

▶ **Estou procurando uma loja de brinquedos.**
이스또우 쁘로꾸랑두　우마　로쟈 지 브링께두스

• 남자 신발은 어디서 팔죠?

▶ **Onde vendem calçados masculinos?**
옹지　벵뎅　　까우싸두스 마스꿀리누스

Onde posso encontrar uma loja de calçados masculinos?
옹지　뽀쑤　잉꽁뜨라르 우마 로쟈 지 까우싸두스 마스꿀리누스

• 브라질 기념품을 어디서 살 수 있습니까?

▶ **Onde posso comprar lembrancinhas do Brasil?**
옹지　뽀쑤　꽁쁘라르　렝브랑씽야스　　두 브라지우

Onde posso encontrar uma loja de lembranças do Brasil?
옹지　뽀쑤　잉꽁뜨라르 우마 로쟈 지 렝브랑싸스　　두 브라지우

• 여기에서 가까운 빵집은 어디에 있습니까?

▶ **Onde fica a padaria mais próxima?**
옹지　피까 아 빠다리아 마이스 쁘로씨마

Tem alguma padaria perto daqui?
뗑　아우구마　빠다리아　뻬르뚜 다끼

• 근처에 속옷 매장이 있습니까?
▶ **Tem alguma loja de roupas íntimas por aqui?**
뗑　아우구마 로쟈 지 호우빠스 잉치마스 뽀르 아끼

• 가구매장은 에스컬레이터 반대편 쪽에 있습니까?
▶ **Será que a loja de móveis fica do outro lado da escada**
쎄라 끼 아 로쟈 지 모베이스 피까 두 오우뜨루 라두 다 이스까다
rolante?
홀랑치

가게에 들어설 때

• 무엇을 도와드릴까요?
▶ **Pois não?**
뽀이즈 너웅
Em que posso ajudar?
잉 끼 뽀쑤 아쥬다르

• 도움이 필요하십니까?
▶ **Precisa de ajuda?**
쁘레씨자 지 아쥬다
Quer que te ajude em alguma coisa?
께르 끼 치 아쥬지 잉 아우구마 꼬이자

• 쇼핑을 하고 싶습니다.
▶ **Estou fazendo compras.**
이스또우 파젱두 꽁쁘라스

• 무엇을 원하십니까?
▶ **Deseja alguma coisa?**
데제쟈 아우구마 꼬이자

• 어떤 종류를 원하십니까?
▶ **Que modelo gostaria de ver?**
끼 모델루 고스따리아 지 베르

Qual é o estilo que está procurando?
꽈우　에 우 이스칠루 끼 이스따 쁘로꾸랑두

• 무엇을 찾고 있으신가요?
▶ O que está procurando?
우 끼　이스따 쁘로꾸랑두

Está procurando alguma coisa?
이스따 쁘로꾸랑두　아우구마　꼬이자

• 영업시간은 몇 시부터 몇 시까지입니까?
▶ Qual é o horário de funcionamento daqui?
꽈우　에 우 오라리우 지 풍씨오나멩뚜　　다끼

물건을 찾을 때

• 안내를 받고 계십니까?
▶ Já foi atendido / a?
쟈 포이 아뗑지두/　다

Tem alguém te atendendo?
뗑　아우겡　치 아뗑뎅두

• 이 동네 특산물은 무엇입니까?
▶ Qual é a especialidade da região?
꽈우　에 아 이스뻬씨알리다지 다 헤쥐어웅

Qual é o principal produto da região?
꽈우　에 우 쁘링씨빠우 쁘로두뚜　다 헤쥐어웅

• 가죽 가방을 사고 싶어요.
▶ Quero comprar uma mala de couro.
께루　꽁쁘라르　우마 말라　지 꼬우루

■ 기념품

• 과자　　　　　salgadinho
　　　　　　　　싸우가징유

• 엽서　　　　　cartão postal
　　　　　　　　까르떠웅 뽀스따우

• 열쇠고리　　　chaveiro
　　　　　　　　샤베이루

• 향수　　　　　perfume
　　　　　　　　뻬르푸미

• 와인　　　　　vinho
　　　　　　　　빙유

• 전통술　　　　bebiba alcoólica típica
　　　　　　　　베비다　아우꼬올리까 치삐까

• 스카프　　　　cachecol
　　　　　　　　까셰꼬우

• 넥타이　　　　gravata
　　　　　　　　그라바따

• 지갑　　　　　carteira
　　　　　　　　까르떼이라

• 짐가방　　　　mala
　　　　　　　　말라

• 서류가방　　　pasta
　　　　　　　　빠스따

• 백팩　　　　　mochila
　　　　　　　　모쉴라

• 핸드백　　　　bolsa
　　　　　　　　보우싸

• 초콜릿　　　　chocolate
　　　　　　　　쇼꼴라치

- T-셔츠   camiseta
  까미제따

- 꿀   mel
  메우

- 차   chá
  샤

• 그저 구경만 하는 겁니다.

▶ Estou só olhando.
이스또우 쏘 올량두

Só estou dando uma olhada.
쏘 이스또우 당두 우마 올랴다

• 저 시계 좀 보여 주시겠습니까?

▶ Poderia me mostrar aquele relógio?
뽀데리아 미 모스뜨라르 아껠리 헬로쮜우

• 죄송합니다. 다 팔렸습니다.

▶ Desculpe, mas já vendemos tudo (que tínhamos).
지스꾸우삐 마스 쟈 벵데무스 뚜두 (끼 칭야무스)

Desculpe, mas já vendemos todo o nosso estoque.
지스꾸우삐 마스 쟈 벵데무스 또두 우 노쑤 이스또끼

Sinto muito, mas já está tudo vendido.
씽뚜 무이뚜 마스 쟈 이스따 뚜두 벵지두

• 제 걸로 하나 주문해 주실 수 있나요?

▶ Poderia encomendar um para mim?
뽀데리아 잉꼬멩다르 웅 빠라 밍

• 시간이 얼마나 걸릴까요?

▶ Quanto tempo demora?
꽝뚜 뗌뿌 데모라

Quanto tempo leva?
꽝뚜 뗌뿌 레바

• 이 지갑을 보여 주시겠어요?

▶ **Poderia me mostrar essa carteira?**
뽀데리아 미 모스뜨라르 에싸 까르떼이라

• 이것과 비슷한 것이 있습니까?

▶ **Tem alguma outra que seja semelhante a esta?**
뗑 아우구마 오우뜨라 끼 쎄쟈 쎄멜량치 아 에스따

Tem algum outro modelo parecido?
뗑 아우궁 오우뜨루 모델루 빠레씨두

• 다른 것을 보여 주시겠어요?

▶ **Poderia me mostrar outra coisa?**
뽀데리아 미 모스뜨라르 오우뜨라 꼬이자

Pode me mostrar algum outro modelo?
뽀지 미 모스뜨라르 아우궁 오우뜨루 모델루

• 그 브로치 좀 보여 주세요.

▶ **Poderia me mostrar esse broche?**
뽀데리아 미 모스뜨라르 에씨 브로쉬

Posso ver aquele broche, por favor?
뽀쑤 베르 아껠리 브로쉬 뽀르 파보르

• 어떤 색을 원하십니까?

▶ **De que cor você gostaria?**
지 끼 꼬르 보쎄 고스따리아

Que cor você prefere?
끼 꼬르 보쎄 쁘레페리

• 이 색은 마음에 안 듭니다.

▶ **Não gostei dessa cor.**
너웅 고스떼이 데싸 꼬르

• 같은 것으로 다른 색깔은 없습니까?

▶ Será que tem alguma outra cor?
쎄라 끼 뗑 아우구마 오우뜨라 꼬르

Tem alguma outra cor neste modelo?
뗑 아우구마 오우뜨라 꼬르 네스치 모델루

• 원하는 색을 저희가 가지고 있지 않습니다.

▶ Infelizmente, não temos a cor que você quer.
잉펠리스멩치 너웅 떼무스 아 꼬르 끼 보쎄 께르

• 이 색이 잘 어울리십니다.

▶ Esta cor combina com você.
에스따 꼬르 꽁비나 꽁 보쎄

Esta cor cai bem em você.
에스따 꼬르 까이 벵 잉 보쎄

■ 색

• 검정색   preto / a
쁘레뚜/따

• 흰색   branco / a
브랑꾸/까

• 빨간색   vermelho / a
베르멜류/랴

• 파란색   azul
아주우

• 녹색   verde
베르지

• 노란색   amarelo / a
아마렐루/라

• 갈색   marrom
마홍

- 회색   **cinza**
  씽자

- 오렌지색   **laranja**
  라랑쟈

- 자주색   **roxo / a**
  호슈/샤

- 보라색   **violeta**
  비올레따

- 핑크색   **rosa**
  호자

사이즈를 고를 때

• 사이즈가 어떻게 되나요?

▶ **Qual é o seu tamanho?**
꽈우   에 우 쎄우 따망유

Que tamanho você usa?
끼   따망유   보쎄   우자

• 신발 사이즈가 어떻게 되죠?

▶ **Qual é o tamanho do seu sapato?**
꽈우   에 우 따망유   두   쎄우 싸빠뚜

Qual é o número do seu pé?
꽈우   에 우 누메루   두 쎄우 뻬

• 이 치수로 다른 것을 보여 주세요.

▶ **Me mostre outro deste tamanho.**
미   모스뜨리 오우뜨루 데스치 따망유

• 더 큰 것은 없나요?

▶ **Não tem um (tamanho) maior?**
너웅 뗑   웅 (따망유)   마이오르

• 더 작은 것은 없나요?

▶ Não tem um (número) menor?
너웅 뗑 웅 (누메루) 메노르

• 죄송합니다, 저희는 찾으시는 치수를 보유하고 있지 않습니다.

▶ Desculpe, mas infelizmente não temos o tamanho que
지스꾸우삐 마즈 잉펠리스멩치 너웅 떼무스 우 따망유 끼

você procura.
보쎄 쁘로꾸라

• 입어 봐도 되나요?

▶ Será que posso provar?
쎄라 끼 뽀쑤 쁘로바르

Posso experimentar?
뽀쑤 이스뻬리멩따르

• 이 구두를 신어 봐도 되나요?

▶ Será que posso provar esse sapato?
쎄라 끼 뽀쑤 쁘로바르 에씨 싸빠뚜

Posso experimentar esse sapato?
뽀쑤 이스뻬리멩따르 에씨 싸빠뚜

• 구두 굽이 너무 높습니다.

▶ O salto deste sapato é muito alto.
우 싸우뚜 데스치 싸빠뚜 에 무이뚜 아우뚜

• 이 부츠는 발에 잘 들어가지 않습니다.

▶ Esta bota não entra no meu pé.
에스따 보따 너웅 엥뜨라 누 메우 뻬

Esta bota não cabe no meu pé.
에스따 보따 너웅 까비 누 메우 뻬

• 조금 낍니다.

▶ Está um pouco apertado / a.
이스따 웅 뽀우꾸 아뻬르따두/ 다

• 조금 헐렁합니다.

▶ Está um pouco folgado / a.
이스따 웅 뽀우꾸 포우가두/ 다

• 이 운동화는 폭이 너무 좁습니다.

▶ **Esse tênis é muito estreito.**
에씨 떼니스 에 무이뚜 이스뜨레이뚜

A largura desse tênis é muito estreito.
아 라르구라 데씨 떼니스 에 무이뚜 이스뜨레이뚜

• 이 구두는 폭이 너무 넓습니다.

▶ **Esse sapato é muito largo.**
에씨 싸빠뚜 에 무이뚜 라르구

A largura desse sapato é muito grande.
아 라르구라 데씨 싸빠뚜 에 무이뚜 그랑지

■ **신발**

• 구두	sapato 싸빠뚜	
• 운동화	tênis 떼니스	
• 부츠	bota 보따	
• 샌들	sandália / tamanco 쌍달리아 / 따망꾸	
• 슬리퍼	chinelo 쉬넬루	

디자인을 고를 때

• 최신 유행하는 것을 원합니다.

▶ **Quero o modelo da última moda.**
께루 우 모델루 다 우우치마 모다

Gostaria de um modelo que esteja na moda.
고스따리아 지 웅 모델루 끼 이스떼쟈 나 모다

- 이 스타일이 좋습니다.

▶ Gostei desse estilo.
고스떼이 데씨 이스칠루

Achei este modelo legal.
아셰이 에스치 모델루 레가우

- 너무 요란합니다.

▶ Este modelo é muito extravagante.
에스치 모델루 에 무이뚜 이스뜨라바강치

Este modelo é bem chamativo.
에스치 모델루 에 벵 샤마치부

- 이 디자인이 수수하고 멋집니다.

▶ Este design é simples e bonito.
에스치 지자잉 에 씽쁠리스 이 보니뚜

Esse modelo é simples e charmoso.
에씨 모델루 에 씽쁠리스 이 샤르모주

- 저는 이 줄무늬 블라우스가 맘에 듭니다.

▶ Gostei desta blusa listrada.
고스떼이 데스따 블루자 리스뜨라다

- 저는 이 체크무늬 와이셔츠가 맘에 들지 않습니다.

▶ Não gostei desta camisa xadrez.
너웅 고스떼이 데스따 까미자 샤드레스

- 이 넥타이가 이 파란 와이셔츠와 잘 어울립니다.

▶ Esta gravata combina com esta camisa azul.
에스따 그라바따 꽁비나 꽁 에스따 까미자 아주우

품질을 물을 때

- 품질이 매우 좋습니다.

▶ A qualidade é muito boa.
아 꽐리다지 에 무이뚜 보아

Este produto é de ótima qualidade.
에스치 쁘로두뚜 에 지 오치마 꽐리다지

• 여기 이것은 다른 것보다 다소 품질이 떨어진다.
▶ Essa aqui tem uma qualidade inferior à outra.
에싸 아끼 뗑 우마 꽐리다지 잉페리오르 아 오우뜨라

A qualidade deste daqui é inferior a esse outro.
아 꽐리다지 데스치 다끼 에 잉페리오르 아 에씨 오우뜨루

• 질 좋은 제품들을 보여 주세요.
▶ Me mostre produtos de qualidade, por favor.
미 모스뜨리 쁘로두뚜스 지 꽐리다지 뽀르 파보르

Quero ver algo com qualidade, por favor.
께루 베르 아우구 꽁 꽐리다지 뽀르 파보르

• 이 제품은 가격에 비해 품질이 우수하다.
▶ Esse aqui é de boa qualidade considerando o preço.
에씨 아끼 에 지 보아 꽐리다지 꽁씨데랑두 우 쁘레쑤

Levando em consideração o preço, a qualidade dessa
레방두 잉 꽁씨데라써웅 우 쁘레쑤 아 꽐리다지 데싸

aqui é ótima.
아끼 에 오치마

물건 값을 묻고 흥정할 때

• 좀 더 싼 것은 없습니까?
▶ Será que não tem algo mais barato?
쎄라 끼 너웅 뗑 아우구 마이스 바라뚜

• 할인되지 않습니까?
▶ Será que não tem desconto?
쎄라 끼 너웅 뗑 지스꽁뚜

Vocês não fazem um desconto?
보쎄스 너웅 파젱 웅 지스꽁뚜

Não tem como dar um desconto?
너웅 뗑 꼬무 다르 웅 지스꽁뚜

- 비싼 것을 원하지 않습니다.

  ▶ Não quero nada caro.
    너웅 께루 나다 까루

- 정찰제입니다.

  ▶ O nosso sistema de preços é fixo.
    우 노쑤 씨스떼마 지 쁘레쑤스 에 픽쑤

    Desculpa, mas só trabalhamos com preço fixo.
    지스꾸우빠 마스 쏘 뜨라발랴무스 꽁 쁘레쑤 픽쑤

- 제게는 너무 비쌉니다.

  ▶ É muito caro para mim.
    에 무이뚜 까루 빠라 밍

- 싸게 해 줄 수 없습니까?

  ▶ Não dá para dar um desconto?
    너웅 다 빠라 다르 웅 지스꽁뚜

- 얼마 정도를 지출하실 겁니까?

  ▶ Quanto mais ou menos você pretende gastar?
    꽝뚜 마이즈 오우 메누스 보세 쁘레뗑지 가스따르

- 할인 좀 해주세요.

  ▶ Faz um desconto, por favor?
    파즈 웅 지스꽁뚜 뽀르 파보르

    Me dá um desconto, vai?
    미 다 웅 지스꽁뚜 바이

- 일시불로 하면 10% 할인됩니까?

  ▶ À vista tem 10% de desconto?
    아 비스따 뗑 데스 뽀르 쎙뚜 지 지스꽁뚜

- 이 쿠폰으로 20% 할인을 받을 수 있습니다.

  ▶ Com este cupom, você ganha 20% de desconto.
    꽁 에스치 꾸뽕 보쎄 강야 빙치 뽀르 쎙뚜 지 지스꽁뚜

- 만약 10헤알이면 제가 사겠습니다.

  ▶ Se fizer por 10 reais eu compro.
    씨 피제르 뽀르 데스 헤아이스 에우 꽁쁘루

• 가장 싸게 해 줄 수 있는 가격은 얼마입니까?

▶ Qual é o menor preço que você pode me oferecer?
꽈우 에 우 메노르 쁘레쑤 끼 보쎄 뽀지 미 오페레쎄르

• 할인을 해준다면 모두 사겠습니다.

▶ Se você me der um desconto eu compro tudo.
씨 보쎄 미 데르 웅 지스꽁뚜 에우 꽁쁘루 뚜두

Se me fizer um desconto eu levo tudo.
씨 미 피제르 웅 지스꽁뚜 에우 레부 뚜두

값을 계산할 때

• 이것을 사겠습니다.

▶ Vou levar isso.
보우 레바르 이쑤

Vou ficar com isso.
보우 피까르 꽁 이쑤

• 전부 얼마입니까?

▶ Quanto custa juntando tudo?
꽝뚜 꾸스따 중땅두 뚜두

Quanto fica no total?
꽝뚜 피까 누 또따우

• 계산이 틀리지 않나요?

▶ Será que a conta não está errada?
쎄라 끼 아 꽁따 너웅 이스따 에하다

Será que você não fez a conta errada?
쎄라 끼 보쎄 너웅 페즈 아 꽁따 에하다

• 거스름돈이 잘못되었습니다.

▶ Você me deu o troco errado.
보쎄 미 데우 우 뜨로꾸 에하두

• 여기 다시 한 번 확인해 주시겠어요?

▶ Poderia confirmar aqui mais uma vez?
뽀데리아 꽁피르마르 아끼 마이즈 우마 베스

- 현금으로 지불하겠습니다.

  ▶ **Vou pagar em dinheiro.**
  보우 빠가르 잉 징예이루

- 신용카드도 받으십니까?

  ▶ **Vocês aceitam cartão de crédito?**
  보쎄스 아쎄이땅 까르떠웅 지 끄레지뚜

- 체크카드로 내겠습니다.

  ▶ **Vou pagar com cartão de débito.**
  보우 빠가르 꽁 까르떠웅 지 데비뚜

- 수표로 지불해도 되나요?

  ▶ **Posso pagar com cheque?**
  뽀쑤 빠가르 꽁 셰끼

  Vocês aceitam cheque?
  보쎄스 아쎄이땅 셰끼

- 일시불로 하겠습니다.

  ▶ **Vou pagar à vista.**
  보우 빠가르 아 비스따

- 할부로 가능합니까?

  ▶ **Tem como parcelar?**
  뗑 꼬무 빠르쎌라르

  Poderia pagar parcelado?
  뽀데리아 빠가르 빠르쎌라두

- 6개월 할부로 가능합니까?

  ▶ **Poderia pagar em 6 parcelas?**
  뽀데리아 빠가르 잉 쎄이스 빠르쎌라스

  Poderia pagar em 6 prestações?
  뽀데리아 빠가르 잉 쎄이스 쁘레스따쏭이스

  Poderia parcelar em 6 vezes?
  뽀데리아 빠르쎌라르 잉 쎄이스 베지스

- 달러로 지불해도 되나요?

  ▶ **Posso pagar em dólar?**
  뽀쑤 빠가르 잉 돌라르

Vocês aceitam dólar?
보쎄스 아쎄이땅 돌라르

• 돈은 이미 지불했습니다.
▶ Já paguei.
쟈 빠게이

Já está pago.
쟈 이스따 빠구

• 영수증 좀 주시겠어요?
▶ Poderia me dar o recibo?
뽀데리아 미 다르 우 헤씨부

Pode me dar a nota fiscal?
뽀지 미 다르 아 노따 피스까우

• AS가 됩니까?
▶ Será que vocês oferecem assistência técnica gratuita?
쎄라 끼 보쎄스 오페레쎙 아씨스뗑씨아 떼끄니까 그라뚜이따

포장을 부탁할 때

• 포장해 주시겠어요?
▶ Poderia embrulhar, por favor?
뽀데리아 잉브룰랴르 뽀르 파보르

• 여행용으로 포장 좀 해주시겠어요?
▶ Pode embrulhar para viagem, por favor?
뽀지 잉브룰랴르 빠라 비아젱 뽀르 파보르

• 선물용으로 포장해 드릴까요?
▶ Quer que embrulhe para presente?
께르 끼 잉브룰리 빠라 쁘레젱치

• 지금 포장해 드리겠습니다.
▶ Vou embrulhar agora.
보우 잉브룰랴르 아고라

• 그 인형을 포장해서 한국으로 보내줄 수 있습니까?

▶ **Poderia embrulhar esta boneca e mandar para a Coreia?**
뽀데리아 잉브룰랴르 에스따 보네까 이 망다르 빠라 아 꼬레이아

Tem como empacotar a boneca e enviar para a Coreia?
뗑 꼬무 잉빠꼬따르 아 보네까 이 엥비아르 빠라 아 꼬레이아

• 이 주소로 부쳐 주세요.

▶ **Mande para este endereço, por favor.**
망지 빠라 에스치 잉데레쑤 뽀르 파보르

Poderia enviar para este endereço?
뽀데리아 엥비아르 빠라 에스치 잉데레쑤

• 선물을 포장해서 부쳐드리겠습니다.

▶ **Enviaremos o presente depois de empacotá-lo.**
엥비아레무스 우 쁘레젱치 데뽀이스 지 잉빠꼬딸루

• 제가 산 것을 모두 함께 싸 주세요.

▶ **Por favor, coloque tudo o que comprei no mesmo pacote.**
뽀르 파보르 꼴로끼 뚜두 우 끼 꽁쁘레이 누 메즈무 빠꼬치

Coloque todas as minhas compras na mesma sacola.
꼴로끼 또다즈 아스 밍야스 꽁쁘라스 나 메즈마 싸꼴라

배달과 배송을 부탁할 때

• 이 옷들을 저희 집으로 배송해 줄 수 있어요?

▶ **Poderia mandar as roupas que comprei até a minha casa?**
뽀데리아 망다르 아스 호우빠스 끼 꽁쁘레이 아떼 아 밍야 까자

Poderia mandar estas roupas para a minha casa?
뽀데리아 망다르 에스따스 호우빠스 빠라 아 밍야 까자

• 플라자 호텔로 배달해 줄 수 있어요?

▶ **Poderia entregar para o hotel Plaza, por favor.**
뽀데리아 잉뜨레가르 빠라 우 오떼우 쁠라자 뽀르 파보르

• 내일까지 제게 배달해 주세요.

▶ **Pode me entregar até amanhã?**
뽀지 미 잉뜨레가르 아떼 아망양

Me mande até amanhã.
미 망지　아떼 아망양

• 선편으로 배송 부탁합니다.

▶ Poderia me mandar o pacote via transporte marítimo?
뽀데리아 미 망다르　우 빠꼬치　비아 뜨랑스뽀르치 마리치무

Pode me mandar o pacote via navio, por favor?
뽀지 미 망다르　우 빠꼬치　비아 나비우 뽀르 파보르

• 항공편으로 배송 부탁합니다.

▶ Poderia me mandar o pacote via transporte aéreo?
뽀데리아 미 망다르　우 빠꼬치　비아 뜨랑스뽀르치 아에리우

Pode me mandar o pacote via avião, por favor?
뽀지 미 망다르　우 빠꼬치　비아 아비어웅 뽀르 파보르

• 이 양식 좀 작성해 주시겠습니까?

▶ Poderia preencher este formulário?
뽀데리아 쁘리엥셰르　에스치 포르물라리우

교환 · 반품 · 환불을 원할 때

• 어제 여기에서 이 TV를 샀는데, TV가 안 나옵니다.

▶ Comprei esta TV aqui ontem, mas ela não está
꽁쁘레이　에스따 떼베 아끼 옹뗑　마즈 엘라 너웅 이스따
funcionando.
풍씨오낭두

• 핸드폰이 작동하지 않습니다.

▶ O celular não está funcionando.
우 쎌룰라르 너웅　이스따 풍씨오낭두

• 이것은 파손되어 있습니다.

▶ Esse aqui está com defeito.
에씨　아끼　이스따 꽁　데페이뚜

• 이것은 고장입니다.

▶ Esse aqui está quebrado.
에씨　아끼　이스따 께브라두

- 이것을 다른 걸로 교환할 수 있나요?

  ▶ **Posso trocar este por outro?**
  뽀쑤　뜨로까르 에스치 뽀르 오우뜨루

  Posso trocar esta por uma nova?
  뽀쑤　뜨로까르 에스따 뽀르 우마 노바

- 교환이나 환불해 줍니까?

  ▶ **Vocês fazem troca ou devolução?**
  보쎄스　파젱　뜨로까 오우 데볼루써웅

- 환불하고 싶습니다.

  ▶ **Quero fazer uma devolução.**
  께루　파제르 우마　데볼루써웅

면세품을 구입할 때

- 근처에 면세점이 있습니까?

  ▶ **Será que tem uma loja Duty Free por aqui?**
  쎄라 끼 뗌　우마　로쟈 두치　프리 뽀르 아끼

- 어디에 면세점이 있습니까?

  ▶ **Onde fica a loja Duty Free?**
  옹지　피까 아 로쟈 두치　프리

- 어느 제품을 찾으십니까?

  ▶ **Que produto está procurando?**
  끼　쁘로두뚜　이스따 쁘로꾸랑두

- 까샤싸 한 병 주세요.

  ▶ **Me dê uma garrafa de cachaça.**
  미　데 우마　가하파　지 까샤싸

  Gostaria de uma garrafa de cachaça.
  고스따리아 지 우마　가하파　지 까샤싸

- 탑승권을 보여 주시겠습니까?

  ▶ **Poderia me mostrar o seu cartão de embarque?**
  뽀데리아 미　모스뜨라르 우 쎄우 까르떠웅 지 잉바르끼

- 면세 술은 몇 병 살 수 있습니까?

▶ **Quantas garrafas de bebida alcoólica posso comprar**
꽝따스　　가하파스　지　베비다　아우꼬올리까 뽀쑤　꽁쁘라르

no Duty Free shop?
누 두치　프리　쇼삐

- 몇 갑의 면세 담배를 살 수 있습니까?

▶ **Quantos maços de cigarro posso comprar no Duty**
꽝뚜스　　마쑤스　지　씨가후　　뽀쑤　꽁쁘라르　누 두치

Free shop?
프리　쇼삐

- 1인당 담배 20갑을 가져가는 게 허용됩니다.

▶ **É permitido levar 20 maços de cigarro por pessoa.**
에 뻬르미치두　레바르 빙치 마쑤스 지 씨가후　　뽀르 뻬쏘아

- 이 볼펜들을 보여주세요.

▶ **Poderia me mostrar estas canetas?**
뽀데리아 미　모스뜨라르 에스따스 까네따스

Posso ver essas canetas, por favor?
뽀쑤　　베르 에싸스 까네따스　뽀르 파보르

- 여기에 써 봐도 됩니까?

▶ **Posso escrever aqui?**
뽀쑤　　이스끄레베르 아끼

Posso testar a caneta?
뽀쑤　　떼스따르 아 까네따

- 매우 잘 써지네요.

▶ **A caneta escreve muito bem.**
아 까네따　이스끄레비 무이뚜 벵

- 펜 한 다스에 얼마입니까?

▶ **Quanto custa uma dúzia de canetas?**
꽝뚜　　꾸스따 우마　두지아 지 까네따스

■ 면세품

• 술	bebida alcoólica 베비다　아우꼬올리까	
• 위스키	uísque 위스끼	
• 꼬냑	conhaque 꽁야끼	
• 담배	cigarro 씨가후	
• 시계	relógio 헬로쥐우	
• 귀걸이	brinco 브링꾸	
• 목걸이	colar 꼴라르	
• 디지털카메라	câmera digital 까메라　지쥐따우	
• 보석	pedra preciosa 뻬드라　쁘레씨오자	
• 진주	pérola 뻬롤라	
• 향수	perfume 뻬르푸미	
• 콤팩트	pó de maquiagem 뽀 지　마끼아젱	
• 립스틱	batom 바똥	
• 초콜릿	chocolate 쇼꼴라치	

• 볼펜   caneta
까네따

• 만년필   caneta-tinteiro
까네다　칭떼이루

매장의 개장, 폐장시간을 물을 때

• 몇 시에 매장을 엽니까?

▶ A que horas abre a loja?
아 끼　오라스 아브리 아 로쟈

• 매장은 몇 시부터 열려있습니까?

▶ A partir de que horas a loja está aberta?
아 빠르치르 지 끼　오라스 아 로쟈 이스따 아베르따

• 영업시간은 어떻게 됩니까?

▶ Qual é o horário de funcionamento da loja?
꽈우　에 우 오라리우 지 풍씨오나멩뚜　　다 로쟈

• 몇 시에 문을 닫습니까?

▶ A que horas fecha a loja?
아 끼　오라스 페샤　아 로쟈

• 몇 시까지 문을 엽니까?

▶ Até que horas a loja fica aberta?
아떼 끼　오라스 아 로쟈 피까 아베르따

• 오전 8시에 문을 엽니다.

▶ Abrimos às 8 da manhã.
아브리무스 아즈 오이뚜 다 망양

• 오후 6시에 문을 닫습니다.

▶ Fechamos às 6 da tarde.
페샤무스　　아스 쎄이스 다 따르지

- 토요일에도 문을 엽니까?

▶ **A loja também abre aos sábados?**
아 로쟈 땅벵　　아브리 아우스 싸바두스

Será que a loja fica aberta aos sábados?
쎄라　끼　아 로쟈 피까 아베르따 아우스 싸바두스

귀국편을 예약할 때

• 인천까지 표 두 장이요.

▶ **Quero duas passagens para Incheon.**
께루　두아스 빠싸젱스　빠라 인천

Gostaria de duas passagens com destino a Incheon.
고스따리아 지 두아스 빠싸젱스　꽁　데스치누 아 인천

• 복도 쪽 좌석을 부탁합니다.

▶ **Quero um assento do lado do corredor.**
께루　웅 아쎈뚜　두 라두 두 꼬헤도르
Gostaria de sentar no corredor.
고스따리아 지 쎈따르　누 꼬헤도르

• 창가 쪽 좌석을 부탁합니다.

▶ **Quero um assento do lado da janela.**
께루　웅 아쎈뚜　두 라두 다 쟈넬라
Gostaria de sentar na janela.
고스따리아 지 쎈따르　나 쟈넬라

• 지금 탑승할 수 있도록 인천행 가장 빠른 항공편을 예약해 주십시오.

▶ **Gostaria de reservar o voo mais próximo com destino**
고스따리아 지 헤제르바르 우 보우 마이스 쁘로씨무　꽁　데스치누
a Incheon para embarcar agora.
아 인천　빠라 잉바르까르 아고라

• 저는 이 항공편으로 예매하겠습니다.

▶ **Vou fazer a reserva para este voo.**
보우 파제르 아 헤제르바 빠라 에스치 보우

- 항공편 예약을 다시 확인하고 싶습니다.

  ▶ Gostaria de confirmar mais uma vez a reserva no avião.
  고스따리아 지 꽁피르마르 마이즈 우마 베스 아 헤제르바 누 아비어웅

  Será que eu posso confirmar a minha reserva
  쎄라 끼 에우 뽀쑤 꽁피르마르 아 밍야 헤제르바

  novamente?
  노바멩치

- 8월 28일에 떠나는 TAM 3337편입니다.

  ▶ A sua viagem será no dia 28 de agosto no voo da
  아 쑤아 비아젱 쎄라 누 지아 빙치 이 오이뚜 지 아고스뚜 누 보우 다

  TAM 3337.
  땅 뜨레스 뜨레스 뜨레스 쎄치

항공편을 변경하거나 취소할 때

- 이 비행기는 정시에 이륙합니까?

  ▶ Será que este avião vai decolar exatamente no horário
  쎄라 끼 에스치 아비어웅 바이 데꼴라르 이자따멩치 누 오라리우

  previsto?
  쁘레비스뚜

- 얼마나 지연됩니까?

  ▶ Quanto tempo vai atrasar?
  꽝뚜   뗑뿌   바이 아뜨라자르

- 다른 항공편을 알아봐 주시겠습니까?.

  ▶ Poderia ver algum outro voo?
  뽀데리아 베르 아우궁 오우뜨루 보우

  Será que você pode verificar algum outro voo?
  쎄라 끼 보세 뽀지 베리피까르 아우궁 오우뜨루 보우

- 제 예약을 변경하고 싶습니다.

  ▶ Gostaria de fazer uma alteração na minha reserva.
  고스따리아 지 파제르 우마 아우떼라써웅 나 밍야   헤제르바

Queria alterar a minha reserva.
께리아　아우떼라르 아 밍야 헤제르바

- 제 예약을 취소해 주십시오.
  ▶ Gostaria de cancelar a minha reserva, por favor.
  고스따리아 지 깡쎌라르　아 밍야　헤제르바　뽀르 파보르

공항에서

- 이 공항에서 쇼핑을 할 수 있습니까?
  ▶ Será que eu posso fazer compras no aeroporto?
  쎄라 끼　에우 뽀쑤　파제르 꽁쁘라스　누 아에로뽀르뚜
  Tem como fazer compras no aeroporto?
  뗑　꼬무　파제르 꽁쁘라스　누 아에로뽀르뚜

- 이 공항에서 얼마나 체류하게 됩니까?
  ▶ Quanto tempo vou ficar neste aeroporto?
  꽝뚜　　뗑뿌　보우 피까르 네스치 아에로뽀르뚜

- 몇 시부터 탑승입니까?
  ▶ A partir de que horas é o embarque?
  아 빠르치르 지 끼　오라즈　에 우 잉바르끼

- 몇 번 게이트입니까?
  ▶ Qual é o número do portão?
  꽈우　에 우 누메루　두 뽀르떠웅

- 17번 게이트는 어디에 있습니까?
  ▶ Onde fica o portão 17?
  옹지　피까 우 뽀르떠웅 지제쎄치

탑승수속을 할 때

- 이 양식을 기재하는 방법을 가르쳐 주세요.
  ▶ Poderia me explicar como preencher este formulário?
  뽀데리아 미　이스쁠리까르 꼬무 쁘리엥셰르　에스치 포르물라리우

- 이 짐을 붙이고 싶습니다.

  ▶ Quero despachar esta bagagem.
  께루　지스빠샤르　에스따 바가젱

- 짐은 모두 3개입니다.

  ▶ No total são 3 bagagens.
  누　또따우 써웅 뜨레스 바가젱스

- 초과 요금이 얼마입니까?

  ▶ Quanto é o valor do excesso de peso?
  꽝뚜　에 우 발로르 두 에쎄쑤　지 뻬주

  Quanto é o valor da multa por excesso de peso?
  꽝뚜　에 우 발로르 다 무우따 뽀르 에쎄쑤　지 뻬주

비행기 안에서

- 미안합니다만, 잠깐 지나가겠습니다.

  ▶ Desculpa, vou passar rapidinho aqui.
  지스꾸우빠 보우　빠싸르　하삐징유　아끼

  Desculpa, posso passar rapidinho?
  지스꾸우빠　뽀쑤　빠싸르　하삐징유

- 물 한 잔 주세요.

  ▶ Gostaria de um copo de água.
  고스따리아 지 웅　꼬뿌　지 아과

  Poderia me dar um copo de água?
  뽀데리아 미　다르 웅　꼬뿌　지 아과

- 의자를 뒤로 조금 젖혀도 되겠습니까?

  ▶ Posso inclinar a cadeira um pouco para trás?
  뽀쑤　잉끌리나르 아 까데이라 웅 뽀우꾸　빠라 뜨라스

  Será que eu poderia inclinar o assento um pouco para
  쎄라 끼　에우 뽀데리아 잉끌리나르 우 아쎙뚜　웅　뽀우꾸　빠라
  trás?
  뜨라스

• 한국어 신문이 있습니까?

▶ **Tem jornal em coreano?**
떼 죠르나우 잉 꼬레아누

• 비행기에서 면세품을 판매합니까?

▶ **Vocês vendem produtos do Duty Free no avião?**
보쎄스 벵뎅 쁘로두뚜스 두 두치 프리 누 아비어웅

PART X
비즈니스 관련 표현

01 구인과 취직

• 이름?
> Nome?
노미

• 나이?
> Idade?
이다지

• 성별?
> Sexo?
쎅쑤

• 생년월일?
> Data de nascimento?
다따　지　나씨멩뚜

• 출생지?
> Local de nascimento?
로까우　지　나씨멩뚜

• 결혼 유무?
> Estado civil?
이스따두 씨비우

• 결혼 날짜?
> Data de casamento?
다따　지　까자멩뚜

- 주소?
  - ▶ Endereço?
    잉데레쑤

- 전화번호?
  - ▶ Número de telefone?
    누메루　지 뗄레포니
  - Número de contato?
    누메루　지 꽁따뚜

- 이메일?
  - ▶ E-mail?
    이메이우

- 직업?
  - ▶ Profissão?
    쁘로피써웅

- 소득수준?
  - ▶ Renda familiar?
    헹다　파밀리아르

- 최종학력?
  - ▶ Nível de escolaridade?
    니베우 지 이스꼴라리다지

- 종교?
  - ▶ Religião?
    헬리쥐어웅

- 인종?
  - ▶ Raça? / Grupo étnico?
    하싸 / 그루뿌 에치니꾸

일자리를 찾을 때

- 일자리를 찾으세요?
  - ▶ Está procurando trabalho?
    이스따 쁘로꾸랑두　뜨라발류

Está procurando emprego?
이스따 쁘로꾸랑두　잉쁘레구

• 일자리를 찾습니다.

▶ Estou procurando trabalho.
이스또우 쁘로꾸랑두　뜨라발류

Procuro emprego.
쁘로꾸루　잉쁘레구

• 요즘 일자리 구하기가 어렵다고 생각하십니까?

▶ Acha que está difícil arranjar emprego nesses dias?
아샤　끼　이스따 지피씨우 아항쟈르 잉쁘레구　네씨스　지아스

• 아르바이트 일자리 찾기가 쉽지 않아요.

▶ Não é fácil encontrar um bico (para trabalhar).
너웅　에 파씨우 잉꽁뜨라르 웅　비꾸 (빠라　뜨라발랴르)

• 그는 드디어 그 회사에 일자리를 구했어.

▶ Ele finalmente conseguiu um emprego naquela empresa.
엘리 피나우멩치　꽁쎄기우　웅　잉쁘레구　나껠라　잉쁘레자

• 그가 이 일자리를 얻게 될 가능성은 충분히 있어.

▶ Ele tem grande possibilidade de conseguir esse emprego.
엘리 뗑　그랑지　뽀씨빌리다지　지 꽁쎄기르　에씨 잉쁘레구

• 그는 취직면접을 준비했어.

▶ Ele se preparou para a entrevista de emprego.
엘리 씨 쁘레빠로우 빠라　아 잉뜨레비스따 지 잉쁘레구

• 제게 추천서를 써주실 수 있습니까?

▶ Poderia escrever uma carta de recomendação para mim?
뽀데리아　이스끄레베르 우마 까르따 지 헤꼬멩다써웅　　빠라 밍

• 나는 일자리를 잃었어요.

▶ Perdi o meu trabalho.
뻬르지 우 메우　뜨라발류

Fiquei sem emprego.
피께이 쎙　잉쁘레구

• 어슬렁거리지 말고 일자리를 구하도록 힘써라.

▶ Deixa de vagabundear e se esforça para conseguir um
데이샤 지 바가붕지아르 이 씨 이스포르싸 빠라 꽁쎄기르 웅

emprego.
잉쁘레구

Para de perder tempo e concentra os seus esforços para
빠라 지 뻬르데르 뗌뿌 이 꽁쎙뜨라 우스 쎄우즈 이스포르쑤스 빠라

arranjar um trabalho.
아항쟈르 웅 뜨라발류

• 취직만 되면 좋겠습니다.

▶ Tudo o que mais quero é arranjar um emprego.
뚜두 우 끼 마이스 께루 에 아항쟈르 웅 잉쁘레구

A única coisa que desejo é conseguir um trabalho.
아 우니까 꼬이자 끼 데제쥬 에 꽁쎄기르 웅 뜨라발류

• 올해부터는 일을 할 겁니다.

▶ Vou começar a trabalhar a partir deste ano.
보우 꼬메싸르 아 뜨라발랴르 아 빠르치르 데스치 아누

Vou arranjar um emprego a partir deste ano.
보우 아항쟈르 웅 잉쁘레구 아 빠르치르 데스치 아누

면접에 응할 때

• 귀사에 일자리가 있습니까?

▶ Será que tem alguma vaga na sua empresa?
쎄라 끼 뗑 아우구마 바가 나 쑤아 잉쁘레자

• 귀사에 지원하고 싶은데요.

▶ Gostaria de me candidatar para a vaga da sua empresa.
고스따리아 지 미 깡지다따르 빠라 아 바가 다 쑤아 잉쁘레자

• 우리 회사를 어떻게 아셨습니까?

▶ Como ficou sabendo da nossa empresa?
꼬무 피꼬우 싸벵두 다 노싸 잉쁘레자

- 전단지에서 구인광고를 보았습니다.
  - ▶ Vi o anúncio de vaga para trabalho num folheto.
    비 우 아눙씨우 지 바가 빠라 뜨라발류 눙 폴레뚜

- 내일 면접 보러 오실 수 있습니까?
  - ▶ Poderia vir amanhã para uma entrevista?
    뽀데리아 비르 아망양 빠라 우마 잉뜨레비스따

- 어떻게 하면 제가 면접을 볼 수 있습니까?
  - ▶ O que devo fazer para conseguir uma entrevista?
    우 끼 데부 파제르 빠라 꽁쎄기르 우마 잉뜨레비스따

- 저희에게 이력서를 보내세요.
  - ▶ Mande-nos o seu currículo, por favor.
    망지 노스 우 쎄우 꾸히꿀루 뽀르 파보르
  - Envie-nos o seu currículo, por favor.
    엥비이 노스 우 쎄우 꾸히꿀루 뽀르 파보르

- 당신의 이력서를 보내 주시겠습니까?
  - ▶ Poderia nos mandar o seu currículo?
    뽀데리아 노스 망다르 우 쎄우 꾸히꿀루
  - Poderia mandar seu CV(curriculum vitae)?
    뽀데리아 망다르 쎄우 쎄베 (꾸히꿀룽 비따이)

- 포르투갈어로 된 이력서를 접수 받습니까?
  - ▶ Vocês aceitam currículo em português?
    보쎄스 아쎄이땅 꾸히꿀루 잉 뽀르뚜게스

- 오늘 면접하러 오실 수 있습니까?
  - ▶ Poderia vir fazer a entrevista hoje?
    뽀데리아 비르 파제르 아 잉뜨레비스따 오쥐

- 어떻게 지원하면 되지요?
  - ▶ Como posso me candidatar?
    꼬무 뽀쑤 미 깡지다따르

- 면접 날짜와 시간이 정해졌나요?
  - ▶ Será que as datas e os horários da entrevista são definidos?
    쎄라 끼 아스 다따즈 이 우즈 오라리우스 다 잉뜨레비스따 써웅 데피니두스

Será que os dias e horários da entrevista são fixos?
쎄라 끼 우스 지아즈 이 오라리우스 다 잉뜨레비스따 써웅 픽쑤스

• 지금 긴장되니?

▶ Está nervoso / a?
이스따 네르보주/ 자

• 면접 때문에 아주 초조해.

▶ Estou muito nervoso / a por causa da entrevista.
이스또우 무이뚜 네르보주/ 자 뽀르 까우자 다 잉뜨레비스따
Estou muito ancioso / a por causa da entrevista.
이스또우 무이뚜 앙씨오주/ 자 뽀르 까우자 다 잉뜨레비스따

• 언제 면접 결과가 나옵니까?

▶ Quando vai sair o resultado da entrevista?
꽝두 바이 싸이르 우 헤주우따두 다 잉뜨레비스따

• 언제쯤 면접 결과를 알 수 있을까요?

▶ Quando posso saber o resultado da entrevista?
꽝두 뽀쑤 싸베르 우 헤주우따두 다 잉뜨레비스따

• 저는 이것이 면접이라고 생각했습니다.

▶ Pensei que isso fosse uma entrevista.
뻰쎄이 끼 이쑤 포씨 우마 잉뜨레비스따

• 오늘 면접이 있었어.

▶ Tive uma entrevista hoje.
치비 우마 잉뜨레비스따 오쥐

면접을 할 때

• 어느 대학에서 공부했습니까?

▶ Em que universidade você andou?
잉 끼 우니베르씨다지 보쎄 앙도우
Você estudou em que universidade?
보쎄 이스뚜도우 잉 끼 우니베르씨다지

• 당신은 대학에서의 전공이 무엇입니까?

▶ **Qual é a sua formação acadêmica?**
꽈우 에 아 쑤아 포르마써웅 아까데미까

Em que curso você se formou?
잉 끼 꾸르쑤 보쎄 씨 포르모우

• 대학 때 성적은 어떻죠?

▶ **Como estão as suas notas na universidade?**
꼬무 이스떠웅 아스 쑤아스 노따스 나 우니베르씨다지

• 최종학력은 어떻게 되죠?

▶ **Qual é o seu nível de escolaridade?**
꽈우 에 우 쎄우 니베우 지 이스꼴라리다지

• 왜 우리 회사에 지원했나요?

▶ **Por que se candidatou à vaga da nossa empresa?**
뽀르 끼 씨 깡지다또우 아 바가 다 노싸 잉쁘레자

Por que se inscreveu para a vaga da nossa empresa?
뽀르 끼 씨 잉스끄레베우 빠라 아 바가 다 노싸 잉쁘레자

Por que você quer entrar na nossa empresa?
뽀르 끼 보쎄 께르 엥뜨라르 나 노싸 잉쁘레자

• 왜 이 일에 관심이 있으시죠?

▶ **Por que tem interesse neste trabalho?**
뽀르 끼 뗑 잉떼레씨 네스치 뜨라발류

• 이 일에서 가장 관심이 가는 것은 무엇이죠?

▶ **O que mais te interessa neste trabalho?**
우 끼 마이스 치 잉떼레싸 네스치 뜨라발류

• 어떤 외국회사에서 일을 했었나요?

▶ **Já trabalhou em alguma empresa estrangeira?**
쟈 뜨라발료우 잉 아우구마 잉쁘레자 이스뜨랑제이라

• 어떤 자격증을 가지고 계십니까?

▶ **Que tipo de certificados você tem?**
끼 치뿌 지 쎄르치피까두스 보쎄 뗑

- 어떤 자격들을 취득했습니까?
  - ▶ Quais qualificações você já adquiriu?
    꽈이스 꽐리피까쏭이스 보쎄 쟈 아지끼리우

- 어떤 경력을 가지고 계십니까?
  - ▶ Quais são as suas experiências de trabalho?
    꽈이스 써웅 아스 쑤아즈 이스뻬리엥씨아스 지 뜨라발류

- 어떤 전문적인 경험을 가지고 있습니까?
  - ▶ Tem alguma experiência profissional?
    뗑 아우구마 이스뻬리엥씨아 쁘로피씨오나우

- 이 직종에 경력이 좀 있으십니까?
  - ▶ Tem alguma experiência nessa área de trabalho?
    뗑 아우구마 이스뻬리엥씨아 네싸 아레아 지 뜨라발류

- 당신이 왜 이 일에 적임이라고 생각합니까?
  - ▶ Por que acha que está qualificado / a para este trabalho?
    뽀르 끼 아샤 끼 이스따 꽐리피까두/ 다 빠라 에스치 뜨라발류

- 행정 분야에서 어떤 경력이 있습니까?
  - ▶ Que experiências você tem na área de administração?
    끼 이스뻬리엥씨아스 보쎄 뗑 나 아레아 지 아지미니스뜨라써웅

- 아르바이트를 해봤나요?
  - ▶ Já fez algum bico?
    쟈 페즈 아우궁 비꾸

- 어떤 아르바이트를 했습니까?
  - ▶ Que tipo de bicos você já fez?
    끼 치뽀 지 비꾸스 보쎄 쟈 페스

- 전에 무슨 보직을 가졌었습니까?
  - ▶ Em que cargo trabalhou antes?
    잉 끼 까르구 뜨라발료우 앙치스

- 전 직장에 대해 제게 말해주실 수 있나요?
  - ▶ Você pode me contar sobre o seu emprego anterior?
    보쎄 뽀지 미 꽁따르 쏘브리 우 쎄우 잉쁘레구 앙떼리오르

Poderia me dar uma descrição geral do seu trabalho
뽀데리아 미 다르 우마 지스끄리써웅 제라우 두 쎄우 뜨라발류
anterior?
앙떼리오르

• 왜 전 직장에서 나오셨죠?

▶ Por que saiu do emprego anterior?
뽀르 끼 싸이우 두 잉쁘레구 앙떼리오르

• 왜 전 직장을 그만두셨죠?

▶ Por que deixou o seu cargo no trabalho anterior?
뽀르 끼 데이쇼우 우 쎄우 까르구 누 뜨라발류 앙떼리오르

• 저희 회사의 일원이 되기를 원하시나요?

▶ Gostaria de fazer parte da nossa empresa?
고스따리아 지 파제르 빠르치 다 노싸 잉쁘레자

• 어떤 일을 하고 싶나요?

▶ Que tipo de trabalho você gostaria de fazer?
끼 치뿌 지 뜨라발류 보쎄 고스따리아 지 파제르

• 언제부터 일을 시작할 수 있습니까?

▶ A partir de quando você pode começar a trabalhar?
아 빠르치르 지 꽝두 보쎄 뽀지 꼬메싸르 아 뜨라발랴르

• 당신의 장점은 무엇입니까?

▶ Quais são os seus pontos positivos?
꽈이스 써웅 우스 쎄우스 뽕뚜스 뽀지치부스

• 어떤 일이 자신에게 맞는다고 생각하십니까?

▶ Que tipo de trabalho acha que combina com você?
끼 치뿌 지 뜨라발류 아샤 끼 꽁비나 꽁 보쎄

• 정규직을 원하십니까? 아니면 계약직을 원하십니까?

▶ Deseja um emprego permanente ou temporário?
데제쟈 웅 잉쁘레구 뻬르마넹치 오우 뗌뽀라리우

Está procurando trabalho permanente ou temporário?
이스따 쁘로꾸랑두 뜨라발류 뻬르마넹치 오우 뗌뽀라리우

• 1주일에 며칠 일할 수 있습니까?

▶ **Quantos dias pode trabalhar por semana?**
꽝뚜스 지아스 뽀지 뜨라발랴르 뽀르 쎄마나

• 얼마의 급여를 받고 싶으십니까?

▶ **Qual salário você gostaria de receber?**
꽈우 쌀라리우 보쎄 고스따리아 지 헤쎄베르

• 희망하는 급여는 어느 정도입니까?

▶ **Qual é o salário que espera receber?**
꽈우 에 우 쌀라리우 끼 이스뻬라 헤쎄베르

• 그럼, 근무 조건을 설명 드리겠습니다.

▶ **Bem, vou te explicar as condições de trabalho.**
벵 보우 치 이스쁠리까르 아스 꽁지쏭이스 지 뜨라발류

• 연락드리겠습니다.

▶ **Nós te chamaremos.**
노스 치 샤마레무스
Nós ligaremos.
노스 리가레무스

면접을 받을 때

• 취업비자 없이도 일할 수 있습니까?

▶ **Será que posso trabalhar sem visto de trabalho?**
쎄라 끼 뽀쑤 뜨라발랴르 쎙 비스뚜 지 뜨라발류

• 하루에 몇 시간 일합니까?

▶ **Quantas horas trabalha por dia?**
꽝따즈 오라스 뜨라발랴 뽀르 지아

• 1주일에 몇 시간 일해야만 합니까?

▶ **Quantas horas devo trabalhar por semana?**
꽝따즈 오라스 데부 뜨라발랴르 뽀르 쎄마나

• 초과근무를 해야만 하나요?

▶ Será que tenho que fazer horas extras?
쎄라 끼 뗑유 끼 파제르 오라즈 에스뜨라스

• 초과근무 수당은 있습니까?

▶ Será que as horas extras são remuneradas?
쎄라 끼 아즈 오라즈 에스뜨라스 써웅 헤무네라다스

Vocês pagam as horas extras?
보쎄스 빠강 아즈 오라즈 에스뜨라스

• 고정 급여가 있죠?

▶ Vocês tem salário fixo?
보쎄스 뗑 쌀라리우 픽쑤

• 월급은 얼마나 됩니까?

▶ Quanto é o salário mensal?
꽝뚜 에 우 쌀라리우 멩싸우

• 유급휴가가 있습니까?

▶ Será que vocês dão férias remuneradas?
쎄라 끼 보쎄스 더웅 페리아스 헤무네라다스

• 직원 복지제도가 있습니까?

▶ Vocês tem algum sistema de bem estar social para os
보쎄스 뗑 아우궁 씨스떼마 지 벵 이스따르 쏘씨아우 빠라 우스
trabalhadores?
뜨라발랴도리스

• 여기 정년은 몇 살까지 입니까?

▶ Qual é a idade para se aposentar aqui?
꽈우 에 아 이다지 빠라 씨 아뽀젱따르 아끼

A partir de que idade vocês se aposentam aqui?
아 빠르치르 지 끼 이다지 보쎄스 씨 아뽀젱땅 아끼

• 귀하의 지원에 깊이 감사드립니다.

▶ Agradecemos por se candidatar à nossa empresa.
아그라데쎄무스 뽀르 씨 깡지다따르 아 노싸 잉쁘레자

- 회사를 위해서라면 무엇이든 하겠습니다.

  ▶ **Farei qualquer coisa pela empresa.**
  파레이 꽈우께르   꼬이자 뻴라   잉쁘레자

  Posso fazer qualquer coisa pela empresa.
  뽀쑤   파제르 꽈우께르   꼬이자 뻴라 잉쁘레자

취직을 했을 때

- 저는 1년간 취업 교육을 받았습니다.

  ▶ **Fiz um treinamento de experiência de trabalho por**
  피즈 웅   뜨레이나멩뚜   지 이스뻬리엥씨아 지 뜨라발류   뽀르
  um ano.
  웅   아누

- 그는 즉석에서 그 회사에 취직되었어.

  ▶ **Ele conseguiu o emprego de imediato naquela empresa.**
  엘리 꽁쎄기우   우 잉쁘레구   지 이메지아뚜 나껠라   잉쁘레자

- 그는 연줄로 취직했습니다.

  ▶ **Ele conseguiu o emprego por influência de alguém.**
  엘리 꽁쎄기우   우 잉쁘레구   뽀르 잉플루엥씨아 지 아우겡

- 비서로 취직했어요.

  ▶ **Consegui um emprego de secretário / a.**
  꽁쎄기   웅 잉쁘레구   지 쎄끄레따리우/ 아

  Consegui uma vaga como secretário / a.
  꽁쎄기   우마 바가 꼬무   쎄끄레따리우/ 아

- 저는 취직하지 못할 수도 있습니다.

  ▶ **Talvez não consiga um emprego.**
  따우베스 너웅 꽁씨가   웅   잉쁘레구

  Pode ser que não consiga um trabalho.
  뽀지 쎄르 끼 너웅 꽁씨가   웅   뜨라발류

- 보험 서류를 작성하겠습니다.

  ▶ **Vou preencher o formulário do seguro.**
  보우 쁘리엥셰르   우 포르물라리우 두 쎄구루

02 사무실

- 제 업무를 맡아 주실 수 있겠어요?
  - ▶ Será que você pode cuidar do meu trabalho?
    쎄라 끼 보쎄 뽀지 꾸이다르 두 메우 뜨라발류

- 당신이 해야 할 일이 좀 있어요.
  - ▶ Você tem um pouco de trabalho a fazer.
    보쎄 뗑 웅 뽀우꾸 지 뜨라발류 아 파제르

- 지금 무슨 일을 하고 계세요?
  - ▶ O que está fazendo agora?
    우 끼 이스따 파젱두 아고라

- 오늘은 아주 바빠요.
  - ▶ Estou muito ocupado / a hoje.
    이스또우 무이뚜 오꾸바두/ 다 오쥐

- 밀린 일이 많아요.
  - ▶ Tenho um monte de trabalhos acumulados.
    뗑유 웅 몽치 지 뜨라발류스 아꾸물라두스

- 너무 바빠서 그걸 할 시간이 없어요.
  - ▶ Não tenho tempo para fazer isso porque estou muito
    너웅 뗑유 뗑뿌 빠라 파제르 이쑤 뽀르끼 이스또우 무이뚜
    ocupado / a.
    오꾸빠두/ 다

- 할 일이 많아요.
  - ▶ Tenho muita coisa para fazer.
    뗑유 무이따 꼬이자 빠라 파제르

- 왜 그렇게 일이 밀렸습니까?
  - ▶ Por que você tem tanto trabalho acumulado?
    뽀르 끼 보쎄 뗑 땅뚜 뜨라발류 아꾸물라두

- 그에게 업무를 맡깁시다.
  - ▶ Vamos encarregá-lo do trabalho.
    바무스 잉까헤갈루 두 뜨라발류

업무를 시작할 때

- 시작합시다.
  - ▶ Vamos começar.
    바무스 꼬메싸르

- 무엇을 먼저 해야 하나요?
  - ▶ O que devo fazer em primeiro lugar?
    우 끼 데부 파제르 잉 쁘리메이루 루가르

- 금방 할게요.
  - ▶ Farei logo.
    파레이 로구
  - Vou fazer rapidinho.
    보우 파제르 하삐징유

- 처음부터 다시 합시다.
  - ▶ Vamos recomeçar tudo de novo.
    바무스 헤꼬메싸르 뚜두 지 노부

- 어디서부터 시작해야 할지 모르겠어요.
  - ▶ Não sei por onde começar.
    너웅 쎄이 뽀르 옹지 꼬메싸르

- 이걸 어떻게 시작해야 할지 모르겠어요.
  - ▶ Não sei como começar isso.
    너웅 쎄이 꼬무 꼬메싸르 이쑤

- 그 건은 어떻게 되고 있나요?

  ▶ Como está a situação daquele assunto?
  꼬무　　이스따 아 씨뚜아써웅 다껠리　아쑹뚜

- 끝나려면 얼마나 걸릴까요?

  ▶ Quanto tempo vai demorar para terminar?
  꽝뚜　　떼뿌　바이 데모라르　빠라 떼르미나르

- 그건 이미 끝냈어요.

  ▶ Já terminei isso.
  쟈 떼르미네이 이쑤

- 아직 반도 못 끝냈어요.

  ▶ Ainda não terminei nem a metade.
  아잉다　너웅 떼르미네이 넹　　아 메따지

- 일을 아직 못 끝냈어요.

  ▶ Ainda não terminei o trabalho.
  아잉다　너웅 떼르미네이 우 뜨라발류

- 그 일을 어서 끝냅시다.

  ▶ Vamos terminar logo esse trabalho.
  바무스　떼르미나르 로구　에씨　뜨라발류

- 만기일까지 끝내야 해요.

  ▶ Temos que terminar até a data de vencimento.
  떼무스　끼 떼르미나르 아떼 아 다따 지 벵씨멩뚜

- 내일까지 이 보고서를 끝내세요.

  ▶ Termine este relatório até amanhã.
  떼르미니　에스치 헬라또리우 아떼 아망양

- 마감일이 얼마 남지 않았어요.

  ▶ Falta pouco para a data limite.
  파우따 뽀우꾸　빠라　아 다따 리미치

• 그 일은 당신이 맡으세요.
  ▶ Encarregue-se desse trabalho.
    잉까헤기   씨 데씨   뜨라발류

• 제가 잘 알아서 하겠습니다.
  ▶ Deixe eu cuidar bem disso.
    데이쉬 에우 꾸이다르 벵   지쑤

• 그 일은 제가 하겠습니다.
  ▶ Eu vou fazer esse trabalho.
    에우 보우 파제르 에씨 뜨라발류

• 잠깐 점심 먹고 일을 계속합시다.
  ▶ Vamos continuar a trabalhar após almoçarmos
    바무스   꽁치누아르   아 뜨라발랴르   아뽀즈 아우모싸르무스
    rapidinho.
    하삐징유

• 한숨 돌립시다.
  ▶ Vamos descansar um pouco.
    바무스   지스깡싸르 웅   뽀우꾸
    Vamos respirar um pouco.
    바무스   헤스삐라르 웅 뽀우꾸
    Vamos dar um tempinho.
    바무스   다르 웅   뗌삥유

• 드디어 끝냈어요.
  ▶ Finalmente terminei.
    피나우멩치   떼르미네이

• 이것 좀 제게 설명해 주시겠어요?
  ▶ Poderia me explicar (sobre) isso?
    뽀데리아   미   이스쁠리까르 (쏘브리) 이쑤

• 여기에 서명해 주십시오.
  ▶ Assine aqui, por favor.
    아씨니   아끼   뽀르 파보르

PART **X**
사무실

• 다음 할 일이 뭐죠?

▶ Qual é o próximo trabalho?
꽈우 에 우 쁘로씨무 뜨라발류

Qual é a próxima tarefa?
꽈우 에 아 쁘로씨마 따레파

팩스와 복사

• 이 서류를 팩스로 보내줄 수 있습니까?

▶ Poderia me enviar este documento por fax?
뽀데리아 미 엥비아르 에스치 도꾸멩뚜 뽀르 팍스

• 팩스가 깨끗하게 나왔습니까?

▶ O fax saiu visível?
우 팍스 싸이우 비지베우

• 전화를 팩스로 바꿔 주세요.

▶ Mude a função do telefone para o fax.
무지 아 풍써웅 두 뗄레포니 빠라 우 팍스

• 팩스를 받고 있는 중이에요.

▶ Estou recebendo o fax.
이스또우 헤쎄벵두 우 팍스

• 제게 다시 팩스를 보내 주시겠어요?

▶ Poderia me mandar o fax novamente?
뽀데리아 미 망다르 우 팍스 노바멩치

• 가능한 한 빨리 팩스를 보내 주시겠어요?

▶ Poderia me enviar o fax o mais rápido possível?
뽀데리아 미 엥비아르 우 팍스 우 마이스 하삐두 뽀씨베우

• 이거 복사 좀 해주실 수 있나요?

▶ Poderia tirar cópias disso?
뽀데리아 치라르 꼬삐아스 지쑤

Será que você pode tirar uma xerox disso?
쎄라 끼 보쎄 뽀지 치라르 우마 셰록스 지쑤

- 복사가 번졌어요.
  - ▶ A cópia / xerox borrou.
    아 꼬삐아 / 셰록스 보호우

- 복사가 흐리게 나왔군요.
  - ▶ A cópia / xerox saiu meio fraca.
    아 꼬삐아 / 셰록스 싸이우 메이우 프라까

- 종이가 복사기에 끼었어요.
  - ▶ O papel ficou preso na máquina de xerox.
    우 빠뻬우 피꼬우 쁘레주 나 마끼나   지 셰록스

- 이것 10부 복사해 주겠어요?
  - ▶ Poderia tirar 10 cópias disso?
    뽀데리아 치라르 데스 꼬삐아스 지쑤

- 이쪽 면 30장 복사해 주세요.
  - ▶ Faça 30 cópias desta parte, por favor.
    파싸   뜨링따 꼬삐아스 데스따 빠르치 뽀르 파보르

- 복사기를 독점하지 마세요.
  - ▶ Não fique usando sozinho a máquina de xerox.
    너웅 피끼   우장두   쏘징유   아 마끼나   지 셰록스

컴퓨터

- 이 자료를 컴퓨터에 입력해 주세요.
  - ▶ Poderia passar estes dados para o computador?
    뽀데리아 빠싸르   에스치스 다두스 빠라 우 꽁뿌따도르
    Será que você pode digitar este documento no
    쎄라 끼 보쎄 뽀지 지쥐따르 에스치 도꾸멩뚜   누
    computador?
    꽁뿌따도르

- 어떤 이름으로 파일을 저장했죠?
  - ▶ Com que nome você salvou o arquivo?
    꽁   끼   노미   보쎄   싸우보우 우 아르끼부

• 데이터가 다 없어졌어요.
▶ Os dados desapareceram.
우스 다두스 지자빠레쎄랑

• 제 컴퓨터는 고장이 났습니다.
▶ O meu computador quebrou.
우 메우 꽁뿌따도르 께브로우
O meu computador não está funcionando.
우 메우 꽁뿌따도르 너웅 이스따 풍씨오낭두

• 저는 컴퓨터를 어떻게 작동시키는지 몰라요.
▶ Não sei como ligar o computador.
너웅 쎄이 꼬무 리가르 우 꽁뿌따도르

• 컴퓨터에 대해서 잘 아세요?
▶ Conhece bem sobre computadores?
꽁예씨 벵 쏘브리 꽁뿌따도리스

• 제 컴퓨터가 CIH 바이러스에 감염됐어요.
▶ O meu computador foi contaminado pelo vírus CIH.
우 메우 꽁뿌따도르 포이 꽁따미나두 뻴루 비루스 쎄 이 아가

• 인터넷에 접속되어 있어요?
▶ Será que está conectado na internet?
쎄라 끼 이스따 꼬넥따두 나 잉떼르네치
Por acaso a internet está conectada?
뽀르 아까주 아 잉떼르네치 이스따 꼬넥따다

• 당신은 인터넷을 다룰 줄 압니까?
▶ Você sabe mexer na internet?
보쎄 싸비 메셰르 나 잉떼르네치

• 인터넷이 접속하는 데 시간이 많이 걸려요.
▶ A internet está demorando muito para conectar.
아 잉떼르네치 이스따 데모랑두 무이뚜 빠라 꼬넥따르

• 인터넷 접속하는 법을 가르쳐 줄래요?

▶ Poderia me ensinar como conectar a internet?
뽀데리아 미 엥씨나르 꼬무 꼬넥따르 아 잉떼르네치

• 이메일 주소가 어떻게 되세요?

▶ Qual é o endereço do seu e-mail?
꽈우 에 우 잉데레쑤 두 쎄우 이메이우

• 인터넷 하고 있어요.

▶ Estou (navegando) na internet.
이스또우 (나베강두) 나 잉떼르네치

• 제가 쓴 이메일을 교정해 주시겠습니까?

▶ Poderia corrigir a mensagem de e-mail que escrevi,
뽀데리아 꼬히쥐르 아 멩싸젱 지 이메이우 끼 이스끄레비
por favor?
뽀르 파보르

• 이메일 글씨가 깨졌어요.

▶ O texto da mensagem do e-mail aparece quebrado.
우 떼스뚜 다 멩싸젱 두 이메이우 아빠레씨 께브라두

As letras da mensagem do e-mail estão quebradas.
아스 레뜨라스 다 멩싸젱 두 이메이우 이스떠웅 께브라다스

• 최근에 보내 주신 이메일에 감사드립니다.

▶ Agradeço pela mensagem de e-mail que me enviou
아그라데쑤 뻴라 멩싸젱 지 이메이우 끼 미 엥비오우
recentemente.
헤쎙치멩치

Obrigado / a pelo e-mail que me mandou recentemente.
오브리가두/ 다 뻴루 이메이우 끼 미 망도우 헤쎙치멩치

03 회사 방문

방문객을 접수할 때

• 안녕하십니까, 선생님.
▶ **Bom dia, senhor.**
봉　　지아 씽요르

• 누구십니까?
▶ **Quem é você?**
껭　　에 보쎄

• 어느 회사에서 오셨습니까?
▶ **De que empresa você veio?**
지 끼　잉쁘레자　보쎄　베이우

• 무슨 용건이십니까?
▶ **O que deseja?**
우 끼　데제쟈

　Deseja alguma coisa?
데제쟈　아우구마　꼬이자

• 혹시 약속은 하셨습니까?
▶ **Por acaso, marcou um encontro?**
뽀르 아까주　마르꼬우 웅　잉꽁뜨루

　Será que você marcou uma visita?
쎄라 끼　보쎄　마르꼬우 우마　비지따

• 잠시 기다려 주십시오.
▶ **Aguarde um momento, por favor.**
아과르지　웅　모멩뚜　　뽀르 파보르

Espere um instante, por favor.
이스뻬리 웅 잉스땅치 뽀르 파보르

- 앉으세요.

▶ Sente-se, por favor.
쎙치 씨 뽀르 파보르

- 기다려 주셔서 감사합니다. 그분은 곧 나오실 겁니다.

▶ Obrigado / a por esperar. Ele já está vindo.
오브리가두/ 다 뽀르 이스뻬라르. 엘리 쟈 이스따 빙두

- 그분은 잠시 후 여기에 오실 겁니다.

▶ Ele vai vir aqui daqui a pouco.
엘리 바이 비르 아끼 다끼 아 뽀우꾸

- 네, 하파엘 님, 방문하실 거라는 연락을 받았습니다.

▶ Sim, senhor Rafael, recebi a ligação dizendo que viria
씽 씽요르 하파에우 헤쎄비 아 리가써웅 지젱두 끼 비리아
nos visitar.
노스 비지따르

- 그와 미리 약속을 하셨습니까?

▶ Já marcou um encontro com ele?
쟈 마르꼬우 웅 잉꽁뜨루 꽁 엘리

- 그분의 사무실로 안내해 드리겠습니다.

▶ Vou te acompanhar até a sala dele.
보우 치 아꽁빵야르 아떼 아 쌀라 델리
Vou acompanhá-lo / a até o escritório dele.
보우 아꽁빵얄루/ 라 아떼 우 이스끄리또리우 델리

- 이쪽으로 오십시오.

▶ Venha aqui, por favor.
벵야 아끼 뽀르 파보르
Por aqui, por favor.
뽀르 아끼 뽀르 파보르

- 죄송합니다만, 외출 중입니다.

▶ Desculpe, mas ele está ausente.
지스꾸우뻬 마즈 엘리 이스따 아우젱치

Desculpe, mas ele não se encontra.
지스꾸우삐 마즈 엘리 너웅 씨 잉꽁뜨라

• 10분 정도면 돌아오십니다.
▶ Ele vai voltar em 10 minutos.
엘리 바이 보우따르 잉 데스 미누뚜스

• 지금 중요한 회의 중입니다.
▶ Ele está no meio de uma reunião importante.
엘리 이스따 누 메이우 지 우마 헤우니어웅 잉뽀르땅치

• 바쁘시면 내일 다시 오겠습니다.
▶ Se estiver ocupado / a voltarei amanhã.
씨 이스치베르 오꾸빠두/ 다 보우따레이 아망양

거래처를 방문했을 때

• H사의 미스터 리 입니다.
▶ Sou o senhor Lee da empresa H.
쏘우 우 씽요르 리 다 잉쁘레자 아가

• 미스터 길례르미 있습니까?
▶ O senhor Guilherme se encontra?
우 씽요르 길례르미 씨 잉꽁뜨라

• 15시에 그분과 만나기로 약속이 되어 있습니다.
▶ Marquei um encontro com ele às 15 horas.
마르께이 웅 잉꽁뜨루 꽁 엘리 아스 낑지 오라스

• 수출부를 방문하고 싶습니다.
▶ Gostaria de visitar o departamento de exportação.
고스따리아 지 비지따르 우 데빠르따멩뚜 지 이스뽀르따써웅

• 수출부가 어디에 있습니까?
▶ Onde fica o departamento de exportação?
옹지 피까 우 데빠르따멩뚜 지 이스뽀르따써웅

- 책임자와 얘기 좀 할 수 있습니까?
  ▶ **Posso falar com o responsável?**
  뽀쑤　팔라르 꽁　우 헤스뽕싸베우

방문객과 인사를 나눌 때

- 처음 뵙겠습니다. 실바 씨.
  ▶ **Muito prazer em conhecê-lo, senhor Silva.**
  무이뚜 쁘라제르 잉　꽁예쎌루　씽요르　씨우바

- 한국에 잘 오셨습니다.
  ▶ **Bem-vindo à Coreia.**
  벵　빙두　아 꼬레이아

- 명함을 주시겠습니까?
  ▶ **Poderia me dar o seu cartão?**
  뽀데리아 미　다르 우 쎄우 까르떠웅

- 당신 이름을 발음해 주시겠습니까?
  ▶ **Poderia pronunciar o seu nome, por favor?**
  뽀데리아 쁘로눙씨아르　우 쎄우 노미　뽀르 파보르

- 이 전화번호로 저와 연락할 수 있습니다.
  ▶ **O senhor pode entrar em contato comigo por este número.**
  우 씽요르 뽀지　엥뜨라르 잉 꽁따뚜　꼬미구　뽀르 에스치 누메루

- 이건 직통 번호입니다.
  ▶ **Este número é uma linha direta.**
  에스치 누메루　에 우마 링야　지레따

회사를 안내할 때

- 저희 회사를 찾아주셔서 감사합니다.
  ▶ **Obrigado / a por visitar a nossa empresa.**
  오브리가두/　다 뽀르 비지따르 아 노싸　잉쁘레자

• 제가 안내해 드릴까요?
▶ **Quer que te acompanhe?**
께르 끼 치 아꼼빵이

• 제가 회의실로 모시겠습니다.
▶ **Vou levá-lo até a sala de reuniões.**
보우 레발루 아떼 아 쌀라 지 헤우니옹이스

• 이쪽으로 오십시오.
▶ **Venha por aqui.**
벵야 뽀르 아끼

• 화장실은 엘리베이터 옆에 있습니다.
▶ **O banheiro fica ao lado do elevador.**
우 방예이루 피까 아우 라두 두 엘레바도르

• 잠깐 쉬실래요?
▶ **Quer descansar um pouco?**
께르 지스깡싸르 웅 뽀우꾸

• 이곳이 저희 본사입니다.
▶ **Esta é a nossa sede principal.**
에스따 에 아 노싸 쎄지 쁘링씨빠우

회의

회의 준비

- 회의는 언제입니까?

  ▶ Quando será a reunião?
  꽝두   쎄라 아 헤우니어웅

- 몇 시에 회의 시작합니까?

  ▶ A que horas começa a reunião?
  아 끼   오라스 꼬메싸   아 헤우니어웅

- 몇 시로 회의가 잡혀 있습니까?

  ▶ Para que horas está marcada a reunião?
  빠라 끼   오라즈 이스따 마르까다 아 헤우니어웅

- 회의는 내일 오전 9시에 있습니다.

  ▶ Tem uma reunião amanhã às 9h da manhã.
  뗑   우마   헤우니어웅 아망양   아스 노비 다 망양

- 오후 2시의 회의가 오전 11시로 앞당겨졌습니다.

  ▶ A reunião das 2 da tarde foi adiantada para as 11 da
  아 헤우니어웅 다스 두아스 따 따르지 포이 아지앙따다 빠라 아즈 옹지 다
  manhã.
  망양

- 우린 이 일을 마치고 바로 회의가 있습니다.

  ▶ Temos uma reunião logo depois de terminar este
  떼무스   우마   헤우니어웅 로구   데뽀이스 지 떼르미나르 에스치
  trabalho.
  뜨라발류

• 회의에 늦지 말아 주십시오.
▶ Não se atrasem para a reunião.
너웅 씨 아뜨라젱 빠라 아 헤우니어웅

회의 진행

• 여기를 주목해 주시겠습니까?
▶ Poderia dar uma atenção aqui, por favor?
뽀데리아 다르 우마 아뗑써웅 아끼 뽀르 파보르
Prestem atenção, por favor.
쁘레스뗑 아뗑써웅 뽀르 파보르

• 지금부터 회의를 시작하겠습니다.
▶ A partir de agora vamos começar a reunião.
아 빠르치르 지 아고라 바무스 꼬메싸르 아 헤우니어웅

• 오늘의 주제로 들어갈까요?
▶ Vamos entrar no tema do dia?
바무즈 엥뜨라르 누 떼마 두 지아
Podemos entrar no assunto do dia?
뽀데무즈 엥뜨라르 누 아쑹뚜 두 지아

• 그럼, 그 계획에 관해 최종 검토를 시작하겠습니다.
▶ Então, vamos começar a revisão final desse plano.
잉떠웅 바무스 꼬메싸르 아 헤비저웅 피나우 데씨 쁠라누

• 박 선생님, 토의를 시작해도 될까요?
▶ Senhor Park, podemos começar o debate?
씽요르 빠르끼 뽀데무스 꼬메싸르 우 데바치

• 미스터 쎄자르, 당신 차례입니다.
▶ Senhor César, agora é a sua vez.
씽요르 쎄자르 아고라 에 아 쑤아 베스

• 본 의제로 들어가겠습니다.
▶ Vamos entrar no tema principal.
바무즈 엥뜨라르 누 떼마 쁘링씨빠우

Vamos ao assunto principal.
바무즈　아우 아쑹뚜　쁘링씨빠우

• 다음 주제로 넘어가겠습니다.

▶ Vamos passar para o próximo tema.
바무스　빠싸르　빠라　우 쁘로씨무　떼마

Vamos para o próximo assunto.
바무스　빠라　우 쁘로씨무　아쑹뚜

• 그의 설명에 대해 어떻게 생각하십니까?

▶ O que você acha da explicação dele?
우 끼　보쎄　아샤　다 이스쁠리까써웅 델리

• 이 문제에 대해 의문점이 있는 분 있습니까?

▶ Alguém tem alguma dúvida a este respeito?
아우겡　뗑　아우구마 두비다　아 에스치 헤스뻬이뚜

• 그것에 대해 투표를 합시다.

▶ Vamos fazer uma votação a respeito disso.
바무스　파제르 우마　보따써웅　아 헤스뻬이뚜 지쑤

• 이 일에 대한 최종 결정은 다수결로 정하겠습니다.

▶ A decisão final sobre o assunto, será realizada pela
아 데씨저웅　피나우 쏘브리 우 아쑹뚜　쎄라　헤알리자다　뻴라
maioria dos votos.
마이오리아 두스 보뚜스

• 찬성하시는 분은 손을 들어 주십시오.

▶ Levante a mão quem está de acordo.
레방치　아 머웅 껭　이스따 지 아꼬르두

• 나머지 문제는 다음 회의에서 논의하도록 합시다.

▶ Os assuntos restantes discutiremos na próxima reunião.
우즈 아쑹뚜스 헤스땅치스 지스꾸치레무스 나 쁘로씨마　헤우니어웅

• 내일 여기에서 계속합시다.

▶ Vamos continuar aqui amanhã.
바무스　꽁치누아르　아끼　아망양

• 회의가 끝났습니다.

▶ A reunião terminou.
아 헤우니어웅 떼르미노우

• 오늘은 그만 할까요?

▶ Que tal pararmos por aqui hoje?
끼　따우 빠라르무스 뽀르 아끼　오쥐

• 회의 결과가 어떻게 됐어요?

▶ Como saiu o resultado da reunião?
꼬무　싸이우 우 헤주우따두 다 헤우니어웅

PART X 회의

상담

바이어를 맞이할 때

- 처음 뵙겠습니다.
  - ▶ Muito prazer.
    무이뚜 쁘라제르

- 만나서 반갑습니다.
  - ▶ Muito prazer em conhecê-lo / a.
    무이뚜 쁘라제르 잉 꽁예쎌루/ 라

- 다시 만나게 되어 기쁩니다.
  - ▶ Fico feliz em vê-lo / a novamente.
    피꾸 펠리즈 잉 벨루/ 라 노바멩치

    Que bom te ver de novo!
    끼 봉 치 베르 지 노부

- 저희 회사에 와 주셔서 감사합니다.
  - ▶ Obrigado / a por vir à nossa empresa.
    오브리가두/ 다 뽀르 비르 아 노싸 잉쁘레자

    Agradecemos a sua visita à empresa.
    아그라데쎄무스 아 쑤아 비지따 아 잉쁘레자

- 어젯밤 비행기로 서울에 도착했습니다.
  - ▶ Cheguei de avião ontem à noite em Seul.
    셰게이 지 아비어웅 옹뗑 아 노이치 잉 쎄우우

- 비행은 어땠습니까?
  - ▶ Como foi a viagem?
    꼬무 포이 아 비아젱

• 장시간의 비행으로 피곤하시겠습니다.

▶ **Deve estar cansado / a pela longa viagem.**
데비 이스따르 깡싸두/ 다 뻴라 롱가 비아젱

• 따뜻하게 맞아 주셔서 감사합니다.

▶ **Obrigado / a pela calorosa recepção.**
오브리가두/ 다 뻴라 깔로로자 헤쎕써웅

• 방문해 주셔서 감사합니다.

▶ **Obrigado / a pela visita.**
오브리가두/ 다 뻴라 비지따

• 전 S사의 기술부에서 근무하고 있습니다.

▶ **Estou trabalhando no departamento técnico da**
이스또우 뜨라발량두 누 데빠르따멩뚜 떼끄니꾸 다

empresa S.
잉쁘레자 애씨

• 여기 명함을 받으시죠.

▶ **Aqui está o meu cartão.**
아끼 이스따 우 메우 까르떠웅

• 고맙습니다. 여기 있습니다.

▶ **Obrigado / a. Aqui está.**
오브리가두/ 다. 아끼 이스따

• 명함을 주시겠습니까?

▶ **Poderia me dar o seu cartão?**
뽀데리아 미 다르 우 쎄우 까르떠웅

• 네, 여기에 있습니다.

▶ **Sim, aqui está.**
씽 아끼 이스따

Claro! Aqui está.
끌라루 아끼 이스따

• 일에 관한 이야기를 하는 게 어때요?

▶ Que tal falarmos de negócios?
끼　따우 팔라르무스 지 네고씨우스

• 저희 회사는 업무용 소프트웨어를 전문으로 하고 있습니다.

▶ Nossa empresa é especializada em softwares de uso
노싸　잉쁘레자　에 이스뻬씨알리자다 잉　쏘프치웨얼스 지 우주
profissional.
쁘로피씨오나우

• 저희 회사는 각종 혁신적인 서비스로 알려져 있습니다.

▶ Nossa empresa é conhecida por prestar vários serviços
노싸　잉쁘레자　에 꽁예씨다　뽀르 쁘레스따르 바리우스 쎄르비쑤스
inovadores.
이노바도리스

제품을 설명할 때

• 이것이 저희 회사의 신제품입니다.

▶ Este é um produto novo da nossa empresa.
에스치 에 웅 쁘로두뚜 노부　다 노싸　잉쁘레자

• 아마 저희 제품을 들어보셨으리라 생각됩니다.

▶ Creio que já tenha ouvido falar dos produtos da nossa
끄레이우 끼 쟈 뗑야　오우비두 팔라르 두스 쁘로두뚜스 다 노싸
empresa.
잉쁘레자

Provavelmente você já deve ter ouvido falar dos produtos
쁘로바베우멩치　보쎄 쟈 데비 떼르 오우비두 팔라르 두스 쁘로두뚜스
da nossa empresa.
다 노싸　잉쁘레자

• 이것과 비슷한 제품을 사용해본 적이 있으십니까?

▶ Já usou algum produto similar a este?
쟈 우조우 아우궁　쁘로두뚜　씨밀라르 아 에스치

Já utilizou algum produto parecido com este?
쟈 우칠리조우 아우궁 쁘로두뚜 빠레씨두 꽁 에스치

• 지난주에 갓 발매되었습니다.

▶ Foi recentemente lançado na semana passada.
포이 헤쎙치멩치 랑싸두 나 쎄마나 빠싸다

Foi recém-lançado na semana passada.
포이 헤쎙 랑싸두 나 쎄마나 빠싸다

• 이게 제품 카탈로그입니다.

▶ Este é o catálogo de produtos.
에스치 에 우 까딸로구 지 쁘로두뚜스

구입을 희망할 때

• 이 제품의 특징을 설명해 드리겠습니다.

▶ Vou explicar as características deste produto.
보우 이스쁠리까르 아스 까락떼리스치까스 데스치 쁘로두뚜

• 이것은 혁신적인 제품입니다.

▶ Este é um produto inovador.
에스치 에 웅 쁘로두뚜 이노바도르

• 이 제품은 상당한 수요가 예상됩니다.

▶ Estimamos uma grande demanda deste produto.
이스치마무스 우마 그랑지 데망다 데스치 쁘로두뚜

• 많은 주목을 받고 있습니다.

▶ Está chamando muita atenção.
이스따 샤망두 무이따 아뗑써웅

• 다양한 연령층이 사용할 수 있습니다.

▶ Ele pode ser usado por pessoas de qualquer idade.
엘리 뽀지 쎄르 우자두 뽀르 뻬쏘아스 지 꽈우께르 이다지

• 조작은 매우 간단합니다.

▶ O manejo dele é muito simples.
우 마네쥬 델리 에 무이뚜 씽쁠리스

É muito fácil manejá-lo.
에 무이뚜 파씨우 마네쟐루

- 놀라울 정도로 효율이 높습니다.
  ▶ A eficiência dele é de espantar.
  아 에피씨엥씨아 델리 에 지 이스빵따르

- 분명 만족하실 겁니다.
  ▶ Tenho certeza de que ficará satisfeito.
  뗑유 쎄르떼자 지 끼 피까라 싸치스페이뚜

- AS는 충실합니다.
  ▶ Garantimos serviço técnico gratuito.
  가랑치무스 쎄르비쑤 떼끄니꾸 그라뚜이뚜

  Também fornecemos serviço técnico gratuito.
  땅벵 포르네쎄무스 쎄르비쑤 떼끄니꾸 그라뚜이뚜

협상할 때

- 가격에 대해서 말씀드리고 싶은데요.
  ▶ Gostaria de falar sobre o preço.
  고스따리아 지 팔라르 쏘브리 우 쁘레쑤

  Quero discutir um pouco sobre o preço.
  께루 지스꾸치르 웅 뽀우꾸 쏘브리 우 쁘레쑤

- 가격에 대해서 어느 정도 생각하십니까?
  ▶ Quanto você estima sobre o preço?
  꽝뚜 보쎄 이스치마 쏘브리 우 쁘레쑤

- 귀사의 최저가격을 제시하십시오.
  ▶ Me mostre o menor preço que a sua empresa oferece.
  미 모스뜨리 우 메노르 쁘레쑤 끼 아 쑤아 잉쁘레자 오페레씨

  Qual é o menor preço que sua empresa pode oferecer?
  꽈우 에 우 메노르 쁘레쑤 끼 쑤아 잉쁘레자 뽀지 오페레쎄르

- 더 나은 견적을 원합니다.
  ▶ Quero uma estimativa melhor.
  께루 우마 이스치마치바 멜료르

Preciso de uma oferta melhor.
쁘레씨주 지 우마 오페르따 멜료르

• 단가는 얼마입니까?
▶ Quanto é o preço unitário?
꽝뚜 에 우 쁘레쑤 우니따리우

• 그 가격으로는 받아들일 수 없습니다.
▶ Não posso aceitar este preço.
너웅 뽀쑤 아쎄이따르 에스치 쁘레쑤

• 할인해 주실 수 없을까요?
▶ Será que não dá para dar um desconto?
쎄라 끼 너웅 다 빠라 다르 웅 지스꽁뚜

• 지난번 주문과 같은 조건으로 해 주세요.
▶ Aplique as mesmas condições do pedido anterior.
아쁠리끼 아스 메즈마스 꽁지쑝이스 두 뻬지두 앙떼리오르

• 배송료는 어느 쪽 부담입니까?
▶ Quem paga a taxa de entrega?
껭 빠가 아 따샤 지 엥뜨레가

• 납품은 언제가 되겠습니까?
▶ Quando será realizada a entrega?
꽝두 쎄라 헤알리자다 아 엥뜨레가

• 납품은 얼마나 걸립니까?
▶ Quanto tempo a entrega vai demorar?
꽝뚜 뗑뿌 아 엥뜨레가 바이 데모라르

결정을 유보할 때

• 죄송하지만 전 결정할 수 없습니다.
▶ Desculpe, mas não consigo decidir.
지스꾸우뻬 마스 너웅 꽁씨구 데씨지르

• 이 문제는 다음 회의로 넘기기로 합시다.

▶ Vamos passar este problema para a próxima reunião.
바무스 빠싸르 에스치 쁘로블레마 빠라 아 쁘로씨마 헤우니어웅

• 남은 세부 사항들은 다음 회의에서 다루기로 합시다.

▶ Vamos tratar dos detalhes restantes na próxima reunião.
바무스 뜨라따르 두스 데딸리스 헤스땅치스 나 쁘로씨마 헤우니어웅

• 확인을 받고 나서 다시 만납시다.

▶ Vamos nos ver novamente após receber a confirmação.
바무스 노스 베르 노바멩치 아뽀스 헤쎄베르 아 꽁피르마써웅

• 다음 협상은 더 성공적일 거라고 생각합니다.

▶ Acho que a próxima negociação terá mais sucesso.
아슈 끼 아 쁘로씨마 네고씨아써웅 떼라 마이스 쑤쎄쑤

• 아직 검토가 필요한 몇몇 부분이 있습니다.

▶ Ainda existem alguns pontos a serem examinados.
아잉다 이지스뗑 아우궁스 뽕뚜스 아 쎄렝 이자미나두스

• 그럼, 그것에 대해 조금 생각해 봅시다.

▶ Então, vamos pensar um pouco sobre isso.
잉떠웅 바무스 뻰싸르 웅 뽀우꾸 쏘브리 이쑤

• 부장님의 지시를 받을 때까지 기다려 주십시오.

▶ Espere até receber ordens do diretor do departamento.
이스뻬리 아떼 헤쎄베르 오르뎅스 두 지레또르 두 데빠르따멩뚜

• 가격을 검토하려면 좀 더 시간이 필요합니다.

▶ Preciso de um pouco de tempo para examinar o preço.
쁘레씨주 지 웅 뽀우꾸 지 뗌뿌 빠라 이자미나르 우 쁘레쑤

조건에 합의할 때

• 좋습니다.
▶ Está bem.
이스따 벵

• 좋을 것 같군요.
▶ Parece estar bom.
빠레씨 이스따르 봉

• 저희에게는 좋습니다.
▶ Está bem para nós.
이스따 벵 빠라 노스

• 동의합니다.
▶ Estou de acordo.
이스또우 지 아꼬르두
Concordo.
꽁꼬르두

• 우리는 몇 가지 조건을 받아들일 수 있다고 생각합니다.
▶ Acho que podemos aceitar algumas condições.
아슈 끼 뽀데무스 아쎄이따르 아우구마스 꽁지쏭이스

• 대충 합의가 되었군요.
▶ Parece que saiu mais ou menos um acordo.
빠레씨 끼 싸이우 마이즈 오우 메누스 웅 아꼬르두

• 모든 점에서 합의가 된 것 같군요.
▶ Parece que houve um acordo em todos os pontos.
빠레씨 끼 오우비 웅 아꼬르두 잉 또두즈 우스 뽕뚜스

• 이 계약은 3년간 유효합니다.
▶ Este contrato terá validade por 3 anos.
에스치 꽁뜨라뚜 떼라 발리다지 뽀르 뜨레즈 아누스
Este contrato entrará em vigor até daqui a 3 anos.
에스치 꽁뜨라뚜 엥뜨라라 잉 비고르 아떼 다끼 아 뜨레즈 아누스

• 이 조항에 몇 가지 첨가하고 싶은 게 있는데요.
▶ Existem algumas coisas que gostaria de agregar neste
이지스뗑 아우구마스 꼬이자스 끼 고스따리아 지 아그레가르 네스치
artigo.
아르치구

- 이 조항은 합의한 내용과 다른 것 같습니다.

  ▶ Este artigo parece ser diferente do acordado.
  에스치 아르치구 빠레씨 쎄르 지페렝치 두 아꼬르다두

- 이제 계약에 사인할 수 있을 것 같습니다.

  ▶ Agora acho que posso assinar o contrato.
  아고라 아슈 끼 뽀쑤   아씨나르 우 꽁뜨라뚜

- 귀사와 합의가 되어서 매우 기쁩니다.

  ▶ Fico feliz por fazer um acordo com a sua empresa.
  피꾸 펠리스 뽀르 파제르 웅 아꼬르두 꽁   아 쑤아 잉쁘레자

조건을 거부할 때

- 그것은 동의할 수 없습니다.

  ▶ Não posso concordar com isso.
  너웅 뽀쑤   꽁꼬르다르 꽁   이쑤

- 죄송합니다만 원하시는 건 불가능할 것 같군요.

  ▶ Sinto muito, mas será impossível fazer o que quer.
  씽뚜 무이뚜 마스 쎄라 잉뽀씨베우   파제르 우 끼 께르

- 미안하지만 안타깝게도 우리는 그것에 대해 아무것도 할 수가 없습니다.

  ▶ Desculpe, mas infelizmente não podemos fazer nada
  지스꾸우삐 마즈 잉펠리스멩치   너웅 뽀데무스   파제르 나다
  quanto a isso.
  꽝뚜   아 이쑤

- 어쩌겠어요? 안타깝지만 도와드릴 수가 없네요.

  ▶ Fazer o quê, né? Infelizmente não posso te ajudar.
  파제르 우 께   네 잉펠리스멩치   너웅 뽀쑤   치 아쥬다르

- 유감입니다만, 그것은 불가능합니다.

  ▶ É uma pena, mas isso será impossível.
  에 우마 뻬나 마즈 이쑤 쎄라 잉뽀씨베우

• 현 단계에서는 긍정적인 답을 드릴 수 없습니다.
▶ A esta altura, não posso te dar uma resposta positiva.
아 에스따 아우뚜라 너웅 뽀쑤 치 다르 우마 헤스뽀스따 뽀지치바

• 동의할 수 없는 몇 가지 점이 있습니다.
▶ Tem alguns pontos que não concordo.
뗑   아우궁스 뽕뚜스   끼   너웅 꽁꼬르두
Existem algumas coisas que não concordo.
이지스뗑   아우구마스 꼬이자스 끼   너웅 꽁꼬르두

• 죄송하지만, 당신의 요구에 응할 수 없습니다.
▶ Sinto muito, mas não podemos aceitar as suas exigências.
씽뚜   무이뚜 마스 너웅 뽀데무스 아쎄이따르 아스 쑤아스 에지젱씨아스

• 글쎄요, 그것은 어려운 문제입니다.
▶ Olha, mas este é um assunto complicado.
올랴   마즈 에스치 에 웅 아쑹뚜   꽁쁠리까두

• 타협점을 찾도록 노력해 봅시다.
▶ Vamos fazer um esforço para encontrar alguns pontos
바무스   파제르 웅   이스포르쑤 빠라 잉꽁뜨라르   아우궁스 뽕뚜스
de acordo.
지 아꼬르두

 **납품과 클레임**

납품할 때

- 귀사의 제품에 대해 여쭙고 싶은데요.
  - ▶ **Tenho algumas perguntas a respeito do produto da sua**
    뗑유　아우구마스 뻬르궁따스　아 헤스뻬이뚜 두 쁘로두뚜　다 쑤아
    empresa.
    잉쁘레자

- KS-369는 재고가 있습니까?
  - ▶ **Tem estoque do produto KS-369?**
    뗑　이스또끼　두 쁘로두뚜　까 에씨 뜨레스 메이아 노비

- 금요일까지 10개 납품해 줄 수 있습니까?
  - ▶ **Vocês podem entregar 10 peças até a sexta?**
    보쎄스　뽀뎅　잉뜨레가르 데스 뻬싸즈 아떼 아 쎄스따

- 언제 납품받을 수 있나요?
  - ▶ **Quando posso receber os produtos?**
    꽝두　뽀쑤　헤쎄베르 우스 쁘로두뚜스

- 그게 가능한 한 빨리 필요한데요.
  - ▶ **Preciso dele o mais rápido possível.**
    쁘레씨주 델리 우 마이스 하삐두 뽀씨베우
    Preciso dele o quanto antes possível.
    쁘레씨주 델리 우 꽝뚜　앙치스 뽀씨베우

- 다음 주에 도착할 예정입니다.
  - ▶ **A chegada está prevista para a próxima semana.**
    아 셰가다　이스따 쁘레비스따 빠라 아 쁘로씨마　쎄마나

- 클레임이 있는데요.
  - ▶ Tenho uma reclamação a fazer.
    뗑유　우마　헤끌라마써웅　아 파제르

- 클레임 담당자는 누구입니까?
  - ▶ Quem é o responsável pelas reclamações?
    껭　에 우 헤스뽕싸베우　뻴라스 헤끌라마쏭이스

- 귀사의 제품에 문제가 있습니다.
  - ▶ Tem um problema no produto da sua empresa.
    뗑　웅　쁘로블레마　누 쁘로두뚜　다 쑤아 잉쁘레자

- 책임자와 이야기를 나누고 싶은데요.
  - ▶ Gostaria de falar com o responsável.
    고스따리아 지　팔라르 꽁 우 헤스뽕싸베우

- 주문한 상품이 아직 도착하지 않았습니다.
  - ▶ O produto que pedi ainda não chegou.
    우 쁘로두뚜　끼　뻬지　아잉다 너웅 셰고우

- 우리는 지금까지 그 물품들을 인수하지 못했습니다.
  - ▶ Não recebemos os produtos até agora.
    너웅　헤쎄베무스　우스 쁘로두뚜즈 아떼 아고라

- 주문한 물건이 도착했는데, 한 박스 부족합니다.
  - ▶ A mercadoria que pedi chegou, mas está faltando uma
    아 메르까도리아　끼　뻬지　셰고우　마즈 이스따 파우땅두 우마
    caixa.
    까이샤

- 당장 알아봐 주세요.
  - ▶ Verifique imediatamente, por favor.
    베리피끼　이메지아따멩치　뽀르 파보르

- 왜 이런 일이 일어났는지 설명해 주세요.
  - ▶ Me explique por que aconteceu isso.
    미　이스쁠리끼 뽀르 끼　아꽁떼쎄우　이쑤

- 이 일에 대해 우리의 고객들이 불평을 해 오고 있습니다.
  ▶ Nossos clientes vêm reclamando deste problema.
  노쑤스   끌리엥치스 벵   헤끌라망두   데스치 쁘로블레마

- 최근에 품질이 급격히 저하되었습니다.
  ▶ Ultimamente a qualidade caiu repentinamente.
  우우치마멩치   아 꽐리다지   까이우 헤뻰치나멩치

클레임에 대응할 때

- 저희가 조사해서 즉시 연락드리겠습니다.
  ▶ Ligaremos de volta logo após examinar o problema.
  리가레무스   지 보우따 로구   아뽀즈 이자미나르   우 쁘로블레마

- 제가 당장 조치하겠습니다.
  ▶ Vou tomar algumas medidas agora mesmo.
  보우 또마르   아우구마스 메지다스   아고라 메즈무

- 당장 올바른 물건을 보내드리겠습니다.
  ▶ Vou mandar a mercadoria certa imediatamente.
  보우 망다르   아 메르까도리아   쎄르따 이메지아따멩치

- 그 문제는 저희들이 처리하겠습니다.
  ▶ Nós mesmos resolveremos esse problema.
  노스 메즈무스   헤조우베레무스   에씨 쁘로블레마

- 저희가 당장 부족분을 보내드리겠습니다.
  ▶ Mandaremos agora mesmo a parte que falta.
  망다레무스   아고라 메즈무   아 빠르치 끼   파우따

- 곧바로 대체상품을 보내드리겠습니다.
  ▶ Mandaremos imediatamente um produto substituto.
  망다레무스   이메지아따멩치   웅   쁘로두뚜   쑤비스치뚜뚜

- 저희들의 착오였습니다.
  ▶ Foi engano nosso.
  포이 잉가누   노쑤

• 그 사고는 제 불찰입니다.
▶ **Esse incidente foi um descuido meu.**
에씨 잉씨뎅치 포이 웅 지스꾸이두 메우

• 선적이 지연된데 대해 사과드립니다.
▶ **Pedimos desculpas pelo atraso da entrega.**
뻬지무스 지스꾸우빠스 뻴루 아뜨라주 다 엥뜨레가

• 폐를 끼쳐드려 죄송합니다.
▶ **Pedimos desculpas pelo aborrecimento.**
뻬지무스 지스꾸우빠스 뻴루 아보헤씨멩뚜

• 이것은 귀사의 잘못이지 저희 잘못은 아닙니다.
▶ **Isso não é nossa responsabilidade mas sim a de vocês.**
이쑤 너웅 에 노싸 헤스뽕싸빌리다지 마스 씽 아 지 보쎄스

• 그것은 귀사의 문제라고 생각합니다.
▶ **Acho que esse é um problema da sua empresa.**
아슈 끼 에씨 에 웅 쁘로블레마 다 쑤아 잉쁘레자

• 이제 모든 것이 해결되었습니다.
▶ **Agora tudo foi resolvido.**
아고라 뚜두 포이 헤조우비두

PART XI
학교생활

01 수업시간에

- 질문이 있습니다.

  ▶ **Tenho uma pergunta.**
  뗑유　우마　뻬르궁따

  Tenho uma dúvida.
  뗑유　우마　두비다

- 오늘은 몇 페이지부터입니까?

  ▶ **Em que página começamos hoje?**
  잉　끼　빠쥐나　꼬메싸무즈　오쥐

  Em que página estamos hoje?
  잉　끼　빠쥐나　이스따무즈 오쥐

- 지난 수업에 어디까지 하다 끝났지요?

  ▶ **Na aula passada, paramos em que página?**
  나　아울라 빠싸다　빠라무즈　잉　끼　빠쥐나

- 루이스, 이 문단을 읽기 시작해 보겠니?

  ▶ **Luís, poderia começar a ler este parágrafo?**
  루이스 뽀데리아　꼬메싸르　아 레르 에스치 빠라그라푸

- "컴퓨터"를 포르투갈어로 뭐라고 하죠?

  ▶ **Como se diz "computer" em português?**
  꼬무　씨 지스 "컴퓨터"　잉　뽀르뚜게스

  Como se fala "computer" em português?
  꼬무　씨 팔라 "컴퓨터"　잉　뽀르뚜게스

- "코리아"를 포르투갈어로 어떻게 쓰죠?

  ▶ **Como se escreve "Korea" em português?**
  꼬무　씨 이스끄레비 "코리아"　잉　뽀르뚜게스

- 선생님, 이 줄의 뜻을 모르겠습니다. 설명해 주시겠습니까?
  ▶ Professor(a), não sei qual é o significado do que está
  쁘로페쏘르/ 라   너웅 쎄이 꽈우 에 우 씨그니피까두 두   끼 이스따
  escrito nesta linha. Poderia explicar?
  이스끄리뚜 네스따 링야 뽀데리아   이스쁠리까르?

- 선생님, 칠판 글씨가 잘 보이지 않습니다.
  ▶ Professor(a), não consigo enxergar o que está escrito
  쁘로페쏘르/ 라   너웅 꽁씨구   잉셰르가르 우 끼 이스따 이스끄리뚜
  na lousa.
  나 로우자

대답

- 오늘은 11페이지 부터입니다.
  ▶ Hoje começaremos a partir da página 11.
  오쥐   꼬메싸레무즈   아 빠르치르 다 빠쥐나 옹지

- 이번 수업은 22페이지 처음 부분부터입니다.
  ▶ Nesta aula vamos começar no início da página 22.
  네스따 아울라 바무스 꼬메싸르 누 이니씨우 다 빠쥐나 빙치 이 도이스
  Nesta aula começaremos a partir do início da página
  네스따 아울라 꼬메싸레무즈   아 빠르치르 두 이니씨우 다 빠쥐나
  22.
  빙치 이 도이스

- 이번 수업은 33페이지 중간 부분부터입니다.
  ▶ Nesta aula vamos começar no meio da página 33.
  네스따 아울라 바무스 꼬메싸르 누 메이우 다 빠쥐나 뜨링따 이 뜨레스
  Nesta aula começaremos a partir do meio da página 33.
  네스따 아울라 꼬메싸레무즈 아 빠르치르 두 메이우 다 빠쥐나 뜨링따
  이 뜨레스

- 이번 수업은 44페이지 마지막 부분부터입니다.
  ▶ Nesta aula vamos começar no final da página 44.
  네스따 아울라 바무스 꼬메싸르 누 피나우 다 빠쥐나 꽈렝따 이 꽈뜨루

Nesta aula começaremos a partir do final da página 44.
네스따 아울라 꼬메싸레무즈 아 빠르치르 두 피나우 다 빠쥐나 꽈렝따
이 꽈뜨루

• 55페이지의 밑에서 10번째 줄부터 시작합니다.

▶ Iniciaremos na página 55 na décima linha de baixo
이니씨아레무스 나 빠쥐나 씽껭따 이 씽꾸 나 데씨마 링야 지 바이슈
para cima.
빠라 씨마

Vamos começar da página 55 na décima linha de
바무스 꼬메싸르 다 빠쥐나 씽껭따 이 씽꾸 나 데씨마 링야 지
baixo para cima.
바이슈 빠라 씨마

• 오늘 수업에선 77페이지 3번째 문단부터 시작합니다.

▶ Vamos começar a partir do terceiro parágrafo da
바무스 꼬메싸르 아 빠르치르 두 떼르쎄이루 빠라그라푸 다
página 77 na aula de hoje.
빠쥐나 쎄뗑따 이 쎄치 나 아울라 지 오쥐

• 컴퓨터는 포르투갈어로 "computador"라고 한다.

▶ Computer em português é "computador".
컴퓨터 잉 뽀르뚜게스 에 꽁뿌따도르

Em português, computer se diz "computador".
잉 뽀르뚜게스 컴퓨터 씨 지스 꽁뿌따도르

• 코리아는 포르투갈어로 "Coreia"라고 쓴다.

▶ Korea em português é "Coreia".
코리아 잉 뽀르뚜게스 에 꼬레이아

Em português, Korea se escreve "Coreia"
잉 뽀르뚜게스 코리아 씨 이스끄레비 꼬레이아

숙제를 못한 경우

• 죄송합니다. 오늘은 예습을 하지 못했습니다.

▶ Desculpe. Hoje não estudei com antecedência.
지스꾸우삐 오쥐 너웅 이스뚜데이 꽁 앙떼쎄뎅씨아

Desculpe, mas não pude me preparar para hoje.
지스꾸우삐 마스 너웅 뿌지 미 쁘레빠라르 빠라 오쥐

• 다음 시간 숙제는 무엇입니까?

▶ Qual é a lição de casa da próxima aula?
꽈우 에 아 리써웅 지 까자 다 쁘로씨마 아울라

Qual é o trabalho de casa da próxima aula?
꽈우 에 우 뜨라발류 지 까자 다 쁘로씨마 아울라

Qual é a tarefa de casa da próxima aula?
꽈우 에 아 따레파 지 까자 다 쁘로씨마 아울라

• 언제까지 저희 숙제를 제출해야 합니까?

▶ Até quando temos que entregar esta lição de casa?
아떼 꽝두 떼무스 끼 잉뜨레가르 에스따 리써웅 지 까자

Até quando devemos entregar este trabalho?
아떼 꽝두 데베무즈 잉뜨레가르 에스치 뜨라발류

• 다음 수업에 몇 페이지까지 읽어가야 합니까?

▶ Até que página temos que ler na próxima aula?
아떼 끼 빠쥐나 떼무스 끼 레르 나 쁘로씨마 아울라

준비물을 안 가지고 온 경우

• 노트를 집에 두고 왔습니다.

▶ Deixei o meu caderno em casa.
데이셰이 우 메우 까데르누 잉 까자

• 오늘은 깜빡하고 책을 가져오지 못했습니다.

▶ Sem querer querendo, esqueci de trazer o livro hoje.
쎙 께레르 께렝두 이스께씨 지 뜨라제르 우 리브루 오쥐

Esqueci completamente de trazer o livro hoje.
이스께씨 꽁쁠레따멩치 지 뜨라제르 우 리브루 오쥐

• 옆 친구와 함께 책을 봐도 되겠습니까?

▶ Será que posso ver o livro junto com o / a colega do lado?
쎄라 끼 뽀쑤 베르 우 리브루 중뚜 꽁 우/ 아 꼴레가 두 라두

02 학교생활

소개

- 저는 초등학교 1학년입니다.
  - ▶ Estou na primeira série do ensino fundamental.
    이스또우 나 쁘리메이라 쎄리이 두 엥씨누 풍다멩따우

- 저는 고등학교 2학년입니다.
  - ▶ Estou na segunda série do ensino médio.
    이스또우 나 쎄궁다 쎄리이 두 엥씨누 메지우

- 저는 학부 3학년입니다.
  - ▶ Estou no terceiro ano da faculdade.
    이스또우 누 떼르쎄이루 아누 다 파꾸우다지

- 저는 포르투갈어과 학생입니다.
  - ▶ Sou aluno / a de graduação do curso de português.
    쏘우 알루누/ 나 지 그라두아써웅 두 꾸르쑤 지 뽀르뚜게스
  - Sou graduando / a do curso de português.
    쏘우 그라두앙두 / 다 두 꾸르쑤 지 뽀르뚜게스

- 저는 대학원생입니다.
  - ▶ Sou aluno / a de pós-graduação.
    쏘우 알루누/ 나 지 뽀스 그라두아써웅

- 하루에 6시간씩 수업이 있습니다.
  - ▶ Tem seis horas de aula por dia.
    뗑 쎄이즈 오라스 지 아울라 뽀르 지아

- 그는 한국외대 포르투갈어 교수님이십니다.
  - ▶ Ele é professor de português na Universidade Hankuk
    엘리 에 쁘로페쏘르 지 뽀르뚜게스 나 우니베르씨다지   한국
    de Estudos Estrangeiros.
    지 이스뚜두즈 이스뜨랑제이루스

- 그녀는 서울의 한 여자고등학교에서 교편을 잡고 계십니다.
  - ▶ Ela ensina estudantes de uma escola feminina do
    엘라 엥씨나 이스뚜당치스 지 우마 이스꼴라 페미니나   두
    ensino médio em Seul.
    엥씨누 메지우 잉 쎄우우

- 한국 고등학교 과정은 3년입니다.
  - ▶ O ensino médio dura 3 anos na Coreia.
    우 엥씨누 메지우 두라 뜨레즈 아누스 나 꼬레이아

교육과정

- 이번 학기에 많이 바쁘니?
  - ▶ Tem muita coisa para fazer neste semestre?
    뗑   무이따 꼬이자 빠라 파제르 네스치 쎄메스뜨리
    Está muito ocupado / a neste semestre?
    이스따 무이뚜 오꾸빠두/   다 네스치 쎄메스뜨리

- 이번 학기에 바쁘지 않아.
  - ▶ Este semestre não estou ocupado / a.
    에스치 쎄메스뜨리 너웅 이스또우 오꾸빠두/   다

- 이번 학기에 집중과정이 있니?
  - ▶ Tem algum curso intensivo neste semestre?
    뗑   아우궁 꾸르쑤 잉뗑씨부   네스치 쎄메스뜨리

- 지난 3년 동안 너무 힘들었어.
  - ▶ Passei tempos difíceis durante estes últimos três anos.
    빠쎄이 뗑뿌스 지피쎄이스 두랑치 에스치스 우우치무스 뜨레즈 아누스

• 이번 학기에는 몇 과목을 선택했니?
▶ Quantas disciplinas você escolheu este semestre?
꽝따스　　지씨쁠리나스 보쎄　이스꼴레우 에스치 쎄메스뜨리

• 필수과목이 몇 개니?
▶ Quantas disciplinas são obrigatórias?
꽝따스　　지씨쁠리나스 써웅 오브리가또리아스

• 이번 학기에 선택과목이 있니?
▶ Tem disciplinas opcionais neste semestre?
뗑　　지씨쁠리나스　옵씨오나이스 네스치 쎄메스뜨리

• 3개는 필수과목이고, 2개는 선택과목이야.
▶ As três disciplinas são obrigatórias e as duas são
아스 뜨레스 지씨쁠리나스　써웅 오브리가또리아스 이 아스 두아스 써웅
facultativas.
파꾸우따치바스

• 넌 포르투갈어작문 수업 선택했니?
▶ Você se matriculou na disciplina de Redação em
보쎄　씨 마뜨리꿀로우　　나 지씨쁠리나　지 헤다써웅　　잉
Português?
뽀르뚜게스

Por acaso você escolheu a aula de Redação em
뽀르 아까주 보쎄　　이스꼴레우 아 아울라 지 헤다써웅　　잉
Português?
뽀르뚜게스

• 브라질문화 수업은 필수냐 선택이냐?
▶ A aula de Cultura Brasileira é obrigatória ou opcional?
아 아울라 지 꾸우뚜라 브라질레이라 에 오브리가또리아 오우 옵씨오나우

• 넌 너무 많은 과목을 신청했다.
▶ Você se matriculou em muitas disciplinas.
보쎄　씨 마뜨리꿀로우　잉　무이따스 지씨쁠리나스

• 넌 이번 학기에 수업이 많지 않은 것 같다.
▶ Você se matriculou em poucas disciplinas neste semestre.
보쎄 씨 마뜨리꿀로우　잉　뽀우까스 지씨쁠리나스 네스치 쎄메스뜨리

• 네 총 학점은 충분하니?

▶ **Os seus créditos totais são suficientes?**
우스 쎄우스 끄레지뚜스 또따이스 써웅 쑤피씨엥치스

• 넌 이번 학기에 많은 과목을 선택하지 않았더라, 왜?

▶ **Parece que você não se matriculou em muitas**
빠레씨 끼 보쎄 너웅 씨 마뜨리꿀로우 잉 무이따스

disciplinas este semestre. Por quê?
지씨쁠리나스 에스치 쎄메스뜨리 뽀르 께

Por que você não pegou muitas disciplinas neste
뽀르 끼 보쎄 너웅 뻬고우 무이따스 지씨쁠리나스 네스치

semestre?
쎄메스뜨리

• 난 졸업까지 딱 한 학기 남았다.

▶ **Só falta um semestre para me formar.**
쏘 파우따 웅 쎄메스뜨리 빠라 미 포르마르

Só falta um semestre para que eu possa me graduar.
쏘 파우따 웅 쎄메스뜨리 빠라 끼 에우 뽀싸 미 그라두아르

• 난 한국외대에서 포르투갈어 학사과정을 밟을 것이다.

▶ **Vou fazer o curso de graduação em Português na**
보우 파제르 우 꾸르쑤 지 그라두아써웅 잉 뽀르뚜게스 나

Universidade Hankuk de Estudos Estrangeiros.
우니베르씨다지 한국 지 이스뚜두즈 이스뜨랑제이루스

• 난 상파울루대학교에서 대학원과정을 밟을 것이다.

▶ **Vou fazer uma pós-graduação na Universidade de São**
보우 파제르 우마 뽀스 그라두아써웅 나 우니베르씨다지 지 써웅

Paulo.
빠울루

• 난 재작년에 브라질문학 석사과정을 시작했다.

▶ **Comecei a fazer mestrado em Literatura Brasileira no**
꼬메쎄이 아 파제르 메스뜨라두 잉 리떼라뚜라 브라질레이라 누

ano retrasado.
아누 헤뜨라자두

• 난 내년부터 응용언어학 박사과정을 시작하고 싶다.

▶ Quero fazer doutorado em Linguística Aplicada a
께루　　파제르　도우또라두　잉　링귀스치까　　아쁠리까다　아
partir do ano que vem.
빠르치르 두 아누 끼　벵

• 아마도 난 장학금을 받을 것이다.

▶ Provavelmente vou receber uma bolsa de estudo.
쁘로바베우멩치　　보우 헤쎄베르 우마 보우싸 지 이스뚜두
Acho que vou ganhar uma bolsa de estudo.
아슈　끼　보우 강야르　우마　보우싸 지 이스뚜두

학교생활 말하기

• 몇 학년이지?

▶ Em que ano você está?
잉　끼　아누 보쎄　이스따
Em que ano está cursando?
잉　끼　아누 이스따 꾸르쌍두

• 수업은 하루에 몇 시간씩 있습니까?

▶ Quantas horas de aula tem por dia?
꽝따즈　　오라스 지 아울라 뗑　뽀르 지아

• 아마도 제가 오늘 수업에 못갈 것 같습니다.

▶ Talvez não possa ir à aula de hoje.
따우베스 너웅 뽀싸　　이르 아 아울라 지 오쥐
Hoje talvez não consiga ir na aula.
오쥐　따우베스 너웅 꽁씨가　　이르 나 아울라

• 제가 오늘 수업에 빠져도 될까요?

▶ Será que posso faltar na aula de hoje?
쎄라　끼　뽀쑤　　파우따르 나 아울라 지 오쥐

• 내일까지 수업에 빠지는 것을 허락해 주실 수 있습니까?

▶ Poderia deixar eu faltar na aula até amanhã?
뽀데리아　데이샤르 에우 파우따르 나 아울라 아떼 아망양

Será que posso ficar ausente na aula até amanhã?
쎄라　끼　뽀쑤　피까르 아우젱치　나　아울라 아떼 아망양

· 그녀는 저와 같은 학년입니다.

▶ **Ela está no mesmo ano que eu.**
엘라 이스따 누 메즈무　아누 끼　에우

· 수업시간들 사이에 10분씩의 휴식시간이 있습니다.

▶ **Tem dez minutos de intervalo entre as aulas de cada**
뗑　　데스 미누뚜스　　지 잉떼르발루　엥뜨리 아즈 아울라스 지 까다
disciplina.
지씨쁠리나

· 졸업장은 500명 학생들에게 수여됩니다.

▶ **Serão concedidos diplomas a 500 alunos.**
쎄러웅 꽁쎄지두스　　지쁠로마스　아 낑옝뚜즈 알루누스
Daremos diplomas a 500 alunos.
다레무스　　지쁠로마스　아 낑옝뚜즈 알루누스

· 4월 20일은 우리학교 창립일이기에 쉽니다.

▶ **Não tem aula no dia 20 de abril porque é aniversário da**
너웅 뗑 아울라 누 지아 빙치 지 아브리우 뽀르끼 에 아니베르싸리우 다
escola.
이스꼴라
No dia 20 de abril não temos aula porque é aniversário
누 지아 빙치 지 아브리우 너웅 떼무즈 아울라 뽀르끼 에 아니베르싸리우
da escola.
다 이스꼴라

· 박 선생님이 결근 하셔서 오늘은 휴강입니다.

▶ **O professor Park não vai dar aula hoje devido a sua**
우 쁘로페쏘르　빠르끼 너웅 바이 다르 아울라 오쥐 데비두　아 쑤아
ausência.
아우젱씨아

• 이 선생님의 출장관계로 5교시 포르투갈어 수업을 3교시로 앞당깁니다.

▶ A aula de português do quinto horário será puxada
아 아울라 지 뽀르뚜게스 두 낑뚜 오라리우 쎄라 뿌샤다

para o terceiro horário devido à viagem de negócios do
빠라 우 떼르쎄이루 오라리우 데비두 아 비아젱 지 네고씨우스 두

professor Lee.
쁘로페쏘르 리

• 방학은 언제 시작합니까?

▶ Quando começam as férias?
꽝두 꼬메쌍 아스 페리아스

• 방학은 6월 30일부터입니다.

▶ As férias começam a partir de trinta de junho.
아스 페리아스 꼬메쌍 아 빠르치르 지 뜨링따 지 즁유

• 방학은 며칠간입니까?

▶ Quantos dias duram as férias?
꽝뚜스 지아스 두랑 아스 페리아스

• 두 달간입니다.

▶ Duram dois meses.
두랑 도이스 메지스

• 난 올해 고등학교 졸업장을 받는다.

▶ Vou receber o diploma do ensino médio neste ano.
보우 헤쎄베르 우 지쁠로마 두 엥씨누 메지우 네스치 아누

Vou me formar no ensino médio neste ano.
보우 미 포르마르 누 엥씨누 메지우 네스치 아누

성적관련 말하기

• 제 성적을 알고 싶습니다.

▶ Gostaria de saber a minha nota.
고스따리아 지 싸베르 아 밍야 노따

Quero saber como foram as minhas notas.
께루 싸베르 꼬무 포랑 아스 밍야스 노따스

• 제게 성적을 말씀해 주실 수 있습니까?

▶ **Poderia me dizer as minhas notas?**
뽀데리아 미 지제르 아스 밍야스 노따스

Posso saber como ficaram as minhas notas?
뽀쑤 싸베르 꼬무 피까랑 아스 밍야스 노따스

Será que posso saber qual é a minha nota?
쎄라 끼 뽀쑤 싸베르 꽈우 에 아 밍야 노따

• 제 성적의 평균은 어떻게 됩니까?

▶ **Qual é a média das minhas notas?**
꽈우 에 아 메지아 다스 밍야스 노따스

• 제 성적에 관해 선생님과 상담을 할 수 있습니까?

▶ **Posso conversar com o professor sobre as minhas notas?**
뽀쑤 꽁베르싸르 꽁 우 쁘로페쏘르 쏘브리 아스 밍야스 노따스

• 반에서 몇 명이 A를 받았습니까?

▶ **Quantos alunos receberam A na turma?**
꽝뚜즈 알루누스 헤쎄베랑 아 나 뚜르마

• 그는 반에서 최고의 학생입니다.

▶ **Ele é o melhor aluno da turma.**
엘리 에 우 멜료르 알루누 다 뚜르마

• 그는 전체학생들 중에 최악입니다.

▶ **Ele é o pior aluno de todos.**
엘리 에 우 삐오르 알루누 지 또두스

• 그는 이 교실에서 가장 학구적인 학생입니다.

▶ **Ele é o aluno mais estudioso da sala.**
엘리 에 우 알루누 마이즈 이스뚜지오주 다 쌀라

• 그녀는 일등을 했습니다.

▶ **Ela ficou em primeiro lugar.**
엘라 피꼬우 잉 쁘리메이루 루가르

• 그녀는 모범생입니다.

▶ **Ela é uma estudante exemplar.**
엘라 에 우마 이스뚜당치 에젱쁠라르

• 그는 장학생이 되었습니다.
▶ **Ele se tornou bolsista.**
엘리 씨 또르노우 보우씨스따
Ele agora é bolsista.
엘리 아고라 에 보우씨스따

• 그녀는 낙제생입니다.
▶ **Ela é uma repetente.**
엘라 에 우마 헤뻬뗑치

• 시험을 잘 봤습니다.
▶ **Fui bem na prova.**
푸이 벵　나 쁘로바

• 시험을 망쳤습니다.
▶ **Fui mal na prova.**
푸이 마우 나 쁘로바

시험관련 말하기

• 언제 시험입니까?
▶ **Quando é a prova?**
꽝두　　　에 아 쁘로바

• 시험에 무엇이 나옵니까?
▶ **O que cai na prova?**
우 끼　까이 나 쁘로바
O que vai cair na prova?
우 끼　바이 까이르 나 쁘로바

• 저희가 시험을 위해 무엇을 공부해야 합니까?
▶ **O que devemos estudar para a prova?**
우 끼　데베무스　이스뚜다르 빠라 아 쁘로바
O que temos que estudar para a prova?
우 끼　떼무스 끼　이스뚜다르 빠라 아 쁘로바

• 시험은 얼마 동안 봅니까?

▶ Quanto tempo dura a prova?
꽝뚜　　떽뿌　　두라　아 쁘로바

• 저희가 공부해야할 과가 있습니까?

▶ Tem algum capítulo que devemos estudar?
뗑　아우궁　까삐뚤루　끼　데베무스　　이스뚜다르

• 공부를 해야겠다.

▶ Preciso estudar.
쁘레씨주　이스뚜다르

• 공부를 해야만 한다.

▶ Devo estudar.
데부　이스뚜다르

• 영어를 복습해야 한다.

▶ Tenho que estudar inglês.
뗑유　　끼　이스뚜다르 잉글레스
Tenho que revisar a matéria de inglês.
뗑유　　끼　헤비자르 아 마떼리아 지 잉글레스

• 난 수학과 씨름을 해야 한다.

▶ Tenho que me esforçar em matemática.
뗑유　　끼 미　이스포르싸르 잉 마떼마치까
Preciso dar o meu máximo em matemática.
쁘레씨주　다르 우 메우 마씨무　　잉　마떼마치까

• 난 기말시험 바로 전에라도 도움을 필요로 한다.

▶ Preciso buscar ajuda de último momento antes das
쁘레씨주　부스까르 아쥬다 지　우우치무 모멩뚜　　　앙치스 다스
provas finais.
쁘로바스 피나이스

• 기말시험 전에 노력을 해야 한다.

▶ Preciso me esforçar antes das provas finais.
쁘레씨주 미　이스포르싸르 앙치스 다스 쁘로바스 피나이스

- 시험 준비 잘했니?
  ▶ Você se preparou bastante para a prova?
  뽀쎄 씨 쁘레빠로우 바스땅치 빠라 아 쁘로바

- 난 시험 준비할 시간이 없었다.
  ▶ Não tive tempo de me preparar para a prova.
  너웅 치비 뗑뿌 지 미 쁘레빠라르 빠라 아 쁘로바

- 난 공부할 시간이 없었다.
  ▶ Não tive tempo de estudar.
  너웅 치비 뗑뿌 지 이스뚜다르

- 이번 토요일 영어시험 준비 다했니?
  ▶ Estudou para a prova de inglês no sábado?
  이스뚜도우 빠라 아 쁘로바 지 잉글레스 누 싸바두

- 시험에 합격했습니까?
  ▶ Passou na prova?
  빠쏘우 나 쁘로바

- 몇 점을 받았니?
  ▶ Qual foi a sua nota?
  꽈우 포이 아 쑤아 노따
  Quanto você tirou?
  꽝뚜 보쎄 치로우
  Que nota tirou?
  끼 노따 치로우

- 어떻게 그렇게 높은 학점을 받을 수 있었니?
  ▶ Como você tirou uma nota tão alta assim?
  꼬무 보쎄 치로우 우마 노따 떠웅 아우따 아씽

- 포르투갈어 시험의 학점은 어떻게 돼?
  ▶ Qual foi a sua nota na prova de português?
  꽈우 포이 아 쑤아 노따 나 쁘로바 지 뽀르뚜게스
  Que nota tirou na prova de português?
  끼 노따 치로우 나 쁘로바 지 뽀르뚜게스

- 난 이 시험에서 A+를 받았다.
  ▶ Tirei A+ nesta prova.
  치레이 아 마이스 네스따 쁘로바

• 난 이번 시험이 매우 어려웠다고 들었다.

▶ Ouvi dizer que esta prova foi muito difícil.
오우비 지제르 끼　에스따 쁘로바 포이 무이뚜 지피씨우

• 난 내가 왜 이 과목을 선택했는지 모르겠다.

▶ Não sei por que escolhi esta matéria.
너웅 쎄이 뽀르 끼　이스꼴리 에스따 마떼리아

• 난 이 시험에서 낙제를 했다.

▶ Fui reprovado nesta prova.
푸이 헤쁘로바두　네스따 쁘로바

Tirei nota vermelha nesta prova.
치레이 노따　베르멜랴　네스따 쁘로바

• 시험은 매우 어려웠고, 우리 반의 절반 이상이 낙제를 했다.

▶ A prova foi bem difícil, por isso, mais da metade da
아 쁘로바 포이 벵　지피씨우 뽀르 이쑤　마이스 다 메따지　다

nossa sala foi reprovada.
노싸　쌀라 포이 헤쁘로바다

A prova foi muito difícil e mais da metade da nossa
아 쁘로바 포이 무이뚜 지피씨우 이 마이스 다 메따지　다 노싸

turma tirou nota vermelha.
뚜르마 치로우 노따 베르멜랴

• 합격점은 몇 점입니까?

▶ Qual é a nota mínima para passar na prova?
꽈우　에 아 노따 미니마　빠라 빠싸르 나 쁘로바

Qual é a nota para passar no exame?
꽈우　에 아 노따 빠라 빠싸르 누 이자미

• 플렉스(FLEX) 1급 받는 것이 어렵니?

▶ É difícil conseguir o nível um no exame do FLEX?
에 지피씨우 꽁쎄기르　우 니베우 웅 누 이자미　두 플렉스

É difícil passar no nível um do exame do FLEX?
에 지피씨우 빠싸르 누 니베우 웅　두 이자미　두 플렉스

• 시험 시간은 얼마나 줍니까?

▶ Quanto tempo é dado para fazer a prova?
꽝뚜　떼뿌　에 다두 빠라 파제르 아 쁘로바

전공 말하기

• 네 전공이 뭐니?

▶ Qual é o seu curso?
꽈우 에 우 쎄우 꾸르쑤

Você se formou em que curso?
보쎄 씨 포르모우 잉 끼 꾸르쑤

• 넌 무슨 전공을 하니?

▶ Em que curso está estudando?
잉 끼 꾸르쑤 이스따 이스뚜당두

• 넌 뭘 공부할거니?

▶ O que você vai estudar?
우 끼 보쎄 바이 이스뚜다르

Que curso vai fazer?
끼 꾸르쑤 바이 파제르

• 네 졸업 논문의 제목은 뭐니?

▶ Qual é o título da sua monografia de formatura?
꽈우 에 우 치뚤루 다 쑤아 모노그라피아 지 포르마뚜라

• 이 주제에 관해 석사논문을 쓰는 것은 쉽지 않을 것이다.

▶ Não será fácil escrever uma dissertação de mestrado
너웅 쎄라 파씨우 이스끄레베르 우마 지쎄르따써웅 지 메스뜨라두

sobre este tema.
쏘브리 에스치 떼마

• 김교수님 지도하에 박사논문을 쓰는 것은 어렵지 않을 것이다.

▶ Não será difícil escrever uma tese de doutorado sob a
너웅 쎄라 지피씨우 이스끄레베르 우마 떼지 지 도우또라두 쏘비 아

orientação do professor Kim.
오리엥따써웅 두 쁘로페쏘르 낑

• 나는 법학을 전공했다.

▶ Sou formado / a em Direito.
쏘우 포르마두/ 다 잉 지레이뚜

• 나는 경영학과를 갓 졸업했다.

▶ Sou recém-formado / a em Administração.
쏘우 헤쎙 포르마두/ 다 잉 아지미니스뜨라써웅

입학관련 말하기

- 당신의 입학을 축하합니다.

  ▶ **Parabéns pela admissão na faculdade.**
  빠라벵스　뻴라 아지미써웅　나 파꾸우다지

  Parabéns por entrar na faculdade.
  빠라벵스　뽀르 엥뜨라르 나 파꾸우다지

- 입학 절차가 아주 복잡하다.

  ▶ **O procedimento de matrícula é muito complicado.**
  우 쁘로쎄지멩뚜　지 마뜨리꿀라 에 무이뚜 꽁쁠리까두

- 나는 2012년에 대학교에 들어갔다.

  ▶ **Entrei na faculdade em 2012.**
  엥뜨레이 나 파꾸우다지　잉 도이즈 미우 이 도지

- 이 학교는 필기시험에 따라 입학이 허가 됩니다.

  ▶ **A matrícula nesta escola depende de uma prova escrita.**
  아 마뜨리꿀라 네스따 이스꼴라 데뻰지　지 우마 쁘로바 이스끄리따

- 작년에는 지원자 400만 명 중에서 4000명만 합격하였습니다.

  ▶ **No ano passado apenas 4 mil candidatos de 4 milhões**
  누　아누 빠싸두 아뻬나스 꽈뜨루 미우 깡지다뚜스 지 꽈뜨루 밀룡이스

  passaram no exame.
  빠싸랑　누 이자미

도서관

- 도서관(사용자)카드를 신청하고 싶습니다.

  ▶ **Gostaria de obter o cartão (de usuário) da biblioteca.**
  고스따리아 지 옵떼르 우 까르떠웅 (지 우주아리우) 다 비블리오떼까

  Quero me cadastrar para fazer o cartão da biblioteca.
  께루　미 까다스뜨라르 빠라 파제르 우 까르떠웅 다 비블리오떼까

- 도서관카드를 신청해야 합니까?

  ▶ **Preciso me cadastrar para fazer o cartão da biblioteca?**
  쁘레씨주 미　까다스뜨라르 빠라 파제르 우 까르떠웅 다 비블리오떼까

• 도서목록표를 어떻게 사용하는지 말씀해 주실 수 있습니까?

▶ **Poderia me explicar como usar a ficha catalográfica**
뽀데리아 미 이스쁠리까르 꼬무 우자르 아 피샤 까딸로그라피까

de livros?
지 리브루스

Pode me dizer como faço para usar o catálogo da biblioteca?
뽀지 미 지제르 꼬무 파쑤 빠라 우자르 우 까딸로구 다 비블리오떼까

• 이 책 좀 빌려줄 수 있습니까?

▶ **Pode me emprestar esse livro?**
뽀지 미 잉쁘레스따르 에씨 리브루

• 브라질 역사책을 빌릴 수 있습니까?

▶ **Posso pegar o livro de história do Brasil emprestado?**
뽀쑤 뻬가르 우 리브루 지 이스또리아 두 브라지우 잉쁘레스따두

Pode me emprestar o livro de história do Brasil?
뽀지 미 잉쁘레스따르 우 리브루 지 이스또리아 두 브라지우

• 한 번에 몇 권의 책을 빌릴 수 있습니까?

▶ **Quantos livros posso pegar emprestado de uma vez?**
꽝뚜스 리브루스 뽀쑤 뻬가르 잉쁘레스따두 지 우마 베스

• 정기간행물은 대출되지 않습니다.

▶ **Não emprestamos periódicos.**
너웅 잉쁘레스따무스 뻬리오지꾸스

• 하지만 필요한 기사를 복사할 수는 있습니다.

▶ **Entretanto, você pode tirar uma xerox do artigo desejado.**
엥뜨레땅뚜 보쎄 뽀지 치라르 우마 셰록스 두 아르치구 데제쟈두

No entanto, é permitido tirar cópias do artigo necessário.
누 잉땅뚜 에 뻬르미치두 치라르 꼬삐아스 두 아르치구 네쎄싸리우

• 최근 출간된 것이 있습니까?

▶ **Tem uma publicação recente?**
뗑 우마 뿌블리까써웅 헤쎙치

• 저는 과학에 관한 책을 찾고 싶습니다.

▶ **Preciso encontrar um livro de ciências.**
쁘레씨주 잉꽁뜨라르 웅 리브루 지 씨엥씨아스

- 죄송합니다만 그 책은 이미 대출되었습니다.

  ▶ Sinto muito, mas esse livro já foi emprestado.
  씽뚜　무이뚜　마즈　에씨　리브루 쟈 포이 잉쁘레스따두

  Desculpe, mas infelizmente esse livro já foi levado.
  지스꾸우삐　마즈 잉펠리스멘치　　에씨 리브루 쟈 포이 레바두

- 죄송합니다만 당신이 원하는 책을 저희는 찾을 수 없습니다.

  ▶ Sinto muito, mas não conseguimos encontrar o livro
  씽뚜　무이뚜　마스　너웅 꽁쎄기무스　　잉꽁뜨라르　우 리브루

  que está procurando.
  끼　이스따 쁘로꾸랑두

  Desculpa, mas não achamos o livro que está procurando.
  지스꾸우빠　마스　너웅 아샤무스　우 리브루 끼 이스따 쁘로꾸랑두

- 제게 브라질 경제에 관한 책을 한 권 추천해 주실 수 있나요?

  ▶ Poderia me recomendar um livro relacionado à economia
  뽀데리아 미　헤꼬멩다르　　웅　리브루 헬라씨오나두 아 이꼬노미아

  brasileira?
  브라질레이라

  Será que você pode me recomendar um livro sobre a
  쎄라　끼　보쎄　뽀지　미　헤꼬멩다르　　웅　리브루 쏘브리 아

  economia brasileira?
  이꼬노미아　브라질레이라

- 책장에서 책들을 어떻게 찾는지 내게 알려주실 수 있습니까?

  ▶ Poderia me explicar como posso procurar os livros nas
  뽀데리아　미　이스쁠리까르 꼬무 뽀쑤 쁘로꾸라르 우스 리브루스 나즈

  estantes?
  이스땅치스

- 저는 책장에서 그 책을 찾을 수 없습니다.

  ▶ Não consigo encontrar o livro nas estantes.
  너웅 꽁씨구　　잉꽁드라르　우 리브루 나즈 이스땅치스

- 언제 이 책을 반납해야 합니까?

  ▶ Quando tenho que devolver este livro?
  꽝두　　뗑유　끼　데보우베르 에스치 리브루

Até quando devo fazer a devolução do livro?
아떼 꽝두　데부　파제르 아 데볼루써웅　두 리브루

• 제가 얼마 동안 이 책을 빌릴 수 있습니까?

▶ Por quanto tempo posso pegar o livro emprestado?
뽀르 꽝뚜　떽뿌　뽀쑤　뻬가르 우 리브루 잉쁘레스따두

• 오늘부터 한 달 기한입니다.

▶ Você tem o prazo de um mês a partir de hoje.
보쎄 뗑 우 쁘라주 지 웅　메즈 아 빠르치르 지 오쥐

• 반납기한을 넘기는 경우, 벌금을 내야만 한다.

▶ Caso passe o prazo de devolução, deverá pagar uma
까주　빠씨　우 쁘라주 지 데볼루써웅　데베라　빠가르 우마

multa.
무우따

• 대학원생들은 동시에 10권을 빌릴 수 있습니다.

▶ Os alunos de pós-graduação podem pegar 10 livros
우즈 알루누스 지　뽀스 그라두아써웅　뽀뎅　뻬가르 데스 리브루즈

emprestados ao mesmo tempo.
잉쁘레스따두즈 아우 메즈무　떽뿌

Os pós-graduandos podem levar 10 livros emprestados
우스 뽀스 그라두앙두스　뽀뎅　레바르 데스 리브루즈 잉쁘레스따두스

de uma vez.
지 우마　베스

• 저는 한 달 더 이 책을 빌리고 싶습니다.

▶ Gostaria de pegar este livro emprestado por mais um mês.
고스따리아 지 뻬가르 에스치 리브루 잉쁘레스따두 뽀르 마이즈 웅 메스

• 반납기한을 연장하기 위해서는 어떻게 해야 합니까?

▶ O que devo fazer para prorrogar o prazo de devolução?
우 끼　데부　파제르 빠라 쁘로호가르 우 쁘라주 지　데볼루써웅

• 반납일이 되었을 때, 다시 대출을 할 수 있습니다.

▶ Você pode renovar o empréstimo quando chegar a data
보쎄 뽀지　헤노바르 우 잉쁘레스치무 꽝두　셰가르　아 다따

de devolução.
지　데볼루써웅

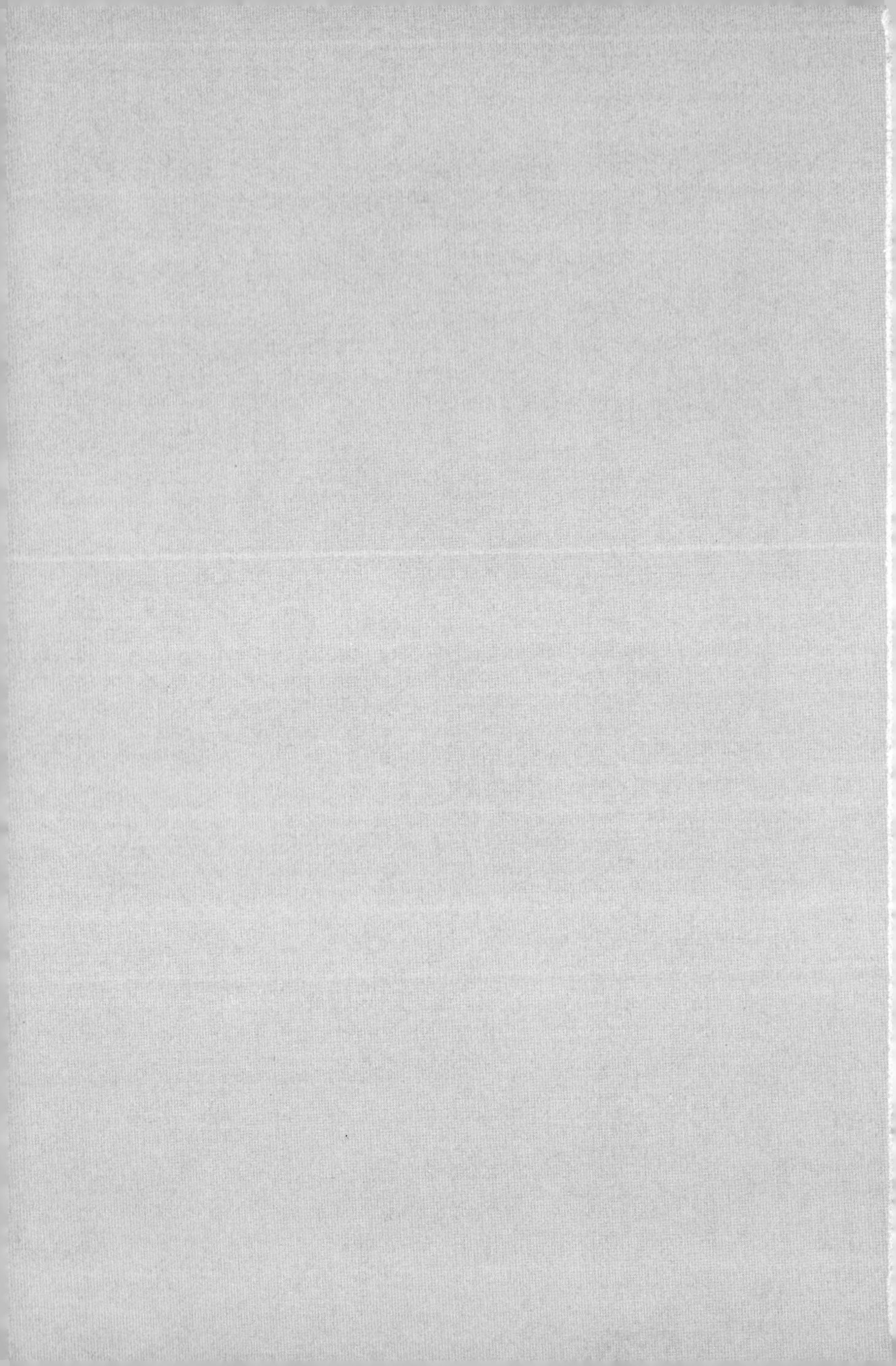